课程思政培新人
启智润心育桃李

北京林业大学教育教学研究优秀论文选编

人才培养
教学管理
教学评价
教学能力
实践教学
案例教学
翻转课堂

2021

黄国华 / 主编

中国林业出版社
China Forestry Publishing House

图书在版编目(CIP)数据

课程思政培新人　启智润心育桃李：北京林业大学教育教学研究优秀论文选编：2021 / 黄国华主编. —北京：中国林业出版社，2021.12
ISBN 978-7-5219-1634-8

Ⅰ.①课… Ⅱ.①黄… Ⅲ.①北京林业大学-教学研究-文集 Ⅳ.①G642.0-53

中国版本图书馆 CIP 数据核字(2022)第 057732 号

策划编辑：杜　娟　　　　　　责任编辑：杜　娟　薛瑞琦
电话：(010)83143553

出版发行	中国林业出版社(100009　北京市西城区德内大街刘海胡同7号)
经　　销	新华书店
印　　刷	北京中科印刷有限公司
版　　次	2021年12月第1版
印　　次	2021年12月第1次印刷
开　　本	787mm×1092mm　1/16
印　　张	20
字　　数	516千字
定　　价	80.00元

未经许可，不得以任何方式复制或抄袭本书之部分或全部内容。

版权所有　侵权必究

编委会

主　　任： 安黎哲
副 主 任： 黄国华
编　　委：（按姓氏笔画排序）

万　璐	王　瑾	王毅力	尹大伟	尹淑霞
冯　强	母　军	刘　松	刘晓东	孙　楠
杜艳秋	李春平	杨智辉	宋国勇	张守红
张军国	张秀芹	张柏林	陈来荣	罗　乐
郑　曦	宗世祥	胡明形	董世魁	程　翔
满昌慧				

编写组

主　　编： 黄国华
编　　者：

杜艳秋	李蒙慧	高　瑜	谭文斌	向　燕
徐桂娟	李　坤	吴　畅	邓志敏	赵红梅
马晓亮	田　慧	郅茜文	曾颖祯	张　正
尹　俐	宋昭颐	金　蓉	强晓琦	南冬冬
方　嫣				

执行编辑： 杜艳秋

前 言

2021年是中国共产党成立100周年，是"十四五"开局之年。这一年，教育系统以推动高质量发展为主题，以改革创新为根本动力，更好地统筹发展与安全，巩固拓展新冠肺炎疫情防控背景下教育改革发展成果，推动师德师风建设常态化、长效化，推进教育治理体系和治理能力现代化。

2021年，北京林业大学主动贯彻落实党中央和国家、教育部的有关要求，立足新发展阶段，贯彻新发展理念，构建新发展格局。学校将《深化本科教育教学改革总体方案》持续向深水区推进，陆续出台体育、美育、劳动教育相关文件，不断提高德智体美劳育人能力和水平。印发《北京林业大学贯彻落实〈高等学校课程思政建设指导纲要〉实施方案》，与《北京林业大学关于实施本科课程思政的十项规定》成为学校课程思政制度建设"双子星"；印发《关于成立北京林业大学课程思政工作领导小组的通知》，完善了课程思政的组织架构。学校用好课堂主渠道，体现优势特色课程的育人担当，1门本科课程获评首届国家级课程思政教学改革示范项目，5门课程获评北京市课程思政教学改革示范项目；随着课程思政教学研究中心的成立，课程思政进一步向规范化、科学化、理论化推进。

学校协同学院积极推动课程思政与全面发展，鼓励老师参加不同类型的课程思政育人培训，提升立德树人成效，建设体现学院特色的课程思政品牌课程，支持老师踊跃报名课程思政教学改革优秀案例评选，最终41份案例获评优秀案例。老师们延续2019、2020年课程思政教育教学研究专项课题，以课题为依托，以培训为支点，不断修订教学大纲，挖掘思政元素，提升融入技巧，增强育人艺术。

在项目研究与案例编写的同时，老师们持续总结，不断凝练，将自己的课程思政教学经验、思考与成效等撰写成一篇篇教改论文，积极投稿我校2021年优秀教育教学论文征集活动。经多轮专家匿名审阅，97篇论文脱颖而出，其中45篇围绕课程思政和全面发展的论文成为本论文集的主要来源，充分彰显了老师们通过课程思政培育新人，启智润心孕育桃李的热情与担当。

回首2021，我们收获鲜花掌声；回首2021，我们心怀真诚坦荡。面向2022，我们将挥别昨日的光荣与梦想，开启北京林业大学本科教学新航程，精心打造本科教育新成绩！

黄国华
2021年12月

目 录

前 言

课程思政

3　"木结构"课程思政教学探索
　　　　　　／ 刘 问　黄建坤　孟鑫淼

7　"风景园林艺术原理"课程开展思想政治教育探讨
　　　　　　／ 王应临　林 箐　薛晓飞　赵 晶

15　"生态修复工程学"课程思政育人元素挖掘
　　　　　　／ 王 冠

22　"居室环境评价"课程思政设计与实践
　　　　　　／ 黄艳辉

28　"草地培育学"课程思政元素设计与教学实践
　　　　　　／ 贺 晶　平晓燕　董世魁

35　"食品化学"课程思政建设的探索与实践
　　　　　　／ 王丰俊　张 瑜　王晓楠　徐桂娟

41　"概率论与数理统计"中的思政元素挖掘
　　　　　　／ 赵俊光

48　"燃料电池"课程思政教学改革的探索与实践
　　　　　　／ 刘 佳　于世新　曹学飞　袁同琦

54　"气象学"课程思政教学元素的探讨
　　　　　　／ 姜 超　董玲玲　张曦月　同小娟

58　"组织行为学"课程思政教学成效评价探索研究
　　　　　　／ 张玉静　黄国华　符芳芳

64　OBE 与课程思政双视域下"工程力学"课程教学设计
　　　　　　／ 赵 健　张宏业　赵 东

70　土木工程专业核心课"混凝土结构"课程思政教学探究与实践
　　　　　　／ 李翔宇　冀晓东　王艳晗　李亚强

77　大数据背景下"离散数学"OBE 模式教学改革研究
　　　　　　／ 洪 弋　李冬梅　孙 楠　崔晓晖　罗传文

85　习近平生态文明思想在教学中的引导融合
　　——以"草地景观规划设计"课程为例
　　　　　　／ 李周园　李方正　宋桂龙　董世魁

91　风景园林专业"计算机辅助设计"课程思政建设路径研究
　　　　　　／ 葛韵宇　宋 文

97 用习近平法治思想统领大学生法治教育
——以"思想道德与法治"课为例
/ 杨冬梅

103 多元化教学模式在"数学模型"教学中的探索
/ 王荟茹

110 守正创新,促进水土保持专业"流体力学"课程思政建设
/ 张会兰 丁立建 王 平 万 龙 吕立群

116 论传统山水文化在"园林设计(双语)"课程中的转译
——以东升公园本科设计课为例
/ 边思敏

123 红绿相兼:大学教育的北林特色
/ 余吉安 陈泫伽 柳 滢

133 草学专业课程思政效果评价及教学改革建议
/ 杨珏婕 张铁军 林长存 董世魁

140 保护生态, 守卫健康
——"食疗"课程绪论部分课程思政的实践探索
/ 杜为民 刘晓东 郅茜文 雷光春 程小琴

146 课程思政引领"数据结构"的教学改革与实践
/ 李冬梅 孙 楠 付 慧 洪 弋 孟 伟

153 课程思政视域下"电力电子技术"教学设计探析
/ 王 贺 谢将剑 张军国 王海兰

159 课程思政视域下"胶黏剂与涂料"课程的改革实践研究
/ 陈 惠 高 强 周文瑞 李建章

165 课程思政视域下案例教学法的融入探索
——以"木质素及其利用"课程为例
/ 郝 翔 吕保中 彭 锋

171 课程思政融入"国际金融"教学的探索与实践
/ 顾雪松 秦 涛 潘焕学 邓 晶

177 课程思政融入"线性代数"课程的探索
/ 章 娟 李 扉

182 课程思政融入专业课"家具材料学"教学的探索
/ 杨国超 张求慧 郭洪武 刘 毅

190 基于"一总纲、双循环、三主干、多联动"的系统开发课程体系建设
/ 王新阳 孙 俏 孙 楠 田 萱 张海燕

198 基于"互联网+"红旅项目的高校创新创业教育价值导向研究
/ 李华晶 张纯如 丁 燚 窦浩涵

205 基于"产出导向法(POA)"的课程思政教学设计
——以"基础日语"课程为例
/ 张 辉 李静宜 刘笑非

全面发展

213 "乡村振兴"背景下北京林业大学经济林专业建设及人才培养策略
/ 孙永江 苏淑钗

219 "任务驱动"结合"角色扮演"教学法助推劳动教育
——以木结构材料与工程"专业综合实习"为例
/ 彭尧 戴璐 杨娟 刘红光 漆楚生

226 园林学院基础实践类课程——"空间构成Ⅰ"的创新教学模式探究
/ 高晖

232 乡村振兴背景下"山地灾害防治学"在土木学科中的"角色"变化
——以北京林业大学为例
/ 吕立群

238 乡村振兴背景下的林学实践教学改革探索
——以"林木遗传育种学"课程为例
/ 杨珺 王君 胡冬梅 林善枝

245 "双减"背景下基于高等教育视角的初中七年级"地理"创新课堂设计
/ 张艳 杨建英 李珺 吴川 齐浩然

252 草木有真香:将美育思想渗透进园林植物教学的探索
/ 于晓南 蔡明 王美仙

258 美育背景下的小组同伴性格对个人学业表现的影响研究
/ 杨玉梅 陶明月 李婷 张亚静 杜德斌

268 校企协同美育教育教学改革的探索与思考
/ 常乐 张帆 柯清 宋莎莎 张宗玲

276 基于乡村扶贫社会实践的"风景园林建筑设计"课程的实境教学探索
/ 段威 郑小东

286 基于知识链合作创新将乡村振兴元素融入课程系统的探索
——以MBA课程"战略管理"为例
/ 刘雯雯 仲思佳 陆赫冉 赵婉争 朱倩颖 侯娜

293 跨学科人才的美育教本土化、持续化系统建构
——以家具设计与工程专业"设计色彩"课程为例
/ 朱婕 张帆 宋莎莎 常乐

300 融工匠精神,育创新人才
——将劳动教育引入"园林植物应用设计"的教学实践与探索
/ 李慧 范舒欣 胡楠 董丽

课程思政

2021

"木结构"课程思政教学探索

刘 问 黄建坤 孟鑫淼

(北京林业大学水土保持学院,北京 100083)

摘要:课程思政对国家育人育才和增强学生使命担当具有重要作用,在专业课程中贯穿思政教育内容,充分发挥大学课程应有的育人功能,是构建"全员育人、全程育人、全方位育人"思政教育工作体系的有效组成。本文在土木工程专业课"木结构"教学过程中践行思政教育内容:爱国主义教育、学术道德教育和专业技能教育,并探索"木结构"课程中进行思政教学的方法与载体。教学结果表明:将专业知识教学与思政道德教育紧密结合,可激发学生的思政意识与专业技能,提升学生的道德素养与职业能力,培养具有现代工匠精神的土木工程师,为中国特色社会主义事业培养合格的建设者和可靠的接班人。

关键词:课程思政;木结构;教学融入;教学方法

2015年党中央、国务院做出建设世界一流大学和一流学科的"双一流"重大战略决策。2016年12月,习近平总书记在全国高校思想政治工作会议上强调"只有培养出一流人才的高校,才能够成为世界一流大学",并强调"要运用新媒体新技术使工作活起来,推动思想政治工作传统优势同信息技术高度融合,增强时代感和吸引力"[1]。思想政治教育在本质上为了实现立德树人,"育人"先"育德",注重传道授业解惑、育人育才的有机统一,一直是我国教育的优良传统。思想政治教育是做人的工作,解决的是"培养什么样的人""如何培养人"的问题,是我们党和国家的优良传统和各项工作的生命线。在大学教育中通过课程思政坚持以德立身、以德立学、以德施教,注重加强对学生的世界观、人生观和价值观的教育,传承和创新中华优秀传统文化,积极引导当代学生树立正确的国家观、民族观、历史观、文化观,从而为社会培养更多德智体美劳全面发展的人才,为中国特色社会主义事业培养合格的建设者和可靠的接班人[2-3]。

课程思政对国家育人育才和增强学生使命担当具有重要作用,通过在专业课程中贯穿思政教育内容,探索"思政课程"向"课程思政"转变,充分发挥大学课程应有的育人功能,是构建"全员育人、全程育人、全方位育人"的思想政治教育工作体系的有效组成[4]。为此,本研究依托北京林业大学课程教研教改项目,对土木工程专业课"木结构"开展课程思政的教学探索:在课程教学中将专业知识与国家责任结合起来,厚植学生的国家荣誉感与民族自豪感,培养学生的爱党爱国情怀及高度责任感,践行社会主义核心价值观。

一、思政教育与专业课程的融入点

(一)爱国主义教育

古代木结构被称作"地上文物",是我们中华民族探索宇宙、自然及人类自身的载体与

作者简介:刘 问,通讯作者,北京市海淀区清华东路35号北京林业大学水土保持学院,副教授,liuwen@bjfu.edu.cn;
黄建坤,北京市海淀区清华东路35号北京林业大学水土保持学院,副教授,jiankunhuang@bjfu.edu.cn;
孟鑫淼,北京市海淀区清华东路35号北京林业大学水土保持学院,讲师,mengxinmiao@bjfu.edu.cn。
资助项目:北京林业大学课程思政教研教改专项课题"木结构"(2020KCSZ046)。

落脚点，其设计思想、结构特征及构件组成是中华民族人文、历史、习俗等内在精神的物证与寄托。在教学过程中，通过授课讲解与视频播放等形式，向学生传递我国古代木结构的高技术与高情感，体现了人类与自然的和谐相处与精神统一，展现了中华民族自强不息、勇往直前的精神，激励学生的民族自豪感。

我国从鸦片战争到新中国建立，经历了近百年战争，是民族发展的苦难时期。"木结构"课程教学中穿插我国在近代被侵略的历史事实，例如，在"结构用木材"的树种教学中，添加了5分钟的拓展讲授：第二次世界大战时我国台湾被日军占领，阿里山神树"桧木"被大量砍伐而运送到日本修建神庙，著名的高山火车线路亦是为了方便运送木材而建造。通过专业与国家命运的结合授课，激发学生的民族责任感，培育学生的爱党爱国情怀，激励他们为中华之崛起而读书。

1949年后，中国共产党持续推进国家的伟大建设篇章，随着国力飞跃，我国在国际舞台上也发挥着越来越重要的作用，该部分内容也与专业知识相融合而讲授。例如，在"木材与木结构特点"一节中，将木结构的生态功能与我国的双碳目标相结合，既从专业知识上说明木结构具有生态、环保、宜居等使用功能，又从思政教学上展示我国对全球气候问题的责任与担当，鼓励学生奋力向前，谱写新时代的伟大篇章。

(二)学术道德教育

本科阶段是学生开展科学研究工作的入门期，要把学术道德教育贯穿于本科教育的全过程，"木结构"课程通过将工匠精神融入专业知识讲授中而将学术道德教育潜移默化地贯彻于学生思维中。例如，工匠精神是木结构建造时一体传承的，工匠精神的最初本源是来自古代木制品手工作坊通过口传心授来传承技艺，随着时代发展，工匠精神体现了普适性内涵：在实践中指导着各类专业，为专业的发展提供了精神力量和信念支撑。在"木结构"专业课程中通过工匠精神的案例学习，培育学生的学术道德精神，即锤炼其精益求精的使命感，淡化投机取巧的想法，将自己的学业与祖国的可持续发展、社会的和谐发展紧密相连，构建诚信、精益、专注、创新的学术精神。

此外，通过向学生讲解木结构相关的科研项目、学术论文、会议报告等，引领学生进入科研殿堂，培养学生创新开拓、严谨求知的科研态度，以及通过与该课程有关的大学生创新项目及结构设计竞赛等活动对学生进行科研训练，锻炼学生的思维能力与动手能力，为今后开展科研工作打下坚实基础。同时在科研引领过程中，指导学生坚决抵制学术造假、论文抄袭等现象，注重培养学生严谨求真的治学态度，提高思想道德素质和科学文化素养，养成正确的科研态度。

(三)专业技能教育

提高学生的职业素养能够帮助学生在工作岗位更游刃有余，职业素养是土木工程专业的灵魂思想[5]。"木结构"课程通过严谨的结构设计与建筑施工授课过程，培养学生一丝不苟的专业技能、敬业精神和工作能力。例如，介绍国内木结构的历史发展与研究前沿，并结合典型的工程实例丰富学生有关木结构知识的储备，加强核心知识的理论学习；介绍科学多样的工程认知理论，并结合创新实践项目，完成学生的工程学习转变和工程知识框架建设，鼓励学生完成发展创新思维。

并且，木结构的设计与施工涉及土木工程专业的诸多规范与法规，例如，《木结构设计标准》《建筑防火规范》《建筑抗震规范》《建筑荷载标准》等，在课堂教学中，应教育学生无论设计和施工，都需要严格遵守规范法规，明确质量问题带来的严重后果，全面建立法律思维与法治理念，掌握依法守法的行业标准，做合格的未来工程建设者。

二、专业课中思政教学方法与载体

（一）归纳课程主要内容，融入思政教育元素

首先，根据"木结构"课程的主要内容，完善教学大纲的课程思政内涵设计，明确课程思政教育教学目标，将思想政治教育元素融入课程的各个知识板块，最终形成一份课程思政内涵教学大纲；其次，根据新的教学大纲，对教学内容进行改革，融入习近平新时代中国特色社会主义思想，形成一套具有思政教育内涵及功能的课件资料；再次，探讨课程教学模式、教学方法和教学实践的改革创新，具体改革落实案例教学和实训教学；最后，引导学生明晰概念、突出思想政治内容，进一步提升学生思想政治素养。

（二）改善课堂教学模式，贯穿思政教育主题

在"木结构"课程的课堂教学中，从以下环节改革教学模式，进行思想政治教育渗透：在课程知识点传授环节，结合社会时事讲授木结构优势，激发学生的学习兴趣；通过介绍我国木结构的历史与世界木结构的发展趋势，让学生站在历史发展的角度理解党和国家的路线、方针和政策；在案例分析环节，将木结构案例引入课堂进行讨论和分析，在讨论中引领学生树立社会主义核心价值观；在课后师生互动环节，以问题为导向开展教学，如比较国内外木结构建筑，引导学生思考专业课程背后所蕴含的社会主义制度优势。

（三）加强实践指导环节，培养学生思政意识

课程思政作为一种教育教学理念，应贯穿于课程教学的全过程，并辐射到实践教学阵地。首先，安排学生进行社会调研，通过访谈、问卷调查等方式开展工程建设调研工作，在这个过程中坚定学生的社会责任感；其次，组织学生参加课程相关的设计竞赛与大创项目，增强学生对专业知识的直观理解，更加直观地感受实际工程中遇到的问题，激发学生的独立思考与创新能力，从而提高学生的思想政治素质；最后，鼓励学生到企业实习，实际参与工程建设项目，综合运用所掌握的专业知识，全方位、多角度地理解党和国家的方针、政策。

（四）提高教师政治素养，教学指导与育人相结合

授课教师根据实际授课经验，可在以下方面提升思政教育的有效性：首先，教师要以身作则，坚定理想信念，重视道德修养，以扎实的学识与高尚的人格，赢得学生的敬重并树立榜样形象；其次，教师应关心时事，增强政治敏感度，善于从社会时事中提取有效信息，对学生进行价值观念引导；最后，授课教师定期参加政治理论学习，加强政治修养，还可通过录制教学视频监督教学质量，就教学手段、效果进行交流讨论，提升授课教师自身的思想政治水平和授课水平，从根本上提高课程思政教育质量。

三、结 语

专业课教师作为与大学生接触时间最多的群体，在"全员育人"具有独特优势，同时，教学与教育是相互渗透的，教学具有教育意义，而教育的许多任务是要通过教学过程来完成的。在专业课程教学过程中，既需强调"教"的启发性，又要强调"学"的能动性，在"教与学"的双向活动中达成育人目的，引领学生树立社会主义核心价值观。"木结构"是一门集综合性、实践性为一体的课程，在课程中融入思政元素，将专业知识教学与思政道德教育紧密结合，完善教育教学方法，激发学生的思政意识与专业技能，提升学生的道德素养与职业能力，培养具有现代工匠精神的土木工程师，效果明显。

参考文献

[1]人民网. 习近平在全国高校思想政治工作会议上强调：把思想政治工作贯穿教育教学全过程 开创我国高

等教育事业发展新局面[N/OL]. 2016.12.9. http：//dangjian.people.com.cn/n1/2016/1209/c117092-28936962.html.

[2] 高德毅, 宗爱东. 课程思政：有效发挥课堂育人主渠道作用的必然选择[J]. 思想理论教育导刊, 2017, 217(1)：31-34.

[3] 刘鹤, 石瑛, 金祥雷. 课程思政建设的理性内涵与实施路径[J]. 中国大学教学, 2019(3)：59-62.

[4] 杨娇娇. 高校专业课教师在课程思政实践中存在的问题及对策研究[D]. 长沙：湖南大学, 2019.

[5] 张丰收, 钱建固. 例谈弹性力学教学中的课程思政教育[J]. 高教学刊, 2020(22)：167-170.

Exploration on ideological and political education in the professional course of *Wood Structure*

Liu Wen　Huang Jiankun　Meng Xinmiao

(School of Water and Soil Conversation, Beijing Forestry University, Beijing　100083)

Abstract　Ideological and political education plays an important role in cultivating talented persons and strengthening their sense of vocation. Conducting ideological and political education in the professional courses and then encouraging the educational function of the courses, they are the effective part of the education system- "educating the whole staff through the whole process in an all-round way". In this paper, the ideological and political education, including patriotism education, academic morality education and professional skill education, is carried out in the teaching process of professional course *Wood Structure* for the major of civil engineering. The results show that the combination of professional knowledge and ideological contents during the teaching process can stimulate the students' ideological consciousness and specialized skills, promote their moral quality and professional ability, as well as cultivate the civil engineers with modern craftsman's spirit, and in the end for the purpose of cultivating qualified builders and reliable successors for Chinese socialism construction.

Keywords　ideological and political education, *Wood Structure*, teaching fusion, teaching method

"风景园林艺术原理"课程开展思想政治教育探讨

王应临　林箐　薛晓飞　赵晶

(北京林业大学园林学院，北京　100083)

摘要：风景园林学专业作为妥善处理人与自然相互关系的学科，理应在当前中华民族伟大复兴的特殊历史时期承担更大的使命，这就要求风景园林学高等教育的人才培养目标从单纯"技术精英"向有理想、有操守的高素质创新性人才转变。在系统总结北京林业大学"风景园林艺术原理"课程发展历史、课程内容和目标的基础上，探讨课程开展思想政治教育的实施路径。本文分析了"风景园林艺术原理"课程融入思想政治教育的融合点，进行了初步的改革尝试。在总结已有改革成效的基础上提出了进一步深化改革的建议。

关键词：风景园林艺术原理；思想政治教育；风景园林学；课程改革

立德树人是高校人才培养的根本目标。在构建全员、全过程、全方位"三全育人"大格局过程中，高校应着力推动课程思想政治建设，根据不同专业人才的培养特点和专业能力素质要求，科学合理地设计思想政治教育内容。同时，高校应在每一门课程中有机融入思想政治教育元素，形成专业课教学与思想政治理论课教学紧密结合、同向同行的育人格局[1]。所谓"课程思政"，是指在各类课程教学过程中有意识、有计划、有目的地设计教学环节，营造教育氛围，以间接、内隐的方式将施教主体所认可、倡导的道德规范、思想认识和政治观念有机融入教学过程，并最终传递给思想政治教育的受教主体，使后者成为符合国家发展要求的合格人才的教育教学理念[2]。

风景园林学是指综合运用科学与艺术的手段，研究、规划、设计、管理自然和建成环境的应用型学科，以协调人与自然之间的关系为宗旨，保护和恢复自然环境，营造健康优美人居环境[3]。当前，中国正处在生态文明建设的关键时期，风景园林学理应肩负更大的责任和使命。这就要求风景园林学科的高等教育与思想政治教育之间进行更为紧密的结合。除了单独设立思想政治课程以外，还要积极探索风景园林专业课程与思想政治教育的融合，一方面能够改善传统思想政治课程专注理论内容较为枯燥的现实困境，另一方面能从风景园林学科的核心议题出发，帮助学生尽早建立正确的职业价值观，从而高质量实现风景园林专业高等教育的育人目标。

一、"风景园林艺术原理"课程概况

"风景园林艺术原理"是高等院校园林、风景园林等专业学生的一门重要的专业基础理论课，是相关专业本科的必修课程，也是整个专业教学体系中的一个重要环节[4]。课程对

作者简介：王应临，北京市海淀区清华东路35号北京林业大学园林学院，副教授，wang_yl@bjfu.edu.cn；
　　　　　林箐，北京市海淀区清华东路35号北京林业大学园林学院，教授，lindyla@126.com；
　　　　　薛晓飞，北京市海淀区清华东路35号北京林业大学园林学院，副教授，xuexiaofei@bjfu.edu.cn；
　　　　　赵晶，北京市海淀区清华东路35号北京林业大学园林学院，副教授，zhaojing850120@163.com。
资助项目：北京林业大学研究生美育课程专项建设项目"园林艺术赏析"(MYKC2107)。

于学生全面而系统地建立风景园林规划设计与美术、设计初步、基础自然科学、基础社会科学等其他学科之间的联系起到重要作用。通过课程学习，学生应当建立对风景园林专业的正确理解，学习风景园林规划设计的基本理论和方法，为以后的园林规划设计专业课打下基础。

（一）"风景园林艺术原理"在北京林业大学的发展历史

北京林业大学园林学院是国内最早开办风景园林专业教育的学院，其开设"风景园林艺术原理"课程历史悠久。早在1987年5月孟兆祯院士就曾亲手撰写"园林艺术"（"风景园林艺术原理"课程前身）的教学材料（图1）。早期"园林艺术"课程共24学时，以风景园林规划设计案例的赏析为主。

图1　孟兆祯院士撰写的"园林艺术"教学材料

在2005年前后，北京林业大学园林学院林箐教授对课程进行了全面的体系性改革，进一步明确了授课目标并扩充课程内容，改名为"风景园林艺术原理"，共48学时。课程明确了作为衔接前期基础课程和后期规划设计专业课程桥梁的总体定位，通过让学生建立风景园林规划设计核心专业技能与其他支持性相关学科如生态、植物、社会、美术、历史等的联系，为学生下一步风景园林规划设计课程打下基础。课程涵盖风景园林历史与现状、风景园林空间塑造、风景园林与自然社会系统关系等内容。经过此次改革，"风景园林艺术原理"课在整个风景园林专业本科教学体系中的重要性得到极大提升，教学效果显著。

2018年园林学院进行了新的人才培养方案调整，其中对"风景园林艺术原理"课程进行了再次调整，主要涉及3个方面。首先，课时量由原来的48学时缩减为32学时；其次是授课时间前置，由原来的第四学期（大二下）提前到第二学期（风景园林专业，大一下）和第三学期（园林专业，大二上）；第三，课程于2019年由园林学院薛晓飞教授积极探索并完成了精品在线课程（图2）建设。2020年由于新冠疫情的影响，授课方式由原来的单一线下讲授调整为线上线下的混合式教学。此外，2020年林箐教授领衔编著的课程配套教材《风景园林学原理》（图3）也正式出版。丰富的教学资源和多元的教学技术手段促使"风景园林艺术原理"课程进入新的探索性发展阶段。

（二）"风景园林艺术原理"课程内容与目标

"风景园林艺术原理"课程作为风景园林、园林专业的核心理论课程，其课程内容主要分为三大板块：风景园林历史与当代发展、风景园林设计原理和风景园林伦理，各板块所包含的教学内容见表1。

图 2　学堂在线"风景园林艺术原理"在线课程页面　　　图 3　《风景园林学原理》教材封面

表 1　北京林业大学"风景园林艺术原理"主要内容

课程板块	课程内容
一、风景园林历史与当代发展	风景园林的历史发展(古代部分)
	现代主义与风景园林艺术的转变
	当代风景园林艺术
二、风景园林设计原理	风景园林设计步骤
	风景园林空间构成
	风景园林空间要素
	空间中的形式
	空间中的材料、质感和色彩
三、风景园林伦理	风景园林与自然系统
	风景园林与社会

课程目标可以归结为知识传递、能力培养和价值塑造3个层面。

在知识传递层面，课程帮助学生初步搭建风景园林知识体系框架，加深对风景园林学科综合性的认知。风景园林学是一门涉及科学、技术与艺术的综合性应用学科，学生对于来自众多相关学科的海量知识汲取需要建立在一个宏观的体系框架基础之上。作为面向大一、大二学生的专业基础课，本课程力图使学生既能理解自然科学、社会科学和艺术学等相关学科基础课程与本专业的支撑性作用，又能理解诸多专业核心课程彼此之间的从属关系。同时，从历史发展和众多设计案例的角度帮助学生加深对上述关系(图4)的理解。

在能力培养层面，着重培养学生空间塑造意识，为学生后期的风景园林设计课打基础。通过抽象化的模式表达(图5)、案例解析等途径，揭示风景园林设计实际是空间设计的本质，设计过程中的诸多要素，如种植、地形设计、室外家具乃至道路系统的设计都是以创造丰富合理的空间体验为目标。借此为学生打通后期规划设计课程训练的通路，并进一步理解植物景观规划设计、园林工程等后续专业课程的意义。

在价值塑造层面，从生态和社会的角度帮助学生树立正确的职业价值观，实际是帮助学生找到"为什么学习风景园林专业？这个专业存在的意义和价值是什么？"这类问题的答案。通过诸多风景园林设计案例的分析，拓展学生对专业的认知，知道好的规划设计作品不仅停留

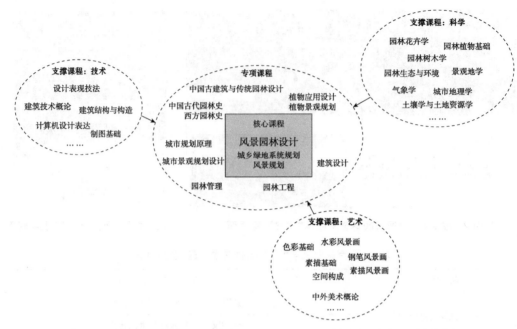

图4　风景园林知识体系框架示意图（以北京林业大学风景园林专业课程为例）

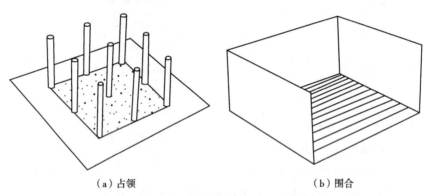

（a）占领　　　　　　　　　　（b）围合

图5　风景园林空间塑造的抽象表达[5]

在艺术美感层面，意识到这个专业在改善生态环境、促进社会进步方面的重要使命。

二、"风景园林艺术原理"课开展思想政治教育的实践探索

（一）"风景园林艺术原理"课程思想政治教育融合点分析

事实上，本课程在价值塑造层面的教学目标与思想政治教育具有直接的关联。而与常规的思想政治课程相比，通过本课程的思想政治教育能够帮助学生认识到，思想政治的内容不仅停留在口号和意识形态上，而是可以从自身的职业出发、从自己笔下的每个规划设计方案出发来体现。

教学内容方面，思想政治教育与课程教学的融合主要体现在风景园林历史与当代发展和设计伦理板块。

在风景园林历史与当代发展板块，讲述中外风景园林发展历史的过程中可以有意识地引导学生了解风景园林学科的研究对象从只有少数人欣赏的花园（Garden）、到具有社会改良意义的公园（Park）、再到对大尺度地区性自然生态系统和社会系统健康具有重要意义的

风景园林(Landscape Architecture)的发展过程。帮助学生认识到，在任何历史时期勇于解决现实问题、承担社会责任才是学科得以不断发展、焕发生命力的根本缘由。在当今面临严峻的自然生态和社会经济危机的背景下，风景园林从业者应当具有更为强烈的社会责任感和敏锐的问题洞察力，从专业角度出发尝试去思考和解决国家乃至全球面临的生态环境问题、社会经济问题，积极学习并探索党和国家政策引导下的风景园林实践之路。

设计伦理板块则希望学生从自然科学与社会科学原理出发，了解风景园林规划设计实践应当遵守的基本准则，其思想政治教育的融入点是进一步加深学生对于风景园林学科使命的认知。帮助学生认识到，成功的风景园林实践不仅仅是具有美的感官体验，更是通过规划设计缓解或者解决了当地甚至更大区域的自然生态问题、社会矛盾或危机。引导学生形成针对国家民族和社会重大问题和重大政策加以了解和思考的积极性，进而以此指导自己未来的专业学习和实践。

此外，在设计原理板块训练学生空间塑造能力的同时，也应当融入问题导向型和目标导向型的思维模式，将空间塑造与能解决的现实问题、实现的现实目标相关联，帮助学生更深入地认识到本专业在解决当前从个人到社区、从区域到国家现实问题方面所起到的作用和潜力。

(二)"风景园林艺术原理"课程已有的改革尝试

基于上述"风景园林艺术原理"课程与思想政治教育融合点，本文作者在"风景园林艺术原理"授课过程中进行了融合思想政治教育的初步尝试，主要包括如下两方面。

1. 通过"混合式"教学应对授课内容的扩充

基于当前课时量缩减、思想政治授课内容扩充的现状，采用线上线下"混合式"教学（表2）。一方面充分利用学生课下时间，调动自学积极性；另一方面线上的多媒体途径能够改善以往"填鸭式"知识灌输方法的弊端。

表2　北京林业大学"风景园林艺术原理"课"混合式"授课安排表

编号	课时	授课内容	授课方式
1	2	概论	课堂讲授
2	2	风景园林发展简史	线上学习
3	2	现代园林与风景园林艺术的转变	课堂讲授
4	2	第二次世界大战以后风景园林规划主要思潮	课堂讲授
5	2	不同国家和地区风景园林主要流派和设计师	线上学习
6	2	风景园林规划设计的过程	线上学习
7	4	空间的形成	课堂讲授和课堂作业
8	4	空间设计的细化	课堂讲授和课堂作业
9	4	空间的形式	课堂讲授和课堂作业
10	2	技术、结构与形式	课堂讲授
11	2	风景园林与自然系统	线上学习
12	2	风景园林与社会系统	线上学习
13	2	课程总结	课堂讲授与课堂讨论

例如，在历史与当代发展板块，中西方风景园林发展史的相关知识通过线上自学，线下主要进行历史脉络、趋势和规律的梳理，辅助以典型案例说明。再如，设计伦理板块的自然生态系统和社会系统基本原理等内容为线上自学，线下则结合典型案例帮助学生加深

对基本原理的理解，通过课堂提问，测试学生自学情况，并通过讨论深化学生的理解。

把知识性较强的内容放在线上，可以充分利用线上多媒体视频、纪录片、动画、参考书籍等多样载体，增加学生学习的时间，提升兴趣和灵活性。线上部分资料主要包括本门课的同名精品线上课程、"风景园林学原理"教材，以及相关的纪录片等。线下部分通过有针对性的脉络梳理、案例说明、课堂测试和讨论，更能激发学生的兴趣，增加课程参与度，并促使学生对自己线上自学的效果进行反思，教师也能及时掌握学生的学习情况进而调整授课方式和内容。

2. 设计融入思想政治教育内容的场景模拟决策

笔者在讲授风景园林师在生态文明、美丽中国、和谐人居等国家重大路线方针政策中应承担的责任等相关的思想政治内容时发现，仅靠课堂讲解，学生很难领会到文字内容背后的真正内涵。这部分授课内容极容易陷入传统思想政治课程相对乏味、接受度低的困境。因此，笔者尝试以基本原理为依托，通过场景模拟，把学生置入一个风景园林师的实践工

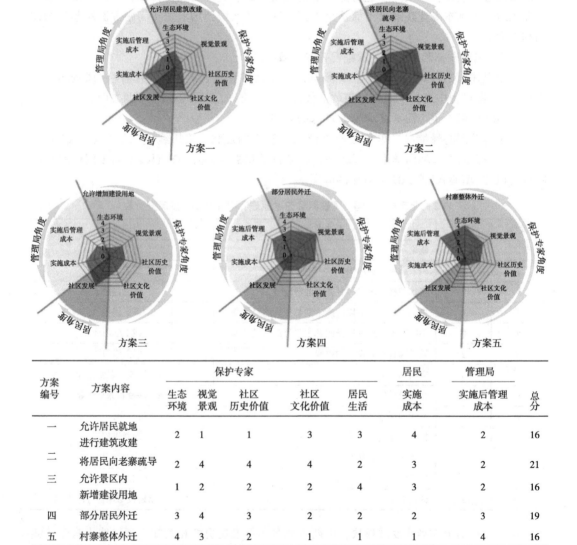

方案编号	方案内容	保护专家					居民	管理局	总分
		生态环境	视觉景观	社区历史价值	社区文化价值	居民生活	实施成本	实施后管理成本	
一	允许居民就地进行建筑改建	2	1	1	3	3	4	2	16
二	将居民向老寨疏导	2	4	4	4	2	3	2	21
三	允许景区内新增建设用地	1	2	2	2	4	3	2	16
四	部分居民外迁	3	4	3	2	2	2	3	19
五	村寨整体外迁	4	3	2	1	1	1	4	16

图 6　风景区内生态移民的多方案规划设计决策示例

作情境中,让学生参与多方案规划设计的决策(图6),进而加以讨论。这一方法以课堂选择提问出发,引起学生的兴趣。学生的选择及其原因的阐述无形中迫使学生反思所掌握的思想政治内容。学生最终能更加深刻地理解,所谓的思想政治内容并不是空泛的口号,而是切实存在于风景园林师日常工作的细节中。

此外,这部分场景模拟的决策还会出现在期末闭卷考试试题中,与单纯靠名词解释和简答题来迫使学生死记硬背相比,在学生的接受度以及思想政治内容与专业的关联度方面,都有所提升。

(三)效果评估与改良建议

将改革前后的学生评价结果进行对比显示(图7),改革后的学生评价高于改革前,说明上述基于"风景园林艺术原理"课程进行的思想政治改革尝试获得较为理想的效果。但已有改革尝试在融合思想政治教育的程度、体系性方面仍然有所欠缺,未来应在如下三个方面进行改善。

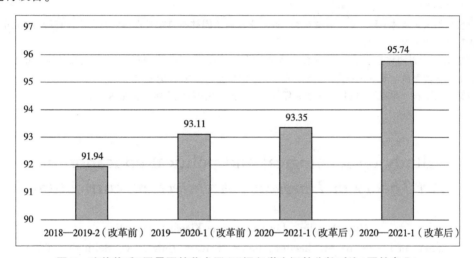

图7 改革前后"风景园林艺术原理"课程学生评教分数对比(园林专业)

(1)进一步深化线下课程的互动性和参与性。目前线下仍然以教师的课程内容讲授为主,未来应进一步强化线下课程作为线上内容脉络梳理、学生学习效果反馈和课程讨论平台的作用,充分利用学校"雨课堂"等翻转课堂软件,深化思想政治授课内容与风景园林规划设计实践结合的案例,让学生参与决策和讨论,丰富学生上课体验,提升学习的积极性。

(2)进一步丰富线上课程多媒体资源。目前的线上授课内容主要集中在学堂在线的视频课和课程教材,丰富性不足,学生的学习积极性不高。未来应当进一步扩充资源,包括思想政治融合内容相关的多媒体视频、纪录片、动画和影片片段等,增加学生学习兴趣。

(3)应当单独设置针对融合思想政治教学内容的学生满意度评价和教学效果评估。当前的学生评教结果实际是对于总体授课效果的反馈,缺乏针对性评估,不利于后期教师进一步改善教学方式。未来应通过问卷调查或学生访谈的方式,了解学生对于授课过程中思想政治融合内容的想法和接受程度,在期末考核中单独设置相关的考核题目来考查学生的掌握情况。

三、结 语

当前,中华民族伟大复兴进入关键时期,作为充分融合科学、艺术与技术的风景园林学科,在国家生态文明建设、美丽中国建设、和谐人居环境建设,以及树立文化自信和加强美育教育等多个方面都应当发挥更为重大的作用。因此,风景园林高等教育在培养学生的职业技能的同时,更要把培养思想政治过硬、专业能力够强的高素质创新性人才作为目标。

"风景园林艺术原理"作为一门帮助学生搭建总体专业知识体系构架、奠定专业技能基础和形成正确专业价值观的课程,无疑是融合思想政治教育极为适宜的平台。当前教育技术和教育理念的不断发展,为"风景园林艺术原理"课有效融合思想政治教育提供了更多抓手和便利。未来"风景园林艺术原理"理应成为融合思想政治教育的前沿阵地。

参考文献

[1] 中华人民共和国教育部. 关于加快建设高水平本科教育全面提高人才培养能力的意见道[EB/OL]. (2018-10-17)[2021-11-2]http：//www.moe.gov.cn/srcsite/A08/s7056/201810/t20181017_351887.html.

[2] 田鸿芬, 付洪. 课程思政：高校专业课教学融入思想政治教育的实践路径[J]. 未来与发展, 2018, 12(4)：99-103.

[3] 学校高等风景园林学科专业指导委员会. 高等学校风景园林本科指导性专业规范：2013[M]. 北京：中国建筑工业出版社, 2013.

[4] 薛晓飞. "风景园林艺术原理"课程教学模式改革研究[C]. //黄国华.打造金课, 成就卓越：2018年北京林业大学教育教学改革优秀论文选编. 北京：中国林业出版社, 2018：44-51.

[5] 林箐, 张晋石, 薛晓飞. 风景园林学原理[M]. 北京：中国林业出版社, 2018.

Study on ideological and political education in *Art Theory of Landscape Architecture* curriculum

Wang Yinglin　Lin Qing　Xue Xiaofei　Zhao Jing

（College of Landscape Architecture，Beijing Forestry University，Beijing　100083）

Abstract　As a discipline that properly deals with the relationship between human and nature, Landscape Architecture should undertake a greater mission in the special historical period of the great rejuvenation of the Chinese nation, which requires the talent training goal of landscape architecture higher education to change from a "technical elite" to a rational and ethical high-quality innovative talent.Based on the systematic summary of the development history, content and objectives of the curriculum *Art Theory of Landscape Architecture* in Beijing Forestry University, this paper discusses the implementation path of Ideological and political education in the course.This paper analyzes the integration points of ideological and political education into the curriculum of *Art Theory of Landscape Architecture*, and makes a preliminary reform attempt.On the basis of summarizing the existing reform effects, this paper puts forward some suggestions for deepening the reform in the future.

Keywords　*Art Theory of Landscape Architecture*, ideological and political education, landscape architecture discipline, curriculum reform

"生态修复工程学"课程思政育人元素挖掘

王 冠

(北京林业大学水土保持学院,北京 100083)

摘要:全面贯彻党的教育方针,把思想政治工作贯穿教育教学全过程,落实立德树人根本任务,是高校专业课程深化教学改革的方向。"生态修复工程学"是随着林业发展战略转移、国家生态环境工程建设需求而通过继承、交叉形成的一门专业课程,是水土保持、生态、林学、环境规划等相关专业学生重要的必修或选修课程。文章针对这一课程,凝练课程思政教学目标,立足专业特殊视野,深入挖掘专业课程中蕴含的思政育人元素,从理想信念、家国情怀、文化自信、团队协作、可持续发展等方面阐明课程蕴含的思政元素,通过明确思政教学路径、提升教师思政水平、修订课程教学大纲、融入典型思政案例、改革课程考核体系等措施推进课程思政在教学中的实施,推动专业课程思政教学改革,切实落实专业知识学习与思想政治教育同向同行,形成协同效应,打造有深度、有温度、有共情的高质量教学模式,实现全程、全方面育人的目标。

关键词:课程思政;育人元素;实践探索;生态修复工程学

思想政治教育是我国高等院校的重要职责和使命,全面贯彻党的教育方针,把思想政治工作贯穿教育教学全过程,落实立德树人根本任务,是高校专业课程深化教学改革的方向[1]。2016年12月习近平总书记在全国高校思想政治工作会议中指出,高校在思政工作中要建立思想政治理论课与各类课程同向同行机制的协同效应。2019年3月,在高校思想政治理论课教师座谈会上习近平总书记再次强调,要坚持显性教育和隐性教育相统一,挖掘课程和教学方式中蕴含的思想政治教育资源,实现全员全程全方位育人的目标[1]。由此可见,课程思政已成为高校课程改革中的不可或缺的重要环节。

随着生态文明建设的稳步进行、"绿水青山就是金山银山"理念的普及,以及国家自上而下对"碳中和""碳达峰"的关注,林学类专业的重要性更为凸显,国家对生态修复、林业建设、土地整治等方面的人才需求也进一步增多[2]。这一方面要求专业课教师与时俱进丰富自己的知识储备,一方面也对林学类专业课的课程思政教育提出了更高的要求。

"生态修复工程学"是在继承、交叉、融合林学、生态学、地理学、植物学等学科的基础之上发展起来的一门学科。这门课程与我国目前正在经历的水土流失、生物多样性降低等生态环境问题息息相关,也与我国正在或即将实施的重大生态环境保护战略工程密不可分[3]。全球变化、生物多样性丧失、资源枯竭和生态环境退化使人类陷于生态困境之中,并严重威胁到人类社会的可持续发展。因此,如何保护现有的自然生态系统,综合整治与恢复已退化生态系统,以及重建可持续的人工生态系统,已成为摆在人类面前亟待解决的重要课题。"生态修复工程学"首先在生态学原理指导下,介绍以生物修复为基础,结合各种物理修复、化学修复以及工程技术措施的生态修复技术的发展历史及现状,然后详细介绍了我国从20世纪80年代到现今所坚持实施的大型生态保护工程,包括退耕还林工程、

作者简介:王 冠,北京市海淀区清华东路35号北京林业大学水土保持学院,讲师,Wanggbjfu@bjfu.edu.cn。
资助项目:北京林业大学课程思政教研教改专项课题"林业生态工程"(2020KCSZ054)。

三北防护林建设、工矿废弃地复垦工程等重大国家项目和规划，并对生态修复工程的效益评价和工程设计规划做出了详细的讲解，以期学生在充分理解生态理论的基础之上，掌握通过工程措施进行以生态环境改善为目标的生态修复实践的基本要素及实施流程。

本文针对"生态修复工程学"课程，深入挖掘课程所蕴含的思政育人元素，紧密切合国家生态文明建设战略，对课程思政在本课程教学中的实践过程进行总结，旨在培养学生对生态环境保护和林业生态建设的主人翁意识，树立社会责任感，明确专业目标和使命，从"了解自然、尊重自然、道法自然"的角度体会水土保持专业的工作思路，深刻领会"绿水青山就是金山银山"和"山水林田湖草生命共同体"理念，使学生树立坚定的理想信念，为美丽中国的建设贡献自己的力量。

一、"生态修复工程学"课程教学特点

"生态修复工程学"以生态学理论和系统工程理论为基础，主要吸收了生态学、水土保持学、森林培育学、生态经济学等相关内容，以生物修复、工程措施、化学措施为主要技术手段、以区域或流域为对象，建设与管理以生态环境改善与维持为目标的复合生态系统，追求较高的生态效益、经济效益和社会效益。生态修复的顺利施行，需要生态学、物理学、化学、植物学、微生物学、经济学和环境工程等多学科的参与。对受损生态系统的修复与维护涉及生态稳定性、生态可塑性及稳态转化等多种生态学理论。课程旨在培养学生在充分理解生态理论的基础之上，通过工程措施进行以生态环境改善为目标的生态修复建设，根据生态理论进行系统规划、设计和调控人工生态系统的结构要素、工艺流程、信息反馈关系及控制机构，以在系统内获得较高的生态与经济效益。

目前，"生态修复工程学"课程的授课方式主要采用理论课和野外实践相结合的方式，注重知识传授和综合素质培养。理论课以多媒体 PPT 呈现为主，辅以相关纪录片、视频、图片资料，展示我国近半个世纪以来的生态修复工程建设进程。"生态修复工程学"课程包含 8 个学时的生态修复工程实习，该实习通常在林场进行，通过实地考察和讲解，使得学生能够将课堂知识与野外实践有机结合，实地感受我国矿山修复工程、防护林工程、退耕还林等的实施现状，达到理论联系实际、在实践中检验真理和发展真理的教学效果。

二、"生态修复工程学"课程思政教学目标

为了深入贯彻全国高校思政工作会议和全国教育大会精神，全面落实"加强课程思政和专业思政"的要求，帮助学生形成正确的世界观、人生观、价值观，提高道德修养和精神境界，探索先进和合理的专业发展规划，"生态修复工程学"建设应注重培养学生家国情怀、提升学生道德品质、尊重学生了解世界的愿望、增强学生为生态建设事业服务的理想信念，使学生坚定"四个自信"，增强"四个认识"。

根据"新工科"建设理念以及林学类专业特色[4]，充分考虑行业人才需求和北京林业大学"知山知水，树木树人"的办学精神，确定"生态修复工程学"课程思政教学目标是：培养学生首先对我国面临的生态问题和生态修复现状加深理解，其次介绍国家近年来的重大生态修复和生态保护相关工程，包括工矿废弃地生态恢复、退耕还林工程、三北防护林建设等重大国家和地区工程项目，明确这些工程中所用到的技术措施和治理手段，在这一过程中体会国家政策的正确性和前瞻性，坚持以育人为本、德育为先为主导思想，培养学生对生态环境建设事业的使命感，引导学生脚踏实地、勇于担当、团结协作，弘扬优秀传统文化，积极践行社会主义核心价值观，鼓励学生向社会各界人士宣传林业生态建设成果，普及生态恢复的必要性和重要性，培养学生树立良好的职业道德、素养和精神，实现课程理

论知识传授、能力培养和价值塑造的有机融合,培养新时代生态修复工程建设人才。

三、"生态修复工程学"课程思政育人元素挖掘

挖掘思政育人元素是课程思政建设的灵魂,也是专业课实施课程思政的重点环节。"生态修复工程学"是一门理论和实践密切结合的课程,教学内容紧扣国家生态文明建设目标,具有良好的育人价值和潜力。本文从多角度深入挖掘课程思政育人元素,积极寻找思政教育与专业知识教育相结合的切入点和融入路径,以期解决林学类专业课思想政治建设和专业课教育呈现的"两张皮"、两条平行线的问题,达到更好的教学效果。

(一)理想信念元素

理想信念教育是高校思想政治教育的首要内容。理想信念指的是一个人对未来生活持有的既定目标和希望,以及克服艰难险阻、积极为之奋斗的决心。坚定学生的理想信念,可以使学生明确地意识到"为了什么而读书?为了什么而进入林学专业?"这些关键问题,使学生葆有学习的热情和积极性,同时也为高校学生的独立学习、成长和成才奠定坚实的基础。

"生态修复工程学"的课程设置中,首先对林业生态建设历史和现状进行讲解,结合照片对比与案例分析,使学生了解我国目前的森林覆盖变动情况,认识世界范围内及我国的人工林和天然林的比例等,引导学生科学地评价我国在生态修复方面取得的成果,了解我国在世界林业建设领域的领先地位,同时也明确全球化进程中各国的 CO_2 排放现状、矿山污染、毁林开垦等全球共同面临的严峻问题,解决学生心中"为什么要进行生态修复工程建设"这一疑问。在明晰"为什么需要学习这门课程?"之后,课程安排介绍国家近年来的重大生态修复相关工程,明确这些工程中所用到的技术措施和治理手段,在这一过程中使学生体会国家政策的正确性和前瞻性,懂得生态恶化源于毁林、生态改善始于兴林,培养学生对水土保持、生态恢复事业的使命感,鼓励学生向社会各界人士宣传林业生态建设和生态修复的必要性和重要性,使学生树立维护生态环境和谐发展的理想信念,体会人类命运共同体这一理念,明白学好"生态修复工程学"及其他专业课程的意义和价值。

(二)家国情怀元素

当代互联网已迅速普及,大学生的思想受到各种信息的影响,其复杂程度也与过去不可同日而语,社会飞速发展与信息爆炸使得他们更关注自身的感受,同时也会对国家政策与发展抱有多种不同的想法,一些学生会觉得孤单无助,还有一些学生甚至会出现"愤青"倾向。因此,将家国情怀融入课程体系建设中,不仅能够引导和鼓励学生将国家民族命运与个人前途和发展紧密结合在一起,还能够帮助学生树立积极阳光的人生观,立志为国家发展和民族振兴贡献自己的力量。

在"生态修复工程学"课程教学中,通过室内课堂教学和野外综合实践,使学生深刻了解森林是自然界最丰富、最稳定和最完善的碳贮库、基因库、资源库、蓄水库和能源库,具有调节气候、涵养水源、保持水土、防风固沙、改良土壤、减少污染等多种功能,对改善生态环境,维持生态平衡,保护人类生存发展的基本环境起着决定性的、不可替代的作用。习近平总书记指出"一个民族、一个国家,必须知道自己是谁,是从哪里来的,要到哪里去"。从民族发展轨迹上看,中华民族起源于黄河流域,依赖优厚的自然环境繁衍生息,逐渐壮大,而战争与暴动也常常发生于过度开垦导致和土地肥力下降的饥荒之年、瘟疫灾难、洪水泛滥等。从国家发展上看,一个地区长治久安离不开肥沃的土地、适宜的环境和有节制的开发。通过案例分析和讲解,只有国家富强、民族繁荣才能更好地发挥自身才能,使学生理解到保护和发展森林资源、控制土壤污染的重要性,而解决生态环境问题、改善人类生存环境是达到这一目标的基础。从个人的发展来看,人不能脱离环境而孤立存在,

而要依靠社会群体的发展而生存。因此，要培养学生关注国家发展的理念，引导学生将人生目标与社会发展有机结合在一起，通过自己的努力，在国家生态文明建设上积极行动，以自己的实际行动奉献社会，主动承担社会责任，关注国家发展、奉献社会，树立天然林保护和生态恢复的使命感，为美丽中国的建设添砖加瓦。

（三）文化自信元素

中华文化源远流长、博大精深，我国自古以来就有"天人合一""道法自然"的理念，可谓是人与自然和谐发展理论的先行者，这些理念在民族发展中代代传承，发挥出无可限量的文化力量，同时也成为世界生态环境保护理论的璀璨明珠。中华文化是国家发展的源头所在，是凝聚中华民族认同感的文化基础，因此，在"生态修复工程学"课程建设中，融入中华文化元素，深刻把握文化的历史脉络、主要内容和基本精神，坚定中国特色社会主义文化自信，培养学生主动思考中华文化，推动中华文化的传播与传承，是当今高校思政教学改革不可或缺的一环。

"生态修复工程学"的教学内容明确体现出中华文化的精髓，展现了中华民族一脉相承的精神追求、精神特质及精神脉络。例如"和谐共存原理"一节的内容，着重展现如何以效法自然的方式对受破坏区域进行生态修复，最终达到该区域的植物、动物演替朝着趋向于自然生态系统的目标发展。这部分内容与道教所提倡的"道法自然"精神不谋而合。中华文化自古崇尚万物有灵，心怀谦卑，人要不断向自然学习，不以人的意志来疯狂掠夺自然资源。即使在社会高速发展的今天，农民收果子时依然保留着"不要把果子摘尽"的传统，为野生动物留下生存的资源。我国的林业建设经过几代人的不懈努力，已然走在世界前列，是地球上森林覆盖率增长最快的国家，这不止造福了本国人民，还体现出了大国担当。目前，我国经济实力、科技实力、国防实力、综合国力进入世界前列，中华民族以崭新姿态屹立于世界的东方，生态文明建设蒸蒸日上。在课程安排和讲解中，需要引导学生体会和理解，随着中国特色社会主义事业不断取得新的成就，中华民族五千年源远流长的文化正迸发出新的生机。正如习近平总书记总结的"中国人独特而悠久的精神世界，让中国人具有很强的民族自信心，也培育了以爱国主义为核心的民族精神"，学生需要首先了解中国的历史和文化，再以主人翁的心态，努力在历史和长河和社会的进步中，体会大国文化形象，通过不懈努力，创造新的灿烂辉煌的文化，同时实现自己的"中国梦"。

（四）团队协作元素

生态修复工程的具体实施中，需要多方面的配合和协调，包括生物降解试剂制备、选种育苗、森林经营和管理、火灾防控等，其工程周期长、内容繁杂、收效时间长，且各环节之间关系密切，各工序之间也需要紧密配合。而且，生态修复工程的建设常常是随着科学发展而逐步改进的，因此团队协作和每代林业人之间的传承尤为重要。

在"生态修复工程学"的课堂讲解和野外实践中，教师可从系统论的角度引入团队协作的重要性，结合我国三北防护林工程等国家战略，引导学生查询相关资料，了解从1979年中央决定把这项工程列为国家经济建设的重要项目至今这40多年间参与该工程的众多单位和人员，从而认识到团队协作和互利共赢的重要意义，体会"集中精力办大事"在林业建设中的意义，懂得团结的力量，找准自己在团队中的位置，培养爱岗敬业精神。另外，生态修复工程建设也是一个需要多学科协同完成的工作，在进行工程设计时需要考虑生态系统多方面的平衡和稳定，例如在干旱区造林时需要考虑森林对地下水的消耗，以及后续可能引起的土壤次生盐渍化等问题，在临近农田的区域造林还需要考虑农作物与防护林之间对资源的竞争关系，科学设置林网密度和种植区域，将林木的胁地效应控制在合理的范围内。

生态修复工程项目的建设小到一个煤矿排土场的污染治理和复垦，大到整个国家的生态修复工程政策的制定和实施,都离不开团队协作。在教学的过程中,可以以案例教学形式,以某具体矿山生态修复和土地复垦相关工程的完成过程举例,突出工程从设计、施工到维护的每个环节,让学生了解到各个任务都容不得半点疏忽与纰漏,都离不开每位参与者的汗水和努力,从而引导学生在以后的工作中抱有严谨的工作态度,对自己严格要求、严格约束,在有矛盾的地方与同事积极沟通,增强使命和担当,树立诚信意识,坚守职业道德和操守。

(五)可持续发展元素

中国自古便有"前人栽树,后人乘凉"的习语,这与现今的可持续发展理论有类似之处。可持续发展的核心思想是经济发展、保护资源和保护生态环境协调一致,让子孙后代能够享受充分的资源和良好的资源环境。生态修复工程建设是国家实现可持续发展道路上的重要步骤,对国家和民族的发展具有重要意义。

在"生态修复工程学"的教学中,工矿废弃地生态恢复、退耕还林工程、三北防护林建设等重大国家和地区工程项目,无一不体现出可持续发展的理念。与道路建设工程、桥梁建设工程等不同,生态修复工程见效慢,且其对生态系统功能的提升作用需要在一定的时间之后方才显现。而且,生态修复工程不是一劳永逸的,需要不断地进行后续的补栽和维护,但此类工程的效益却是造福子孙后代的。摒弃粗放式以污染破坏环境为代价的发展方式,建立良好的生态环境,不仅有利于当地人的生存和发展,还有助于社会的繁荣昌盛,更能够在国家高度上牢牢守住18亿亩耕地红线,维护粮食安全。生态修复工程也与党中央作出的重大战略决策"双碳目标"密不可分,即力争2030年前实现碳达峰、2060年前实现碳中和。森林是地球之肺,不仅能够涵养水源抵御风沙灾害,更有助于吸收大气中的CO_2,为碳中和目标贡献力量。因此,在"生态修复工程学"教学中,教师应注重通过讲解使学生深刻领会可持续发展的内涵和外延,通过查找文献和新闻了解生态修复工程与可持续发展理念之间的联系,拓宽视野,开阔心胸,将生态保护的理念从一代人的福祉拓宽到中华民族乃至全人类的福祉上,从而更为清晰地认识到生态环境保护的重要性与本门课程的价值。

四、"生态修复工程学"课程思政育人对教师的建议

(一)提升教师思政意识

任课教师是课程教学的第一责任人,其专业基础、职业道德、人生观、价值观等都会对学生产生潜移默化的影响,因此要充分开展课程思政建设,首先要提高教师的政治素养和文化积淀[5]。

课程团队教师认真参加学校和校外的课程思政建设相关研讨会,每周坚持观看"学习强国"相关视频,积极参与院校举办的课程思政专题培训及教发中心开展的示范教学及观摩活动,并阅读相关书籍,例如《习近平总书记教育重要论述讲义》等。团队围绕"生态修复工程学"思政育人目标,定期开展讨论活动,充分挖掘思政育人元素,并就每个章节的主旨进行讨论、达成共识,使教师做到心中有乾坤、手中有方寸,高屋建瓴地掌握思政教学的内涵,有的放矢地对学生进行正向引导。

(二)修订教学大纲

为确保思政育人的目标落到实处,课程团队对"生态修复工程学"教学大纲进行了修订,在原有的专业课程教学内容和教学思路基础上,明确了思政育人的教学目标、教学内容和教学方式,并对重点的教学案例进行标注,以保证课程思政的有效实施和开展。

而且,这门课程在MOOC慕课平台也同步上线,使得课程大纲的修订难度加大。线上课程免费向公众开放,这大幅度增加了受众的多样性和人数,也使得这门课中的课程思政

元素受众面更大，接受人数更多。因此，对"生态修复工程学"进行教学大纲修订需要结合学生的专业背景需求与大众的兴趣导向需求。例如，在教案和课件的制作过程中，及时调整教学大纲，添加相关图片、视频、研究数据，比如通过综合治理露天深坑成功蜕变成为具有文化特色的综合景区"深坑酒店"的前后对比照片、三北防护林建设之后的北京市沙尘暴情况数据。通过分步细化、整体推进，深入挖掘本专业课程所蕴含的育人元素，修订完善课程教学大纲，改革教学方式方法，丰富课程思政教学资源，从而切实提升人才培养质量，使水土保持与荒漠化防治专业建设再上一个台阶。

（三）融入典型案例

课程团队根据"生态修复工程学"课程蕴含的育人元素，凝练了我国近半个世纪以来的生态修复工程建设典型案例，并将这些案例中所蕴含的家国情怀、人生观、价值观等思政元素与学生进行探讨，丰富教学内容，有效提高专业课程中所包含的人文元素，提升课程的思政育人功能。

例如，退耕还林工程是本门课程的一大核心内容。课程通过在时间上循序渐进地讲述陕西省延安市吴起县的退耕还林历史，结合20世纪90年代至今的吴起县发展历程，从森林覆盖率、人民收入、受教育程度等多个方面展开这段艰苦奋斗的历史，一方面使学生体会党和国家开展退耕还林工程的正确性，一方面体会生态环境保护对人民生活环境的改变。安排学生在课下观看电影《我和我的家乡》中"回乡之路"一节的内容，直观感受毛乌素沙漠翻天覆地的变化，这片曾经寸草不生的沙漠，如今已是绿树葱葱。毛乌素沙漠有着两代人的努力，除了荒漠化治理专业人员，还有附近的居民和一些志愿者，也参加了这个治沙还林的计划，他们的团结协作和默默付出，使得毛乌素沙漠变得生机盎然。通过这样的实际案例，让学生切切实实地共情，在潜移默化中接受思政教育，也让生态优先、绿色发展、绿水青山就是金山银山的理念根植于学生心中。

（四）改进考核标准

本课程包含8学时的野外林场实习，使学生直观感受退耕还林工程的生态恢复思路，以及人工林建设的成效和需要注意的问题。在课堂讨论环节，指导学生分组进行案例学习和分析，思考具体生态修复工程建设实践中所用到的措施、技术和预期成果。通过改进课程考核标准，使原本单纯的闭卷考试变为实践汇报与闭卷考试相结合的形式，从而激励学生在课外查阅和了解相关资料，引导学生主动探索，激发学生的学习兴趣，让学生对课程相关背景知识和历史有更为深刻的了解。

在平时作业和课堂考核中，鼓励学生结合国家"十四五"规划和黄河流域高质量发展等国家战略，了解工矿废弃地治理、退耕还林等重点工程，深入挖掘本课程所蕴含的育人元素，体现人与自然和谐相处的治理思路，不断在专业建设中更新理念及教学模式，将课程考核形式多元化，结合水土保持学院教师团队建设，更新专业技能和手段，保证更为完善、更为系统地将"绿水青山就是金山银山"的重要性传达给学生，达到真正地将效果落实到对学生的培养中的目的。

五、结　语

经过课程思政教学实践，"生态修复工程学"课程已经成为向学生传播新时代中国特色社会主义思想的渠道之一，为林学专业实现立德树人的根本任务，本门课程发挥了的积极作用，初步实现了课程思政建设的初衷，同时也可为相关工程类学科提供思路与借鉴。今后，课程团队还要对课程思政的实施过程及时进行总结，持续改进，并结合国家最新政策调整教学大纲。只有这样，本课程的思政教学才能深根固本，持续发挥育人功效。

参考文献

[1] 王学俭,石岩. 新时代课程思政的内涵、特点、难点及应对策略[J],新疆师范大学学报(哲学社会科学版),2020(41):50-58.
[2] 吕月玲,赵延安."水土保持林学"课程思政教学的探索[J]. 中国林业教育,2021(39):26-29.
[3] 辛颖,赵雨森,陈祥伟,等.《林业生态工程学》课程教学体系改革初探[J]. 森林工程,2011(4):88-89.
[4] 黄择文."新工科"课程思政的时代蕴涵与发展路径[J]. 西南大学学报(社会科学版),2021(3):162-168.
[5] 刘源,吕庆燕,王志强. 浅谈大学本科教学课程思政建设及其若干建议[J]. 科技文汇,2021(14):57-58.

The exploration of the curriculum ideological and political education elements for *Ecological Restoration Engineering*

Wang Guan

(School of Water and Soil Conservation, Beijing Forestry University, Beijing 100083)

Abstract The fundamental task of cultivating students with high moral standards includes thoroughly implementing the Communist Party's educational policy and proceeding the ideological and political ideas through the whole process of education and teaching. *Ecological Restoration Engineering* is a specialized course formed by inheriting and crossover with many professional courses in forestry for the development of China's ecological and environmental protection and restoration, and this course is a compulsory course or important elective course for majors such as soil and water conservation, forestry, ecology, environmental regulation, etc. Given this course, the ideological-political teaching objectives of the course have been established, and the education elements have been deeply explored based on the professional background of this course. The education elements here were categorized into several parts, including ideal and belief, patriotism, cultural confidence, teamwork, sustainable development. Meanwhile, several approaches were proposed here for teachers to add ideological and political elements into their courses, such as improving the teachers' ideology and politics levels, modifying the course outline, utilizing course teaching, revising the curriculum assessment system, etc. Through adding the above elements and taking the new method to add logical and political elements, the teaching efficiency of *Ecological Restoration Engineering* can be highly improved, and the students' enthusiasm can be activated in terms of professional knowledge learning as well as ideological and political education, which help to achieve the goals of high-quality teaching mode and cultivating students who not only have deep thoughts but also are zealous, and caring.

Keywords curriculum ideology and politics, education elements, practical exploration, *Ecological Restoration Engineering*

"居室环境评价"课程思政设计与实践

黄艳辉

(北京林业大学材料科学与技术学院,北京 100083)

摘要:为了培养综合素质过硬、践行社会主义核心价值观的高素质接班人,笔者在"居室环境评价"教学过程中充分挖掘了该课程在教学过程中所蕴含的思政元素,在不断强化"立德树人"教育目标的同时,将各部分重点教学内容与思政教育无缝融合,采用嵌入式、支撑式和补充式的教学路径,实现了全过程、全方位课程思政的拓展及深化。通过思教融合教学,笔者认为,课程思政的重点是教师,需建立思政学习的常态化机制,切实提升教师思政水平;建设思政示范性课程,显隐相融地推进公选课协同育人,是加强思政育人的突破口和有力抓手。

关键词:课程思政;居室环境评价;设计与实践;高等教育;价值引领

2016年12月,习近平总书记在全国高校思想政治工作会议上对课程思政进行了深入总结,指出"要用好课堂教学这个主渠道,思想政治理论课要坚持在改进中加强,提升思想政治教育亲和力和针对性,满足学生成长发展需求和期待,其他各门课都要守好一段渠、种好责任田,使各类课程与思想政治理论课同向同行,形成协同效应"[1-2]。因此,公选课课程也肩负着思政教育的重要使命,在学生价值观引领和塑造方面具有不可替代的作用。课程思政是公选课教师利用自己的"责任田"践行思政引导及价值教育的重要载体,能够在教授知识的同时"润物细无声"地发挥思想引领作用,实现集知识传授、能力培养、价值塑造三位一体的教学目标,完成全课程、全过程、全方位育人的教学任务,履行"立德树人"的教育使命[3-4]。

一、课程思政的重要性

"课程思政"是将高校的思想政治教育融入课程教学和改革的各个环节,最终实现立德树人的根本任务[2]。它的终极目标是解决高校思想政治教育工作中"培养什么样的人、如何培养人以及为谁培养人"的根本问题,从而坚定学生成长成才中的"四个自信",培养大学生的思想认同、情感认同、政治认同和行动认同[5-6]。为此,我国的高等教育,必须通过"课程思政"这个丰富的载体,培养出既具有坚定信念和爱国主义情怀,也具有高尚品德和扎实学识的大学生,实现高校立德树人的根本目标[4]。

公选课的课程思政是细化的隐性思政,是显性的思政教育基础课的必要拓展和深化,能够在传授知识的同时,润物无声地实现价值塑造和引领作用,对于强化显性思政,构建全课程的立体育人格局,具有不可替代的重要作用。加强公选课教师的思想政治教育,转变"重知识传授和能力培养,轻思想引导和价值观塑造"的教育观念,增强"合力育人、全员育人"意识,能够确保所授课程发挥"同向同行,协同育人"的重要功能,促进"课程育

作者简介:黄艳辉,北京市海淀区清华东路35号北京林业大学材料科学与技术学院,副教授,huangyanhuizhou@163.com。
资助项目:北京林业大学课程思政教研教改专项课题"居室环境评价"(2020KCSZ137)。

人"的可持续发展，显隐相融推进专业课程协同育人[6-7]。

二、课程思政在"居室环境评价"教学中的实践

（一）"居室环境评价"课程介绍

"居室环境评价"课程是一门公益性及实用性较强的全校公共 A 类选修课，全校各个学院、各个专业的本科生均可选修。截至 2021 年 11 月，该课程已开设 3 年，累计授课人数超 300 人，预计后期将大幅度增加。通过学习本课程，使学生能够较系统地掌握室内常用的装饰及家具材料的种类并合理地利用它们，学会环保舒适居室环境的打造方法，熟悉居室污染的来源以及避免、控制和改善这些有害物质的方法，了解最新的高科技环保材料及其对居室环境的影响，为社会培养综合素质高的复合型人才，从而为今后学生的幸福居家生活和完美的身心健康奠定良好的基础。另外，本课程还能提升他们的幸福指数，增强社会主义制度自信和文化自信，并为贯彻我国的"生态文明建设"、实现"可持续绿色发展"、培养"高科技创新型人才"打下坚实基础。

本课程的考核方式由占 30% 的平时成绩和占 70% 的期末结课论文所组成，其中，平时成绩由平时课后作业、随堂在线测试、实践研讨表现与日常考勤组成。本课程在内容设计上非常适合开展课程思政，适合在授课时进行思教融合教学。在思政教育提出之前，笔者已经在课堂上开展了一些有益的尝试，比如，在讲"概述"时，自然而然地引出"两山理论"，指出室内环保的"绿水青山"，才是满足人民对美好生活向往的"金山银山"，并举出人造板甲醛超标的案例，强调环保室内材料的重要性、必要性和紧迫性；再如，在讲"木质材料与居室环境评价"时，将帝王的居室"故宫"的宣传片播放给大家，引导大家使用环保而又性能突出的实木材料，过健康型生活。另外，本课程还通过"课堂派"平台及微信媒介，链接一些热点思政内容，帮助学生有效提升思政意识，树立正确的三观。

（二）"居室环境评价"课程思政设计与实践

为了充分发挥课程思政的价值引领和思维拓展作用，笔者将课程思政的融入点巧妙地设计在六大章的教学内容中，引导学生树立正确的世界观、人生观和价值观，提升他们的道德标准和精神标尺，再通过思教融合的教学内容和路径，力图构建"全员育人、全程育人、全方位育人"的思政教育体系，具体如下：

1. 思想政治教育的设计与融入点

（1）"木质材料与居室环境评价"——"发扬中华传统文化""提升大国文化自信"

在讲第二章"木质材料与居室环境评价"时，从具有深厚的中华民族文化艺术底蕴的"明清家具"和"木结构建筑"出发，指出实木"中式家具"和"古建筑"无与伦比的艺术魅力和环保、宜居、调节温湿度、"道法自然"的优势，列举故宫红木屏风被高价拍卖回国的案例（现场微信推送新闻），指出"中华传统文化"是丰厚而又宝贵的精神遗产，进一步强调"提升大国文化自信"的重要性，提出"民族的就是世界的"理念，引导大家传承"中华传统文化"，提升"大国文化自信"，打造现代宜居的"中式生活"环境。

（2）"石材与居室环境评价"——从"中国制造"到"中国创造""中国智造"

讲授第三章"石材与居室环境评价"时，将我国高科技材料的前沿进展以多媒体动画的形式介绍给个大家，刷新大家对"中国制造"的认识，提升学生对我国制造业的信心，实物展示我国自主研发的高科技的石质材料，如超薄岩板、蓄光陶瓷（图 1）、智能石材等，指出"中国设计""中国创造""中国智造"的无人工厂就在我们身边，正在引领世界，从而调动大家爱岗、敬业、奋斗和学习的热情，提升大家的民族自豪感，点燃大家的大国自信，为培养"高科技创新型人才"打下思想基础。

（3）"织物与居室环境评价"——回眸"丝绸之路"、翘首"一带一路"之伟大复兴

随堂播放"丝绸之路"大型纪录片（图2左），介绍2000多年前的"丝绸之路"让中国的丝绸和文明风靡全球，而现今的"一带一路"政策正在使我们的生活发生巨大的改变，指出"一带一路"建设吸引了100多个国家和国际组织的参与，40多个沿线国家签署了共建"一带一路"的合作协议，20多个国家同中方开展了国际产能合作，数百个有影响力的标志性项目逐步落地。因此，"一带一路"是一条互尊互信之路，也是一条合作共赢之路，更是一条大国崛起的文明之路。通过时政互动既传授知识又激发学生"学有所为"的兴趣，鼓励大家共建"一带一路"，为推动中华民族伟大复兴而奋斗[8]。

图1　蓄光材料　　　　　图2　纪录片《丝绸之路》（左）与《塑料成瘾》（右）

（4）"涂料与居室环境评价"——"学习企业家、科学家精神""争做负责任、敢担当、有作为的接班人"

以小故事的形式，讲解国内水性涂料公司自主研发木器水性漆及涂装工艺的经历，引出企业家、科学家精神在材料创新和行业进步中的重要性和决定性作用，强调"负责任、敢担当、有作为"的企业家和"爱祖国、敢创新、讲奉献"的科学家是行业、民族、国家乃至世界的栋梁之材，指出他们对自然科学进步及社会发展做出了巨大的贡献，引导大家学习企业家、科学家精神，鼓励大家勤思考、爱科学、敢于打破常规，争做负责任、敢担当、有作为的社会主义接班人，争做永攀科技高峰的"创新型人才"，为实现科技强国而努力。

图3　玉米塑料制品

（5）"塑料与居室环境评价"——争创"节约型社会"、做"四有文明新人"

为了使学生更好地了解塑料与居室环境以及我们生活的关系，将网络上豆瓣评分极高的《塑料成瘾》纪录片（英文语音，中文字幕）（图2右）播放给大家，在提高英语水平的同时，引导大家使用可生物降解的环保材料，过简单的节约型生活，争创"节约型社会"；拿用"玉米塑料"（聚乳酸）（图3）制造的可降解塑料制品进行现场观摩、演示，提示大家使用可降解制品既有利于个人和家庭健康，又能为建设"节约型社会"作贡献，还是做"四有"文明新人的标志，鼓励大家全员、全方位、全周期参与。

（6）总结课——"心里有火、眼里有光"，做引领"中华民族伟大复兴"潮流的"后浪"

大学生都是九零后与零零后青年，他们有兴趣、有爱好、有梦想，正所谓"心里有火、眼里有光"，但在经历挫折和失败后，又很容易迷失方向。通过提前课下调研、分组讨论、PPT汇报、撰写结课论文的形式，鼓励大家在学好学业的同时，把个人发展融入祖国的建设和发展之中，在积极奉献社会中实现自己的人生价值和理想，做引领"中华民族伟大复

兴"潮流的"后浪"。总之,在提高学生的道德修养和精神境界的同时,促进其成为自信、环保节约、爱己爱人爱国、有理想敢担当、有作为敢奋斗的创新型社会主义接班人,努力构建"三全育人"的思政教育体系。

2. 思教融合的教学内容和路径(图4)

(1)课前——嵌入式教学

利用微信、雨课堂、课堂派等的推送功能,嵌入式地在课前布置预习及实践调研作业,引导学生在自主学习的同时,以参与实践的方式,充分了解新课内容,并在其中以提问、设问、反问等形式无缝嵌入思政内容,依托信息化载体进行思政方面的引导和传播,促使学生由被动接受转变成主动积极学习,润物无声地达到思政教育与公选课教育的有机衔接和无缝融合,充分发挥新时期思政教育的价值引领作用,引导学生坚定理想信念、发扬北林精神、厚植爱国主义情怀。

(2)课中——支撑式教学

课堂上,教师以现场实物、网络视频、故事案例等为载体途径,并依托多媒体、在线测试、网页浏览等数字化载体进行知识的传授和思政方面的拓展及强化;学生以抢答问题、小组讨论、PPT汇报等形式实时反馈所学内容。通过这种支撑式的教学,使学生在获取专业知识的同时,加强品德修养、增长知识见识,充分体会到科技的高速发展、知识更新换代的日新月异,传递一种"终身学习"的人生观、世界观和价值观,使大家向着高质量可持续发展的方向努力,得到专业兴趣与价值塑造的双重提升。

(3)课后——补充式教学

充分利用课后时间,做好补充式教学,在完成课下作业的同时,让学生在"自信、节约环保、爱己爱人爱国、有理想敢担当、有作为敢奋斗"五项内容上对自己及他人进行自评和他评,给出量化的分数,作为一项平时成绩,占最后成绩的10%。再以发现、分享和补充身边的思政案例和相关书籍的形式,鼓励大家全民参与思政,在结课论文中以文字和图表的形式展示自己的心得体会,引发学生对自我的思考和对道德的审视,进一步培养他们的爱国和奋斗精神,增强综合素养。

三、课程思政与公共选修课融合的成效与反思

(一)思教融合的成效

通过本课程的学习,能让选课学生了解居室环境评价领域的前沿进展,掌握室内常用的装饰及家具材料的种类与创新应用,学会环保舒适居室环境的打造方法;在培养学生独立思考的同时(寻找和发现居家生活中的环保生活方式),激发学生对材料和未来生活以及国家的热爱(节俭生活,爱护环境,垃圾分类投放);在提高学生的道德修养和精神境界的同时,强化了科技强国的思想,促进其成为自信、节约环保、爱己爱人爱国、有理想敢担当、有作为敢奋斗的创新型社会主义接班人(上课积极性提高、PPT汇报精彩并有一定的解决方案、实物案例吸引人、与"大创""寻才"计划相得益彰),并为实现中华民族的伟大复兴而努力。

(二)教学反思与建议

实践证明,课程思政解决了"培养什么人、怎样培养人、为谁培养人"的问题,能够充分实现公选课"同向同行,协同育人"的重要育人功能,在提高学生专业兴趣水平的同时,对学生的三观塑造和形成起到了非常重要的作用,是构建全方位、全过程、全员育人的高校大学生思想政治教育体系的重要组成部分。然而,针对本课程的思政教学,还存在不足,故提出以下建议:

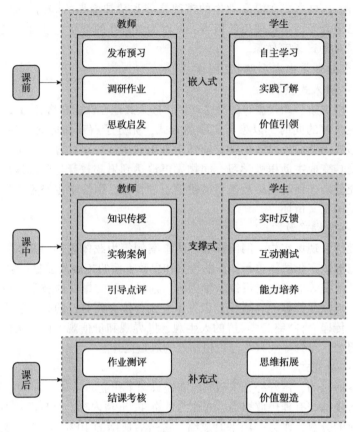

图 4 思教融合的教学内容和路径

1. 建立思政学习的常态化机制，切实提升教师思政水平

教学目标分为知识目标和情感目标，前者是专业课，后者是思政课。思政目标的达成与教师的思政素养密不可分，因此，需完善教师育德意识与育德能力的制度设计和政策供给，建立教师思政学习的常态化机制，促使教师学深悟透习近平新时代中国特色社会主义思想，形成高尚的师德师风，切实做到"四有好教师"，与时俱进地协同育人[9-13]。

2. 建设思政示范性课程，显隐相融推进公选课程协同育人

推进课程思政示范性课程建设是加强课程思政教学育人的突破口和有力抓手[14]。本门课程适用范围广、选课人数多、影响力大，且具备较为全面的思政教学积累，建议相关部门给予政策和项目支持，推动本课程建设成为全校的示范性课程，以促进公选课与其他课程显隐相融地协同育人。另外，为促进示范性课程建设，提升思政教育质量，本课程将创新性地实行思政教育量化，将其与课程考核成绩挂钩，辅助学生构建自己的思政体系，以期取得更好的示范性成效。

参考文献

[1] 习近平总书记在全国高校思想政治工作会议重要讲话 [Z]. 新华社，2016-12-08.

[2] 高德毅，宗爱东. 从思政课程到课程思政：从战略高度构建高校思想政治教育课程体系[J]. 中国高等教育，2017(1)：43-46.

[3] 冯亚青，陈立功，张宝，等. 化工类专业课程思政与教学改革探索——以"精细有机合成化学及工艺学"为例[J]. 中国大学教学，2018(9)：48-51.

[4] 陈华栋, 苏镠镠. 课程思政教育内容设计要在六个方面下功夫[J]. 中国高等教育, 2019(23): 18-20.
[5] 王淑琴. 实施"课程思政"需要确立六种思维[J]. 山西高等学校社会科学学报, 2019, 31(11): 70-76.
[6] 欧平. 高职高专课程思政: 价值意蕴、基本特征与生成路径[J]. 中国高等教育, 2019(20): 59-61.
[7] 郭华, 张明海. 高校"课程思政"协同育人体系构建研究[J]. 2020, 12(1): 5-10.
[8] 李发国, 岳慧君, 尹付成. 文化素质教育课"材料科学与人类文明"课程思政设计与实践[J]. 大学教育, 2020(6): 123-125.
[9] 齐金花. 课堂教学语言在课程思政中的重要地位初探[J]. 中国高等教育, 2020(6): 37-38.
[10] 杨国斌, 龙明忠. 课程思政的价值与建设方向[J]. 中国高等教育, 2019(23): 15-17.
[11] 韩宪洲. 聚焦课程思政[J]. 中国高等教育, 2019(23): 12-14.
[12] 顾晓英. 教师是做好高校课程思政教学改革的关键[J]. 中国高等教育, 2020(6): 19-21.
[13] 邱伟光. 课程思政的价值意蕴与生成路径[J]. 思想理论教育, 2017(7): 10-14.
[14] 蔡小春. 工科研究生培养中"课程思政"教学路径的探索与实践[J]. 学位与研究生教育, 2019(10): 7-13.

The design and practice of ideological and political education in the teaching of *Evaluation of Living Environment*

Huang Yanhui

(College of Material Science and Technology, Beijing Forestry University, Beijing 100083)

Abstract In order to cultivate excellent-quality successors who have strong professional knowledge and practice the core values of socialism, the author fully explored the ideological and political elements contained in the teaching of the course *Evaluation of living environment*. While continuously strengthened the educational goal of "moral education", the key teaching content of each part is seamlessly integrated with ideological and political education, and the teaching path of embedded, supporting and supplementary are combined to achieve the expansion and deepening of the ideology and politics of the course in whole process and directions. Through the integrated teaching of the course and ideology and politics, the author believes that the key points of ideological and political courses are teachers. It is necessary to establish a normalization mechanism for ideological and political learning so as to effectively improve teachers' ideological and political level. The breakthrough and powerful method for strengthening ideological and political education is to construct the demonstration courses of ideological and political for the promoting collaborative education of public elective courses.

Keywords ideology and politics of the course, *Evaluation of Living Environment*, design and practice, higher education, value leadership

"草地培育学"课程思政元素设计与教学实践

贺 晶 平晓燕 董世魁

（北京林业大学草业与草原学院，北京 100083）

摘要： "草地培育学"作为农林院校草学专业学生必修的一门课，蕴含着丰富的思政元素，本文从"草地培育学"课程中的思政元素、课程思政教学设计、课程思政教学实践与效果三个方面阐述了课程思政的融入情况。经回访了解，学生认为将思政内容融入专业课程很有必要，教师在讲课过程中巧妙地将课程内容与社会主义核心价值观融为一体，并明确对本学科的认同感、责任感和自豪感，可以帮助学生成长为综合素质高的专业性人才，为我国草牧业的蓬勃发展提供更多的智慧和力量。

关键词： 草地培育学；课程思政；教学实践

2020年5月，教育部印发的《高等学校课程思政建设指导纲要》指出，要把思想政治教育贯穿人才培养体系，全面推进高校课程思政建设，发挥好每门课程的育人作用，提高高校人才培养质量[1]。也就是说，"课程思政"的任务是要将专业课（非思政课程）和思政内容进行有机融合，并且使这种有机融合持续性贯穿于教育教学的全过程，实现专业知识教学和正确价值观引领的有机统一[2]。基于这种育人背景，就需要以课程为载体，深入挖掘思政元素，将其融入教学中，做到"润物细无声"，实现"全程育人，全方位育人"的教育目标。本文以"草地培育学"课程为例，对课程中所蕴含的思政元素进行深入挖掘，将其融入专业课程的教学中，并通过课程教学实践，进一步凝练课程思政融入专业课程教学的方法和途径。

"草地培育学"一般在大二上学期开设，这一时期学生的专业认知能力、理解能力均迅速提高，对自己的专业和未来发展开始思考，此时也是学生树立正确的人生观、价值观、职业观的关键时期。因此，教师在教学过程中，不仅要以培养出专业型人才为目标，同时也须更加注重对学生世界观、人生观和价值观的教育，积极引导当代学生树立正确的国家观、民族观、历史观、文化观，从而为社会培养更多德智体美劳全面发展的人才，为中国特色社会主义事业培养合格的建设者和可靠的接班人。

一、"草地培育学"课程中的思政元素

（一）"草地培育学"课程特色

"草地培育学"在北京林业大学的前身为"草地学（双语）"课程，从2003年开始讲授，一直到2019年改为"草地培育学"在本校正式开始讲授。课程定位为草学专业本科生的专业核心课程，作为培养草学专业人才的一门专业课，该课程是能够直接应用到草牧业生产当中的实践性极强的专业课，是一门既有理论深度，又有实践意义的专业课，它是植物学、

作者简介：贺 晶，北京市海淀区清华东路35号北京林业大学草业与草原学院，讲师，hejing_606@163.com；
平晓燕，北京市海淀区清华东路35号北京林业大学草业与草原学院，副教授，pingxy@bjfu.edu.cn；
董世魁，北京市海淀区清华东路35号北京林业大学草业与草原学院，教授，dongshikui@sina.com。
资助项目：北京林业大学教育教学研究项目"依托校外试验站探索'草地培育学'实践教学模式"（BJFU2021JY116）。

生态学、地理学、土壤学、畜牧学及气象学等多学科的交叉，具有基础性、系统性、综合性的特点[3]。课程建设目标立足北方，放眼全国、全球的草地培育、建设和管理，以实现在可持续利用的前提下，通过草地合理利用来获取最佳生态和物质产品的"草地培育学"任务。这门课作为农林院校草学专业学生必修的一门课，不仅是学习专业知识的课程，也是思政育人的载体。

（二）"草地培育学"课程思政元素

"草地培育学"的基本任务是对草地资源实行合理利用、培育改良，使之健康可持续发展。作为一门多学科交叉的专业课，"草地培育学"课程蕴含着丰富的思政元素。通过深入挖掘草地培育学中蕴含的思想政治教育资源，有效推进课程教学改革，最大限度激活思政元素，为新时代大学生的培养注入思政活力。经过团队成员的认真讨论与提炼，目前，有机融入课程教学中的思政元素要点如图1所示。

生态文明建设素材	山水林田湖草沙冰是一个生命共同体；绿水青山就是金山银山；生态优先、绿色发展之路；中国首批国家公园出炉；"双碳"目标；生物多样性大会等
草业行业励志素材	引入草原区乡村振兴、脱贫攻坚中涌现出的先进励志事迹；学习林草行业全国先进工作者事迹；邀请优秀毕业生分享经验；观看行业成熟企业分享发展历程等
草业行业发展动态素材	草原生态保护补奖政策；科学推进草原生态修复；"加快选育和推广优质草种"；借力"互联网+"，开创牧草产业新模式；新系统性修复技术体系介绍；第三地全国土地调查等
课程教学的实践素材	课程实习软件使用情况；结合理论内容，分析不同地区草畜平衡情况；设计草原地区的放牧系统；草地培育综合技术等

图 1 "草地培育学"课程思政元素要点挖掘

二、"草地培育学"课程思政教学设计

（一）"草地培育学"课程思政教学设计目标

从学生的知识、能力、情感、态度、价值观等维度，将思政元素融入"草地培育学"课程，在课程教学中加强生态文明教育，引导学生树立和践行绿水青山就是金山银山的理念。让所有学生的身心都充分浸染绿色理念，潜移默化地影响他们对职业的规划和选择，进一步引导和激励广大毕业生积极投身基层草业事业，到祖国最需要的地方建功立业，将绿色生态的种子播撒四方，增强学生服务草原生态修复、草原生态保护的使命感和责任感，培养有绿色情怀的创新人才。

（二）"草地培育学"课程思政教学切入点

1. 引导学生树立绿水青山就是金山银山的理念

草原具有防风固沙、涵养水源、保持水土、吸尘降霾、固碳释氧、调节气候、美化环境、运动休闲、健康养生、维护生物多样性等重要生态功能。在讲述"草地培育学"绪论章节时，结合草地生态服务功能融入绿水青山就是金山银山理念，让学生深刻认识到草原早已不仅仅是用于放牧，而是有着独特的生态、经济、社会功能，是不可替代的重要战略资源，从而增强学生对草原重要性的认识、对草学专业的自信和对绿水青山就是金山银山的理念的认识。

2. 增强学生社会责任感与法制意识

草原既是重要的生态屏障区，又大多位于边疆地区，也是众多少数民族的主要聚集区和贫困人口的集中分布区，具有"四区叠加"的特点，保护和建设好草原，直接关系着边疆

稳定、民族团结、牧民脱贫增收[4]。草学工作者不仅要充分认识到保护草原的重要性，更需要具有高度的社会责任与法制意识。因此，我们教学团队也着重加强了该方面思政教育元素的融入，在讲述草地法制管理章节时，开展了思政教育尝试。增强学生社会责任感、法制意识的课程思政案例如图2所示。

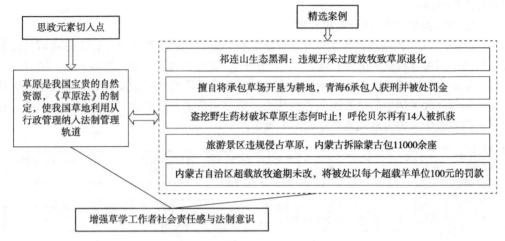

图2　增强学生社会意识、法制意识课程思政案例图

3. 培养学生创新精神

目前，我国草原生态局部改善、总体恶化的趋势未根本扭转，绝大部分草原存在不同程度的退化、沙化、石漠化、盐渍化等现象[5]。在生态文明大力推进的背景下，草原生态保护修复亟待展开。"草地培育学"的基本任务是帮助学生充分了解草地资源合理利用、培育改良的专业知识，通过课程讲授，培养创新人才对于草业绿色发展具有重大意义。在"草地培育综合技术"章节教学中，教师通过多个案例并结合以问题为基础的学习[6-7]、讨论等多种教学方法，启发学生站在草原使用者以及管理者的角度发现问题并思考如何解决问题，从而培养学生的创新精神(图3)。

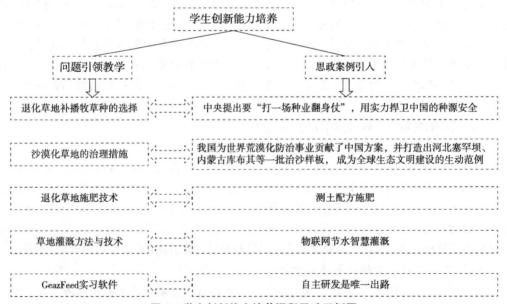

图3　学生创新能力培养课程思政示例图

4. 增强草学工作者的使命感

跨入21世纪,草业迎来了又一个发展机遇[8],作为草业相关专业的教师和学生,更需要积极响应党的方针政策,做好勇挑重担的准备。在授课中,加强学生做草业接班人的意识培养,让学生深刻意识到踏上改革开放的新征程,草业的发展前景将更美好,激发学生在草业行业施展抱负、为人民服务的雄心壮志。团队教师在草地综合培育技术和草地建设章节教学中进行了思政教育尝试(图4)。

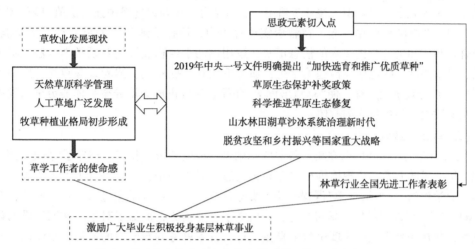

图4 激励广大毕业生积极投身基层草业事业思政案例图

5. 提升学生生态文明素养

在我国生态系统中,草原占据着极为重要的战略地位,我国作为草原资源大国,草原的资源地位是其他绝大多数国家无法比拟的。草原生态状况的优劣关乎我国生态文明建设整体水平之高低[9],而大学生生态文明素养是推动我国生态文明建设的重要基础[10]。在教学过程中,通过实践与理论有机结合,帮助学生深刻领会生态文明理念[11],引导学生在实现自我价值的同时,更好地为生态文明建设贡献力量。团队教师在"特殊草地培育及草地多重利用"章节教学中进行了思政教育尝试(图5)。

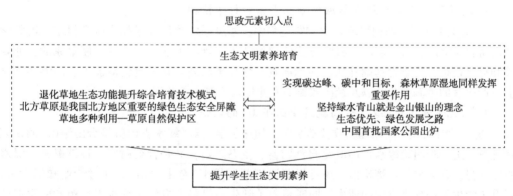

图5 提升学生生态文明素养思政案例图

(三)"草地培育学"课程思政教学方法

在课程思政教学理念的指导下讲授"草地培育学"课程时,受社会主义核心价值观的引领,主要采取理论联系实际讲授法、精选典型案例教学法、体验式教学、参考资料查询指导法、即时讨论法和实际问题解决引导法等多种教学方法,通过师生互动、生生互动,共同探讨、分析、解决实际问题，培养学生的问题意识、探索意识和创新意识，最大限度地激发学生的学习主动性和积极性，充分发挥这门课的思政育人功能。

三、"草地培育学"课程思政教学实践与效果

(一)教学实践过程

"草地培育学"教学团队成员首先明确了立德树人目标，在实现"智育"的同时，深挖专业课中的思政元素，将知识传授和价值引领有机结合，在知识传播中强调价值引领，将"德育"与"智育"有机融合在一起。在教学实践过程中，依托草地资源的重要性、多功能性、草地合理利用和培育改良技术的信息汇集，运用调动学生积极性的互动教学方法，将生态文明、科学态度、绿色情怀传递给学生；通过案例式、探究式、体验式等教学，把课程思政"植入"教育教学全过程，使"草地培育学"课程思政真正成为培养德智体美劳全面发展的社会主义建设者和接班人的载体。

(二)取得的成效

"草地培育学"教师团队在集体备课的基础上，全面分析、收集、整理了"草地培育学"知识点里的思政元素，梳理提炼出专业知识与思政元素的结合点，进行了融入式设计。在草学专业学生的"草地培育学"课程授课中贯穿始终，并对部分学生进行回访，学生普遍反映"草地培育学"课程激发了学习兴趣，并增强了专业信心，加深了对生态文明建设的认识和理解，并在课程实践中体现出学生自主设计、自主思考创新能力的增强，专业性素养提升明显。具体表现如下：

1. 增强了学生学草原爱草原的家国情怀及专业使命感

"草地培育学"是草学专业学生接触的相对较早的一门专业课，此时，学生对自己的专业还存在模糊、片面的理解，或多或少会缺乏专业自信和专业认同感。通过"草地培育学"课程思政教学实践，使学生认识到草原在我国生态文明建设和经济社会发展大局中具有重要战略地位，激发了学生的学习兴趣及对草原重要性的认同，从而增强学生的专业自信。同时通过学习我国为保护和修复草原实施的各种重大举措，激发了学生的爱国主义情怀及专业使命感。

2. 培养了学生学草原懂草原的专业素养和科学精神

在"草地培育学"课程思政教学实践过程中，通过课堂理论和虚拟实践有机结合的教学活动将科学概念、科学态度、科学方法传递给学生，培养了学生学草原、懂草原的专业素养和科学精神，为成为基础扎实、知识面宽、综合素质高、有一定创新能力、能够实现草业生产应有的生态、社会以及经济效益的专业型人才奠定了基础。

3. 深化了学生对"绿水青山就是金山银山"的认识

通过"草地培育学"课程思政教学实践，加深了学生对"绿水青山就是金山银山"的认识和理解，进一步明确绿水青山既是自然财富、生态财富，又是社会财富、经济财富，绿水青山本身蕴含无穷的经济价值，还可以源源不断地带来"金山银山"。通过专业知识学习，提升了学生保护绿水青山的能力，同时培养了学生通过科学方法把绿水青山蕴含的生态产品价值转化为"金山银山"的创新思维。

经了解，学生认为将思政内容融入专业课程很有必要，教师在讲课过程中巧妙地将课程内容与社会主义核心价值观融为一体，并适时穿插本人的学习经历交流人生感悟，明确对本学科的认同感、责任感和自豪感，可以帮助学生成长为综合素质高的专业性人才，为我国草牧业的蓬勃发展提供更多智慧和力量。

四、结　语

"草地培育学"课程思政实施以来,从学生层面反馈的效果是积极的。虽然"课程思政"的效果在短期内不一定能获得全面显现,但只要我们认真思考,善于总结,找到突破口和实施路径,坚持下去,就能产生良好的效果。由于课程思政建设的创造性以及专业教师的自身特性,决定了课程思政并非是简单的思政元素融入,而是蕴含了将思想政治教育理论与具体教学场景相适应,并与个人教学风格相融合的过程。因此,教师除了自身加强政治理论学习、具备过硬的政治素养外,还应提高思政教育意识,加强课程思政创新思维,在教学实践中与时俱进,只有不断挖掘、提炼、提升、总结、反思思政案例融入课程的时间、方式,才能把握课程思政的建设精髓,创造性地推进课程思政教学实践,达到全员育人、全程育人、全方位育人的教学目标。

参考文献

[1] 教育部. 教育部关于印发《高等学校课程思政建设指导纲要》的通知[EB/OL]. [2020-06-01]. http://www.moe.gov.cn/srcsite/A08/s7056/202006/t20200603_462437.html.
[2] 丘清燕. 基于"课程思政"背景下农林院校"生态学"教学改革初探[J]. 辽宁科技学院学报. 2021, 23(4): 55-57.
[3] 杨倩, 王先之, 沈禹颖. 浅谈草地培育学实验教学现状与改革设想[J]. 实验室科学. 2017, 20(1): 84-87.
[4] 刘加文. 新时代草原保护的新任务新策略[J]. 中国畜牧业. 2018(18): 66-67.
[5] 时彦民. 我国为何要推行草原禁牧休牧轮牧[J]. 中国牧业通讯. 2007(9): 22-27.
[6] 闫晓红, 伊风艳, 邢旗, 等. 我国退化草地修复技术研究进展[J]. 安徽农业科学. 2020, 48(7): 30-34.
[7] 叶瑞卿, 黄必志, 袁希平, 等. 退化草地生态修复技术试验研究[J]. 家畜生态学报. 2008(2): 81-92.
[8] 卢欣石. 中国草产业的发展历程与机遇[J]. 草地学报. 2015, 23(1): 1-4.
[9] 于雪婷, 刘晓莉. 草原生态补偿法制化是牧区生态文明建设的必要保障[J]. 社会科学家. 2017(5): 98-102.
[10] 廖冰. 涉农高校大学生生态文明素养培育问题与对策——以江西农业大学为例[J]. 教育教学论坛. 2021(36): 181-184.
[11] 范廷玉, 王顺, 王兴明, 等. "三全育人"视角下大学生生态文明素养培育路径研究[J]. 安徽理工大学学报(社会科学版). 2021, 23(3): 97-100.

Design and teaching practice of ideological and political elements in the course of *Grassland Management*

He Jing　Ping Xiaoyan　Dong Shikui

(School of Grassland Science, Beijing Forestry University, Beijing　100083)

Abstract　As a compulsory course for students majoring in grassland sciences in agricultural and forestry colleges, *Grassland Management* contains rich ideological and political elements. This paper expounds the integration of ideological and political elements in the course from three aspects: the ideological and political elements in the course, the ideological and political teaching design of the course, and the practice and effect of the ideological and political teaching of the course. According to the return visit, students think it is necessary to integrate ideological and political content into professional courses. Teachers skillfully integrate the course content with socialist core values and clarify their sense of identity, responsibility and pride for the discipline, which can help them grow into professional talents with high comprehensive quality, and provide more wisdom and strength for the vigorous development of grass and animal husbandry in China.

Keywords *Grassland Management*, course of ideological and political education, teaching practice

"食品化学"课程思政建设的探索与实践

王丰俊　张瑜　王晓楠　徐桂娟

（北京林业大学生物科学与技术学院，北京　100083）

摘要： "食品化学"是食品专业学生的第一门专业核心课程，对学生构建专业知识体系具有重要作用。在"食品化学"课程教学中融入课程思政元素，可实现知识传播与价值引领协同发展，有利于全程育人的实施。本论文分析了"食品化学"课程特点和学情特点，在此基础上从课程目标设定、课程教学内容设计、教学方法选择和教学评价四个方面进行课程思政建设，为课程全面实施课程思政提供借鉴和参考。

关键词： 食品化学；课程思政；教学改革

2016年，习近平总书记在全国高校思想政治工作会议上指出："要坚持把立德树人作为中心环节，把思想政治工作贯穿教育教学全过程，实现全程育人、全方位育人，努力开创我国高等教育新局面。"习近平总书记强调，要用好课堂教学这个主渠道，提升思想政治教育亲和力和针对性，满足学生成长发展需求和期待，使各类课程与思想政治理论课同向同行，形成协同效应[1]。2020年6月，教育部印发了《高等学校课程思政建设指导纲要》，明确要把思想政治教育贯穿人才培养体系，全面推进高校课程思政建设，发挥好每门课程的育人作用，提高人才培养质量。

"知山知水，树木树人"是我校培育人才的目标和准则。作为林业院校食品科学与工程专业，不仅需要掌握食品专业基础理论、知识与应用技能，更要培养学生以发展林业生物资源和可食性林产特色资源为己任，同时兼具家国情怀、创新能力和对食品行业的责任与热忱。这就要求教授知识过程中，潜移默化地培养学生的世界观、人生观和价值观，做到"知识传授"和"价值引领"的有机结合，实现真正的"树人"。"食品化学"是食品专业学生接触的第一门专业基础课，对构建学生专业知识体系具有重要的作用，同时为学生今后工作求学提供专业知识，一直伴随着学生的学习工作。因此，在"食品化学"课程中开展课程思政，是培养学生爱国情怀、职业素质、科学素养和创新精神等综合素质的良好契机，是实现全员育人、全程育人、全方位育人的重要抓手。

一、"食品化学"课程特点

"食品化学"从化学角度和分子水平研究食品化学组成、结构、理化性质、营养和安

作者简介：王丰俊，北京市海淀区清华东路35号北京林业大学生物科学与技术学院，教授，wangfengjun@bjfu.edu.cn；
　　　　　张　瑜，北京市海淀区清华东路35号北京林业大学生物科学与技术学院，讲师，15261597598@163.com；
　　　　　王晓楠，北京市海淀区清华东路35号北京林业大学生物科学与技术学院，高级实验师，w_angxiaonan@163.com；
　　　　　徐桂娟，北京市海淀区清华东路35号北京林业大学生物科学与技术学院，副研究员，xuguijuanbio@163.com。
资助项目：北京林业大学课程思政教研教改专项课题"食品化学"（2020KCSZ088）；
　　　　　北京林业大学教育教学研究项目"基于混合式教学的'食品化学'课程改革探索"（BJFU2021JY039）；
　　　　　北京林业大学教育教学研究项目"食品化学双语教学内容改革研究"（BJFU2018JY047）。

全性质以及各组分在生产、加工、储藏和运输销售过程中发生的变化,是一门理论与实际应用紧密结合的课程[2]。本课程以"无机化学""有机化学""分析化学"等为基础,主要研究食品体系中水、碳水化合物、蛋白质、脂质、维生素、矿物质等在不同加工及贮藏条件下的化学变化及其对食品品质的影响。食品的安全质量关系到人民群众的身体健康和生命安全,熟知食品基本组分的物理化学性质及加工贮藏过程中变化是食品专业学生的基本专业素养,是生产健康合格产品的基本保障。因此,通过课堂讲授、实验、翻转教学等教学方法,把爱国情怀、民族责任感、职业素质教育、科学研究的严谨创新精神有机地融合到课堂教学中,实现知识的传授、能力的培养和价值的引领是本课程思政建设的重点方向。

二、学生学情分析

"食品化学"课程授课对象是本科二年级食品科学与工程专业学生。经过大学一年级的学习,已奠定了"高等数学""有机化学"等课程基础,建立了本课程所需的基本知识体系。但不能很好地将已有的知识迁移到新知识的学习中,在教学过程中要注重通过建立知识网络,加强学生学习的迁移能力。此外,大二学生在心理上日趋成熟,开始尝试按照自己的专业所需塑造自己。大多数学生开始关心国家大事,政治观点逐渐成熟,理论思维水平有了新的发展,这时需要在专业课堂上给予正确的引导。在学习过程中,有的同学对专业兴趣浓厚,学习态度积极。对于这些已树立明确发展目标的学生,在教学过程中既要帮助他们积累专业知识,同时也要培养他们的职业素养、科研精神和创新意识。而部分同学,对专业学习兴趣不足,人生规划较为模糊,在教学过程要注意专业兴趣的引导,帮助学生树立正确的人生观和价值观。在现有知识体系下,学生未能体会到专业学习的兴趣,感受不到食品科学知识的美。因此,需要在课程中有组织、有计划地进行课程设计,融入专业知识外的思政内容,同时注重表现方式,达到润物无声的效果,在知识层面与精神层面达到双重引领,帮助学生建立学习目标与人生方向。

三、"食品化学"专业课程思政设计方案

针对"食品化学"的课程特点和学情特点,从教学目标、教学内容、教学方法、教学评价4个方面进行课程思政元素的融入与设计(图1)。

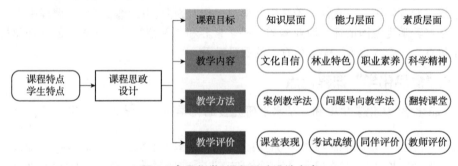

图1 "食品化学"课程思政设计方案

(一)课程目标设定

本课程融入思政元素时,应用OBE教学理论(outcomes-based education),以学生为中心,构建知识目标、能力目标、素质目标组成的多元化、综合教学目标体系,以实现协同育人效果。

知识层面上掌握食品的化学组成、结构特征、理化性质及它们在加工、储藏、运输、销售过程中发生的化学变化，总结相关变化在食品领域中的应用。同时，化学反应的发生会导致食品理化性质、功能性质及营养安全性质的变化，熟练地运用化学反应机理分析相关变化产生的原因及存在的控制因素。

能力层面上掌握运用文献检索、信息技术获取本领域前沿讯息与发展动态的能力；熟悉加工储运过程中涉及的食品品质、安全性变化，能独立分析形成原因及提供合理解决方案，运用"食品化学"相关知识解决日常生活及食品加工领域常见的食品相关问题。

素质层面，专业课要树立育人先育德的目标。引导学生树立正确的国家观、民族观、历史观、文化观，为中国特色社会主义事业培养合格建设者和可靠接班人。让学生在学习中利用辩证思维解决科学问题，客观看待食品加工过程中的化学变化，思考如何利用或控制它们为食品工业服务，培育学生科学的专业素养和创新意识。同时，引导学生用所学专业知识理解国家在食品领域的相关政策法规，弘扬我国传统饮食文化，激发学生对专业的认同感，培养学生的使命感和责任心，培育学生"爱国、敬业"的精神追求。

（二）整合教学内容，巧妙融入课程思政设计

"食品化学"教学内容丰富，深挖背后的思政元素，建立课程思政教学案例库。将案例分为传统文化、林业特色、职业素养和创新精神等板块，通过课堂讲授、实验实践、分组讨论等教学方法，培养学生文化自信、专业自信、职业素养和科学精神。

我国饮食文化历史悠久，博大精深。在教学中，结合《舌尖上的中国》、网红美食博主李子柒等影视资料，展示传统食品加工制作、饮食习俗与文化等内容，将食物所赋予的历史与文化内涵穿插其间，使学生思考和探寻中华民族的"食文化特征和标志性文化基因"，增强学生对中华民族历史与文化的认同感、自豪感与自信。同时也可以探讨科学与实践、理论与实际之间的关系，如古法不一定适合现代。科学服务于民生，既要继承传统饮食文化，同时更要为传统食品开拓新的发展途径，注入新鲜血液。

在专业知识传授中，与学科发展相关联，为学生介绍森林食品、木本粮油等产业现状及发展趋势，帮助学生树立专业自信。例如，在讲授"油脂"章节时，介绍我国食用油自给率低、依赖进口的现状。我国木本油料资源丰富，大力发展木本油料，增加健康优质食用油供给，可为我国粮油安全保驾护航。同时，发展木本油料产业有利于绿化国土、治理水土流失，有利于生态文明和贫困地区经济发展，是一举多得的举措。通过专业知识与专业发展相结合，使学生了解发展林业特色食品不仅是为了自身的职业发展，更肩负着为祖国提供健康食品资源的责任；引导学生树立和践行绿水青山就是金山银山的理念，增加建设祖国的责任感及对专业的认同感。

"食品化学"的发展也伴随着食品掺假、食品安全事件的滋生。授课过程中列举为了获取利益而出现的掺假案例，如为了提高猪肉瘦肉率向饲料中添加瘦肉精，为了提高蛋白含量向奶粉中添加三聚氰胺，用化学染色剂苏丹红冒充食品添加剂，等等，揭示案件背后的化学原理。学生作为未来食品行业的从业者，需要树立道德底线，培养职业素养，将食品安全意识和社会责任感内化于心，外化于行。

科学的发展依靠创新精神推动，并需要持之以恒地坚持。"食品化学"的经典反应如美拉德反应、饮品可乐等的发现都是在不经意间产生，引导学生在学习和实验中留心观察、擅于发现、敢于质疑。若好奇是打开科学大门的敲门砖，那么坚持才是取得成功的保障。比如水稻杂交之父袁隆平院士，坚持不怕失败、不怕嘲笑、艰苦奋斗、勇于尝试、科学务实的精神，用科创精神永守"大国粮仓"。在教学中把专业知识与科学精神的培养结合起来，提高学生正确认识问题、分析问题和解决问题的能力；培养学生探索未知、追求真理、勇

攀科学高峰的责任感和使命感；培养学生精益求精的大国工匠精神，激发学生科技报国的家国情怀和使命担当。

从上述角度积累、应用思政案例，在每章中设计 1~3 个课程思政融入点，实现专业育人与思政育人协同发展。

（三）改善教学方法，使课程思政润物无声

"食品化学"理论性知识点多，知识点间关联性弱。如何在完成教学任务同时进行思想引导，单纯通过教师讲授的方法是难以实现的。因此，课程思政建设应该侧重于新兴教学方法的应用，尤其注重新兴教学模式与课程思政的有机融合。

1. 案例教学法

案例教学法（case-based teaching, CBT）是开放式、互动式的新型教学模式。教师通过真实典型案例模拟，引导学生对案例进行主动收集资料、综合分析、独立思考和解决问题，从而培养学生的综合能力[3]。日常生活与食品息息相关，从稻米到精深加工的肉制品、烘焙制品等，这赋予本课程丰富的教学案例来源。在案例选择过程中，结合不同维度的教学目标，将课程思政元素融入其中，实现协同育人的目的。通过负面案例引起学生的责任感和对国家食品政策的了解，比如"三鹿奶粉"事件。蛋白质是奶粉中的重要营养物质，奶粉中蛋白质含量通过凯氏定氮测定其中氮元素的含量来表征。无良商家利用这一点，向奶粉中添加有毒的三聚氰胺，提高奶粉中的氮含量，但却导致了全国近 30 万婴儿患肾结石。这也从侧面反映出当时我国食品安全监管制度的不足。在此之后，我国颁布了《食品安全法》，并且不断完善。尤其近年来，国家大力推动实施食品安全战略，不断提高食品安全保障水平，坚决守护好人民群众"舌尖上的安全"。介绍案件背景后，让学生带入不同角色，从企业生产者、消费者、质量管理部门和法律修订部门等角度来分享感受和认识。通过案例教学结合角色扮演的方法，让学生了解我国食品法制建设进程、树立正确的职业道德观。此外，教学过程中也要选取正面的案例，比如《舌尖上的中国》中介绍我国传统食品文化的案例，有利于增强文化自信，感受食品之美，生活之美。

2. 问题导向教学法（PBL）

PBL 即 problem-based learning，是一种基于问题导向的学习方式，以学生为主，在教师的引导下，通过小组讨论的形式，让学生围绕食品化学中的实际问题收集资料与思考，培养学生自主的学习能力和创新能力。通过探寻现实情境和知识应用问题，帮助学生将理论知识与实际应用相结合，将所学知识融会贯通。同时，学习过程中采用小组讨论方式，促进学生间学习上互相帮助、共同提高，培养合作互助的意识；自主地交流讨论营造了轻松、民主的学习范围，易于激发学习积极性和主动性，提高学习效率；同时相互间讨论易于碰撞出新的火花，逐步形成创新意识。例如，在碳水化合物章节中，重点内容美拉德反应、焦糖化反应等学生对其理解不深，通过设计基于 PBL 教学法的小组讨论来加深理解。在讲授美拉德反应、焦糖化反应后，让学生应用所学理论知识思考炭烧酸奶中炭烧颜色如何形成。以 6~8 人为一组，通过查阅文献、讨论学习等方式寻找问题答案，并推选代表对分析过程及结论具体展示。通过这种方式，提高了全体学生的参与感，加深了学生对知识点的理解与应用，营造了良好的学习氛围，让学生有所学、有所感、有所获。虽然在此过程中并没有显性的课程思政元素，但学习过程本身即是实现教学素质目标的过程，培养学生具备解决实际问题的创新能力和团结协作的精神，正是食品行业高素质专业技术人才不可或缺的品质。

3. 翻转课堂教学法

"翻转课堂"是一种以学生为主体的教学模式，而教师在教学过程中主要起到启发、引导的作用，是一种"学习知识在课外、内化知识在课内"的课堂教学新范式[4]。教学过程中教师与学生角色互换，提高学生的参与度和积极性，使学生从被动接受知识到主动学习知识。翻转课堂对学生和教师都提出了较高的要求，本课程设计了一次翻转课堂，即课程的最后一次课。学生通过所学知识，查找文献，进行文献汇报。文献的主题与本课程所学知识相结合，同时可以选取不同话题，如食品科学最新前沿进展、中国传统食品的发展与创新、林业食品的现状与发展、食品安全等。通过不同话题的选择，让学生在查阅资料中自学与思考；通过文献交流，拓宽学生的眼界与认知；通过翻转，教师对学生的汇报进行总结升华，完成理论知识与课程思政的教学内容。通过翻转课堂可提高学生查阅文献、创新和科学研究能力，同时在汇报中提高学生的表达能力，实现思想层面、知识层面、能力层面的全方位提高。

（四）教学成效评价

将传统的以期末闭卷考试为主体的单一评价方式升级为模块化评价方式，分为课堂表现、小组学习、文献汇报、考试考查四大模块。课程考核更加注重学习的过程，比如学生课堂讨论参与度、资料收集整理能力、汇报展示能力等，而非只看重考试结果。课程表现和考试考查模块由任课教师给予成绩评定。而小组学习和文献汇报，教师不再是单一的教学成效评价人，采用同伴评价，充分考虑其他学生对小组工作的认可，增加整体参与度，调动学生积极性。通过自评和教师评价相结合完成此部分评价。通过设置合理的权重比例，从不同角度评价学生的学习效果。同时收集学生对于课程的评价，结合教学评价后，进行教学反思。根据反馈把握好课程思政的度与量，既要存在，又不能喧宾夺主。通过课程思政内容是否与教学内容浑然一体，学生接受程度，学生思想变化等方面衡量课程思政教学效果，达到溶盐入水，润物无声的效果。

四、结 语

"食品化学"是高等院校食品专业的重要基础课与必修课，对构建学生专业体系和培养学生能力至关重要。将"课程思政"融于课程教学中，是食品类专业实现立德树人的重要途径。如何在自然科学知识中融入社会科学内容是值得深入探讨的话题，寓价值观引导于知识传授和能力培养之中，让学生感受到生命的美丽和理性科学的光辉，还需付诸更多努力。全面推进课程思政建设，树立综合目标，完善教学内容，巧用教学方法，升级教学评价，帮助学生塑造正确的世界观、人生观、价值观，真正实现"价值塑造、知识传授、能力培养"三位一体的目标。

参考文献

[1] 习近平. 把思想政治工作贯穿教育教学全过程开创我国高等教育事业发展新局面[N]. 人民日报，2016-12-09(1).
[2] 阚建全. 食品化学[M]. 第3版. 北京：中国农业大学出版社，2016.
[3] 付晓萍，李凌飞，高斌，等. 案例教学法在高级食品化学课程中的实践与应用：以大米淀粉老化为例[J]. 现代农业科技，2021(4)：250-251.
[4] 陈永. 翻转课堂在"食品化学"双语教学中的应用初探. 轻工科技，2018，34(4)：141-142.

Exploration and practice of ideological and political construction of *Food Chemistry* course

Wang Fengjun Zhang Yu Wang Xiaonan Xu Guijuan

(College of Biological Science & Biotechnology, Beijing Forestry University, Beijing 100083)

Abstract *Food Chemistry* is the first professional course for students majoring in food science, and it plays an important role in building professional knowledge system for students. Incorporating the ideological and political elements into the *Food Chemistry* course can realize the coordinated development of knowledge dissemination and value guidance, which is conducive to the implementation of the whole process of educating people. This thesis first analyzes the characteristics of the *Food Chemistry* course and students. On this basis, the curriculum ideological and political construction is carried out from the four aspects of curriculum goal setting, curriculum teaching content design, teaching method selection and teaching evaluation. Comprehensive implementation of the curriculum with curriculum ideological and political could provide good reference for curriculum construction.

Keywords *Food Chemistry*, ideological and political education, teaching reform

"概率论与数理统计"中的思政元素挖掘

赵俊光

（北京林业大学理学院，北京　100083）

摘要： 在专业课程中开展课程思政，对新时代高校全面提高人才培养质量具有重要意义。课程思政的核心特点是价值引领，本质特征是立德树人。基于此，本文选取"概率论与数理统计"中的知识点为依托，结合实际生活与社会热点设计教学案例。从这些案例中挖掘思政元素，把"知识传授"与"价值引领"有机统一起来，做到立德树人，培养具有社会主义核心价值观的有用人才。

关键词： 课程思政；概率论与数理统计；思政案例；价值引领

一、研究背景

2016年12月，习近平总书记在全国高校思想政治工作会议上强调："高校思想政治工作关系高校培养什么样的人、如何培养人以及为谁培养人这个根本问题。要坚持把立德树人作为中心环节，把思想政治工作贯穿教育教学全过程，实现全程育人、全方位育人，努力开创我国高等教育事业发展新局面。"并明确指出："要用好课堂教学这个主渠道，思想政治理论课要坚持在改进中加强，提升思想政治教育亲和力和针对性，满足学生成长发展需求和期待，其他各门课都要守好一段渠、种好责任田，使各类课程与思想政治理论课同向同行，形成协同效应。"[1]此后，思想政治教育不再只是思想政治理论课和思想政治理论课教师的事情，如何在专业教育课程中融入课程思政成为所有教师都应该思考的课题[2-4]。

要想在专业课程中做好课程思政，首先要深刻理解课程思政的内涵。课程思政是将思想政治教育元素（简称思政元素），包括思想政治教育的理论知识、价值理念以及精神追求等融入各门课程中去，潜移默化地对学生的思想意识、行为举止产生影响。课程思政不是简单地向学生灌输思想政治教育的基本理论知识，而是要培养学生树立正确的世界观、人生观和价值观，实现对学生的价值引领。正如习近平总书记所言，青少年学生正处于人生的"拔节孕穗期"，最需要精心引导和栽培，而且青少年的价值取向在某种程度上决定了未来整个社会的价值取向，抓好这一时期的价值观教育十分重要。因此，"价值引领"是课程思政的核心特点，立德树人是课程思政的本质特征。在专业课程中做好课程思政，要挖掘专业课程本身的"思政元素"，以专业为基础，从专业中引发和专业相连的问题，从而达成思政教育，在知识传授的同时实现价值引领的目标。

"概率论与数理统计"是大学数学三大基础必修课之一，受众面广，关注度高。与另两门数学基础课"高等数学"和"线性代数"相比，"概率论与数理统计"这一课程与社会生活的联系十分紧密，应用特别广泛，正如科学巨匠拉普拉斯所说："生活中最重要的问题，其中绝大多数实质上只是概率问题。"概率的内容和题目大多源于生活，从知识点出发设计教学

作者简介：赵俊光，北京市海淀区清华东路35号北京林业大学理学院，讲师，junguang_zhao@163.com。
资助项目：北京林业大学课程思政教研教改项目"概率论与数理统计B"（2020KCSZ220）。

案例，挖掘思政元素，能够潜移默化地进行思政教育，达到润物细无声的育人效果。因此，本文将结合"概率论与数理统计"课程的知识点，设计教学案例，挖掘其中的思政元素，实现课程思政价值引领的目标。

二、课程思政案例教学设计

（一）独立性与加法公式

【知识点】 设 n 个随机事件 A_1，A_2，$\cdots$，A_n 相互独立，则 A_1，A_2，$\cdots$，A_n 至少有一个事件发生的概率为：

$$P\{A_1 \cup A_2 \cup \cdots \cup A_n\} = 1 - P\{\overline{A_1 \cup A_2 \cup \cdots \cup A_n}\}$$
$$= 1 - P\{\overline{A_1} \cap \overline{A_2} \cap \cdots \cap \overline{A_n}\}$$
$$= 1 - P\{\overline{A_1}\} \cdot P\{\overline{A_2}\} \cdot \cdots \cdot P\{\overline{A_n}\}$$

【案例1】 有一个任务，甲、乙、丙三人独自执行时，他们成功的概率分别为0.4，0.45，0.5。假设他们三人独立执行任务，求至少有一个人成功的概率。

【解】 用 A_1，A_2，A_3 分别表示"甲成功执行任务""乙成功执行任务""丙成功执行任务"，则至少一人成功的概率为：

$$P\{A_1 \cup A_2 \cup A_3\} = 1 - P\{\overline{A_1 \cup A_2 \cup A_3}\} = 1 - P\{\overline{A_1} \cap \overline{A_2} \cap \overline{A_3}\}$$
$$= 1 - P\{\overline{A_1}\} \cdot P\{\overline{A_2}\} \cdot P\{\overline{A_1}\} = 1 - 0.6 \cdot 0.55 \cdot 0.5$$
$$= 0.835$$

【思政元素】 面临一项难度很大的任务，单人作战完成任务的概率往往比较小。组建一个团队是解决难题的有效方案。案例1表明，甲、乙、丙组成一个团队，即使他们个人的效率没有比独自做任务时提高，这个团队能够完成任务的概率也比单人完成任务的概率大得多。当团队成员合作愉快能够提升个人效率时，这个团队完成任务的概率将会更大。另外，学生也要认识到，"伪团队"完成任务的概率甚至比一个人完成的概率要小。究其原因，"伪团队"不仅不能提高组内成员的工作效率，而且还大大降低了个人的效率。比如，甲、乙、丙三人虽然组成一个团队，但他们并没有认识到合作的重要性，每个人都"期望别人付出更多些"，自己充当团队的"东郭先生"，以至于合作后每个人的效率还不如独自工作的效率，导致完成任务的概率得不到显著提高。从数据来看，甲、乙、丙三人独自执行时，他们成功的概率分别为0.4，0.45，0.5。甲、乙、丙组成的"伪团队"，甲、乙、丙完成任务的概率分别降低到0.2，0.2，0.2，则他们至少一人成功的概率为 $P\{A_1 \cup A_2 \cup A_3\} = 1 - P\{\overline{A_1}\} \cdot P\{\overline{A_2}\} \cdot P\{\overline{A_1}\} = 0.488$。这个概率比丙单独完成任务的概率还要小，可见"伪团队"的危害性。

当今社会，要想做出一番事业，组建一个真正的团队是必不可少的，每个人要真正认识到团队合作的重要性，在团队中贡献出自己的智慧和力量。正所谓群策群力攻难关，团结合作创佳绩。

【案例2】 考虑新冠肺炎病人的密接者被感染的概率。

【解】 假设未做任何防护措施（未打疫苗、未戴口罩）的情况下1次密接确诊病人被感染的概率为0.1，则10次密接确诊病人至少1次被感染的概率为 $1-(1-0.1)^{10}=0.65$。在做好防护措施（接种疫苗、正确佩戴口罩）的情况下1次密接确诊病人被感染的概率为0.01，则10次密接确诊病人至少1次被感染的概率为 $1-(1-0.01)^{10}=0.096$。

【思政元素】 面对新冠肺炎疫情，接种疫苗是一种有效的防控手段。诚然，接种疫苗不能百分之百阻止新冠肺炎的传播，难道这就是不接种疫苗的理由吗？正如数据展示，尽管防控措施不能绝对阻止被感染，但是它极大地降低了被感染的概率，从 0.65 到 0.096，这就是接种疫苗和佩戴口罩的作用。面对新事物，我们应该用学过的知识分析问题，学会运用辩证法看待问题，而不是"只做绝对有用的事情"。因此，每个人都应积极做好防护措施，不掉以轻心，既保护自己不被感染，也为切断新冠肺炎传播贡献自己的一份力量。

(二)古典概型

【知识点】 设随机试验 E 的样本空间包含 n 个样本点，且在每次试验中每个样本点发生的可能性相同。若随机事件 A 包含 k 个样本点，则随机事件 A 发生的概率为 $P(A)=\dfrac{k}{n}$。

【案例3】 一种福利彩票称为"幸运35选7"[5]，即购买彩票时从01，02，…，35共35个号码中任选7个号码，开奖时从01，02，…，35中不重复地选出7个基本号码和一个特殊号码，中奖规则见表1。

表1 幸运35选7的中奖规则

中奖级别	中奖规则
一等奖	7个基本号码全中
二等奖	中6个基本号码及特殊号码
三等奖	中6个基本号码
四等奖	中5个基本号码及特殊号码
五等奖	中5个基本号码
六等奖	中4个基本号码及特殊号码
七等奖	中4个基本号码，或中3个基本号码及特殊号码

求购买彩票中奖的概率。

【解】 样本空间中共有 C_{35}^7 个样本点，且每个样本点是等可能的。用 A_i 表示中 i 等奖，$i=1,2,\cdots,7$，利用古典概型可得：

$$P(A_1)=\dfrac{C_7^7 C_1^0 C_{27}^0}{C_{35}^7}=\dfrac{1}{6\,724\,520}=0.149\times10^{-6} \qquad P(A_2)=\dfrac{C_7^6 C_1^1 C_{27}^0}{C_{35}^7}=\dfrac{7}{672\,450}=1.04\times10^{-9}$$

$$P(A_3)=\dfrac{C_7^6 C_1^0 C_{27}^1}{C_{35}^7}=\dfrac{189}{6\,724\,520}=28.106\times10^{-6} \qquad P(A_4)=\dfrac{C_7^5 C_1^1 C_{27}^1}{C_{35}^7}=\dfrac{567}{6\,724\,520}=84.318\times10^{-6}$$

$$P(A_5)=\dfrac{C_7^5 C_1^0 C_{27}^2}{C_{35}^7}=\dfrac{7371}{6\,724\,520}=1.096\times10^{-3} \qquad P(A_6)=\dfrac{C_7^4 C_1^1 C_{27}^2}{C_{35}^7}=\dfrac{12\,285}{6\,724\,520}=1.827\times10^{-3}$$

$$P(A_7)=\dfrac{C_7^4 C_1^0 C_{27}^3+C_7^3 C_1^1 C_{27}^3}{C_{35}^7}=\dfrac{204\,750}{6\,724\,520}=30.448\times10^{-3}$$

以上概率相加即是购买彩票中奖的概率，因此中奖的概率为：

$$P(中奖)=\dfrac{225\,170}{6\,724\,520}-0.033\,485 \qquad P(不中奖)-0.966\,515$$

【思政元素】 我们看到，中一等奖的概率只有 0.149×10^{-6}，相当于购买一千万次彩票才能中 1.5 次一等奖，这是一个什么概念呢？按每年 365 天算，每天购买一次彩票，需要 27397 年才能买够一千万次彩票。这些数据告诉我们：想要通过购买彩票过上幸福的生活是万万行不通的。不能被一等奖几百万的奖金诱惑失去理智，理智告诉我们，这一辈子即使每天买一次彩票也基本不可能中一等奖。与其将幸福生活寄希望于彩票中奖等不可控因素，不如踏踏实实依靠个人奋斗过上幸福的生活。正如习近平总书记在二〇一八年新年贺词中所说，"幸福是奋斗出来的"。建议学生搜集社会上成功人士的奋斗历程，尽早明白个人奋斗对幸福人生的重要性。

（三）贝叶斯公式

【知识点】 设 $B_1, \cdots, B_n$ 是样本空间 Ω 的一个分割，即 $B_1, \cdots, B_n$ 互不相容，且 $\bigcup_{i=1}^{n} B_i = \Omega$，如果 $P(A) > 0$，$P(B_i) > 0$，$i = 1, \cdots, n$，则 $P(B_i | A) = \dfrac{P(B_i)P(A|B_i)}{\sum_{j=1}^{n} P(B_j)P(A|B_j)}$，$i = 1, \cdots, n$。

【案例4】 伊索寓言"孩子与狼"讲的是一个小孩每天到山上放羊，山里有狼出没。第一天，他在山上喊："狼来了！狼来了！"山下的村民闻声便去打狼，可到了山上，发现狼没有来；第二天仍是如此；第三天，狼真的来了，可无论小孩怎么喊叫，也没有人来救他，因为前面两次他说了谎，人们不再相信他了。为了让学生更加深刻理解"孩子与狼"的寓意，我们用贝叶斯公式分析小孩的"可信程度"是如何下降的。

【解】 用 A 表示"村民认为小孩诚实"，则 $P(A)$ 表示村民认为小孩诚实的概率。俗话说"童言无忌"，在被小孩欺骗之前，村民认为每个小孩都是诚实的，包括这个放羊的孩子，因此不妨假设 $P(A) = 0.8$。

用 B 表示"村民认为小孩的话是谎话"。在村民的眼里，一个诚实的孩子说谎话的概率较小，而不太诚实的孩子说谎话的概率较大，因此不妨假设 $P(B|A) = 0.1$，$P(B|\bar{A}) = 0.5$。第一次听到小孩喊"狼来了"时，村民上山打狼，没有狼，村民发现小孩说了谎（随机事件 B 发生），于是村民对小孩的信任程度不再是之前的 $P(A) = 0.8$，而是条件概率 $P(A|B)$，由贝叶斯公式得：

$$P(A|B) = \dfrac{P(A)P(B|A)}{P(A)P(B|A) + P(\bar{A})P(B|\bar{A})} = \dfrac{0.8 \times 0.1}{0.8 \times 0.1 + 0.2 \times 0.5} = 0.444$$

一次说谎事件，小孩被认为诚实的概率从 0.8 降到了 0.444。

当村民被骗下山后，村民认为小孩诚实的概率调整为 $P(A) = 0.444$。尽管这个概率已经低于 0.5，但考虑到"狼来了"的后果很严重，当小孩第二次说"狼来了"时村民依然上山保护小孩。没有狼来，村民发现小孩再次说了谎（随机事件 B 再次发生），于是村民对小孩的信任程度再次发生变化，由贝叶斯公式得：

$$P(A|B) = \dfrac{P(A)P(B|A)}{P(A)P(B|A) + P(\bar{A})P(B|\bar{A})} = \dfrac{0.444 \times 0.1}{0.444 \times 0.1 + 0.556 \times 0.5} = 0.138$$

这表明经过两次上当后，村民认为这个小孩诚实的概率只有 0.138，于是不难理解小孩第三次喊"狼来了"时村民不再上山打狼。归根结底，村民已不再信任小孩的话。

【思政元素】 诚信是大学生教育的必修课。每次考试，监考老师都会强调考场纪律，但还是常有考场作弊的事件发生，一旦作弊，其后果是严重的，"作弊将失去学位"。在"狼来了"的故事中，利用贝叶斯公式，让学生直观地感受到了"谎言"对诚信的严重伤害：一次谎言，被信任的程度从 0.8 降到 0.444，第二次谎言则导致被信任的程度降到 0.138。两次谎言就从一个"极靠谱的人"变为"极不靠谱的人"，代价不可谓不大。实际上，与学校内的"作弊将失去学位"相比，社会上不诚信带来的后果更是"一个人无法承受的恶果"。例如，使用信用卡消费后，若不能按时还款，轻则需要支付高额滞纳金，重则需要承担法律责任，一旦上了黑名单，影响到了征信记录，那么今后坐车、住酒店等方方面面都会受到影响。

"人与人交往在于言而有信，国与国相处讲究诚信为本。"诚信，不仅在人与人之间的关系中至关重要，在国与国关系中同样具有举足轻重的地位。党的十八大以来，习近平总书记在国内外多个重要场合强调诚信的重要性，为诚信在社会生活、外交关系和时代价值上的体现开启了多维视野，提供了基本遵循。诚信这一课，每一个大学生都必须"满分毕业"。

（四）数学期望

【知识点】 设离散型随机变量 X 的分布列为 $P\{X=x_i\}=p_i$，$i=1, 2, \cdots, n$，则随机变量 X 的数学期望为 $EX=\sum_{i=1}^{n} x_i \cdot p_i$。

【案例5】 核酸检测可以采用"单检"或"混检"。所谓"单检"，就是一人一检，即一个人的样本使用一个采样管并检验一次。所谓"混检"，就是多人一检，即多个人的样本使用一个采样管并检验一次，结果为阴性时说明该组成员都未感染，结果为阳性时说明该组成员至少有一个人感染，需要每人再进行"单检"以便发现阳性成员。"单检"与"混检"，哪个方案效率更高？

【解】 假设有 N 个人要做核酸检测。方案一是采用"单检"，每个人需要检测一次，共需检测 N 次。方案二是采用"混检"，k 个人为一组并检验一次，当检验结果为阴性时则结束，当检验结果为阳性时则该组成员每人需要再进行"单检"。在方案二下，每个人需要检测的次数为随机变量，记为 X，当该组检测结果为阴性时，该组只需要检测一次，相当于每个人检测 $\frac{1}{k}$ 次；当该组检测结果为阳性时，该组需要检测 $1+k$ 次，相当于每个人检测 $1+\frac{1}{k}$ 次；因此每个人需要检测的次数 X 的分布列为：

X	$\frac{1}{k}$	$1+\frac{1}{k}$
P	$(1-p)^k$	$1-(1-p)^k$

其中 p 是每个人检测结果为阳性的概率（发病率）。

由数学期望的计算公式得：

$$EX=\frac{1}{k} \cdot (1-p)^k + \left(1+\frac{1}{k}\right) \cdot [1-(1-p)^k] = 1-(1-p)^k+\frac{1}{k}$$

当 $1-(1-p)^k+\frac{1}{k}<1$ 时说明"混检"方案下每个人需要检测的次数小于1，比"单检"方案效率更高。

不等式 $1-(1-p)^k+\frac{1}{k}<1$ 是否成立，由发病率 p 和每组人数 k 共同决定。因此，不能笼统地说"单检"和"混检"哪个方案更好，要视实际情况而定。

一般而言，要先对发病率 p 进行估计（这是参数估计这一统计方法的用武之地），在此基础上再确定分组时每组内的人数 k。例如，当 $p=0.1$ 时，组内不同人数 k 的值对应的每人需要检测的次数见表2。

表2 $p=0.1$ 时 EX 的值

k	2	3	4	5	8	10	30	33	34
EX	0.690	0.604	0.594	0.610	0.695	0.751	0.991	0.994	1.0016

因此，对发病率 $p=0.1$，4 人一组进行"混检"，平均检测次数最少，工作量可减少 40%。当 34 人一组进行"混检"时每人需要检测的次数超过 1，不如"单检"效率高。

不同的发病率，应设计不同的分组方案，表 3 给出了不同发病率对应的最佳分组人数。

表 3 不同发病率 p 对应的最佳分组人数

p	0.14	0.10	0.08	0.06	0.04	0.02	0.01
k	3	4	4	5	6	8	11
EX	0.697	0.594	0.534	0.466	0.384	0.274	0.205

从表中可以看出：发病率 p 越小，"混检"的效益越大。例如，在 $p=0.01$ 时，以 11 人为一组进行"混检"，则检测工作量可减少 80% 左右。

【思政元素】 在应用中学习，学习效果最好，尤其联系时政更能激发学生探究新知识的热情。根据上述分析，对某个城市进行全民核酸检测时，由于发病率较低，采用"混检"效率更高。对发热门诊有症状患者，由于发病率较高，采用"单检"效率更高。结合核酸检测这一热点问题，一方面学生以数学期望这一概念解决实际问题，达到了学以致用的目的；另一方面也深刻理解了"实际问题实际分析"这一原则，培养学生用辩证法的观点解决问题。"混检"这一方案，实际上就是"分组检验问题"，这种方法最早是由哈佛大学经济学家 Robert Dorfman 在 20 世纪 40 年代提出，当时是用于检测第二次世界大战士兵中有多少人携带梅毒。后来也常被用于筛查无症状人群有多少人携带比如衣原体和淋病病毒。红十字会也用这种方法来筛查献血者中是否有人携带乙肝、艾滋病毒等。正是采用了这一高效检测方案，才能实现"5 天检测全城 900 万人口"这一壮举。

另外，要跟学生强调的是：虽然采用"混检"方案能够减少检测量、大大提高效率，但一个城市几百万甚至上千万的全民核酸检测量，仍然需要付出艰辛的努力和极大的成本。在抗击新冠肺炎这一新型冠状病毒疫情中，我们深刻地感受到了党和国家的强大，坚决把人民生命安全和身体健康放在第一位，一旦发现疫情，坚决第一时间进行干预，确保疫情不会"自由传播"给人民的生活带来更恶劣的影响。

三、结 语

"课程思政"这一概念早在 2014 年就由上海市教育委员会提出并在上海的一些高校进行了试验，取得了较好的成效，习近平总书记的指示为课程思政的进一步发展提供了有力的支持。毋庸置疑，课程思政是新时代思想政治教育发展的重要方向。如何在专业课程中做好课程思政，是新时代高校教师面临的重要课题之一。专业课教师要充分挖掘、提炼、整合专业课程中蕴含的思想政治教育元素，巧妙地规划与设计，运用新媒体、新技术，科学合理地将思政教育融入专业课的课堂教学中，在学习专业知识的同时，引导学生树立正确的世界观、人生观、价值观，培养学生的爱国主义情怀和辩证思维，让学生成为德才兼备、全面发展的人才。

参考文献

[1] 习近平. 把思想政治工作贯穿教育教学全过程，开创我国高等教育事业发展新局面[N]. 光明日报，2016-12-09(1).

[2] 黄昱，李双瑞. 课程思政理念下概率论与数理统计教学改革[J]. 教育现代化，2018，5(53)：109-111.

[3] 张艳，陈美蓉，王亚军，等. 课程思政理念下概率论与数理统计教学改革的探索与实践[J]. 教书育人

（高教论坛），2019(12)：80-81.

[4] 马昕.《概率论与数理统计》课程思政教学改革的实践与探索[J]. 高教学刊，2021(3)：135-138.

[5] 茆诗松，程依明，濮晓龙. 概率论与数理统计教程(第三版)[M]. 北京：高等教育出版社，2019.

Exploration of ideological and political elements in the course of *Probability Theory and Mathematical Statistics*

Zhao Junguang

(School of Science, Beijing Forestry University, Beijing 100083)

Abstract　The development of ideological and political education in curriculum is of great significance to the overall improvement of talent training quality in colleges and universities in the new era. The core feature of ideological and political education in curriculum is value guidance, and the essential feature is morality education. Based on this, the article selects several knowledge topics in the course of *Probability Theory and Mathematical Statistics* to design teaching cases related to real life and hot spots of society. Explore the ideological and political elements in the designed cases and unify organically the knowledge transfer and the core value guidance, so as to establish morality and cultivate talents with socialist core values.

Keywords　ideological and political education in curriculum, *Probability Theory and Mathematical Statistics*, education case, value guidance

"燃料电池"课程思政教学改革的探索与实践

刘 佳 于世新 曹学飞 袁同琦

(北京林业大学材料科学与技术学院,北京 100083)

摘要:将思政教育有机地融入专业教育中是落实立德树人根本任务的重要途径。"燃料电池"作为林产化工及相关专业的核心课程,教学内容理论性强,难以将思政内容自然地渗透到课堂教学中。基于此,笔者根据"燃料电池"的课程特点,对课程思政教学改革进行了探索,并总结了课程思政建设的整体思路。通过构建思政案例库、创新思政教学设计、科学甄选切入点和改革教学方式等手段,将思政元素润物无声地融入专业课程教学中,树立正确的价值观念,培养学生成才的核心能力。

关键词:课程思政;燃料电池;教学改革;有机融合

一、引 言

"培养什么人、怎样培养人、为谁培养人是教育的根本问题,立德树人成效是检验高校一切工作的根本标准",根据习近平总书记关于教育的重要论述和全国思想政治工作会议重要精神,参考教育部印发的《高等学校课程思政建设指导纲要》[1]以及教育部等八部门发布的《关于加快构建高校思想政治工作体系的意见》[2]等重要文件指示,抓好课程思政建设,解决好专业教育和思政教育相互隔绝的"孤岛效应",将课程思政真正贯彻到高校课堂教学的全过程、全方位、全员之中,实现"润物细无声"的育人效果是十分重要和必要的事情。

"燃料电池"是北京林业大学林产化工(生物质能源科学与工程方向)的一门核心选修课。该课程以化工原理、工程热力学、分析化学等先修课为基础,涵盖了能源利用及发电系统等工程领域,对于学生巩固专业基础课程具有重要作用,同时又能够使学生拓展新能源利用与技术方面的专业知识。它的主要教学目标是使学生掌握化学电源的基本概念和电化学基本原理,包括各种类型燃料电池的工作原理、结构、运行特点及其制造工艺,提高学生综合分析和解决问题的能力,并能够了解各类电池发电系统的优势、劣势、应用现状和未来发展前景,预见电池利用相关领域可能产生的材料、能源、环境等问题,培养能源节约和环境保护意识。但是,"燃料电池"专业课程教育具有非常强的理论特性,课程内容零散且抽象,离实际生活较远,思政元素难以有机地融入课程教学当中。因此,如何在教学大框架下将思政之"盐"自然地溶于"燃料电池"专业课程之"汤"中,真正做到"润物无声、春风化雨"是本课程思政教学的难点和挑战[3-6]。

二、"燃料电池"课程思政教学改革探索

近年来,笔者所在课程团队结合本专业特色和课程性质,对课程思政教学改革进行了

作者简介:刘 佳,北京市海淀区清华东路35号北京林业大学材料科学与技术学院,讲师,liujia89@bjfu.edu.cn;
于世新,北京市海淀区清华东路35号北京林业大学材料科学与技术学院,讲师,yushixin@bjfu.edu.cn;
曹学飞,北京市海淀区清华东路35号北京林业大学材料科学与技术学院,讲师,caoxuefei@bjfu.edu.cn;
袁同琦,北京市海淀区清华东路35号北京林业大学材料科学与技术学院,教授,ytq581234@bjfu.edu.cn。
资助项目:北京林业大学课程思政教研教改专题课题"燃料电池"(2020KCSZ155)。

初步的探索和有益的尝试。通过深入挖掘课程德育元素、创新课程设计、改革教学方式等措施将思政元素真正贯穿到课程教学中,实现了知识传授和价值引领的同频共振。例如,在课程授课环节,通过引入本专业领域伟大科学家的先进事迹,培养学生勇于探索、勇攀高峰的科学素养,激发学生的爱国情怀和使命担当。再如,在课程设计上,增设研讨环节。学生通过调研传统火力发电与燃料电池发电技术的工作原理和发展现状,了解两者之间的差异,使学生树立绿色节约的价值观,为助力实现"双碳"目标奠定思想基础。在教学方式上,利用信息技术手段,以美国封杀华为以及华为攻破技术难关绝地反击等时事新闻资料作引子,设置悬念,展开讨论,培养学生要有坚定的理想信念和持之以恒的毅力,同时也使学生感受到国家的日益强大,增强了学生的国家自豪感和民族荣誉感。基于以上思政教学的探索和实践,我们总结并提出了"燃料电池"课程思政建设的整体思路和教学改革模式(图1),希望在实现知识传授和能力培养2个关键课程目标的同时,引领学生塑造正确的世界观、人生观和价值观。

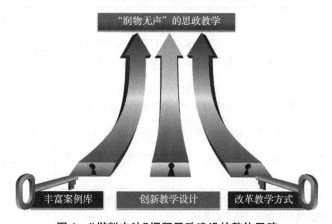

图1 "燃料电池"课程思政建设的整体思路

(一)挖掘课程思政元素,丰富思政案例库

丰富的思政案例库是保证课程思政得以有效开展的关键和基石。"燃料电池"课程教学内容灵活多变,蕴含着丰富的课程思政元素。结合课程特点和各章节知识点,笔者从课程知识体系、名人轶事、时政新闻、行业发展等多种途径中深入挖掘思政元素,及时梳理并构建"燃料电池"的思政案例库(表1),建立课程思政体系,这样就能保证在课程教学过程中能够有的放矢地进行思想政治教育。在"燃料电池"课程中,思政教育渗透到教学环节主要体现在以下几个模块:

1. 家国情怀和使命担当

"燃料电池"课程涉及许多电池关键技术的发展和应用,通过结合我国燃料电池技术"从无到有"以及"后发先至"的发展历程,激发学生的民族自信心和爱国热情。例如,在讲解质子交换膜燃料电池应用环节,首先通过引入上海世博会上燃料电池汽车的亮眼表现提升学生的国家荣誉感。世博会期间,奇瑞自主研发的型号为SQR7000的燃料电池轿车承担着世博园区交通"零排放"的示范任务,向世界展示自主创新的"中国力量",提升了学生的民族自豪感。接着,再通过讲解燃料电池汽车在产业化道路上面临的严峻挑战如关键材料的稳定性相对较差、成本较高等问题,以及科研人员和企业界的最新研究成果,激发学生科技报国的使命担当,把人生理想融入为实现中华民族伟大复兴的奋斗中去。

2. 绿色可持续发展观

燃料电池是一种能源转化装置,它将燃料的化学能直接转化成电能。它的工作原理是燃料气(H_2)在阳极上放出电子，电子经外电路传导到阴极并与氧化气(O_2)结合生成离子。离子在电场作用下，通过电解质迁移到阳极上并与燃料气发生氧化反应，向外产生电流。通过不间断地供应燃料气和氧化气，燃料电池就能源源不断地向外发电。因此，与传统火力发电技术相比，燃料电池发电的能量转换效率非常高，同时燃料电池的生成产物为H_2O，具有绿色无污染等优势。在"燃料电池"绪论部分教学过程中增设研讨环节，以问题为导向要求学生通过前期调研、分组讨论等方式分析各种类型燃料电池的工作原理和性能特点，以及与传统发电形式相对比，使学生在掌握专业知识的同时树立绿色可持续的发展观。再比如在介绍燃料电池分类时，导入现实案例。1939年日本神奈川县重金属中毒导致多人死亡，事后调查发现是由于饮用了被废电池污染的井水而导致的。这些现实惨痛教训加深了学生的环保意识，同时激发了学生探索先进绿色器件的热情，为助力"碳中和、碳达峰"生态文明建设奠定基础。

表1 燃料电池课程知识点蕴含的思政元素

课程章节	知识点	蕴含的思政元素
燃料电池概述	燃料电池研发背景：以美国封杀华为以及华为攻破技术难关绝地反击等时事新闻资料作引子，设置悬念，展开讨论	爱国热情
	燃料电池发展史：以我国著名科学家杨裕生的生平事迹为例，介绍杨教授科研攻关过程中不畏艰难的优良品质	永攀高峰的科学家精神
	燃料电池的优势：让学生调研与传统发电技术的差别	绿色可持续发展观
燃料电池热力学和动力学	燃料电池动力学和效率：以能斯特方程的建立及推导过程为例	科学的思维方法
质子交换膜燃料电池	质子交换膜燃料电池的工作原理及发展现状：介绍上海世博会燃料电池汽车的亮眼表现	民族自豪感和社会责任感
直接甲醇燃料电池	甲醇燃料电池的工作原理及研究现状：以"嘉鸿01"示范轮船为引，请学生思考并分享感悟	国家荣誉感 绿色低碳价值观
固体氧化物燃料电池	固体氧化物燃料电池的应用现状：请学生调研我国固体氧化物燃料电池在大型发电、海上发电等领域的应用，并进行课上研讨	大国重器 家国情怀
生物质燃料电池	生物质燃料电池的工作原理：结合本专业特色，探讨其在生物质燃料电池的应用形式	探索和创新精神
金属空气电池	锂空气电池的工作原理：以Bruce教授的科研故事为案例	探索和创新精神
	锂空气电池的应用：引入"超威电池铅污染"事件作为警示，并请同学分享从实例中受到的启示	从小事做起，助力"碳中和、碳达峰"

3. 科学家精神

"燃料电池"教学内容具有科学性和前沿性，在课程教学过程中引入化学电源领域中著名科学家的名人轶事，易于引发学生的共鸣，达到"以小故事开启新思路"的效果。2019年诺贝尔化学奖颁授给美国物理学家John B. Goodenough、英国化学家斯Stanley Whittingham和日本化学家Akira Yoshino以表彰他们在锂电池方面作出的贡献。尤其是Goodenough教授当时已经97岁高龄，是有史以来年龄最大的诺贝尔奖获得者。20世纪70年代，石油危机爆发，Goodenough意识到能源存储转化的必要性和重要性，于是开始进行以钴酸锂($LiCoO_2$)为基础的锂电研究，最终通过努力实现了可逆容量达到140mAh/g以上的$LiCoO_2$材料的开发，从此开启了"可充电世界"的大门。这种突破性的发现完全是基于科学家在追求真理过程中勇于探索和不断创新的匠心精神。再比如在讲授电池发展历程时，通过介绍我国著名科学家杨裕生的生平事迹，弘扬持之以恒的科学家精神。1997 年，在某重大项目论证中的一项高比能量电池研究因难度大、周期长，找遍全国无人承担。于是杨院士决心开辟这一新的研究领域：锂硫电池。为攻克技术难题，他经常召集团队开展"头脑风暴"，终于十年磨一剑，2007 年，他们终于研制出达到国际领先指标的锂硫电池。如今，87 岁的杨裕生依然带领团队主动帮助多家企业研究，践行着科研攻关永远在路上的誓言。通过在教学过程中不断渗透这些著名科学家的故事和成就，潜移默化地为学生树立了榜样，培养学生探索未知和勇攀科学高峰的责任感和使命感。

（二）结合课程特点，创新思政教学设计

课程教学是实施思政育人的基本载体和途径。在构建好案例库后，如何通过设计思政案例的引入逻辑将成为影响思政教学的关键。因此，对课程进行科学的思政教学设计对于思政育人可以起到事半功倍的效果。笔者经过长期教学实践，研究出几种比较可行的思政元素融入方法，并形成相应的教学策略。

1. 兴趣导入法

兴趣是激发学生学习的动力源泉。"燃料电池"课程学术性较强，且比较抽象，因此在课堂教学过程中，以兴趣作为切入点，可以激发学生的学习兴趣。通过时政热点启发、实践体验、个人感悟分享等环节巧妙地融入思政内容，一方面加深了学生的学习热情，另一方面能够在塑造学生正确价值观方面起到引领作用。例如，在讲授"直接甲醇燃料电池"章节时，选用"嘉鸿01"示范轮船首航事件作为引子，首先向学生讲解了"嘉鸿01"是我国主力研发的示范轮船，标志着高温甲醇燃料电池正式进军绿色航运市场，而这一技术领先国际水平并将引领甲醇燃料电池行业及相关产业快速发展。然后请学生思考并分享个人对这件事情的感悟。不少学生谈到自己深切感受到国家的日益强大，真正感受到国家从"大国"向"强国"的转变。紧接着，简单讲解了直接甲醇燃料电池的工作原理，紧接着提出问题：为什么选用甲醇作为燃料？在留出几秒思考时间后，告知学生能源危机和环境污染迫使人们寻求新的能源，而甲醇燃料电池的工作过程是零排放、无污染的，从而引出本节的教学内容。

2. 专题嵌入法

"燃料电池"课程内容特点在于各章节内容独立，缺乏统一性，因此可以在课程教学中增设研讨专题。教师通过对专题主题合理地设计，隐形地嵌入思政元素，使学生在通过课前调研、小组探讨等方式进行专题内容分析时，自觉地将思政内容内化，从而既发挥了学生的主观能动性，又避免了教师的显性灌输，实现了"盐溶于汤"的思政育人目标。例如，在"金属空气燃料电池"章节，通过设置锂空气电池空气电极的发展现状及面临挑战为主题，让学生通过调研的方式总结汇报。学生在汇报过程中介绍了锂空气电池的领军人物——英国牛津大学的 Peter G. Bruce 教授的伟大事迹。Bruce 教授在研究电极材料时，经过多次失败后，仍然面临困难不放弃，最终发现 MnO_2 作为催化剂时，锂空气电池可以获得优异的电化学性能。通过介绍这一伟大科学家的科研故事，将课程思政有机地融入课堂教学中，培养当代大学生不畏艰难、持之以恒的奋斗精神。

3. 实例警示法

"燃料电池"是一门与实际生活紧密联系的应用型专业课程，所涉及的燃料电池技术面向现实应用，因此在燃料电池储能技术发展过程中不可避免出现许多问题。通过对这些相关问题进行梳理和总结，使学生了解到由于设计、生产制造和后期回收等原因造成严重的安全和环境问题，起到振聋发聩的作用。通过这些警示案例，学生从内心深处意识到能源节约、绿色生产等重要性，增强其自身的社会责任感，做一个对社会有责任、有担当的人。例如，在课程开始时，引入了"超威电池铅污染"事件，让学生认识到新能源技术会给社会带来便利性，同时也可能产生大量的电子污染带来巨大损失。紧接着，请学生分享一下个人从这件事情中受到的启示，使思政育人得以升华。学生普遍表示，要从小事做起，不乱扔废旧电池等污染物，践行绿色低碳生活理念。

(三) 改革教学方式

为进一步提升课程思政的质量，对传统教学方式和方法要进行改革。笔者通过现代科技教学手段，如多媒体教学、手机教学、线上线下混合教学、翻转课堂等，辅助思政育人过程。与传统教学方式不同，现代教学理念更多利用信息技术手段，可以建立互动良好的信息传输通道，提高教学效率。比如，通过网络化教学平台，提前发布预习作业和分组讨论题。这种教学方式可以真正实现以学生为中心，弘扬学生主动发现和解决问题的能力，进一步深化课程思政；再如，让学生之间进行作业的比拼或互评，可以使学生角色互换，从而站在教师的立场观察课程内容，加深对章节知识的理解，同时又能让学生体验到别人思考问题的角度，帮助学生树立为他人着想、相互理解的价值观。

三、教学效果分析

在"燃料电池"课程思政的教学中，教学团队始终坚持以学生为主体、以知识传授为基础、以价值塑造和能力培养为目标，以科学设计思路和创新教学方法为手段。经过两年的课程思政实践，恰到好处地将思政之"盐"溶于专业课程之"汤"中，取得了较为理想的思政育人成效。一方面，学生的学习热情和知识视野有了极大的提高。这主要体现在学生能够主动利用所学知识进行分析和解释生活中与电池相关的实例和现象。更重要的是，经过课程学习后，学生普遍反映在课程中深刻体会到国家的日益强大，以及科技在社会发展中起到的举足轻重的作用，提升了学生的科研素养，激发了学生科技报国的家国情怀和为国奉献的使命担当。

四、结　语

在专业课程中开展思政教学改革对于提高人才培养质量、实现"三全育人"具有重要的意义。笔者结合所授"燃料电池"课程特点，对课程思政教学进行了重新探索和实践，并梳理和总结了"燃料电池"课程思政建设的整体思路和教学策略。首先，通过丰富思政案例库构建课程思政育人体系，保障课程思政能够有的放矢地开展。接着通过创新思政教学设计和改革教学方式等手段实现将思政教育润物无声地渗透到专业课教学环节中的育人目的。

但是，"燃料电池"课程思政教育仍处于初期探索阶段，对其教学改革还需要不断深化和持续推进，建设更系统、更科学的思政育人体系，切实发挥专业课程思政教育对学生价值的引领作用，培养出更多有理想、有本领、有担当的新时代青年。

参考文献

[1] 教育部. 教育部关于印发《高等学校课程思政建设指导纲要》的通知[Z]. 2020. http：//www.moe.gov.cn/srcsite/A08/s7056/202006/t20200603_462437.html.

[2] 教育部等八部门. 教育部等八部门关于加快构建高校思想政治工作体系的意见[Z]. 2020.

[3] 潘梦, 魏学岭, 李兴扬, 等. 论理工科专业课中润物无声的课程思政方法：以化工热力学课程思政教学实例为例[J]. 大学化学, 2021, 36 (X)：2108009.

[4] 沙风, 伍新燕, 杜仕菊, 等. 有机化学课程思政建设"四步法"[J]. 大学化学, 2021, 36(3): 176-182.
[5] 徐晓丹, 周健文, 孙宏阳, 等. 新能源材料与器件专业导论中的课程思政: 以"锂空气电池"为例[J]. 科教文汇, 2021(4): 95-97.
[6] 李娟, 朱继平, 严佳梦, 等. 浅析"储能材料与技术"课程思政教学[J]. 广东化工, 2020, 15(48): 305-310.

Exploration and practice of course ideology and politics in the teaching of *Fuel Cell*

Liu Jia Yu Shixin Cao Xuefei Yuan Tongqi

(College of Material Science and Technology, Beijing Forestry University, Beijing 100083)

Abstract Integrating course ideology and politics into professional education is an important way to implement the fundamental task of building morality education. As a core course of chemical processing of forest products, the teaching content of *Fuel Cell* is highly theoretical, and it is difficult to naturally infiltrate the Ideological and political elements into its classroom teaching. Based on this, according to the curriculum characteristics of *Fuel Cell*, the author explores the teaching reform of course ideology and politics, and then summarizes the overall idea of course ideology and politics construction. By constructing the ideological and political case base, innovating the ideological and political teaching design, scientifically selecting the entry point and reforming the teaching methods, the ideological and political elements are silently integrated into the professional curriculum teaching, so as to help students nurture correct values and cultivate their key ability of becoming talents.

Keywords course ideology and politics, *Fuel Cell*, teaching reform, organic integration

"气象学"课程思政教学元素的探讨

姜 超[1] 董玲玲[2] 张曦月[1] 同小娟[1]

(1. 北京林业大学生态与自然保护学院,北京 100083;
2. 北京林业大学林学院,北京 100083)

摘要:专业教育课程是课程思政建设中不可缺少的一环,要根据学校特色和专业的特色,深度挖掘提炼专业知识体系中所蕴含的思想价值和精神内涵。本文以"气象学"课程为例,从北京林业大学人才培养特色出发,从增强家国情怀和民族自豪感,树立崇高理想信念,勇于责任担当等方面挖掘课程内容中的思政元素,期望为"气象学"及相关自然科学课程教师进行思政教学提供参考。

关键词:课程思政;气象学;教学元素

2018年10月8日,教育部发布的《关于加快建设高水平本科教育全面提高人才培养能力的意见》中就要求:"把思想政治教育贯穿高水平本科教育全过程,加强理想信念教育,厚植爱国主义情怀,把社会主义核心价值观教育融入教育教学全过程各环节,全面落实到课堂教学中。深入开展道德教育和社会责任教育,引导学生养成良好的道德品质和行为习惯,崇德向善、诚实守信,热爱集体、关心社会。"[1]2019年,习近平总书记在学校思想政治理论课教师座谈会中提道:"努力做到每一堂课不仅传播知识、而且传授美德,让社会主义核心价值观的种子在学生心中生根发芽。"[2]北京林业大学作为中国高等绿色学府,被誉为绿色摇篮,是国家生态文明建设的排头兵,绿色发展的先锋队,农林高等教育创新发展的引领者,需要为国家和行业培养高水平"绿色"人才,秉持"知山知水、树木树人"的林人精神,践行"替河山装成锦绣、把国土绘成丹青"的使命,为国家生态文明建设贡献北林力量。

"气象学"与人们生产生活密切相关,与生态文明建设息息相关,是林学、生物、水保、草业等专业的专业基础课。通过本课程的学习,学生以认识大气和大气物理现象为目标,不但要掌握"气象学"基本理论、基本知识和基本技能,还需要具备分析和利用"气象学"知识解决问题的能力,理解科学的本质和科学方法,树立正确的科学观,学会运用科学知识和思维方法处理问题。以课程本身为媒介,引导学生关心天气、关心生态,进而关心大气环境的健康,用全新的眼光来看待大气科学发展对人类文明和社会的影响,培养学生的生态文明价值观和实践能力、思考能力。进而引导学生增强四个自信,激发爱国主义情怀,增加民族自豪感。在有限的学时内,完成知识、技能培养的同时,并行培养大学生世界观、人生观、价值观,以育人为基点,把知识传授、能力培养与价值引领有机结合。让学生成为德才兼备、全面发展的人才[3]。

作者简介:姜 超,北京市海淀区清华东路35号北京林业大学生态与自然保护学院,副教授,jiangchao@bjfu.edu.cn;
董玲玲,北京市海淀区清华东路35号北京林业大学林学院,实验师,donglingling1120@163.com;
张曦月,北京市海淀区清华东路35号北京林业大学生态与自然保护学院,助理实验师,zhangxybjfu@126.com;
同小娟,北京市海淀区清华东路35号北京林业大学生态与自然保护学院,教授,tongxj@bjfu.edu.cn。
资助项目:北京林业大学课程思政教研教改专项课题"气象学"(2020KCSZ255)。
北京林业大学精品课程建设项目"气象学"(BJFU2018JPK005)。

"气象学"课程在近两年进行了一系列思政教学改革的尝试,梳理课程课堂教学内容,发挥课程学术特色,厘定专业知识培养中的思政内容资源。结合学校特色确定课程思政精神培育的方向,聚焦"识林、知林、爱林"人才培养,根据林学、生物、水保、草业等专业与生态文明建设密切相关的特点,课程思政的培育重点落在对接国家生态文明建设需求,培养学生家国情怀和民族自豪感,培养学生"坚持和平发展道路,推动构建人类命运共同体"的责任担当,树立崇高的理想信念。具体可以在课程内容中提炼三种思政元素。

一、家国情怀和民族自豪感

借助中国优秀的文化瑰宝,从中国的历史和传统文化出发,结合"气象学"专业知识,培养学生的家国情怀,提升学生的民族自豪感。

(一)将诗文中的气象万千与"气象学"课程知识相结合

将中国传统诗文中描述天气现象的诗句与"气象学"课程知识相结合,比如在讲雾的时候,使用南朝萧泽的《咏雾》"从风疑细雨,映日似浮尘。乍若转烟散,时如佳色新"。不仅让学生深刻体会雾这种天气现象的特点,并结合诗句中的描述,带领学生深入地去分析雾的变化原因,在进行知识的传递同时,让学生体会到诗人对天气现象观察的细致入微,进一步扩大到中国人对于生态自然,从古至今的一种尊重,将古人的一种淳朴的自然观,引导到"知山知水"的校训,及现代的生态世界观。在进行知识教育的同时,推动学生对中华优秀传统文化的进一步深入的认识;在对学生进行了中式美学教育的同时,也提升了学生的爱国热情和家国情怀。

(二)将中国古代的科技观测与现代科学技术相对比

中国上下五千年的悠久历史,不仅留下来无数文化艺术的瑰宝,同时在科学技术界也有着无数的优秀成果,为人类的社会的进步和发展作出了巨大的贡献,在很久一段时间一直引领着世界科技的发展,这些内容可以增加学生对于我们国家全面而客观的认识。例如,在讲风的观测时候引入西汉发明的"相风铜乌",将古代风向观测仪器和现代的观测仪器进行对比,让学生体会到中国古代技艺的精湛(图1)。在讲云的时候,引入明代《白猿献三光图》,将其中的132幅云图与现代云的分类相比较,在让学生体会到中国古人智慧的伟大之处。在讲现代人工消雹方法的时候,引入《广阳杂记》中记载的1655年一次人工消雹的过程"土人见黄云起,则鸣金鼓,以枪炮向之释放,即散去。"通过古今对比,让学生体会到通往成功的路不止一条的同时更对中国的科技发展充满信心。在"气象学"课堂知识中,引入中国古代的各种不输于当代科技的一系列理论和实践,通过对比中国科学技术的发展与西方科学技术的发展,使思政教育元素既源于历史又基于现实,可以提升学生的民族自豪感,

 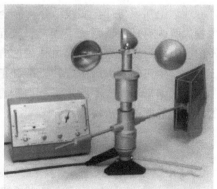

图1 西汉相风铜乌(左)和现代三杯风向风速仪(右)

增强学生的自信心，进而提高学生的学习动力。

二、树立崇高理想信念

通过名人的示范引领作用帮助学生树立崇高理想信念，从名人的身上，学生能够感受到爱国、敬业和奉献的理想信念，能够更为具体和感性地体会到个人的发展与国家需求之间的统一性。比如在讲到全球气候变化的时候，介绍2005年国家最高科学技术奖获得者叶笃正先生的事迹。1945年叶笃正先生赴美国芝加哥大学深造，师从著名气象学家罗斯贝先生（Rossby），并于1948年取得博士学位，叶先生是当年罗斯贝先生得意的弟子，深得其器重和栽培。但是新中国成立后，叶先生毅然决定回国，经过不断努力和争取，叶先生放弃美国优渥的生活条件和成熟的科研环境，在1950年10月投身于新中国的气象事业，放弃自己曾经的研究工作，完全从国家战略需求考虑，从一穷二白开始努力。叶先生回国30年后，再次到美国，被问是否后悔。叶先生表示："不，一点也不后悔。如果我不回去，我的成就可能不如在中国大。文章质量可能会比较高，但是我认为不应当这样看待成就。我认为，如果一个人能把一个国家的气象科学提高到一定的水平，那么这比他写多少论文所作的贡献都要大。"叶先生考虑问题是从国家、世界科学的发展着想。在20世纪90年代，叶先生自筹资金开展"中国全球气候变化"预研究，为现在很多研究打下了基础。名人的示范作用，能让学生具体地感受到个人和国家是密不可分的，当一个人真正地自信，也包含了对自己国家的捍卫，也能让学生理解成就的评价是多样的、多维的，并不是单纯的钱财、文章、职位能够衡量的，使学生进一步树立崇高的理想和信念，而不是做一个精致的利己主义者。

三、责任担当

国际社会日益成为一个你中有我、我中有你的命运共同体，面对复杂的全球性问题，任何国家都不可能独善其身[4]。在这大背景下，在讲解全球气候变化影响这部分内容时，引入中国在全球应对气候变化的重要贡献和引领，比如中国通过积极推行绿色低碳生产生活方式、调整产业结构、优化能源结构、提高资源能源效率、加快推进全国碳市场建设等手段，2020年，中国单位国内生产总值碳排放较2005年累计下降48.4%，超额完成应对气候变化行动目标。在2021年国务院更是印发了一份重要的纲领性文件《关于完整准确全面贯彻新发展理念做好碳达峰碳中和工作的意见》，使得我国在推进碳达峰、碳中和工作方面有了明确的顶层思路、清晰的发展目标和具体的任务安排，也将为推进全球气候治理、构建人类命运共同体提供重要支撑[5]。再结合学生的不同专业特点，引导学生结合自己的专业特点，将专业理论知识与社会实践结合，为全球绿色低碳发展贡献自己的力量。

专业课程思政改革是一项系统工程，思政元素的挖掘只是第一步，如何更好地在专业知识的传授中，通过启发渗透，以春风化雨的方式，潜移默化地将这些思政元素更好地传递给学生，帮助学生正确认识历史规律、准确把握基本国情，掌握科学的世界观还需要进一步探索和实践。未来还需要不断地进行课程思政教学改革的实践，尤其是课程思政教学效果方面的评估还需要进一步深入。

参考文献

[1] 教育部. 教育部关于加快建设高水平本科教育全面提高人才培养能力的意见[EB/OL]. [2018-10-08]. http://www.moe.gov.cn/srcsite/A08/s7056/201810/t20181017_351887.html

[2] 习近平. 学校思想政治理论课教师座谈会讲话[Z]. 2019, 3.

[3] 唐湘宁. 大学学科专业课程的"思政育人": 内涵本质与实现路径——以"教育研究方法"为例[J]. 教育理论与实践, 2020, 40(33): 62-64.
[4] 习近平. 在同在华工作的外国专家代表座谈时的讲话[N]. 2012.12.6.
[5] 龚旗煌. 做好碳达峰碳中和工作, 推动构建人类命运共同体[J]. 经济日报, 2021(11): 4.

Elemants of ideological and political education in *Meteorology* courses

Jiang Chao[1] Dong Lingling[2] Zhang Xiyue[1] Tong Xiaojuan[1]

(1. School of Nature Conservation, Beijing Forestry University, Beijing 100083;
2. College of Forestry, Beijing Forestry University, Beijing 100083)

Abstract The ideological and political education in professional curriculum is necessary and important. According to the characteristics of the university and professions, the ideological value and spiritual connotation contained in the system of professional education has been deeply excavated. Taking the course of *Meteorology* as an example, according to the characteristics of talent training of Beijing Forestry University, this paper explores the ideological and political elements about development of patriotism, enhancing the proud of Chinese nation, adhering to firm ideals and convictions, and responsibility of the course, hoping to provide reference for the ideo-logical and political teaching of *Meteorology* teachers.

Keywords ideological and political education of curriculum, *Meteorology*, elements of education

"组织行为学"课程思政教学成效评价探索研究

张玉静[1]　黄国华[2]　符芳芳[1]

(1. 北京林业大学经济管理学院，北京　100083；
2. 北京林业大学教务处，北京　100083)

摘要：立德树人成效是检验高校一切工作的根本标准，推进课程思政建设是落实立德树人根本任务的战略举措，也是改善思想政治教育的现实需要。"组织行为学"作为工商管理类专业的核心课程，其课程思政建设意义重大。本研究阐述了"组织行为学"课程思政的内涵及其意义，通过课程思政教学设计、开展课程前测后测、学生反馈文本分析、课程结束半年后再测评价等方法对"组织行为学"课程思政的教学成效进行评价探索，从而为课程思政教学效果评价提供一定参考。

关键词：课程思政；组织行为学；教学探索；成效评价

一、引　言

习近平总书记在全国高校思想政治工作会议上指出："要坚持把立德树人作为中心环节，把思想政治工作贯穿教育教学全过程，实现全程育人、全方位育人，努力开创我国高等教育事业发展新局面。"教育部印发的《高等学校课程思政建设指导纲要》中也指出："落实立德树人根本任务，必须将价值塑造、知识传授和能力培养三者融为一体、不可割裂。"也就是说，高校育人的目标不仅仅是传授知识、培养能力，更重要的还有思想引领和价值塑造。因此，高校必须抓好课程思政建设，将思想政治教育引入课堂教学，融入知识讲授中去，提高和增强学生的道德品质和理想信念[1]，培养德智体美劳全面发展的社会主义建设者和接班人。

"组织行为学"是研究组织及其中个体与群体行为规律的一门学科，主要内容涉及多元化、能力、态度、情绪、人格、价值观、冲突等，是工商管理类专业的必修课程。从学科内容来看，该课程开展课程思政具有天然优势，课程思政建设意义重大。如何将课程思政与"组织行为学"相融合，进一步丰富"组织行为学"的思政内涵从而达到润物细无声的教学效果，是当前"组织行为学"教学中亟须解决的问题。现有文献大多侧重于专业课思政教学实践的研究，有关课程思政教学效果评价的研究相对较少。本研究以"组织行为学"课程为例，对其课程思政教学成效评价进行了一定的探索研究。

二、"组织行为学"课程思政的内涵及意义

课程思政，简单来说，就是将思想政治教育融入课程教学和改革的各环节、各方面，实现立德树人、润物无声[2]。课程思政不是简单地将课程与思政联系起来，而是挖掘各门

作者简介：张玉静，北京市海淀区清华东路35号北京林业大学经济管理学院，副教授，zyjhz@bjfu.edu.cn；
　　　　　黄国华，北京市海淀区清华东路35号北京林业大学教务处，研究员，hgh@bjfu.edu.cn；
　　　　　符芳芳，北京市海淀区清华东路35号北京林业大学经济管理学院，学生，xiaofangtx1214@163.com。
资助项目：北京林业大学课程思政教研教改专项课题"组织行为学"（2020KCSZ076）。

课程中的思政元素,将课程知识与思想政治有机结合,形成思政融于课程、课程承载思政的局面,发挥课程的育人功能,从而在潜移默化中对学生的思想观念、道德素养、价值理念产生影响。开展"组织行为学"课程思政就是将思想教育、价值塑造、品德培养与"组织行为学"的教学目标、教学内容、教学过程相融合,将德育全面贯穿于"组织行为学"的教学设计、教学准备、教学实施等过程,实现知识传授、能力培养、价值塑造协同进行。

在社会多元价值交织、渗透的复杂背景下,单纯或过度依赖思政课对大学生进行价值引导的局限性日益凸显[3],而课程思政建设就显得尤为重要。在课程思政这一系统工程中,"专业课程"思政教育是最为核心、最为关键和最难解决的部分[4]。同时,专业课教师是与大学生接触最多、影响最大的教师群体之一,也是开展课程思政的主要力量[5]。"组织行为学"是多数经管类专业的必修课程,蕴含丰富的思政内涵,具有很强的专业性和实践性,与学生未来的职业生涯甚至人生轨迹息息相关,且其授课对象多是生活在思想激荡、文化交融、观念碰撞时代的"00"后青年学生,接受能力强、思维反应快、独立愿望强,却易受到外部享乐主义、实用主义和功利主义等影响[6]。根据新时代要求和学生思想政治特点,开展"组织行为学"课程思政就显得尤为重要,不仅能够在一定程度上补充思政课程的相对不足,形成同向同行、相辅相成的发展格局,也能帮助学生破除错误的价值观,坚定理想信念,增强"四个自信",培养"四个意识",系好人生的第一粒扣子。因此,开展好"组织行为学"课程思政建设对于落实立德树人任务具有重大意义。

三、"组织行为学"课程思政实践探索

(一)个体行为部分

该部分内容涉及组织的多元化、能力、榜样、行为塑造、态度、情绪、人格、价值观、知觉和激励等,将马克思主义理论、中国传统文化、中国本土优秀典型人物、社会主义核心价值观理解与实践等经典、故事、示例等贯穿其中,帮助学生正确认识自我,同时了解我国优秀传统文化,引导学生未来选择与国家和社会需要结合,树立健康心理和积极人生观,增强学生的文化自信。

(二)群体行为部分

该部分内容涉及群体和团队、领导、沟通、冲突与谈判等,将企业领导人物、中国传统文化、社会热点问题等经典、故事、示例等贯穿其中,例如新冠肺炎疫情下涌现出的感人事迹如钟南山团队、志愿者组织,危机领导如英雄机长刘传健等,传播正能量,强调对学生团队精神及领导力的培养。

(三)组织行为部分

该部分内容涉及组织结构、组织文化、组织变革、压力管理等,结合马克思主义、中国优秀企业案例来介绍组织结构、组织变革、组织文化是如何影响其员工行为的,如绿色发展理念、企业可持续发展实践、中国优秀企业使命愿景和文化、海尔平台型组织创新等,让学生了解企业的使命、社会贡献及社会责任承担,既能弘扬社会主义核心价值观,也能增强学生的专业自信。具体内容见表1。

表1 "组织行为学"课程思政教学实践探索示例节选

思政教学	形式	目标
马克思主义人性观 马克思"人的全面发展"思想	老师讲授 材料阅读 自主学习	1. 深入了解马克思主义关于人性与组织的基本观点、马克思"人的全面发展"思想 2. 学习借鉴运用马克思主义的方法

(续)

思政教学	形式	目标
腾讯、海尔、宝钢等企业案例	老师讲授 资料学习	1. 以案例形式了解我国企业管理的高水平 2. 增强对我国企业的自信
辩论赛："干一行爱一行" VS "爱一行干一行"	学生辩论 复盘思考	1. 以辩论赛形式让学生深入思考态度与行为的关系 2. 从中提前体会价值观在职业选择中的作用
马克思 1835 年文章《青年在选择职业时的考虑》 社会主义核心价值观	材料阅读 讨论思考	1. 以经典文献阅读与国家社会需要、实践社会主义核心价值观等形式展开学习和讨论 2. 从组织的角度理解社会主义核心价值观的设计与含义 3. 思考社会主义核心价值观的宣传与实践
实验室学习和操作各种心理测试、能力测试软件	案例分析 师生研讨	1. 以科学的软件测试等形式学习掌握有关能力、人格、职业兴趣、团队合作等理论 2. 增强学生的自我认知，提升各项能力水平
撰写"情绪日记"，绘制"情绪曲线" 你印象最深刻的一次沟通	案例分析 师生研讨	1. 以日志方式学习掌握情绪理论，学会识别和管理情绪与压力，提高人际沟通技能等 2. 激励学生在沟通中解决问题，培养学生沟通的能力、方法与艺术
英雄机长刘传健 红军长征	自主讲授 老师点评	1. 从历史分析与人物学习中掌握如何看待和对待挫折 2. 增加对中国历史和现实的了解，增强对领导理论的理解
对你熟悉的一个人进行个性分析 撰写"偶像传记"	学生研讨	1. 引导学生形成正确的分析人的方法 2. 引导学生用客观的观点看待周围的每一个人包括自己的偶像
选一个你认为最有力的企业文化 中国优秀企业的使命、愿景、价值观 企业绿色发展、可持续发展研究报告	自主研学 学生组队 企业调研	1. 以学生团队、二手资料、实地调研等形式开展企业研究，增强学生的学习能力 2. 引导学生加深对我国企业绿色发展、可持续发展状况现状的了解 3. 增强学生对环境保护的社会责任感

四、课程思政教学成效评价探索

(一)教学成效评价方法

1. 课程前测后测

在课程开始前，任课教师对学生的自我认知、课程期待等做了初步了解，从而进行有针对性的教学设计活动(表 1)；课程结束时，任课教师再对学生进行调查，了解他们学习完"组织行为学"这门课发生的变化以及开展的行动(表 2，图 1)。

2. 学生反馈文本分析

文本分析是对文本进行由浅入深的比较、分析、综合、提炼的研究方法，许多社会科学研究领域将其视为质性分析的范畴。Nvivo 软件是美国 QSR 公司开发的主要用于质性研究中资料分析的软件。本研究利用 Nvivo 软件对学生课程结束时的反馈信息进行编码加工处理。限于篇幅，本研究给出部分分析结果(图 1)。

3. 课程结束半年后的再测评价

课程结束半年后，任课教师又组织开展了对当时学习该课程的学生访谈，共计 10 位，具体包括学生对"组织行为学"课程思政的了解程度、"组织行为学"课程思政对他们的作用、"组织行为学"课程思政的方式方法建议等，以了解"组织行为学"课程思政教学实践的后续效果，寻求来自学生角度对当前"组织行为学"课程思政的发展建议，以更好地将"组织行为学"和课程思政相结合。

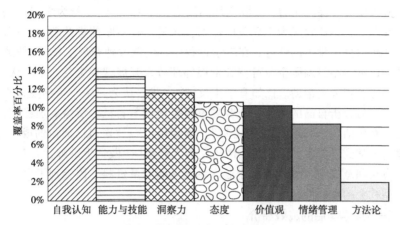

图1 学生课后的反馈文本分析

（二）课程结束时教学成效评价

根据教学设计中的前测后测结果，确实发现学生于课程前后在对待学习或工作的态度、自我认知、与他人关系、情绪处理等各方面发生了比较明显的变化（表2）。

表2 课程前测后测的变化节选

前测	后测
对学习或工作应付了事	不再得过且过，有自己的想法和个人见解
	没有之前那么消极
	思考大学中除了学习之外有价值的事情
	努力学习，正面接受负能量
觉得自己一无是处	心态发生变化，变得乐观细致
	更主动积极在自己所在的群体里沟通交流
	更开心、更努力、更自律
	对自己的性格有了进一步的认识，价值观发生转变
只照顾好自己不太关心别人	学会换位思考和共情
	学会观察体会他人情绪
	开始努力爱身边每个人，珍惜每一天
	会观察别人的行为并思考他们做出这种行为的原因
害怕、焦虑、面对压力的崩溃感等	能够管理自己的压力，让压力成为动力
	学会调整心态，思想得到升华
	克服恐惧，主动寻找老师沟通
	自尊、自信，敢于尝试
感到内心不踏实	思考未来发展需要做的努力
	对职业生涯重新规划思考
	对未来有更清晰的规划
	自我定位发生变化，对未来也有了自己的规划

另从图1可以看出，学生反馈中占比较多的是自我认知的变化和能力与技能的提升，大部分集中在洞察力得到了训练，态度发生了转变，价值观更明晰，学会了情绪管理等。比如，有学生提到"我会思考除了学习还有什么是在大学生活中充满价值的。我也开始努力

爱身边每个人,珍惜每一天。能够克服自己的恐惧,主动找老师讨论自己的问题,变得更加自信"。也有学生表示,某些具体的课程内容对自己产生了很大影响,"从前我总是觉得压力很大,升学压力,保研压力,人际交往的压力,学习了'组织行为学'以后,我能够正确地对待这些压力,不让它成为千斤重的巨石,而是让我不断前进的动力。"同时,课程思政的教学方法也得到了学生的认可。在教学过程中,任课教师开展了撰写"情绪日记"、上机实验、学生讲师、小组调研企业可持续发展等环节来开展课程思政,学生认为这些活动的开展对他们也有很大的帮助。比如有学生反馈,"我自认为是一个情绪变化很频繁的人,客观地去记录然后分析自己的情绪,让我能够更好地调节自己,情绪更加稳定,以一个平和的心态去面对生活";研读经典文献,撰写"偶像传记";"对自己偶像的成长有了更深的认知,从他身上学到了更多,无论是性格还是为人处事";做学生讲师,看英雄机长,"明白了领导的方法和意义";小组"查阅企业绿色发展的大量资料,体会到了可持续发展和建设环境友好型社会的重要性"。

(三)课程结束半年后的成效评价

1. 学生对"组织行为学"课程思政的感受

访谈中发现,当问及学生对课程思政这一概念的理解时,还有一半的学生主动表示,对"组织行为学"的课程思政印象深刻。谈到对于课程思政的理解,有的同学认为课程思政就是把思政融入平时的教学当中,从而让大学生更充分地了解我国的道路、理论、制度和文化,坚定四个自信,培养大学生的爱国心;也有同学表示,课程思政就是在课程里渗透社会主义核心价值观,帮助学生树立良好的世界观、人生观、价值观。由此可见,课程思政深入"生"心,"组织行为学"课程思政教学实践在课程结束半年后依然给学生留下深刻的印象,比如马克思的《青年在选择职业时的考虑》一文。

2. "组织行为学"课程思政对学生的作用

在谈到"组织行为学"课程思政对学生是否有帮助时,受访者一致表示非常有帮助。面对世界各种思想的激荡,课程思政能够让学生端正思想,坚定理想信念。虽然已经开展了思政课程,但是很多学生认为课程内容枯燥无聊,不认真听讲,思想政治教育效果不佳。而专业课程思政将思政融入平时的课程中,大家接受度和认可度更高,对学生是一种潜移默化的影响。思政课偏重于理论方面,而像"组织行为学"这种专业课引入课程思政更有实践意义,能够从各个方面来培养学生的思政意识。如通过阅读马克思的《青年在选择职业时的考虑》一文,学生对于未来职业选择时可能要考虑的若干因素更加清晰;通过学习压力相关知识,提升正确处理压力的能力。

3. "组织行为学"课程思政的方式方法

清华大学副校长杨斌曾说过"how we teach is more important than what we teach"。课程结束半年后,依然有受访学生记得当时"组织行为学"课程思政的教学方法,如"干一行爱一行"VS"爱一行干一行"的辩论赛、经典文献等。对于如何开展"组织行为学"课程思政,受访者各有不同的看法。有的认为,引入思政元素要找到思政与这门课的关联性,不能脱离这门课而单独讲思政,如观看视频、案例分析、实践等方式,让学生去亲身了解、体会,会给他们留下深刻的印象。也有受访者提出了更好的建议,课程思政不是单独开展一个环节,而是要在讲课的过程中融入进去,比如讲解案例、分组开展主题研讨、志愿实践活动等。由此可见,从大学生的立场出发,结合"组织行为学"的学科特色与其融合才更能被学生接受;同时也要鼓励学生积极参与小组讨论、实践活动,才能真正做到将课程所要传达的思想观念内化于心,外化于行。

参考文献

[1] 赵海月. "大思政"育人为本意涵研究——以管理学门类"课程思政"的建构为例[J]. 中国青年社会科学, 2021, 40(2): 47-53.

[2] 高德毅, 宗爱东. 课程思政: 有效发挥课堂育人主渠道作用的必然选择[J]. 思想理论教育导刊, 2017 (1): 31-34.

[3] 高德毅, 宗爱东. 从思政课程到课程思政: 从战略高度构建高校思想政治教育课程体系[J]. 中国高等教育, 2017(1): 43-46.

[4] 陆道坤. 课程思政推行中若干核心问题及解决思路——基于专业课程思政的探讨[J]. 思想理论教育, 2018(3): 64-69.

[5] 马亮, 顾晓英, 李伟. 协同育人视角下专业教师开展课程思政建设的实践与思考[J]. 黑龙江高教研究, 2019, 37(1): 125-128.

[6] 朱强, 谢丽萍, 朱阳生. 财务管理专业"课程思政"的理论认识与实践路径[J]. 学校党建与思想教育, 2019(6): 67-70.

Research on the effectiveness evaluation of ideological and political teaching of *Organizational Behavior*

Zhang Yujing[1] Huang Guohua[2] Fu Fangfang[1]

(1. School of Economics and Management, Beijing Forestry University, Beijing 100083;
2. Academic Affairs Office, Beijing Forestry University, Beijing 100083)

Abstract The effectiveness of building morality and cultivating people is the fundamental standard to test all work in colleges and universities. Promoting curriculum ideological and political construction is not only a strategic measure to implement the fundamental task of building morality and cultivating people, but also the practical need to improve ideological and political education. As the core course of business administration major, *Organizational Behavior* is of great significance in ideological and political construction. This paper expounds the connotation and necessity of ideological and political education in the course of *Organizational Behavior*, and evaluates the effectiveness of ideological and political education in the course of *Organizational Behavior* through the methods of pre-test, post-test and post-test, so as to provide some reference for the development of ideological and political education in the course of *Organizational Behavior*.

Keywords ideological and political teaching, *Organizational Behavior*, teaching exploration, effectiveness evaluation

OBE 与课程思政双视域下"工程力学"课程教学设计

赵 健 张宏业 赵 东

(北京林业大学工学院，北京 100083)

摘要：基于成果导向教育(OBE)教学理念，融入课程思政的育人培养目标，以学生为中心，对"工程力学"课程的学习目标、教学方法、课堂设计进行改革，建立"三阶四维"课程目标矩阵，针对"工程力学"课程"似熟知、未真知"的问题、剖析学情教情、并诊断原因，确定以加强"全面力学能力、高阶力学能力"培养为目标，并融入思政元素的课程教学方法设计，为课程目标和毕业能力达成提供有力保障。

关键词：工程力学；课程思政；成果导向教育理念

一、引 言

"工程力学"课程是由理论力学的静力学部分和材料力学这两部分组成的课程体系，是我校木工、水保、风园、林化、包装、给排水和环工等工科专业的基础课程。世界上的工科教育，通常以 1811 年的《力学教程》和 1826 年的《力学在结构和机械方面的应用》为基础，它们分别奠定了现代理论力学和材料力学的基本框架。这两本著作面世后，工学才正式成为系统教育。这也奠定了力学作为现代工科基础的重要地位。自 2017 年吴爱华等人提出"新经济快速发展迫切需要新型工科人才支撑需要高效面向未来布局新工科建设"以来，历经"复旦共识""天大行动"和"北京指南"的"新工科"建设三部曲[1]，围绕新工科建设和新工科人才培养等问题，广大教育工作者进行了深入的探讨，逐渐明确了新工科教育以应对变化、塑造未来为建设理念，致力于培养多元化、创新型的卓越工程人才为目标。

在工程教育认证的成果导向教育(outcome-based education，OBE)理念与背景下，知识和能力是培养的关键，是学生达到毕业要求的重要指标。其核心理念为以学生为中心、产出为导向、以持续改进为机制，要求将学生和培养目标放在首要地位，用培养目标来衡量和推进教育工作[2]。为此，结合"工程力学"课程的特点，以培养提高学生分析问题、解决问题的逻辑思维能力为教学目的，制定如下具体课程目标(专业知识传授与能力培养)。课程目标 1：掌握静力学基本公理与推论，理解五大类约束的特点并能正确进行受力分析，在此基础上对不同的力系进行简化，确定对应的平衡条件和平衡规律。能合理确定研究对象进行受力分析，正确求解单个刚体和刚体系的平衡问题。课程目标 2：运用轴力图分析拉压变形的内力，正确进行拉压(静定)强度和变形量计算。可定性解释典型工程材料的力学性能，能够判断剪切挤压强度。课程目标 3：运用扭矩图分析扭转

作者简介：赵 健，北京市海淀区清华东路 35 号北京林业大学工学院，副教授，zhaojian1987@bjfu.edu.cn；
　　　　　张宏业，北京市海淀区清华东路 35 号北京林业大学工学院，讲师，zhanghy@bjfu.edu.cn；
　　　　　赵 东，北京市海淀区清华东路 35 号北京林业大学工学院，教授，zhaodong68@bjfu.edu.cn。
资助项目：北京林业大学课程思政教研教改专项课题"工程力学"(2020KCSZ122)。

变形的内力，正确进行扭转(静定)强度和刚度计算。课程目标 4：运用剪力图和弯矩图分析弯曲变形的内力；正确运用正应力和切应力计算公式分析梁弯曲的强度和刚度(静定)；运用平行移轴公式等组合截面几何参数计算方法，优化设计杆件的横截面。课程目标 5：了解动载荷下弹性杆件的动应力和动变形分析方法，可以对简单的动载荷问题进行分析计算；了解交变应力作用下的弹性杆件的疲劳特性分析方法。课程目标 6：运用常用的组合变形危险点应力分析方法和强度理论，准确定位各种组合变形的危险点位置、描述应力状态，具备复杂机械结构模型简化、受力分析、强度、刚度和稳定性的正确计算能力和杆件优化设计的能力。课程目标 7：针对课程拓展性知识，能检索并批判地分析各种文献资料，并能总结归纳有效文献信息，为我所用。课程目标 8：能够在课内团队项目研究中，有效承担组长或组员的角色，并与其他成员分工协作，完成课内项目。课程目标 9：能够以项目团队的形式，进行项目研究内容的陈述答辩，并能够准确回答质疑。

"工程力学"是专业基础课和专业核心课程之间紧密联系的纽带，也是理论与实际工程紧密结合的桥梁，课程不仅要实现专业知识传授和能力培养的教学目标，而且要充分发挥思想育人、立德树人的教育本质。以"育人为本，德育为先"作为教育理念，培养学生树立社会主义核心价值观；从专业角度培养学生专业、严谨的职业态度，务实、创新的职业精神；从思想上激发学生学习的动力，培养学生自主学习的能力。具体育人目标(课程思政)为，育人目标 1：厚植社会主义核心价值观，强化学生对中国传统文化的认同感，践行文化自信，激发学生民族自豪感，进而引导学生践行制度自信。育人目标 2：强化学生对客观物质世界的认识，强化学生的唯物主义世界观和价值观的形成。育人目标 3：激发学生作为"大国工匠"所需要的责任感，厚植工程伦理，塑造学生的"工匠精神"和"可持续发展"的价值理念。育人目标 4：强化学生认识世界矛盾对立与统一并存的客观存在规律，以及人类认知物质世界"实践—理论—实践"的一般方法。

在 OBE 教学理念和课程思政双视域下，"工程力学"的教学目标和教学方法等都要进行变革，因此，对"工程力学"课程的教学设计成为重中之重。

二、 课程学习目标的设计

俗话说：授人以鱼不如授人以渔。"工程力学"课程的学习，主要在于培养学生的力学思维方式，并使其掌握相关的力学分析方法。为此就必须对力学思维有一定的认识。考虑到力学与数学、工程之间的紧密关系，不妨首先看看数学与工程学科的思维特点。从思维培养上来看，数学培养的是抽象思维，要求具有严密的逻辑推理能力，强调理论的完整性；而工程思维主要培养空间想象能力、实践操作能力，强调实践的可实现性，而不惜牺牲理论的完整性。周培源院士总结道："自古以来，力学研究就有基础研究和应用研究两条途径"，这正好反映了力学具有数学与工程的双重属性。因此，力学的学习有两条逻辑线，其一是要学会基本的力学原理，并能将其应用于工程，指导工程建设；其二是能从实际工程出发，提炼出力学原理，将工程实践上升为理论成果。在成果导向教育教学理念下，课程的学习目标不再是对课程学习内容的掌握，而是对学生学习能力的培养[3]，我们制订了"工程力学"的教学目标如下，①知识目标：识记、使用、理解、对比力学的基本原理和方法；能力目标：执行、分析、评价、设计力学建模与分析的过程；②素养目标：具备力学思维、正确使用力学语言和研究方法；③价值目标：培养科学观、价值观、职业道德和工匠精神等。明确了"工程力学"课程的"三阶四维"课程目标矩阵(图1)。

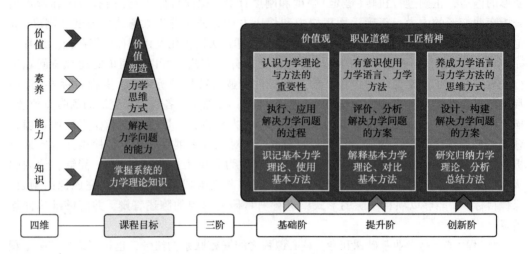

图 1　"工程力学"的"三阶四维"课程目标矩阵

三、课程教学方法的设计

针对"工程力学"课程"似熟知、未真知"的问题，剖析学情教情，并诊断原因，确定以加强"全面力学能力、高阶力学能力"培养为目标的课程教学方法设计(图2)。

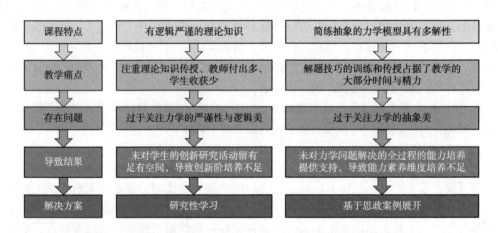

图 2　"全面力学能力、高阶力学能力"培养为目标的课程剖析

在教学内容组织中，融入思想政治教育，坚持主体导向，追求隐性教育，注重反馈收集，防止逆反心理，保持开放设计[4]。采用"主题+渗透"模式，表1为课程部分知识点内含的思政元素及其实现形式。教育方法坚持主体导向，追求隐性教育，注重反馈收集，防止逆反心理，保持开放设计。在讲授的课件中，不安排具体的课程思政教学的文字性的表示内容，全程采用口述的方式进行，避免教学安排过于明显；从真实实例出发，采用逐步分析的启发式讲授，让学生体会到得出的结论是顺理成章的必然选择，而不是强加的结果；讲课程思政的理念与学生有可能遇到的真实问题进行有机的结合，始终注意理论的实践性应用；详细推敲引入和引出导言，防止学生感受到过于明显的提前设计痕迹，使得课程思政教学更加自然；讲课程思政教学内容最终落实到实际操作中，避免学生出现知道但不想做或不知道怎么做的困难，让学生践行课程思政教学成果更加简单。

表 1　课程思政案例整体设计

章节	知识点	思政元素	实现形式
第一章 静力学基本概念	约束和约束力	主题点：引导学生正确看待学习压力和学校的管理，鼓励学生严格要求自己，充分利用时间	采用类比的方式，将物体被约束的状态类比学生现在受到的各种规章制度限制的状态，引导学生思考之间的关联。培养严谨求实的科学态度和扎实、务实的工作作风
		渗透点：自律、自省	
	受力图和受力分析	主题点：引导学生注重对自身思想和目标的全面分析	采用引导讨论的方式，对杆件进行受力分析的过程进行拓展应用，引导学生讨论如果用在自己身上能分析出什么
		渗透点：有理想、有信念	
第二章 汇交力系	力的可传性	主题点：在努力学习中，也应该放平心态，淡然面对有可能出现的挫折	力的可传性一方面代表了力是可进可退的，采用头脑风暴法让学生体验自己的生活发生"进退"的情形
		渗透点：自我调整、不放弃	
	三力平衡汇交定理	主题点：儿行千里母担忧，要时刻挂念父母的思念，通过自身的努力回应家长的期望和自己的志向	采用理想现实一体化的教学方法，让学生通过动手实验来体会知识点。拓展引导父母对学生期望的思考上来
		渗透点：不焦躁、不自满	
第三章 力偶系	力对点之矩	主题点：注意自己人生的方向，朝正确的方向努力，才能让生活这部机器运转起得更加平稳、有效	采用类比的方法，分析只有让通过一点的力，朝着垂直于作用点和目标点之间连线的方向存在，才能让旋转的趋势最大，引导学生思考事半功倍的方法
		渗透点：生活有多种可能	
	力偶的性质	主题点：提出大学生活时间有限，以后就业和学业的任务要求较重，需要学生提高学习效率	采用案例教学的方法让学生分析这门课的学习要求以及自己可以用来学习的时间之间的关系
		渗透点：拖延症	
第四章 平面任意力系	力的平移定理	主题点：人也应该不忘初心，在学习和生活中努力追求梦想，努力奋斗，不忘初心；送人玫瑰，手有余香	采用情景教学法，让学生思考在面对改变时，自己能不能保持初心，不忘梦想；帮助他人后自己也会收获和满足
		渗透点：确定目标，帮助他人	
第五章 材料力学绪论	稳定性问题	主题点：基础研究的重要性，引导学生拓展视野，重视基础，并积极查相关科研参考文献	使用作业讨论法，让学生思考将一张纸站立起来的方法，引导学生专注基础科学问题的研究
		渗透点：查文献方法	

(续)

章节	知识点	思政元素	实现形式
第六章 轴向拉压变形	剪切和挤压	主题点：应当重视情商的培养，注意锻炼自己的交往能力，注意在平凡的生活中培养自己不平凡的交往能力	采用类比法，将杆件受到的剪切和挤压变形的过程类比为学生和外界之间的交互与交往过程
		渗透点：情商、智商、协调	
第七章 扭转	圆轴扭转的强度条件	主题点：注意将自己的言行与国家的法律法规和学校的相关规章制度对应起来，不然就会在学习生活中处于被动，导致没有良好发展的上升空间	采用讲授法，讲述我国上古四圣之一皋陶所制定的法律的相关知识，发现与学过的强度条件有很多的相似之处
		渗透点：认识压力、创造精神	
第九章 弯曲应力	梁的合理强度设计	主题点：从"国家栋梁""中华脊梁"等词点出梁的重要性，通过列举中国的"世界桥梁之最"等大国工程，让学生对祖国的强大和工程师的智慧感到无比自豪和敬佩	采用案例教学的方法增强学生的民族自豪感，规范严谨高效的科学精神与忧患意识
		渗透点：中国骄傲	
第十章 压杆稳定	提高压杆稳定的措施	主题点：不能自视清"高"，不能因为一些成绩和成果就盛气凌人，应当放低身段，谦虚团结；也不能孤芳自"冷"，不与别人交流和往来	采用类似的方法，以压杆稳定问题比喻学生在大学生活中可能遇到的人际关系问题，分析可能遇到的人际关系问题
		渗透点：与人交流的手段、表情控制	

四、课堂教学方法的设计

课堂教学活动设计是否合理将直接决定知识传递和学习的有效性高低。课堂教学设计的关键是对每堂课的教学过程进行设计，注重对过程的规划和管理。"工程力学"课堂教学采用下述三方面着手设计：①要根据课堂教学时间有意识地设计互动环节，以达到重启学生注意力的效果。间隔10~15分钟设计一些简单的互动（小练习、提问、小讨论等），让学生的注意力始终集中在课堂教学上。②要着重关注学习目标中的重难点，设计合适的教与学活动与其匹配。对于难度不高的教学内容，使用恰当的类比、生动的案例进行讲授可助力学生理解；对于高难度且重要的教学内容，除了讲授外，适于设计学习活动，给学生提供主动学习的机会，使得学生对重难点的深度学习得以当堂完成。③要从让大多数学生受益的角度来考虑教学设计。"工程力学"的班级规模一般较大，"教师提问—学生回答"式的活动能够参与的学生数量相对受限，故适当采用同伴学习法，让参与的学生从有限数量扩大到全员，活动效率大幅增加，有利于大多数学生学习目标的达成。

五、结　语

将课程思政元素与工程教育认证的OBE理念引入"工程力学"课程教学设计中，有助于促进思政目标与教学目标的有效融合，其最终目标是建立更加完善的适合力学基础课程的思政教学体系，进而促进专业培养体系的优化和提升，是未来课程思政融入改革继续努力的方向。在思政(育人)目标的指导下，运用成果导向教育理念来进行教学设计，对课程教学内容、教学方法、教学手段进行改革。提高学生对"工程力学"的学习兴趣和积极性，培养学生的动手能力、团队协作精神以及复杂问题的处理能力，为课程目标和毕业能力达成提供有力保障。

参考文献

［1］马宏伟，张伟伟.工程力学十讲［M］.北京：高等教育出版社，2020.
［2］崔宇，王义，刘蕾.基于OBE理念工程力学课程教学设计［J］.教育教学论坛，2021(19)：153-156.
［3］赵静，魏天路，李培，等.基于工程教育认证OBE理念的工程力学课程教学［J］.武汉轻工大学学报，2021，40(2)：104-107.
［4］秦恒洁，李栋浩，吴则琪，等.基于思政元素嵌入方法践行课程思政教育改革的探索——以工程力学绪论课堂为例［J］.教育教学论坛，2020(47)：76-78.

On the teaching design of the course of *Engineering Mechanics* under the OBE concept and ideological and political teaching

Zhao Jian　Zhang Hongye　Zhao Dong

(School of Technology, Beijing Forestry University, Beijing　100083)

Abstract　Based on the concept of OBE, integrating the education goal of curriculum ideology and politics, taking students as the center, reform the learning objectives, teaching methods and classroom design of *Engineering Mechanics* course, establish the "three-order four-dimensional" course objective matrix, analyze the learning situation and teaching situation and diagnose the causes of the "familiar, unknown" problem. The course teaching method design is determined to strengthen the training of "comprehensive mechanical ability, advanced mechanical ability" as the goal, and integrate ideological and political elements, to provide a strong guarantee for the achievement of the course objectives and graduation ability.

Keywords　*Engineering Mechanics*, ideological and political teaching, OBE concept

土木工程专业核心课"混凝土结构"课程思政教学探究与实践

李翔宇　冀晓东　王艳晗　李亚强

（北京林业大学水土保持学院，北京　100083）

摘要：专业课程教学是课程思政的主要载体，"混凝土结构"作为土木工程专业的核心课程，不仅具有较强的理论性与实践性，同时具有值得深入挖掘并结合的思政点。将文化自信、强国意识和社会责任等思政元素融入日常教学中，实现思政教育与专业知识教学的有机融合，充分发挥该课程育德树人的作用，全方位培养具有家国情怀、工匠精神的土木工程专业人才。

关键词：混凝土结构；课程思政；教学实践；人才培养

2017年，习近平总书记在全国高校思想政治工作会议上明确指出："使各类课程与思想政治理论课同向同行，形成协同效应。"[1]2020年，教育部在《高等学校课程思政建设指导纲要》中要求："高校要有针对性地修订人才培养方案，构建科学合理的课程思政教学体系，要发挥好每门课程的育人作用，将课程思政融入课程教学的全过程，实现全程育人，全方位育人。"[2]这一系列举措为全面推进高校课程思政建设指明了前进方向，提供了遵循依据。

本教学团队结合土木工程类专业课程的基本架构，以专业核心课程"混凝土结构"为例，对土木工程类专业课程思政教学改革进行思考和研究，明确课程思政教学改革思路，探讨课程思政内涵与建设目标，并为课程思政的深度融入提供方法与案例。

一、 课程简介及思政内涵

"混凝土结构"作为土木工程专业的核心课程，在土木工程专业培养方案中占有重要地位。该课程包括系统的专业知识及与工程紧密结合的课程设计，具有很强的理论性与实践性，既是先修各类力学课程的拓展应用，又是后续深度专业课程的学习基础[3]。

课程思政是根据学科特点，充分挖掘专业课程所蕴含的德育元素与育人效应，将思政教育与专业教学有机结合，对学生进行理想信念、职业道德、创新精神等方面的教育。"混凝土结构"这门课程蕴含多项思想政治教育与本课程的结合点，可通过聚焦国家重大工程、分析工程事故案例等方式，将思想引领、知识传授、能力培养融入课程教学全过程，潜移默化地培养学生的职业观及价值观，增强学生民族自豪感与社会责任感，践行社会主义核心价值观。

作者简介：李翔宇，北京市海淀区清华东路35号北京林业大学水土保持学院，讲师，lixiangyu14@bjfu.edu.cn；
冀晓东，北京市海淀区清华东路35号北京林业大学水土保持学院，教授，jixiaodong@bjfu.edu.cn；
王艳晗，北京市海淀区清华东路35号北京林业大学水土保持学院，副教授，yanhanwang@163.com；
李亚强，北京市海淀区清华东路35号北京林业大学水土保持学院，讲师，liyaqiang@bjfu.edu.cn。
资助项目：北京林业大学教育教学名师专项"土木工程专业工程教育专业认证的定位与路径"（BJFU2020MS020）。

二、课程思政教学现存问题

（一）认识上存在误区

专业课教师不重视思政教育，只重视专业知识教育教学，仅把专业知识与技能教授给学生，教学考核仅仅是课堂出勤、课堂作业、期末考试的考核，缺乏对学生的综合素养评价标准[4]。思政环节的缺失将导致学生毕业后职业理想信念不足，社会道德与职业责任感缺失，容易忽略实际工程的社会影响与社会价值，难以培养出具有家国情怀的土木工程专业人才。

（二）实施上存在局限性

尽管意识到了课程思政的重要性，但有些教师只是在课程导入时引入思政环节，内容生硬，不能自然流畅地将专业内容与课程思政有机结合，从而出现专业教育与思政教育"两张皮"的问题，使学生的思想价值观提升较为局限[5]。如何顺应时代发展需求，将思政元素有机融入专业课堂教学，实现润物无声的育人效果，是土木工程专业课教师面临的新挑战。

三、课程德育目标

专业培养目标体现了育人和育才的统一性，课程教学目标体现了该课程对学生专业能力培养方面的指导作用。课程思政目标应将上述两个显性目标进行结合并进一步深化，用好隐性教育渠道，挖掘课程中蕴含的思政元素，充分发挥该课程的育德树人功能[6]。

（一）土木工程专业培养目标

结合我校作为农林类院校的土木工程专业特色，制定的人才培养目标如下：

①具有扎实的专业知识，良好的专业技能实践能力，具备从事土木工程相关的专业工作能力以及解决工程领域复杂问题的潜力。

②具有"绿色生态土木"理念，适应绿水青山的国家战略要求及土木行业建设发展的时代需求。

③致力于培养具有家国情怀、创新精神、并具有较强影响力和竞争力的卓越土木工程师。

（二）本课程教学目标

①掌握钢筋混凝土结构设计的基本原理，包括混凝土结构的基本概念、混凝土结构材料的物理力学性能、基本受力构件设计原理等。

②理解并掌握各种受力条件下钢筋混凝土基本构件在两种极限状态下的设计计算方法，能够根据规范要求设计混凝土结构基本构件。

③运用土木工程实验基本原理和分析方法进行实验设计、操作和结果分析，具备解决土木工程领域复杂问题的能力。

（三）本课程思政目标

①文化自信：激发学生的爱国热情、民族自豪感和大国自信意识，树立为国家、社会发展做贡献的理想、信念和信心。

②强国意识：激发学生坚忍不拔的科研精神和工匠精神，培养担当民族复兴大任的时代新人。

③社会责任：引导学生树立正确的"三观"，塑造高尚的品德修养与职业操守，肩负土木工程师应承担的社会责任。

四、课程思政教学设计

针对上述课程思政环节存在的问题及提出的思政目标，本教学团队通过问卷调研、同

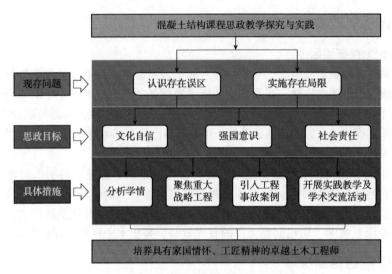

图1 "混凝土结构"课程思政教学改革思路

行专家研讨等方法,从以下四个方面提出了思政改革的具体措施(图1)。

(一)分析学情,针对性开展思政教育

在教学过程中教师要有意识地、有效地对学生进行思想政治教育,采用知识结构体系与思政教育体系双线并行。通过学情分析,了解学生现有的知识结构、兴趣点、认知情况与发展规律,从而在选取思政素材时,更贴近学生感兴趣的热点问题,激发学生学习热情,提高课程思政教学效果。

(二)聚焦重大战略工程,树立学生专业认同感

结合土木工程领域工程案例,凸显我国建筑行业的飞速发展,通过欣赏具有特色的高层及超高层建筑,展示中国建筑追求精益求精、创新创造的精神,激发学生学习兴趣,树立民族自豪感、专业认同感和文化自信。找准具体教学内容与思政点的映射关系,例如第一章绪论部分,教学目标是使学生了解土木工程结构发展史、混凝土结构的发展概况,掌握混凝土结构的功能特点及环境类别。思政点可以由古至今,介绍中国建筑的特色与智慧。以古代建筑赵州桥和故宫为例,赵州桥是一座由石头砌筑而成的桥体,至今保存完整,具有较高的科学价值及艺术价值;故宫是世界上现存规模最大、保存最完整的木质结构古建筑之一。以这些古代建筑为例可以向学生介绍古人的智慧,如何在没有混凝土、钢筋材料的情况下,利用当时现有的材料建造土木工程结构,使学生初步形成工程思维意识。通过榫卯、斗拱结构图,介绍古代木结构中的构造,彰显中国古建筑中蕴含的智慧。又如结合学生感兴趣的央视大型纪录片《超级工程》,展示中国被誉为"基建狂魔"的重大工程项目,如世界上最长的跨海大桥港珠澳大桥、世界高度排名前十的典型高层建筑上海中心大厦、北京中国尊等,展现建筑行业日新月异的科技发展及我们的大国实力与人文情怀。结合我们对中国尊中的巨型柱进行的缩尺模型试验(图2),在课上播放试验过程视频,讲解如何对实际工程结构的受力机理开展科学研究,如何将大型复杂建筑进行简化设计从而开展试验分析。将科研与教学自然地深度融合,激发学生的科研兴趣,鼓励学生坚定科技报国的信念,树立勇攀科技高峰的信心。

再例如第二章钢筋混凝土材料的力学性能,教学目标是使学生掌握钢筋和混凝土的主要力学性能指标,理解钢筋与混凝土的黏结机理。可以结合国家"碳达峰、碳中和"的绿色发展战略作为思政点,介绍再生混凝土(图3)、钢纤维混凝土、FRP筋、高强钢材等目前

(a) 中国尊工程图　　　　　　　　(b) 缩尺模型试验

图2　以"中国尊"为例的课程思政素材

亟须推广使用的高性能绿色建筑材料,讲解这些材料对工程建设带来的节能减排效果,以及对我国社会、经济、环境协调发展的重大意义。结合国家战略需求,突出当前建筑结构对新材料与新工艺研究的迫切需求,激发学生利用专业知识服务人民、奉献社会的敬业精神,鼓励学生勇于探究,不断创新。

图3　建筑垃圾再生利用过程示意

(三)引入工程事故案例,增强学生社会责任感

在讲述第四章至第七章各类受力构件的截面承载力计算及构造设计要求时,可以结合典型的工程事故案例,组织学生讨论,找出事故产生原因,强调破坏后造成的人员伤亡和危害,以及建筑修复或重建带来的重大经济损伤,初步使学生建立基本工程伦理,意识到工程底线的重要性。例如,2010年起,西安、南阳等地陆续曝光了"瘦身钢筋"事件,利用钢筋的冷拉特性,将粗钢筋冷拉为细钢筋以提高钢筋强度,减少钢筋用量。冷拉后的钢筋延性大大降低,一旦遭遇地震,房屋极易倒塌,造成人员伤亡及经济损失。这提醒学生应端正职业操守,重视工程细节,也可以激发学生的社会责任感。2008年汶川地震是新中国成立以来截至目前破坏力最大的地震,也是唐山大地震后伤亡最严重的一次地震。汶川地震共造成69227人死亡,直接经济损失8452亿元,其中因房屋破坏造成的损失将近50%(图4)。这提醒学生重视结构设计及施工要求,避免结构因达不到抗震设防需求而造成倒

(a) 震后建筑物倒塌　　　　　　　(b) 建筑物灾后重建

图4　以"汶川地震"为例的课程思政素材

塌；学生应从事故中汲取教训，进一步正确理解并运用学习到的专业知识，树立正确的安全责任意识，增强社会责任感和使命感。

(四)结合实践教学，培养学生创新进取精神

"混凝土结构"课程包含实验研究及课程设计等实践教学环节，学生可以通过实践途径，系统运用专业知识，提高动手能力。例如开展钢筋混凝土梁正截面受弯性能的实验研究，将学生分组，明确分工与职责，通过构件设计、实验方案设计、实验准备、实验操作、数据处理与分析、实验报告撰写等环节(图5)，提高学生的动手实操能力，以及团队合作、组织协调、解决实际问题的能力。此外，可以开展与课程相关的含有思政元素的学术专题活动，选题可以来自混凝土结构世纪工程、川藏线中混凝土结构的需求与挑战、绿色混凝土发展前沿等研究热点。通过学术讲座及学术交流活动，介绍当前科技发展方向，激发学生的科研兴趣，激励学生勇做新时代科技创新的排头兵，勇担科技报国的新时代使命。

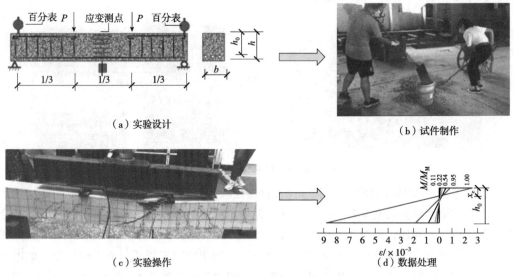

图5 受弯梁实验教学思路

五、教学改革效果

将上述思政教学设计运用于实际课堂教学中，探索性地开展了"课程思政"理念下的新型授课模式。对学习过"改革前"和"改革后"两个版本课程的土木工程专业学生进行了问卷调查。共收集有效问卷40份，主要调查结果汇总情况见表1。调查结果显示，大部分学生认为课程思政环节的加入有助于提高课堂积极性，加深对知识点的理解，增强专业信心与实践创新能力。因此，课程思政教学改革之路势在必行，如何将思政元素与教学内容有机结合，挖掘更多深层次的课程内涵，充分发挥思政引领教学的"润物无声"的效果，将是未来教学改革探索的重点。

表1 学生对"混凝土结构"课程思政教学设计的反馈

问题	评价(%)		
	是	一般	否
引入工程案例是否有助于加深对知识点的理解	90	10	0

(续)

问题	评价(%)		
	是	一般	否
课程思政环节是否有助于提高课堂积极性	85	12	3
课程思政环节是否有助于提高对该课程的兴趣	92	7	1
课程思政环节是否有助于增强专业信心	84	14	2
课程思政是否与专业知识自然融合	85	5	10

六、结　语

课程思政理念应贯穿于人才培养的全过程，思政教育应与专业教学同向同行、协同育人。本教学团队分析了"混凝土结构"课程思政教学现存的问题；结合土木工程专业人才培养目标及课程教学目标，提出了本课程的思政教育目标；多角度提供了课程思政教学设计方法与案例；并通过调研了解了思政教学改革取得的初步成效。面向新工科建设，课程思政教学需进一步深入挖掘专业课程中蕴含的文化和价值，充分发挥该课程育德树人的作用，全方位培养具有家国情怀、工匠精神的土木工程专业人才。

参考文献

[1] 习近平在全国高校思想政治工作会议上强调：把思想政治工作贯穿教育教学全过程开创我国高等教育事业发展新局面[J]. 实践(思想理论版)，2017(2)：30-31.
[2] 教育部. 高等学校课程思政建设指导纲要[EB/OL]. [2020.05.28]. http：//www.moe.gov.cn/srcsite/A08/s7056/202006/t20200603_462437.html
[3] 蒋庆，申讯，冯玉龙，等. 混凝土结构基本原理课程思政教学设计与实践[J]. 高教学刊，2021(21)：178-184.
[4] 徐腾飞，杨成，赵人达，等. 土木工程专业课程思政的融入路径：以混凝土结构设计原理为例[J]. 高等建筑教育，2021，30(1)：182-189.
[5] 胡婷婷. 探讨如何在《混凝土结构》课程的教学设计中体现课程思政[J]. 创新创业理论研究与实践，2019，2(21)：38-39.
[6] 刘玉娟. "课程思政"理念下《混凝土结构设计》课程教学改革探究[J]. 四川水泥，2020(4)：73，99.

Exploration and practice of ideological and political teaching of the core course *Concrete Structures* of civil engineering

Li Xiangyu　Ji Xiaodong　Wang Yanhan　Li Yaqiang

(School of Soil and Water Conservation, Beijing Forestry University, Beijing　100083)

Abstract　Professional course teaching is the main carrier of the ideological and political education. As the core course of civil engineering, *Concrete Structure* not only shows strong practicality and theory, but also has ideological and political points worthy of in-depth exploration and integration.It is important to integrate ideological and political elements such as cultural self-confidence, awareness of strengthening the country and social responsibility into daily teaching. Therefore, the organic integration of ideological and political education and professional knowledge teaching can be realized, and the role of this course in cultivating morality and cultivating people can be brought into full play, which is beneficial to cultivate civil engineering professionals with national feelings and craftsman spirit in an all-round way.

Keywords *Concrete Structures*, ideological and political teaching, teaching practice, talent training

大数据背景下"离散数学"OBE 模式教学改革研究

洪 弋　李冬梅　孙 楠　崔晓晖　罗传文

（北京林业大学信息学院，北京　100083）

摘要：在大数据技术渗透到各行各业的时代背景下，数学和计算机科学尤为重要，并且"离散数学"作为信息类专业的核心主干课程，面临新的挑战与变革。同时，众多高校新增数据科学与大数据技术专业，也对"离散数学"的教学改革和实践提出新的要求和目标。本文将在大数据背景下、基于 OBE 教学模式，以计算思维能力的培养为核心，从课程定位、教学改革举措、教学改革成效等方面来阐述"离散数学"课程的教学改革过程，并在教学方法改革中结合大数据背景和课程思政两方面引入了两类教学案例，在持续改进过程中取得了较好的效果。

关键词：大数据技术；OBE 教学模式；离散数学；教学改革

一、引　言

2019 年 4 月我国人社部确定了关于大数据的新职业：大数据工程技术人员等。大数据技术在各行各业的应用加速了行业发展和社会进步，我们已高速步入了大数据的新时代。在大数据时代背景下，信息领域相关的数学尤为重要，"离散数学"作为计算机科学与技术等多个信息类专业的核心主干课程，面临新的挑战与变革。"离散数学"课程是计算机类专业专业课程（如数据结构、数据库、算法设计与分析等）的重要先修课程，而计算机类专业课程中的大部分必修课又是能够掌握大数据技术中分析与处理的基础课程，所以"离散数学"起到了数据科学和计算机科学之间的桥梁作用。

在计算机科学和数据科学专业的培养中，"离散数学"的授课内容主要包括数理逻辑、集合论、代数系统、组合数学、图论、初等数论等，其重点学习内容围绕数理逻辑、集合论、代数系统和图论四部分[1]。屈婉玲等为课程建立了一个分层的、模块化的知识框架，该框架具有灵活性和拓展性，可根据专业具体的培养目标对教学内容做配置和重组，并强调利用教学设计环节进行"离散数学"后继课程的引申和拓展，强化素质和能力培养[2]。张艳等基于"离散数学"课程，利用实践教学的思想来改变传统的理论教学，充分挖掘"离散数学"课程在实际应用中的作用，以网络化的形式构建知识单元之间的联系[3]。K. H. Rosen

---

作者简介：洪 弋，北京市海淀区清华东路 35 号北京林业大学信息学院，讲师，hongyi@ bjfu. edu. cn；
　　　　　李冬梅，北京市海淀区清华东路 35 号北京林业大学信息学院，教授，lidongmei@ bjfu. edu. cn；
　　　　　孙 楠，北京市海淀区清华东路 35 号北京林业大学信息学院，副研究员，sunny325@ bjfu. edu. cn；
　　　　　崔晓晖，北京市海淀区清华东路 35 号北京林业大学信息学院，副教授，cuixiaohui@ bjfu. edu. cn；
　　　　　罗传文，北京市海淀区清华东路 35 号北京林业大学信息学院，讲师，chuanwenluo@ bjfu. edu. cn。

资助项目：教育部第二批新工科研究与实践项目"面向新工科的计算机专业校企双师建设与实践"（E-JSJRJ20201306）；
　　　　　北京林业大学教育教学研究项目"大数据背景下'以学生为中心'的'离散数学'课程教学改革与实践"（BJFU2020JY073）。

从大数据分析与处理角度出发，将"离散数学"课程中的集合论部分与数据之间关系的描述与刻画相联系，强调集合论中关系的运算和性质、关系矩阵和关系图在大数据分析中的重要性。"离散数学"的教学重点是对学生算法化思维的培养，目前也有较多的文献围绕计算思维的培养对"离散数学"课程教学展开研究讨论[5-8]，足以见得计算思维能力是具备解决工程问题能力的前提，也是工程教育计算机专业认证的产出要求和细化标准。

近年来基于学习产出的教育模式（outcomes-based education，OBE）教育模式如今已得到国际广泛认可，被认为是一种教育范式的革新。我校计算机专业在课程体系重构、培养方案和教学大纲修订、教材编著、教材建设等众多方面做了大量工作，也积累了丰富的教学改革经验；2018年我校新增了数据科学与大数据技术专业，对"离散数学"等核心专业课程的教学改革和实践提出新的要求和目标。因此，本文将在大数据背景下、基于OBE教学模式，从课程定位、教学改革举措、教学改革成效等方面来阐述"离散数学"课程的教学改革过程。

二、结合大数据背景的"离散数学"课程定位

考虑到大数据技术应用的需求，同时以OBE理念为指导原则，"离散数学"的课程设计原则包含四个方面：一是"以学生为中心"，课程的教学理念、教学内容和教学进度安排要紧扣本专业的培养目标和毕业要求；二是"以产出为导向"，在教学设计和实施过程中体现产出，并用产出的质量来评价教学的有效性；三是"反向设计"，从最终成果出发来设计课程实施中的具体教学活动；四是"持续改进"，持续跟踪教学产出的质量和对教学设计进行完善改进，推动专业人才培养质量不断提升。

根据我校计算机专业2019版培养方案，在计算机专业的12条毕业要求中，"离散数学"课程主要支撑工程知识和问题分析这两点毕业要求，依据课程支撑的两条毕业要求，课程目标包含两个层面：一是知识层面，即能够掌握基本概念、证明和解决的基本分析方法；二是能力层面，即培养抽象思维能力、严格的逻辑推理能力、缜密概括能力和数学建模能力，具有利用计算思维和逻辑思维能力解决实际问题的工程素质和计算科学素养。

三、"离散数学"课程OBE模式教学改革举措

（一）课程体系改革

在课程目标的指导下，"离散数学"课程的教学内容主要包含数理逻辑、集合论、代数系统和图论四个专题，皆为理论教学。在大数据背景和大数据专业新增的驱动下，OBE模式的课程改革首先从课程体系入手：一是依据专业的整体课程体系和本课程对毕业要求的支撑作用，课程由一个学期共64学时调整为两个学期各40学时；并且考虑到后继课程数据结构对算法时空复杂度分析的需要，"离散数学"课程内容在四个专题基础上增加了组合数学部分的递推方程和生成函数，起到承上启下的衔接作用。二是根据本课程先修后继课程的知识点关联性，考虑到基本编程类课程中建立了算法构造思想和数据结构课程中需要递推函数和图论中的知识，本课程的讲解顺序调整为第一个学期的数理逻辑、集合论和第二个学期的组合数学、图论、代数系统，为后继课程数据结构、数据库概论和人工智能等课程做充足准备。

（二）教学内容改革

在大数据时代背景下，考虑到"离散数学"课程在数据科学和计算机科学类专业中的重要基础作用，该课程的教学既要保存基础性理论知识的完备性，又要兼顾数据分析和处理所需的相关概念、定理和算法化思想。例如，大数据的类型包含了存储于关系型数据库的

结构化数据和关系型数据库无法存储的非结构化数据，需要对不同类型数据本身和相互之间关系的描述和分析，而描述分析的基础知识就在集合论这一部分，在讲授时需要结合大数据相关应用进行拓展。

除了教学内容上结合大数据背景应用，在教学案例的引入上还需进行多维度的设计，这里主要结合学校专业特色和课程思政的考虑引入两类案例：首先利用学生对学校优势学科(如林学、生态学)的了解，尤其是生态学研究中需要高质量的生态多样性数据，大数据技术能够有效地利用和分析数据量庞大的物种地理分布、种群数量、功能性状等信息。这里选择栖息地重叠和食物链，从中挖掘出图论对应的知识点，具体案例如下：

案例1：森林生态系栖息地重叠图(图1)。栖息地重叠图代表生态系统里的物种之间的竞争关系，顶点表示每个物种，两个顶点之间的无向边代表这两个物种会竞争某些食物。例如从图中可知松鼠与浣熊竞争，浣熊为杂食性动物，因为它不光吃鸟、老鼠、昆虫、青蛙等动物，有时也会跟松鼠一样吃坚果等植物，因此它们之间有条边。但是乌鸦不与鼩鼱竞争，乌鸦是杂食性动物，吃谷物、浆果、腐肉及其他鸟类的蛋，鼩鼱以昆虫和其他一些无脊椎动物为食。在这种竞争共存模式下，我们更关注谁具有竞争优势，就是与其他物种竞争最激烈的。如果定量分析，这种竞争性如何度量，这些都与无向图中顶点的度数相关。

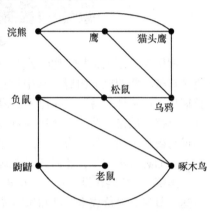

图1 森林生态系栖息地重叠图

案例2：生态系统中食物链能量传递图(图2)。在生态系统中，能量沿着食物链传递的过程中是逐级递减的，因此越往食物链的末端，能量越少。例如对猫头鹰来说，能量损失最多的食物链是食草昆虫→蜘蛛→青蛙→蛇→猫头鹰。这种能量流动也代表着越向食物链的后端，生物体的数目越少，这样就形成一种金字塔形的营养级关系，我们通常关注的是这个金字塔的顶端，就是能量损失最多的物种，需要对损失程度进行度量，这些与有向图中顶点的度数相关。

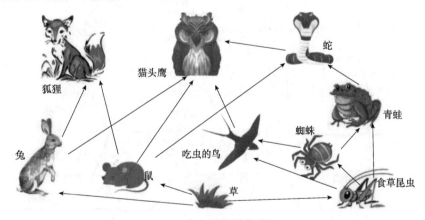

图2 食物链能量传递图

另一方面，从 OBE 模式角度考虑，以学生为中心需要课程教学体现教育规律、思想政治教育规律、人的成长成才规律的揭示与把握，这就需要在专业课程中融入思想政治教育内容，找准关键、突出重点。这里考虑脱贫攻坚中走访路线规划和公路修建规划问题，具体案例如下：

图3　某地区住户路线图

案例3：走访路线规划问题(图3)。入户走访不仅是了解民意、掌握社情的重要渠道，更是扶贫攻坚的重要内容，从中挖掘出欧拉图的理念和框架。入户走访工作具有经常性、长期性、连续性的特点。在保证访遍所有街道的前提下，考虑避免重复走访，如何规划高效、全覆盖的走访路线？解决问题首先进行数据建模，即将村庄中每条街道视为一条边，街道与街道的交汇处视为一个点，那么在这样一个路线图中要求解一条从工作站出发，行遍所有的边且不重复，还回到工作站的路，这就与图论中欧拉回路的知识点相关联。

案例4：公路建设问题。修建进藏高速公路将多个城市联通，为保证每两个城市之间都可达、节省总造价成本，已知每对城市间修建公路的造价，如何规划路线能够到达所有城市、并且造价最小？讲解时可将规模缩小为10个城镇之间的公路修建问题：假设目前这10个地点之间修建公路的待选路线如图4中红框部分，在巴青和类乌齐之间，既可以修建一条直接连通的公路，也可以通过中转站丁青将两个地点连通。假设能提前预估出每对地点间修建公路的造价，那么该问题的数学模型就是在这10个点组成的图上，已知每条边上的代价，如何从中选边以连通所有点。为了解决这样一个问题，就需要掌握生成树的相关知识。

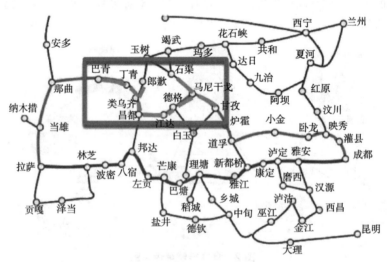

图4　某地区高速公路修建图

案例的设计要充分考虑当代大学生对国内外时政和热点问题的关注，用案例进行正向引导、从中挖掘"离散数学"课程知识点对应的理念和框架，分析出实际问题中优化目标的共性，引导学生发现和总结规律，通过突出问题解决的重要意义来向学生传达基础理论研究对于解决实际应用问题的重要性。

(三) 教学方法改革

首先增加案例教学环境，将现在计算机专业前沿的技术融入课堂教学中，例如在集合论部分引入大数据分析与处理中相关关系的描述与刻画、在数理逻辑部分引入人工智能中的知识表示、在图论部分引入智能交通系统中无人车辆的自主驾驶和移动传感网络中的目标追踪等。在引入更多与专业实际应用相关案例的同时，还要多布置思维导图类梳理知识框架和逻辑思路训练类的课后作业。

在课堂教学方面，本课程在教学过程中针对不同部分多引入数据库系统应用等方面的案例，提高学生的学习兴趣；同时将随堂测试环节进行丰富，引入分组讨论和自主讲解的环节，提高学习积极性，例如翻转课堂形式。加强训练学生的计算思维和逻辑推理能力，在各个部分的概念梳理和证明推导中培养学生用流程图的方式来表述出计算和证明的过程。

在混合式教学方面，本课程建立并完善了基于"课堂派"和"雨课堂"的线上学习平台及资源。在传统教学基础上，确保多媒体教学、线上辅助教学的比例，更进一步引进翻转课堂教学理念，引导学生通过 MOOC、互联网等媒体在课下提前查找阅读"离散数学"课程与大数据相关的内容，将一些热点问题带到课堂进行研讨；同时从"以赛促学"角度出发，结合大数据相关的学科竞赛类课题，以任务驱动的实际应用问题建模的方式来进行相关课程内容的学习效果检验，提高学生的学习主动性。

四、基于 OBE 理念的"离散数学"教学评价设计及持续改进机制 "离散数学"课程 OBE 模式教学改革的成效和体会

(一) 教学效果总结

最近一次课程的达成度情况见表 1，该学期学生共 112 人，学生的总评成绩分布是 90 分以上 22 人（占 19.6%），80~89 分 50 人（占 44.6%），70~79 分 25 人（占 22.3%）、60~69 分 12 人（占 10.7%），60 分以下 3 人（占 2.8%），平均分约 81 分。在期末考试考查环节中，基本概念和计算方法原理的理解和应用类题型学生答题情况较好，说明学生掌握了"离散数学"中基本概念和方法、具备将方法原理应用于解决实际工程应用类问题分析和解决的能力，达成度均在 0.8 以上；但是证明题上学生整体答题情况一般，说明对实际问题分析建模能力和逻辑推理演绎能力有待加强（达成度为 0.69）。

表 1 "离散数学"课程 2019—2020 学年第二学期课程达成度表

课程		"离散数学"				
		1.1	1.2	2.1	2.2	
毕业要求	指标点（2级指标）	掌握数学、自然科学知识，能够用于计算机复杂工程问题的描述与表达	掌握计算机数据抽象与算法知识，建立抽象思维、面向对象思维、计算思维和数据思维模式，能够用于计算机复杂工程问题的建模与求解	能够运用数学、自然科学、工程科学和计算机专业的基本原理，识别计算机应用领域复杂工程问题，判断并分解出关键环节	能够运用计算机科学与技术的基本原理及数学建模方法，表达和分析复杂工程问题	Σ
课程对指标点的权重系数		0.2	0.2	0.1	0.25	0.75

(续)

课程		"离散数学"					
教学及考核环节		教学及考核环节对指标点的权重系数(达成度)				权重∑	成绩
方式	权重						
平时成绩	0.4	0.25	0.5	0.25		1	33.06
		0.84	0.74	0.88			
期末考试	0.6	0.2	0.25	0.35	0.2	1	79.00
		0.86	0.78	0.8	0.69		
权重∑	1	0.45	0.75	0.6	0.2	2	80.46
达成度		0.85	0.75	0.83	0.69	0.77	

对比最近两年的学生在期末考试这一教学环节的达成情况(图5)，本学期成绩提升的主要因素是期末考试成绩总体上升，在期末考试环节，指标点1.1的达成度上升为86%(上一年73%)；指标点1.2的达成度上升幅度明显为78%(上一年41%)；指标点2.1的达成度为80%(上一年50%)；指标点2.2的达成度上升为69%(上一年57%)。在期末考试环节支撑的三个指标点中，对应指标点2.2的抽象思维和逻辑推理能力的培养上达成度低于70%，尤其体现在证明推理性题型上。

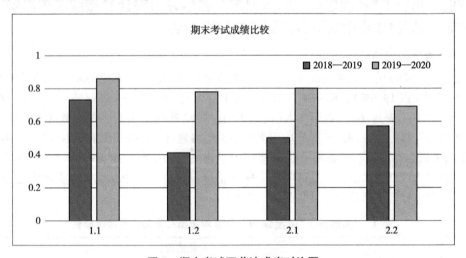

图5 期末考试环节达成度对比图

(二)教学效果分析

通过对近两年的期末考试成绩比较发现，课程支撑的前三个毕业要求二级指标点1.1、1.2和2.1达成度的结果较好，反映出学生对于工程知识中的基本概念、方法和定理掌握较熟练，同时能够将其应用到问题分析时的对象表示中，说明学生较适应课程体系、内容和方式的改革，并且通过教学内容和形式更新，提高了学生对实际问题的分析和解决能力。

对比分析中指标点2.2的达成度相对其他三个指标点略低，其原因分为两方面，一是一部分学生缺乏实际工程问题分析表达能力和逻辑推理演绎能力，在平时的培养中不够重视，二是学生考试时审题不仔细，知识点中的性质和定理掌握不扎实。在平时成绩的三个考核方面，作业成绩环节对应指标点1.1、1.2和2.1的达成度都超过70%，但比上年下降，降低原因一是学生对混合式教学的考核方式熟悉度不够，二是线上教学对于提高学生的学习主动性和自觉度的效果上与线下教学存在一定差异。

（三）持续改进措施

在课堂教学方面，本课程在教学过程中针对不同部分多引入数据库系统应用等方面的案例，将现在计算机专业前沿的技术融入课堂教学中，例如在集合论部分的二元关系中引入关系数据库、在数理逻辑中引入知识推理等，都能与基本知识点结合，着力提高学生的学习兴趣；同时将随堂测试环节进行丰富，引入分组讨论和自主讲解的环节，提高学习积极性。

在课后作业方面，适量增加培养计算思维能力、逻辑推导能力的题型，并利用答疑环节多进行概念梳理和证明推导，并从各组选取学生进行易错题型的讲解，通过学生主导答疑环节，培养学生对复杂工程问题的分析解决能力。

五、结　语

本文在大数据背景下、基于 OBE 教学模式，以培养计算思维能力为核心，详细阐述了"离散数学"课程教学改革中的课程定位、改革举措、改革成效与体会，并在教学方法改革中引入了两类教学案例，在持续改进过程中取得了较好的效果。"离散数学"课程的教学改革在信息类专业多样性发展的过程中还需要不断探索和完善，仍需持续以计算思维和建模能力培养为主线，着力提高学生的工程素质和实践能力，以满足大数据背景下计算机类专业的培养需求。

参考文献

[1] 耿素云，屈婉玲，张立昂. 离散数学[M]. 5版. 北京：清华大学出版社，2013.
[2] 屈婉玲，王元元，傅彦，等. "离散数学"课程教学实施方案[J]. 中国大学教学，2011(1)：39-41.
[3] 张艳，刘亚. 离散数学课程教学新思考[J]. 计算机时代，2016(5)：89-91.
[4] Rosen K H. 离散数学及其应用[M]. 袁崇义，屈婉玲，译. 北京：机械工业出版，2002.
[5] 常亮，徐周波. 离散数学教学中的计算思维培养[J]. 计算机教育，2011(14)：90-93.
[6] 陈杰华. 程序设计课程中强化计算思维训练的实践探索[J]. 计算机教育，2009(20)：84-85.
[7] 王甲海，印鉴. 人工智能教学与计算思维培养[J]. 计算机教育，2010(19)：68-70.
[8] 郑丽洁，陈利. 操作系统教学中的计算思维能力培养[J]. 计算机教育，2013(15)：82-84.

Research on the OBE model teaching reform of *Discrete Mathematics* under the background of big data

Hong Yi　Li Dongmei　Sun Nan　Cui Xiaohui　Luo Chuanwen

(School of Information Science and Technology, Beijing Forestry University, Beijing　100083)

Abstract　Under the background of big data technology which has penetrated into all walks of life, mathematics and computer science are particularly important. *Discrete Mathematics*, as the core course of information majors, faces new challenges and changes. Furthermore, the addition of new majors like data science and big data technology in many universities also puts forward new requirements and goals for the teaching reform and practice of *Discrete Mathematics*. In the consideration of the background of big data, the OBE teaching mode and the core of cultivating the calculating and thinking ability, this article discussed the teaching reform process of *Discrete Mathematics* curriculum from the course orientation, teaching reform, teaching reform effect. And it introduced two kinds of teaching cases in teaching method reform combined with the background of big data and the ideological and political education, which achieved well results in the process of continuous improvement.

Keywords big data technology, OBE teaching mode, *Discrete Mathematics*, teaching reform

习近平生态文明思想在教学中的引导融合

——以"草地景观规划设计"课程为例

李周园[1]　李方正[2]　宋桂龙[1]　董世魁[1]

（1. 北京林业大学草业与草原学院，北京　100083；
2. 北京林业大学园林学院，北京　100083）

摘要： 我国草原保护、草坪产业、生态修复等众多涉草行业和领域，需要培养大批草地景观规划设计方面的高素质人才，满足不断升级的社会发展与人民需求。习近平生态文明思想为新时代草业和土地规划工作提供了更宏观和更具前瞻性的思想指引与理论基础。本文以国内率先开设"草地景观规划设计"本科生课程的北京林业大学为例，介绍了"草地景观规划设计"课程开设的基本背景与必要性。以"点""线""面"的具象化类比，系统阐述了习近平生态文明思想核心内容引导并融入"草地景观规划设计"课程教学的构建方案，分别对应于落实"三全育人"教育理念和育人目标。文章提出了关键思政融合点、线索式思政教学以及学科谱带嵌入等教学理念与方法，论述了习近平生态文明思想在涉草景观规划方向上发挥理论高地与思想源泉的引领作用。

关键词： 草学；景观规划设计；课程思政；生态文明思想；教学方法

一、"草地景观规划设计"课程开设背景

（一）草业大国的历史积淀

我国草原面积幅员辽阔，西部草原、北方草原孕育了游牧文明和少数民族聚居地，各类草原作为多样化的草地生态系统，还承担着重要的生态屏障和保护物种栖息地的功能[1]，如何统筹协调草牧业民生发展与草原生态系统保护、如何科学规划布局草原自然公园等草原保护地体系建设，需要面向草原的规划设计理论方法与专业人才。我国中东部人口稠密，城镇化和交通路网密集，国土绿化、生态修复以及园林园艺产业任务艰巨、发展繁荣，草本植物材料成效快、用量大，草坪铺设与管理等工程需求巨大，尽管东方园林技艺在我国已有悠久发展史，但面临当代的草产业、草行业和草资源，如何系统认知和管理草坪景观材料、优化组合配置草坪景观植物，需要更多人居环境和工程尺度的草坪景观规划设计方面的理论与人才培养创新[2]。习近平生态文明思想中对草地资源、草业发展尤为重视，草地资源在生态文明建设和美丽中国建设中将发挥更大作用，前者以"山水林田湖草沙"生命共同体系统治理中草原保护作为生态本底，后者着眼于宜居城市建设、美丽乡村建设中，草坪景观资源具有基础而广泛的应用。我国作为草业大国，无论是草原景观还是草坪景观，都面临着草地景观规划设计理论方法与人才队伍建设的短缺，需要在历史积淀上创新开设

作者简介：李周园，北京市海淀区清华东路35号北京林业大学草业与草原学院，讲师，lizhouyuan@bjfu.edu.cn；
　　　　　李方正，北京市海淀区清华东路35号北京林业大学生园林学院，副教授，fangzhengli@bjfu.edu.cn；
　　　　　宋桂龙，北京市海淀区清华东路35号北京林业大学草业与草原学院，教授，syihan@163.com；
　　　　　董世魁，北京市海淀区清华东路35号北京林业大学草业与草原学院，教授，dongshikui@bjfu.edu.cn。
资助项目：北京林业大学教育教学研究项目"新时代草地景观规划设计教学资源与工具应用研究"（BJFU2021JY114）。

一门结合不同区域、类型草地景观资源的草学专业性课程，在涉草的农林大专院校进行完善和推广，传承草业的历史积淀。特别是对于国家一流高校，其生源广泛来自全国各地区，更需加强全面覆盖不同地域草地景观建设方向，以实现因材施教、因地制宜的育人目标。

（二）草业强国的时代需求

尽管我国是草业大国，有着广泛的群众基础和市场需求，但仍需客观清醒地认识，目前我国草业市场体量、质量以及产业现代化和标准化水平还远落后于世界先进水平。发展草业强国不止于草地植物材料、草原和草坪景观，更关乎边疆稳定与国土安全、生态文明统筹协调、应对与适应气候变化等重大国本之策和民生之计。我国推行的国务院机构改革将国家草原管理机构升级并与林业对标建设，正是强有力地领导草业强国的实质性建设举措。高校建立独立的涉草院系、开发新的涉草课程和本科专业，响应这一国家的顶层设计是顺应草原生态保护和草业绿色发展的具体行动。草业强国根基在重视草业的思想指引和理论构架，核心在草业人才队伍的全面深入培养和建设，外延在围绕草资源高效利用与草产业蓬勃发展的产学研联动机制，而草地景观规划设计是从思想理论上呼应这种原理方法的创新，从培养和建设人才上提供具体专业性知识内容，从产学研联动上体现面向实践的草业教育。

（三）新时代草学理论方法出口与技术抓手

新时代需要新草学，新草学成长于新时代。过去很长一段历史时期，社会对草学专业的认识不足，草学本身存在的局限和瓶颈亟待突破。特别是草地资源学、草地培育学、草地生态学与草坪工程等理论，与园林草坪景观营造、地被植物铺设、草原自然保护区规划等产业和行业实践存在脱节的盲区，特别迫切需要架设理论、方法和技术桥梁，打通学科和专业壁垒，发挥草业科学的精专和广博。因此开设一门在本科中高年级阶段选修的、直接面向涉草部门与行业应用的专业出口课程十分紧要，这项工作也成为草学兼容并包吸纳其他相关领域，为本专业树立更高社会认可度和学科价值的一个新的增长点[2]。草学从根本上讲是面向草地发展的学科，草地本身的属性既有"草"，即生命科学，也离不开"地"，即地理学和土地科学。一方面，农林院校以植物学和生态科学等传统生命科学为特色，尤其需要加强运用宏观的地学思维和更大尺度的唯物史观来挈领和支撑生命科学在可持续发展骨干科学框架构架下的多维度、高层次提升，方能全面、深刻地适应和应对当今变化中的世界和地区发展，而土地科学在思维层次相对较高的知识技能培养层面，相当一部分与经济社会挂钩的出口在于规划、设计和管理等性质的工作，所以草地作为主体对象与景观规划设计技术方法的综合传授，是新时代草学内涵需要着力开发的一类课程。另一方面，草业本身很大一部分要涉及土地资源的调查、测绘、规划设计和经营管理，包括以草原生态系统为主的保护地划定、草原旅游景点开发、草原民居保护和迁移、交通和城镇绿地开发、园林草坪设计等，都不仅需要丰富扎实的草地植物学、草地生态学和工程类的知识技能，还需要围绕土地发生的各类活动，对地理、历史、文化和政治经验常识有足够了解，方可胜任解决现今与未来复杂综合的行业问题。

以北京林业大学为例，2020年依托草业与草原学院本科培养体系优化调整，率先设立了本科课程"草地景观规划设计"（课程代码：20003800），紧密围绕国家社会与行业人才发展要求。开设此课是草业科学教育教学改革中具有鲜明学科交叉特色的一次推动，发挥北京林业大学草坪学、草地资源学、风景园林学、生态学等学科特长，依托学校以林学、风景园林学、林业工程、草学和农林经济管理为重点，多学科协同发展的"雁阵式"学科建设发展战略。如何围绕这门课更好地搭好讲台、创好平台，需要政治站位高、思政融合深的教学策略和课堂组织方案，也是本文重点探讨论述的内容。

二、课程教学的"点—线—面"体系构建

(一)"点"——思政要素结合点发挥思想点拨作用

"随风潜入夜,润物细无声。"好的思政要素融入课堂应该是大音希声、大象无形的。在"草地景观规划设计"这门课的思政要素结合点的设计中,首先应该全面梳理和透彻理解习近平生态文明思想的要点[3],突出专业课服务国家生态文明建设和美丽中国建设时代需求的思想性、综合性与实践性,结合本课原有教学大纲进行点对点的融合设计,发挥思政内容点拨学生思想、启迪学生思路、点燃学生学习激情的作用。根据包含习近平生态文明思想重要讲话、指示和文件精神,以及相关文献、专家报告的诠释解读[3-4],结合"草地景观规划设计"教学大纲所列主干内容,总结梳理了思政要素在课程中主要结合点(表1)。

表1 习近平生态文明思想融合"草地景观规划设计"课程内涵要点归纳

思政要点	思想范畴	对应课程章节	教学思政融合点阐发
"生态兴则文明兴"	历史观	1 绪论	介绍天然草地景观承载草原文明、草原生态保护关乎草原文化传承的可持续性,将历史文明渊源带入到草地景观资源保护主题中
"人与自然和谐共生""山水林田湖草是生命共同体"	自然观	3 草地景观规划设计原则	规划设计总原则中的科学性(即以系统观和整体论完整地认识自然生态系统)和社会性(即将人及其活动和生计作为可持续草地景观的一个组分),将生态文明思想中科学自然观对应到规划设计基本原则的介绍中
"绿水青山就是金山银山""良好生态是最普惠民生福祉"	价值观	3 草地景观规划设计原则 6 草地景观规划设计技术	将新时代的土地资源价值观与马克思主义哲学中自然与人辩证统一矛盾关系的思考引入课程核心基础内容,包括草地景观规划的社会性、可持续性中以人为本、权衡自然与经济成本以达成可持续利用资源的目标追求
"最严格制度最严密法治保护生态环境""建设美丽中国全民行动"	方法论	3 草地景观规划设计原则 5 草地景观规划设计方法	将我国保护地体系、草原法等涉草土地规划的法制化框架和进程融入规划设计的教学,以生态文明视角引导学生思考草地资源中钱、权、法的利害关系,强调底线意识,围绕我国生态红线制度与我国西部草原为主体的自然保护地、国家草原自然公园等重大建设进行讨论。同时,以我国中部、东部城镇化中的涉草绿化建设,包括公园、运动场、社区、屋顶绿化、城市家庭农场、交通绿化等草地景观为实例,展示建设美丽中国的群众基础以及探讨可能的全民行动的形式及发展方向。根据生态文明思想所包含的方法论与实践抓手,结合中国草原景观、城镇草坪及绿化景观进行讲授和交流引导
"共谋全球生态文明建设之路"	世界观	7 草地景观规划设计应用案例与前沿问题	将草地景观建设发展与应对全球变化、发展开放自信的中国生态文明建设挂钩,特别是通过草地景观规划设计途径服务于"一带一路"倡议(草原文化与生态承续)、碳达峰、碳中和(草地碳汇)、生物多样性保护(草原保护区和野生物种栖息地保护)等具有国际战略意义与统筹国内外两个大局的国家重大建设,树立学生的面向新时代社会主义世界观,提升规划设计的视野与维度

(二)"线"——国家政策路线指引教学路径

"草蛇灰线，伏脉千里。"一项充分思政融合教学活动应该是具有贯通性，强调与时代需求、国家战略方向保持一致。在将社会时事和国家方针政策揉入教学过程中，应该通过连贯线索式的教学素材和工具的组织与运用，最大限度地呈现反映先进的生产力发展要求、先进的文化前进方向以及广大人民群众利益，体现为党育人、为国育才、与时俱进的教育使命。履行这样的任务，需要建设开发一套系统的教学资源和工具作为直接抓手。储备形式丰富、内容完善的素材资料，有效地吸引学生注意力、尽可能高效地帮助学生消化知识、掌握思想方法成为打造高质量教学的必行道路。具体为，对于"草地景观规划设计"这门面向我国草原保护和国土绿化行业的本科生专业课的教学，遵循教育心理学循序渐进的学习规律，思政相关的教学资料与工具的开发运用，按照由宏观到微观、由感性到理性、去粗存精、去伪存真、由此及彼的逻辑层次，在不同的教学阶段和尺度上，进行嵌入排布，交替运用分析法和演绎法教学[5]，促进学生主动思考，逐渐主动把握课程围绕国家政策方向上的关键线索，最终达到理论结合实践的学习效果(图1)。

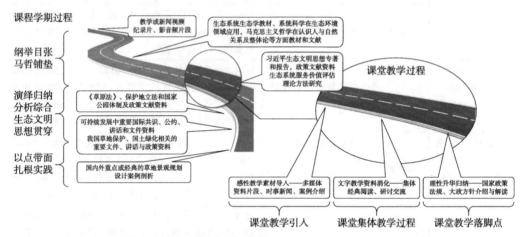

图1 习近平生态文明思想在"草地景观规划设计"课程不同尺度教学过程的线索式引导与融合设计及教学资料

(三)"面"——多环节协作全面筑牢生态文明建设根基

"等闲识得东风面，万紫千红总是春。"作为一门面向本科生中高年级，即草业科学专业大三下学期的专业课，"草地景观规划设计"具有综合性高、应用性强的特点，课程基于学生先修和同期进行的草学、生态学、地学、工程学、管理学以及测绘、园林园艺相关的理论课基础，面向国土绿化、林草业管理以及景观设计等行业的实践。课程整体形成了多分支交叉、多层次关联的协同教学关系，这给授课教师在保持这门课程独立特色同时，也要与其他课程进行自然接洽的组织设计提出了挑战。习近平生态文明思想作为立德树人的红色根基理论，是这些课程思政要素的大背景，是链接知识与技能点的相通语言，也是维系学科谱带的思想源泉。授课前，任课教师应对其他相关课程及任课教师有一定了解和沟通；课堂内，任课教师不仅发挥好教师的引导、启发作用，还应积极促进学生之间的相互带动学习的能动性，以问答、研讨和展示等环节给予学生充分交流围绕习近平生态文明思想在草地景观规划设计方面理论结合实践的吸收和表达机会，让学生之间自发、自然地相互影响，树立将专业知识扎根服务国家社会的意识；课堂外的交流和互动，教师仍需要与校外行业专家、不同职能部门积极联络交流，发挥高校教学智库和高校教师的桥梁、阶梯和纽带作用[6]，激活学生的事业理想、就业动机和择业信心，以课程学习为载体，在不同培养环节，以行业前沿理念和需求全面长效地育人。同时，沿此方向完善教学过程，将体现生态文明思想对多学科、多行业的辐射引领效果(图2)。

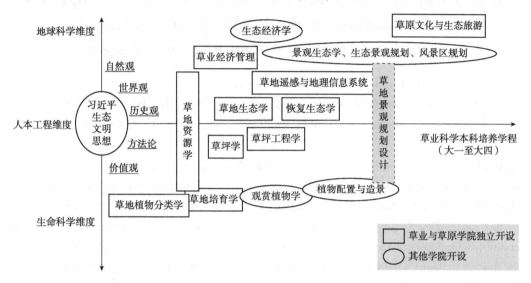

图2　习近平生态文明思想在草地景观规划设计及其所嵌入草学人才培养多学科谱带中的辐射意义

三、结　语

习近平生态文明思想作为高校规划设计类课程重要的思政背景、思政线索和思政要点，引导并融入草学本科教学中的新开课程"草地景观规划设计"的课程教学，需要立体化地构架理念体系、教学内容及其配套的资料库和教学工具。本文从三个方面展开论述：①提纲挈领、以点带面——以不同方位视角去带领学生解读知识点、熟悉技能点，落实"全方位育人"；②文以载道、一以贯之——从思想、政策到专业知识，以课程为载体传播生态文明思想，领悟原理、响应政策，把握理论和实践的培养流程，体现"全过程育人"；③触类旁通、融会贯通——将这一门课嵌入到草学本科人才培养方案的整体目标框架内，并面向本科人才下一阶段的就业和深造，作为任课教师需要联络和动员各方面的人员参与到多种形式的培养中，带动发展"全员育人"。习近平生态文明思想在草地景观规划设计中的引导和融合体系构建，为实现"三全育人"的教育目标提供了契机，相关教学资源与工具的进一步开发将为贯彻"三全育人"的教育理念提供更加丰富和有力的实际抓手，如何系统组织教学单元、科学评价教学效果，尚有待在进一步的教学实践和反馈中探索和完善。

参考文献

[1]董世魁,蒲小鹏.草原文化与生态文明[M].北京：环境科学出版社,2020.
[2]晁跃辉,韩烈保.北京林业大学草业科学专业实践教学改革探索[J].草业科学,2016,33(11)：2360-2366.
[3]段蕾,康沛竹.走向社会主义生态文明新时代——论习近平生态文明思想的背景、内涵与意义[J].科学社会主义,2016(2)：127-132.
[4]吴守蓉,王华荣.生态文明建设驱动机制研究[J].中国行政管理,2012(7)：60-64.
[5]朱文彬,赵淑文.高等教育心理学[M].北京：首都师范大学出版社,2007.
[6]傅树京.高等教育学[M].北京：首都师范大学出版社,2008.

Introducing and integrating of the Xi Jinping's Thoughts on Eco-civilization in the teaching: on the case of *Grassland Landscape Planning and Design*

Li Zhouyuan[1]　Li Fangzheng[2]　Song Guilong[1]　Dong Shikui[1]

(1. School of Grassland Science, Beijing Forestry University, Beijing　100083;
2. School of Landscape Architecture, Beijing Forestry University, Beijing　100083)

Abstract　Many grassland-related industries and fields such as grassland conservation, lawn industry, and ecological restoration in China requires to a large number of high-quality and trained talents in *Grassland Landscape Planning and Design* to meet the escalating social development and people's needs. The Xi Jinping's Thoughts on Eco-civilization provide a more macroscopic and forward-looking ideological guidance and theoretical basis for grassland and land planning in the new era. This article takes Beijing Forestry University, which is the first open the undergraduate course of *Grassland Landscape Planning and Design* as an example, to introduce the basic background and necessity of *Grassland Landscape Planning and Design* courses. With the concrete analogy of "point", "line" and "surface", it systematically explained the construction plan of how to introduce and integrate the Xi Jinping's Thoughts on Eco-civilization to the class teaching of *Grassland Landscape Planning and Design*, respectively corresponding to the implementation of the "Three-in-one Comprehensive Education" goals. The article puts forward the key ideological and political fusion points, clue-based ideological and political teaching, and discipline embedding and other teaching concepts and methodological development. How to make the Xi Jinping's Thoughts on Eco-civilization to play a leading role to steer the direction of grass-related landscape planning field were discussed and explicated.

Keywords　grassland science, landscape planning and design, curriculum ideology and politics, Eco-civilization thoughts, teaching methods

风景园林专业"计算机辅助设计"课程思政建设路径研究

葛韵宇　宋　文

(北京林业大学园林学院，北京　100083)

摘要："计算机辅助设计"课程是培养高素质风景园林行业人才的重要专业基础课程。在授课过程中，传统的专业课教学方式已不能满足学生的学习需求，迫切需要多元化的专业课程教育改革，课程内涵也有待深入挖掘。研究从教学理念、教学结构和教学方法三个层面入手，以"三全育人"的教育理念为引领，将思政教育融入课程建设，探索"计算机辅助设计"课程与思政教育有机融合的实践路径，以此提高课程的教育效果，挖掘课程教育的内涵，协同完成立德树人根本任务，实现风景园林专业人才的培养目标。

关键词：风景园林专业；计算机辅助设计；课程思政；建设路径

教育兴则人才兴，教育强则国家强，为国家培养品德高尚的专业人才是高等院校的使命和担当。自党的十八大以来，中国高等教育的发展和高校思想政治教育工作受到国家高度重视。2016年，习近平总书记在全国高校思想政治工作会议上明确指出，要坚持把立德树人作为中心环节，把思想政治工作贯穿教育教学全过程，实现全程育人、全方位育人，努力开创我国高等教育事业发展新局面[1]。立德树人是高校办学之基，将思想政治教育覆盖高校教育教学全过程，是助力实现高校教学全过程全方位育人重要目标的手段，也是培养德智体美劳全面发展的新时代社会主义事业建设者和接班人的必经之路。

北京林业大学的风景园林专业历经六十余年的发展历程，已形成比较完善的风景园林教学体系。作为国家首批建设的世界一流学科，北京林业大学风景园林学致力于培养德才兼备的创新型、科技型、应用型的高层次风景园林人才。"计算机辅助设计"是风景园林学科重要的专业基础课程，着重培养学生的实践能力和设计表现能力。将思政教育融入"计算机辅助设计"专业课程，是深入挖掘专业课程育人内涵，实现多元化专业课程改革，协同完成立德树人根本任务的需要。二者的有机结合，也有利于加深园林学院学生对于风景园林专业知识的了解，提升学生对于生态文明建设等一系列国家相关政策的认识。对于提高风景园林学科竞争力，完善学生的整体知识结构体系，以及构建科学的规划设计方法具有现实意义。

一、"计算机辅助设计"课程概况

(一)课程内容

风景园林注重人居生态环境的研究，关注人与自然的协调发展。"计算机辅助设计"课程积极响应信息时代和数字时代的要求，为风景园林专业课程学习打下坚实基础。授课内

作者简介：葛韵宇，北京市海淀区清华东路35号北京林业大学园林学院，讲师，geyunyu717@bjfu.edu.cn；
　　　　　宋　文，通讯作者，北京市海淀区清华东路35号北京林业大学园林学院，实验师，342468753@qq.com。
资助项目：北京林业大学教育教学研究项目"基于设计逻辑培养的'计算机辅助设计'教学体系改革研究"(BJFU2021JY022)。

容涵盖设计前期的科学分析、设计过程中的合理规划布局以及图纸表达等全规划设计周期，主要讲授包括 AutoCAD、Photoshop、Illustrator 等二维图纸绘制相关软件，Sketch UP、Rhino、Grasshopper 等三维模型制作软件，以及 ArcGIS 等规划分析软件。本课程的教学重点是要求学生熟练掌握规划设计相关的各类软件的基本原理和使用方法，巩固加深所学的设计基础知识，同时结合规划设计的基本逻辑，培养学生分析问题，以及利用各类软件解决问题的能力，从而提升学生的设计基础能力。课程学习的各类软件是设计师思考、推演、表达设计的媒介，明确软件学习的目的，将学生设计学习、设计思维的养成与软件学习相互结合，可以帮助学生清晰认知设计软件辅助下空间营建的基本逻辑方式，初步了解复杂空间营建的基本方法。

(二)**课程教学特点**

"计算机辅助设计"课程是一门兼具理论性和实践性的课程。课程的教学侧重于利用计算机软件技术辅助进行风景园林行业的相关规划设计和分析工作，增强规划设计过程的科学性和艺术性。近年来，各类专业设计软件层出不穷，本课程的专业教师都具有风景园林等相关专业背景。根据形势的需要，教师需要从庞杂的各类软件中筛选出适用于风景园林专业的技术方法来开展教学工作，帮助学生在掌握基本软件操作的同时，将风景园林规划设计、城乡绿地系统规划、风景园林工程等专业知识融会贯通，从而进一步夯实设计基本功，提升学生的综合素质。课程难点在于让学生将早期学习形成的简单、平面的空间概念，通过各类设计软件的辅助，转变为复杂、立体的空间思考模式。通过"点、线、面、体"之间多样的转化模式，更加系统了解空间营建的多种可能性，从而在未来的学习与实践中，能够构建符合设计目标同时兼顾美学的多样空间形态。

二、"计算机辅助设计"课程与思政教育结合的必要性

(一)**引领专业课程多元化改革**

将思想政治教育融入专业课程教学的整个过程，是高校思想政治教育改革的重点和难点，也是专业课程多元化改革的新方向。针对"计算机辅助设计"这类比较成熟的专业基础课，在课程体系相对完善的基础上，根据课程各章节特点，具象的课程思政元素，灵活融入思政内涵，通过开发系统性、时效性、思想性强的思政案例，将生动丰富的思想政治理论融合在教学过程中，协同专业学习和思想格局，以此可以引领专业课程的多元化改革，为国家培养兼具爱国情怀和科学素养的风景园林专业人才。

(二)**提升专业课程的思政价值**

"计算机辅助设计"课程主要讲解相关专业软件的基本原理和实践操作，具有应用性强的特点。同时，由于课程内容较多，教学过程贯穿了三个学期，学习时间跨度大，在教学中有可能出现两种情况：一是时间间隔长，学生容易遗忘，导致课程的前期基础不牢固。如果学生没有明确的学习目的，得过且过，往往会在后期丧失学习的信心和兴趣；二是学生若从功利角度及畏难情绪出发，更看重软件使用方面的学习，缺乏理解基本内涵的课程，就不能形成完整的知识体系，难以达到教学目的和效果，教育的科学价值也就无从谈起。"计算机辅助设计"课程关于思政教育改革方面尚处于起步阶段，因此，需要在设计教学活动时，通过引入课程思政环节，教育学生摒弃功利主义和工具主义，引导学生注重精神文化、美学价值的学习，帮助学生形成为国家之强盛而努力学习的价值取向，以人文价值助力科学价值，实现人文精神和科学精神的高度统一，以此提升本门课程的教育价值[2]。

(三)**培养学生的创新意识和能力**

一门优秀的专业课不仅要承袭传统，更要超越传统，这就需要任课教师在传授专业知

识的过程中，充分培养学生的创新意识，发展学生的创新能力。就本课程来说，许多应用软件均为国外公司开发，由于使用上的种种限制，在风景园林的实践过程中存在着诸多不便。在此背景下，需引导学生发扬创新精神，协同融合育人格局和思想政治理论。以"计算机辅助设计"课程思政建设为出发点，落实立德树人的根本任务，培养兼具爱国情怀和科学素养的人才。在此领域我国并不处于领先地位的背景下，以创新教育强化学生主观的创新意识，通过该课程的学习，引导学生为国家科技发展贡献力量至关重要[3]。

三、"计算机辅助设计"课程思政建设路径的实践探索

对于"计算机辅助设计"课程思政建设路径主要从教学理念、教学结构和教学方法三个层面入手进行实践探索。在教学理念方面，应贯彻落实中共中央、国务院《关于加强和改进新形势下高校思想政治工作的意见》中提出的坚持全员全过程全方位育人(简称"三全育人")的要求，通过"三全育人"新理念引领专业基础课的多元化改革。在教学结构方面，需建立自上而下的创新型、多层次的课程结构，从师资团队、课程架构和授课形式三方面着手，深入贯彻课程思政改革内涵。在教学方法方面，通过采取将思政元素融入理论教学、实践教学和课程考核三个重要步骤，贯彻"计算机辅助设计"专业课程教学的全过程(图1)。

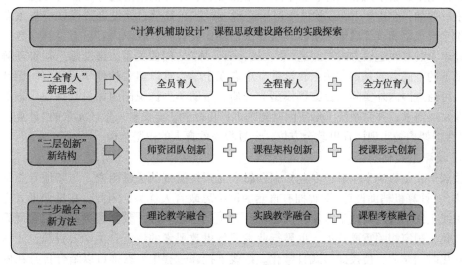

图1 "计算机辅助设计"课程思政建设路径的实践探索

(一)"三全育人"新理念

"计算机辅助设计"课程一方面承担着传授专业知识和培养学生设计能力的责任，另一方面也肩负着引导学生形成社会主义核心价值观的重担，是全面落实全方位育人的中心环节。长久以来，由于传统的思维定势，专业教育与思想政治教育各自为政，使得"计算机辅助设计"的教学目标和教学过程设计与育人目标结合不够紧密，缺乏对于专业课程中思政元素的深入挖掘，一定程度上会影响课程的授课效果[4]。

习近平总书记着眼于中华民族伟大复兴格局，关于教育的重要论述赋予了课程思政的全新理论认知。"三全育人"的全新教育理念以立德树人和培养社会主义建设者和接班人为根本任务，着力培养德智体美劳全面发展的高水平人才培养体系，为专业课程全方位、多元化的改革指明了方向[5]。作为专业课程授课教师，应提高政治敏锐度和政治鉴别能力，全面理解"三全育人"新理念。在"三全育人"新理念的重要指引下，改革专业课程教学，从各类专业课程相关书籍、国内外时政要闻以及国家重大战略政策等方面深入挖掘课程思政

内涵，建立专业的教师研讨机制，以思政教育覆盖专业课程的全过程教学，实现全方位育人，是努力开创我国高等教育事业发展新局面的首要前提。

（二）"三层创新"新结构

1. 师资团队创新

拥有良好的师资团队是实现"计算机辅助设计"课程思政改革的首要前提。以往的专业基础课仅由专业课授课教师组成，在一定程度上缺乏思政思维的积累。通过组建创新型教学团队，在专业课教师的基础上，将班主任、辅导员以及思政课教师纳入课程备课环节中，有助于帮助授课教师了解学生思想状况和以往学习情况，进一步深入挖掘授课内容的思政元素。教学团队不仅可以针对每位学生的特点，制定个性化授课方案，还可以一起梳理课程存在的问题，将课程思政教育的内涵融入教学模式，研讨创新型教学方法，充分发挥团队中各位教师的优势，通过教师团队间的不断学习，夯实底层建设，有效保障"计算机辅助设计"课程思政改革的顺利实施。

2. 课程架构创新

全面融入思政元素的课程架构是实现"计算机辅助设计"课程思政改革的重要一环。在教学目标制定、教学内容设计、教学重点难点分析、课程框架搭建等方面均可融入课程思政元素。例如，在讲解 Rhino 软件学习导论章节时，在教学目标设定阶段就应将重点放在引导学生形成空间设计思维，培养具有爱国情怀的设计师；教学内容重点讲解参数化辅助下设计思考的基本逻辑方式，通过"点、线、面、体"之间的关系，帮助学生初步理解参数化辅助下的空间营建基本方法；教学重点难点在于学生难以建立软件学习和空间设计间的关系，可通过国内外实际项目案例模型为介质，帮助学生认识国内相关软件使用进展，了解行业发展需求，并且系统了解空间营建的多种可能性。全面融入思政元素的"计算机辅助设计"课程架构是实现课程思政全方位、全过程高效育人的中坚结构。

3. 授课形式创新

授课形式是影响学生对于专业知识和思政元素接受度的关键因素。与其他专业基础课程相比，"计算机辅助设计"课程拥有自然的网络思政育人优势。因此，在授课形式上，通过采用线上线下混合式教学方法有助于激发学生的学习兴趣。教师通过筛选包含优秀中国传统文化、国家相关重要政策、世界行业发展等思政要素的线上自主学习资源，让学生利用碎片化时间学习，使授课形式日常化。在线下授课过程中，教师可以结合自身在做项目时的实践工作经验，激发学生对于从事风景园林行业的热情，增强行业使命感，构建全方位思政育人体系[6]。

（三）"三步融合"新方法

1. 理论教学融合

在课程的理论教学阶段，除了完成基本的课程教学目标之外，还需着力培养学生对于风景园林专业的热爱和爱国主义情怀。由于各类设计辅助软件多为外国公司开发，在介绍计算机辅助设计发展史以及各类主流设计软件背景时，应强调课程的德育目标，同时重点介绍我国相关软件以及专业相关知识的发展，引导学生认识到国家重大战略需求，软件方面与其他国家的差距，以及肩负的责任使命，培养学生规划符合国家需要的职业道路。

2. 实践教学融合

在实践教学阶段，创新是引领发展的源动力，应帮助学生在实践训练的过程中，充分发挥主观能动性。利用教师的专业优势引导学生自己发现问题，通过鼓励学生勤思考、多创新，将实践训练内容学以致用，从而让学生能够灵活解决规划设计等专业课程中遇到的实际问题,也是激发学生创新思维,培养高素质人才的重要环节。

3. 课程考核融合

课程考核环节是检验学生是否充分掌握课程内容的关键步骤。在布置课程考核任务时,不仅要注重理论和实践的结合,更应着重考量学生对于思政环节的理解程度。因此,在设计考核内容时,通过在每节课的教学环节结束后,都布置一个与园林设计过程相关的小练习作为课后作业,帮助学生巩固课程学习内容。期末考核时采用分组作业的形式,依托实际项目,在锻炼学生实践设计能力的同时,同步培养学生的团队协作和沟通交流能力,并在小组作业过程中,着重观察各学生的思想道德修养水平,并将此方面的内容纳入最终成绩评定环节中。通过学生自评、小组互评、教师终评的形式,帮助学生塑造优良品德。

四、"计算机辅助设计"课程思政建设实施成效

与以往课程的教学效果相比,自"计算机辅助设计"课程开展思政教育以来,通过发放课程质量满意度调查电子问卷以及学生教评统计结果,共调查了三学期 207 名学生对于"计算机辅助设计"课程的满意度,共收到 203 份有效结果。经对问卷结果统计研究,实施课程思政改革后,课程的总体满意度从 89.95 分上升至 95.43 分,整体上涨 6%;根据学生留言意见反馈,共有 87.68% 的同学表示,课程融入思政元素极大程度上激发了他们的学习兴趣。有 99.01% 的同学认为,该课程对于今后的"风景园林设计"课程、"城乡绿地系统规划"课程、"园林建筑设计"课程等专业课有极大的帮助;有 88.67% 的同学表示,受本门课程的影响,激发了其参与各类学科设计竞赛的动力(图 2)。

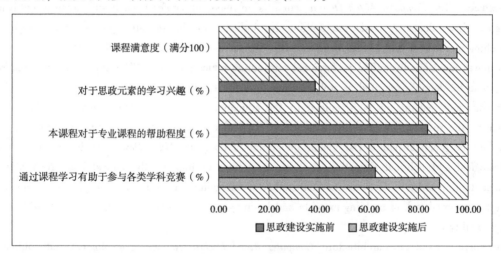

图 2 "计算机辅助设计"课程质量满意度调查统计

风景园林学科的发展需与时俱进,以此迎接社会发展对于行业的绿色需求[7]。做好课程思政建设工作,以"三全育人"的理念为指引,深入分析不同专业学生的学习需求、心理特征、价值取向,从而深入挖掘思政元素是时代赋予高等教育的使命[8]。结合课程思政建设改革,不仅响应了风景园林"双一流"学科建设的需求,对于充分发挥专业课教师作用,培养学生坚定的理想信念,推动习近平新时代中国特色社会主义思想在培养高水平人才的实践中落实具有重要作用。

参考文献

[1]习近平. 在全国高校思想政治工作会议上的讲话[N]. 光明日报, 2016.

[2] 赵玥, 赵燕东, 陈锋军, 等. 专业课程开展思想政治教育的探讨——以"计算机图像处理"课程为例[J]. 中国林业教育, 2021, 39(4): 23-27.

[3] 姜明新, 曹苏群, 卞海溢. "信号与系统"课程思政教学改革与实践[J]. 科技风, 2019(31): 53.

[4] 胡金富, 程艳. "三全育人"视角下高校课程思政建设的问题与对策[J]. 昌吉学院学报, 2021(4): 34-38.

[5] 韩宪洲. 课程思政: 新时代中国特色社会主义高等教育的理论创新与实践创新[J]. 中国高等教育, 2020(22): 15-17.

[6] 陆一琳. 中职校计算机类专业课程思政建设的探索与实践——以"图形图像处理"课程为例[J]. 江苏教育研究, 2021(15): 51-53.

[7] 傅凡, 杨鑫, 薛晓飞. 对于风景园林教育若干问题的思考[J]. 中国园林, 2014, 30(12): 80-83.

[8] 张建林. 课程思政的价值意蕴与实践路径研究[J]. 黑龙江教育(理论与实践), 2021(10): 28-30.

Research on the ideological and political construction path of *Computer Aided Design* for Landscape Architecture

Ge Yunyu Song Wen

(College of Landscape Architecture, Beijing Forestry University, Beijing 100083)

Abstract The *Computer Aided Design* course is an important professional basic course to cultivate high-quality talents in landscape architecture industry. In the teaching process, the traditional teaching methods of professional courses can no longer meet the learning needs of students. There is an urgent need for diversified professional curriculum education reform. The curriculum connotation needs to be deeply excavated as well. Starting from the three aspects of teaching concept, teaching structure and teaching methods, guided by the educational concept of "three-aspected education" concept, the research integrate ideological and political education into curriculum construction, and explore the practical path of the organic integration of *Computer Aided Design* curriculum as well as ideological and political education. The course attempt to improve the educational effect of the curriculum, in order to excavate the connotation of curriculum education and cooperate to complete the fundamental task of building morality and building people, which meets the needs of cultivating high-quality landscape talents.

Keywords Landscape architecture, *Computer Aided Design*, courses of ideological and political, implementation path

用习近平法治思想统领大学生法治教育

——以"思想道德与法治"课为例

杨冬梅

（北京林业大学马克思主义学院，北京 100083）

摘要：用习近平法治思想统领大学生法治教育是大学生牢固树立法治观念、提升法治素养、坚定中国特色社会主义法治道路理想信念的最重要途径。本文就如何用习近平法治思想统领大学生法治教育进行了初步探讨。首先，以"法治中国"概念为内核，构建"思想道德与法治"课程中法治教学总体框架；其次，从历史、理论与实践三个维度，围绕为什么及怎样建设法治中国设计整个教学内容；最后，从教师能力提升、大课程思政协同发力及校园文化建设三方面，探讨大学生法治教育的实现途径和模式，着力构建覆盖全员、全方位、全过程的大学生法治教育网络体系。

关键词：习近平法治思想；大学生法治教育；法治中国

2020年11月首次提出的"习近平法治思想"，是对以习近平同志为核心的党中央不断深入全面依法治国生动实践的总结和理论凝练。其内涵丰富、论述深刻、逻辑严密、系统完备，是全面依法治国的根本遵循和行动指南，也是开展大学生法治教育的重要指导思想。教育部2020年5月出台的《高等学校课程思政建设指导纲要》，明确规定要深入开展宪法法治教育。用习近平法治思想统领大学生法治教育，是形成大学生正确法治观、坚定中国特色社会主义法治道路的重要途径。

"思想道德与法治"（以下简称"德法"课）是大学生法治教育的思想政治理论主干课，承担着坚定大学生中国特色社会主义法治信仰，锻造大学生法治行为能力的重任。本文首先探讨在"德法"课中如何开展法治教学，主要以习近平法治思想中的"法治中国"概念为逻辑起点，建构起"德法"课中法治教学总体构架，然后从历史、理论与实践三个维度，围绕为什么及怎样建设法治中国设计整个教学内容。其次，本文还尝试从教师能力提升、大课程思政协同发力及校园文化建设三方面，探讨大学生法治教育的实现途径和模式，着力构建覆盖全员、全方位、全过程的大学生法治教育网络体系。

一、用习近平法治思想中的"法治中国"概念统领整个法治教学内容

纵观新中国成立以来特别是改革开放以来我国的法治建设实践，关于法治的表述及内涵在不断变化，从"法制"到"法治"，从"法律体系"到"法治体系"，从"依法治国"到"全面依法治国"，这一过程清晰展现了马克思主义法治原理与中国特色社会主义法治建设相结合所产生的系列理论与实践成果。

习近平总书记创造性地提出的"法治中国"概念，是中国特色社会主义法治建设的长远

作者简介：杨冬梅，北京市海淀区清华大学35号北京林业大学马克思主义学院，副教授，dongm99@bjfu.edu.cn。
资助项目：北京林业大学教育教学改革项目"用习近平法治思想统领大学生法治教育——'思想道德与法治'课程中法治教学内容的设计"（BJFU2021JY097）。

目标。"'法治中国'以其无可比拟的包容性、凝聚力、感召力而成为中国特色社会主义法治理论体系和话语体系中具有统领性的概念之一。"[1]为了实现"法治中国建设"目标,在马克思主义法治理论及其方法论指导下,习近平法治思想统摄古今中外丰富的法治理论,建构起党性与人民性相统一的中国特色社会主义法治理论,提出系列战略性前瞻性观点和目标,引领着"法治中国建设"的伟大实践进入新时代,迈向新征程。

围绕实现"建设法治中国"这个核心,整个教学内容从历史、理论与实践三个维度展开。首先,从历史角度探寻社会主义法治建设的发展历程,习近平法治思想正是在深刻洞察并深化社会主义法治理论与实践基础上形成,成为我国全面依法治国的根本遵循和行动指南;其次,从理论逻辑角度,深入探讨习近平法治思想中法治基本内涵、基本原理和中国特色社会主义法治理论;再次,从实践路径的角度,解读习近平法治思想中当前法治建设的重点工作安排和战略部署。如果说"法治中国"是"一体",那么法治理论与法治实践是两翼,整个教学内容以"一体两翼"形式呈现,即分别从为什么要建设法治中国、法治中国建设的理论逻辑和实践路径这三个方面展开。

二、习近平法治思想统领大学生法治教育的核心教学内容

(一)为什么要建设法治中国

这部分教学内容主要从中国特色社会主义法治理论与实践发展的历史角度展开。

1. 界定清楚习近平法治思想中法治概念的内涵

习近平法治思想中的"法治",不是中国古代"德主刑辅""以法治国"的"法治",也不是由西方启蒙思想家们从抽象人性出发所发展出的"三权分立说""宪政"等抽象的"法治"。而是由亚里士多德形式意义上所定义"已成立的法律获得普遍的服从,而大家服从的法律又应该本身是制订得良好的法律"[2]法治内涵出发,实现实质意义上真正的"良法"和"善治"。习近平法治思想中的"良法",是秉持"以人民为中心","每一项立法都符合宪法精神、反映人民意愿、得到人民拥护"[3],是通过科学立法、民主立法、依法立法,真正落实自由平等、公平正义、人权保障这些理念的"良法"。习近平法治思想中的"善治",是坚持以宪法和法律为准绳,严格依法办事为核心的治国原则和方式,是真正保障法律公平正义实施的"善治"。

2. 呈现习近平法治思想产生的历史逻辑

这部分要从历史逻辑角度讲清楚依法治国提出的背景及其内涵,讲清楚从依法治国到全面依法治国所发生的转变。正是在这样的历史发展逻辑中,产生了习近平法治思想,其不仅包括"为什么要全面依法治国"的中国特色社会主义法治基本原理和理论,还包括"怎样实行全面依法治国"的行动纲领和制度方案,是我国全面依法治国、建设法治中国的根本遵循和行动指南。

3. 全面依法治国、建设法治中国的必要性、紧迫性和重要性

全面依法治国、建设法治中国,是推进我国国家治理体系和治理能力现代化的重要途径。习近平总书记深刻总结了古今中外治国理政的历史经验,指明法治是最好的治国理政方式:"法治兴则国家兴,法治衰则国家乱。什么时候重视法治、法治昌明,什么时候就国泰民安;什么时候忽视法治、法治松弛,什么时候就国乱民怨。"[4]

(二)法治中国建设的理论逻辑体系

要在有限的课时内,把法治中国建设的理论逻辑体系架构清晰呈现给学生,就必须凝练习近平法治思想的重要理论内核,主要包括中国特色社会主义法治的本质特征、法治道路、法治体系等重要理论。这些理论是习近平法治思想对马克思主义法治理论中国化的伟

大创新。

1. 社会主义法治的本质特征

社会主义法治的本质特征是党性和人民性的统一，这决定了社会主义法治以人民为中心、以公正为生命线的本质。

"中国共产党的领导是中国特色社会主义的最本质特征"，这是我国宪法和党章中的明确规定，党的领导同时也"是社会主义法治的根本要求，是全面依法治国的题中应有之义"[5]。正是党的集中统一领导，才能凝聚共识集中民意，并通过全面依法治国，把人民当家做主的各项事业通过法治轨道稳步实施推进。因此，在课程中必须把法治中国建设中如何坚持党的集中统一领导论述清楚。

坚持"以人民为中心"是中国特色社会主义法治建设的根本立场和根本目的，是我们社会主义制度优势在法治方面的体现，也是中国特色社会主义法治区别于资本主义法治的根本所在。以人民为中心，就是坚定人民在立法和实施法律的全过程中，都具有主体价值，保持中心地位[6]。就是通过法律凝聚人民群众的真切需要，体现并反映人民意愿，依法保障人民权益，真正实现人民当家作主。

2. 坚定中国特色社会主义法治道路

中国特色社会主义法治坚持党的领导和人民性的本质特征，决定了中国特色社会主义法治道路必定与西方资本主义法治道路有着本质区别。中国特色社会主义法治道路是法治中国建设的根基和方向，其重要性和关键性不容置疑。中国特色社会主义法治道路"是社会主义法治建设成就和经验的集中体现，是建设社会主义法治国家的唯一正确道路"[7]。其核心就是"五个坚持"，即坚持中国共产党的领导，坚持人民主体地位，坚持法律面前人人平等，坚持依法治国和以德治国相结合，坚持从中国实际出发[8]。前面两个坚持，是坚持党的领导和以人民为中心的社会主义法治本质特征的强调；坚持法律面前人人平等，强调了法律的公平正义，强调了要把权力关进制度笼子，反对特权思想和特权现象的决心；而坚持依法治国和以德治国相结合具有中国特色，一方面汲取中华传统优秀法治文化精髓，总结社会主义法治建设过程中的实践经验和教训，发挥法治和德治在保障国家长治久安方面的共同作用，做到法安天下，德润人心。另一方面，发挥中华优秀传统文化兼容并蓄、开放包容的传统，学习借鉴其他国家的优秀法治成果，为我所用；最后的从中国实际出发，一是强调了法治建设要走中国自己的路，二是强调了中国特色社会主义法治道路不是僵化的故步自封的教条，而是具有与时俱进、不断创新丰富的发展特性。

3. 中国特色社会主义法治体系

中国特色社会主义法治体系是全面依法治国、建设法治中国的总抓手，本质上是中国特色社会主义制度的法律表现形式[9]，是法治中国建设的根本遵循。这部分内容是教学重点和难点。中国特色社会主义法治体系包括联系紧密又自成一体的五个体系，分别是完备的法律规范体系、高效的法治实施体系、严密的法治监督体系、有力的法治保障体系和完善的党内法规体系[7]。

完备的法律规范体系是全面依法治国、建设法治中国的前提和基础。立法要主动跟进国家经济社会改革科技发展的需要，要科学立法、民主立法、依法立法；高效的法治实施体系是全面依法治国、建设法治中国的重点，使执法、司法和守法三个法治的实施环节内部能够高效运转，相互之间能够有效衔接；严密的法治监督体系是全面依法治国、建设法治中国得以有效运转、保持廉洁高效的监督保障，是对公权力有效监督的系列规范体系，通过党内监督、人大监督、民主监督、行政监督、社会监督、审计监督、舆论监督等多方面全方位发力，推动监督程序化、制度化、规范化、公开化开展，形成对公权力全方位的法治监督合力，确保公权力在阳光下按法定权限和程序运行；有力的法治保障体系是全面依法治国、建设法治中国的重要依托，在法律制定、实施和监督过程中，要给予政治、思想、机制、财政、资源等配套的保障体系；最后，完善的党内法规体系是全面依法治国、建设法治中国的有力保障，"党内法规既是管党治党的重要依据，也是建设社会主义法治国家的有力保障……注重党内法规同国家法律的衔接和协调，提高党内法规执行力，运用党内法规把党要管党、从严治党落到实处，促进党员、干部带头遵守国家法律法规。"[10]

（三）法治中国建设的实践路径

如果说中国特色社会主义法治体系是集法治与法理于一体的总的理论逻辑框架，是总抓手，那么在法治实践中，对应的有一个总施工方案，那就是"科学立法、严格执法、公正司法、全民守法"的"新十六字方针"，是全面依法治国的基本格局。立法、执法、司法和守法，这四个环节相互依存环环相扣。作为前提和基础的立法，重点和关键是要科学立法，这是建立完备法律规范体系的实践起点；作为重点和关键的执法和司法，要力求做到严格执法和公正司法，这是高效的法治实施体系得以建立的实践要求，是维护法律权威、保证公平正义的最关键环节；作为要求和结果的守法，要做到全民守法，任何组织任何个人，都要维护宪法和法律尊严，保证宪法和法律实施。不存在超越宪法和法律的特权，不存在法外之人、法外之地、法外之权。这是高效的法治实施体系实施的最终结果，是法治社会法治文明建成的标志。

在"新十六字方针"法治实践框架下，习近平法治思想对现阶段法治中国建设的重点工作任务进行了总布局。主要有坚持依宪治国、依宪执政；坚持依法治国、依法执政、依法行政共同推进，坚持法治国家、法治政府、法治社会一体化建设；统筹推进国内法治和涉外法治；建设高素质法治工作人才队伍和抓住领导干部这个"关键少数"。在教学中通过案例及具体举措向学生介绍这些法治中国建设的基本实现路径和总体布局，让学生感受到当前中国特色社会主义法治实践的系列举措和实践决心。

三、用习近平法治思想统领大学生法治教育的实现途径和方式

上述是习近平法治思想统领大学生法治教育的主要教学内容。接下来从教师能力提升、大课程思政建设及校园文化建设三方面入手，探讨大学生法治教育的实现途径和方式，以期打造法治教育合力，着力构建全员、全过程和全方位的大学生法治教育网络。

1. 提升教师能力和素养

高素质的高校思政教师队伍是提高大学生法治素养的重要保证。思政课教师不但要把习近平法治思想悟懂弄通，理清逻辑，还要将内容转化为学生喜欢的教学语言，用丰富的教学方式呈现，真正夯实"全员"育人基础。

首先，教师要以习近平总书记提出的"政治要强；情怀要深；思维要新；视野要广；自律要严；人格要正"[11]这六点要求作为标准，深入透彻理解马克思主义法治理论，仔细研读习近平法治思想，从历史、理论与实践逻辑三重维度，理清脉络，把握重难点。

其次，教师要在把理论体系转化为教学体系上下功夫。通过接地气的生活语言，穿插研讨式、专题式、问题式、案例式等多种教学形式，启发学生学习思考。使学生对诸如为什么及怎样进行社会主义法治体系建设（而不再是法律体系建设）、"党大还是法大"为什么是个伪命题、为什么要依法治国和以德治国相结合等重难点问题深入透彻理解。

最后，教师要运用现代教育技术丰富教学手段。如用雨课堂、新媒体等多种新教学技术，实现线上线下自如切换、课内外师生互动、音频视频形式多样的教学模式，拓展教学时空，变灌输为师生对话，变封闭课堂为开放教学。通过多种教学形式感悟习近平法治思

想深刻内涵和科学实质，把握法治理论的精髓，理解社会主义法治实践及法治改革的必要性和科学性，培养大学生法治思维提升法治素养，坚定社会主义法治信仰。

2. 发挥大课程思政主渠道作用

用习近平法治思想统领大学生法治教育，不仅可以在"德法"课的不同章节中各有侧重、整体协调地体现，而且可以在五门思政课之中根据各课程侧重点而有所体现、互相配合，还可以在其他人文哲学类通识课程中融入习近平法治思想，形成协同发力的大课程思政氛围，营造"德法"课与其他思政课、思想课与大课程思政课程协同育人的"全过程"育人环境。

首先，习近平法治思想能够在"德法"课多个章节融入教学。如人生观这一章，讲授人的本质属性是社会属性时，提醒学生作为社会人都必须要有规则意识也就是法治意识；中国精神这一章，可以让学生对中华法系有所了解，社会主义核心价值观直接被写入宪法和民法典中，得到法律的保护；道德这一章，可比较道德与法治的区别与联系，道德的实现需要法律提供制度保障，以法律的硬约束，来惩恶扬善，推行善德。其次，在五门思政课中，可根据各门思政课侧重点，从不同角度和层面开展大学生法治教育。"德法"课是深入学习习近平法治思想的主干课，应着重对法治内涵和法治理论、法治方法、法治思维和法治素养整体把握；"概论"课可在"全面依法治国"内容中，着重法治实践探讨；"原理"课着重从马克思主义原理角度探讨习近平法治思想的理论来源和思想基础；"纲要"课则可介绍习近平法治思想形成的历史逻辑；"形策"课可结合实事，现实性地让学生把握当前政法改革脉搏、党内法规的严格和监督等职能的加强。

再次，在其他人文哲学类通识课程中融入习近平法治思想内容，如利用法学系优势，面向全校多开相关法治通识课程，以达到在整个教学体系中实现习近平法治思想的"全过程"育人环境，形成法治教育合力。

3. 在校园文化建设中，融入习近平法治思想内容

除了在课程中进行大学生法治教育，还要在校园文化中构建多元主体的"全方位"育人模式。首先，在校园党团和各种社团活动、校内校外社会实践等校园文化建设中，融入习近平法治思想，营造法治文化和氛围。加强校园法治宣传，创建诸如法治辩论、法治知识竞赛、模拟法庭、法治校内校外实践和志愿服务等各种法治文化活动和法治实践活动，让学生在实践中提升法治素养，增加法治行为能力。其次，在校园管理和校园环境建设中，要处处体现公平正义，让学生感受到依法治校的有序性和公正性。给予学生参与学校相关规章制度的制订、修改和完善的途径，让学生在参与中体会法治规则之治的魅力。

参考文献

[1] 张文显. 习近平法治思想的理论体系[J]. 法制与社会发展, 2021(1): 35.
[2] 亚里士多德. 政治学[M]. 吴寿彭, 译. 北京: 商务印书馆, 1965: 199.
[3] 习近平. 在庆祝全国人民代表大会成立六十周年大会上的讲话[J]. 求是, 2019(18): 9.
[4] 习近平. 论坚持全面依法治国[M]. 北京: 中央文献出版社, 2020: 194.
[5] 习近平. 论坚持全面依法治国[M]. 北京: 中央文献出版社, 2020: 92.
[6] 张文显. 习近平法治思想的理论体系[J]. 法制与社会发展, 2021(1): 28.
[7] 习近平. 关于《中共中央关于全面推进依法治国若干重大问题的决定》的说明[J]. 求是, 2014(21): 20.
[8] 习近平. 论坚持全面依法治国[M]. 北京: 中央文献出版社, 2020: 91.
[9] 习近平. 加强党对全面依法治国的领导[J]. 求是, 2019(4): 10.
[10] 习近平. 关于《中共中央关于全面推进依法治国若干重大问题的决定》的说明[J]. 求是, 2014(21): 14.
[11] 习近平. 主持召开学校思想政治理论课教师座谈会强调用新时代中国特色社会主义思想铸魂育人贯彻党的教育方落实立德树人根本任务[N]. 人民日报, 2019-03-19(1).

Guiding college students' legal education with Xi Jinping' Thought on the Rule of Law: on the case of *Ideological Morality and Rule of Law*

Yang Dongmei

(College of Marxism, Beijing Forestry University, Beijing   100083)

Abstract   that Xi Jinping's Thought on the Rule of Law guide college students' legal education is the most important way to establish the concept of rule of law firmly, improve the quality of rule of law, and believe in the road of socialist rule of law with Chinese characteristics. Firstly, the concept of "Rule of Law in China" is taken as the core, to construct the general framework of teaching the rule of law in *Ideological Morality and Rule of Law*. Secondly, the teaching of why and how to build "Rule of Law in China" is conducted from the perspectives of history, theory and practice. Finally, from the enhancement of teachers' ability, the concerted efforts of Ideological and Political Theories teaching in all courses and the construction of campus cultures, the ways and modes of realizing the rule of law education for college students are explored. Efforts are made to build a network system of rule of law education for college students covering the whole members, all aspects and the whole process.

Keywords   Xi Jinping's Thought on the Rule of Law, rule of law education for college students, rule of law in China

多元化教学模式在"数学模型"教学中的探索

王荟茹

（北京林业大学理学院，北京 100083）

摘要："数学模型"课程是高等院校提升学生理学素养、培养学生创新能力的重要课程。通过分析"数学模型"课程教学内容丰富、应用范围广、课程教学难度大的特点，开展多元化教学模式改革探索，即系统设计模块化教学，全过程融入课程思政元素，采用"课前、课中、课后"全程参与、线上线下混合教学的教学方式，应用多样化课程考核方式。通过多元化教学模式的实施，既提高了教学效果，更培养了学生的爱国精神、社会责任感和创新创造能力，实现了知识、能力、价值培养协同目标的达成。

关键词：数学模型教学；多元化；人才培养；创新能力

习近平总书记指出："要用好课堂教学这个主渠道……其他各门课都要守好一段渠、种好责任田，使各类课程与思想政治理论课同向同行，形成协同效应。"本文结合"数学模型"课程教学特点，立足强化课程思政育人，推动知识传授、能力培养和价值引领相统一的要求，开展多元化教学模式探索，有效地提高课程建设质量，强化学生专业素养、合作精神、创新能力培养，取得阶段成效。

一、"数学模型"课程教学的特点

（一）课程教学内容丰富，应用范围广

"数学模型"课程是诸多高校数学与应用数学专业的一门专业必修课，电子信息科学与技术专业的专业选修课，其教学目标是让学生掌握常见的数学建模方法，了解数学模型在社会、经济、环境等各个领域研究中的实践应用，提高学生应用数学知识解决实际问题的能力，培养学生的创新能力。课程教学涉及初等模型、简单优化模型、数学规划模型、微分方程模型、差分方程与代数方程模型、离散模型、统计模型等内容，知识覆盖面广、教学内容丰富，需要扎实的数学基础知识。同时，课程教学涉及了利用所建立的数学模型对实际问题进行分析及求解，应用范围广，需要多学科知识联动。

（二）课程教学难度大

科技部等四部委出台的《关于加强数学科学研究工作方案》，强调数学是自然科学的基础，也是重大技术创新发展的基础。"数学模型"课程内容涉及经济、金融、社会、交通、体育以及日常生活的方方面面，它需要学生具备扎实的高等数学、线性代数、概率论与数理统计的专业知识。此外，数学模型的求解通常需要借助计算机进行，需要学生能熟练使用编程语言。课程内容的丰富性极大增加了授课难度。此外，由于学时所限，部分高校在讲授该课程时仅讲授理论部分，编程部分完全交给学生课下自学，学生往往为了完成学业，

作者简介：王荟茹，北京市海淀区清华东路35号北京林业大学理学院，讲师，whr2019@bjfu.edu.cn。
资助项目：北京林业大学课程思政教研教改专项课题"数学模型"（2020KCSZ235）。

很少会课下进行编程、体会模型的思想，对模型的理解往往不够深刻。因而，如何平衡课时与模型编程求解过程的讲解，也是该课程授课的难点之一。

二、多元化在"数学模型"课程教学中的应用

基于"数学模型"课程具有强应用性、强实践性的特点，笔者以教学模式转变为切入点，落实以学生为中心的教学理念，推行多元化教学模式探索，取得了阶段性成效。

（一）强化教学互动性，模块化构建课程体系

我国课程教学主要有以下两种基本模式：一是传统教学模式，以教师课堂教授为主；二是多元化教学，师生互动为主，教师在讲授内容后，开展课堂研讨、案例分析等[1]。根据建立数学模型所涉及的数学知识可将"数学模型"课程划分为优化、方程、图、统计四大部分内容，共7个模块教学内容（图1）。优化的内容包含简单优化模型、数学规划模型，方程包含微分方程模型、差分方程模型和代数方程模型，图所涉及的主要是离散模型，统计的知识则涉及统计模型。按此种方式授课，不仅能在课时有限的情况下，讲全学生建模过程中遇到的数学模型，且有利于结合学生感兴趣的历年数学建模竞赛赛题归纳，激发学生的建模创新意识，更新上课内容，形成多元化的课程教学内容体系。

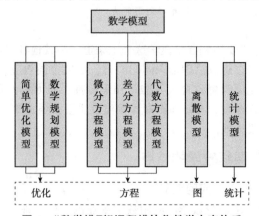

图1 "数学模型"课程模块化教学内容体系

（二）强化课程育人功能，全过程融入思政元素

教育部印发的《高等学校课程思政建设指导纲要》要求，要切实把教育教学作为最基础最根本的工作，深入挖掘各类课程和教学方式中蕴含的思想政治教育资源，让学生通过学习，掌握事物发展规律，通晓天下道理，丰富学识，增长见识，塑造品格，努力成为德智体美劳全面发展的社会主义建设者和接班人。

数学模型是数学理论链接应用领域的桥梁和纽带，开展课程思政，注重科学思维方法的训练和科学伦理的教育，培养学生探索未知、追求真理、勇攀科学高峰的责任感和使命感，有十分重要的育人意义。笔者巧妙利用新冠肺炎疫情监控等热点事件，以传染病模型为例，进行课程思政教学设计，将德育元素融入"数学模型"的教学过程（图2）。笔者教学过程中进行问题引入时，对比2003年的SARS与2020年的COVID-19，以及中国政府为留学生派发健康宝，将爱国主义教育、融入教学过程；在构建模型时，循序渐进，逐步分析模型成败原因，培养学生求真务实的科学精神；在求解模型时，分析使疫情得到有效控制的原因，指引学生科学防疫，培养学生的社会责任感；在拓展与思考部分，鼓励学生查阅文献、收集数据、构建模型，指导学生对SARS、COVID-19进行思考，培养学生的实际动手能力和创新精神。将多元化的思政元素贯穿整个教学过程，使学生在学习科学文化知识

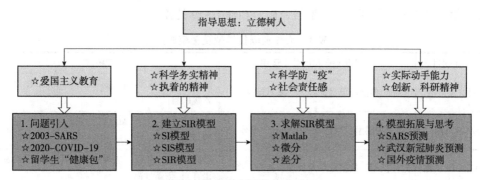

图 2　思政元素的融入流程图

的同时，树立国家自豪感、历史使命感和社会责任感。

（三）强化信息化教学，探索多样化教学新手段

传统的"数学模型"教学场景为现场讲授，采用板书与多媒体课件相结合的方式[3]。尽管传统的板书授课方式有利于知识的传授[4]，能向学生直观、形象地展示数学模型的理论。然而，在疫情背景下，传统的"线下授课+板书"形式已难以满足需求。根据图1所示的模块化教学内容，采用了"课前、课中、课后"全程参与[5]、线上线下混合教学的教学方式。

在课前，推送慕课、哔哩哔哩网站上"数学模型"教学名师的高质量讲课视频进行辅助教学，并提出与课程相关的思考题，使学生有目的、有任务地进行课前预习。例如：在讲授传染病模型前，提出为什么传染病如此可怕、常见的预测模型有哪些、如何控制传染病的传播等问题。哔哩哔哩网站上已有许多上传者对新冠肺炎疫情进行了相关预测，这些视频均是免费可以观看的，课前推送这些不仅能丰富教学内容，且能激发学生的学习兴趣，拓宽眼界，大大提高教学质量。

在课中，采用"理论对比、编程多样化、讨论教学"的授课方式，使学生学习问题能举一反三，并且采用多种不同的手段实现模型的求解，落到实处，提高学生解决实际问题的能力。例如，在讲授传染病模型时，不仅讲解简单、基本的SI模型、SIS模型、SIR模型的理论，并采用Matlab、Python、C语言等编程语言实现模型的求解，在求解模型时，演示微分方法、差分方法等不同求解方式得到模型的解的异同。讲解结束后，采用分组讨论，引导学生根据实际问题对模型进行推广，从而设计符合解决实际问题的模型。此外，在课中，充分利用雨课堂平台，该平台可以实现课堂考勤、弹幕、线上板书、视频录制等功能，在疫情防控常态下的今天，可以大大提高上课的效率，方便教师管理课堂，了解学生反馈，照顾每一位线上线下的学生。

在课后，雨课堂可以实现视频回放的同能，方便学生回顾上课所学，同时，教师也可以进行课后反思，针对不足之处，及时进行课程内容的调整。此外，通过课程群、雨课堂等平台推送相关的科研文献、最近的数学建模赛题，扩充课程内容，激发学生的科研兴趣。鼓励学生参加全国大学生数学建模竞赛、"互联网+"挑战杯大学生创新创业竞赛等，使学有所用，学有所得，有效促进学生数理理论水平、编程能力、创新能力和科研能力的提高。

（四）强化教、学、练三者结合，深化课程考核方式改革

由于"数学模型"课程具有时间学时少，理论内容多，知识范围广等特点，任课教师一直受困于课程的考核方式。为避免单一化的考核方式不全面的缺点，周凯等提出了一种适用于数学模型的多元化考核体系[6]。参考该考核体系，笔者将创新意识的考核进一步具化，不采用期末测验，而采用课堂大作业的形式。大作业的题目包含多个，几乎覆盖了数学建模中的常见模型（表1），题目类型既有采用课堂所学模型即可进行求解的题目，也有需要

学生自学、考查学生创新能力的题目，例如 COVID-19 的预测。

表1　大作业题目类型及考察要点

大作业题目	知识点考查和体系化运用	考核点
定制选课策略	优化模型：单目标规划、多目标规划	建模、软件求解（Lingo/Matlab/Python/C 语言），常规题目
SARS 预测	方程模型：数据处理、差分、微分	建模、软件求解（Matlab/Python/C 语言），常规题目
COVID-19 预测	方程模型：数据收集及处理、差分、微分	数据收集与整理、建模、求解（Matlab/Python/C 语言），创新性高
耗氧能力	统计模型：数据处理、变量选择、回归	数据分析、建模、求解（Matlab/Python/SPSS），常规题目
教师薪资	统计模型：数据处理、变量选择、回归	数据分析、建模、求解（Matlab/Python/SPSS），常规题目
竞赛记录	统计模型：主成分分析、因子分析	数据分析、建模、求解（Matlab/Python/SPSS），需自学

三、"数学模型"课程多元化教学模式的实施效果

（一）提高了学生的课堂参与度

在课程结束后，笔者通过雨课堂的课堂签到、课程回放功能，发现学生的到课情况非常好，即使有个别学生因病、因故请假没有到课堂，也会通过查看课程回放及时补上。此外，笔者还发现经常会有学生在做课程作业、大作业时，通过课程回放功能查看上课内容，回顾课堂所讲，进一步理解相关的知识点，通过在线留言、教师答疑，及时解决了疑问之处。

（二）提高了学生的创新能力

本次课程大作业的完成情况如图3所示，其中有41%的学生选择了对武汉疫情、美国疫情进行建模预测的题目，59%的学生选择了耗氧能力的分析等常见的数学建模题目。约有5%的学生通过自学，采用了主成分分析等方法对竞赛数据进行了分析。在选课策略定制问题上，这8%的学生通过 Matlab、C++编写了程序，并发现采用 C++运行，可以更快地得到最优解，但 C++需要自编的代码量相对较大，而 Matlab 则可以采用现有的函数，十分方便。此外，约有 13.5%的学生采用了非课堂所讲的模型，例如参数时变的 SIR 模型、SCIR 模型、SEIR 模型等对传染病模型进行了预测，并采用了 Matlab、Python 等进行了程序编写，实现了代码的求解。图4为部分学生提交的对武汉疫情进行预测的部分结果。

从大作业情况来看，学生通过小组分工合作，独立地完成了数据收集、建立模型、分析对比等数学建模过程。还有的学生通过不断更新的疫情数据调整所建立的数学模型，分析原因，查找文献，不断探索、讨论，提出了更符合实际数据的模型。该过程不仅拓宽了学生

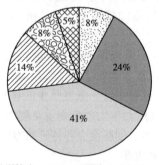

图3　学生大作业完成情况

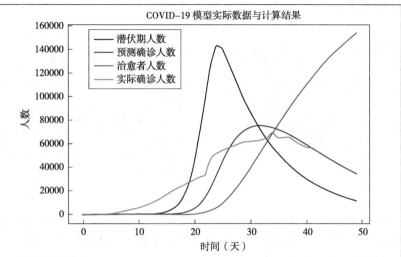

分析结果和原因:

从1月26日开始累计确诊感染人数出现大幅度的增长。假设的情潜伏期为6天,则1月26日确诊的病人,是在1月20初次感染的,而1月20号是春运高峰期,武汉有大量的人口迁移至全国各地,因此出现感染确诊人数急剧增加。

1月27日开始,武汉和湖北与全国确诊曲线拉开,说明疫情由武汉开始向湖北其他地方以及全国蔓延。

在采取较强的防控手段后,疫情得到明显控制,并且随着治愈者越来越多,图像出现拐点,感染人数呈下降趋势。

参数拟合也与上个模型一样,用 $\lambda(t)$ 和 $\mu(t)$ 的部分数据拟合这两条曲线,求解方式不变,用指数函数作拟合,得到当 $t \leq 34$ 时,$\lambda(t) = 0.56e^{-0.69t}$,$\mu(t) = 0.018e^{0.029t}$。当 $t > 34$ 时,$\lambda(t)$ 几近趋于0,而 $\mu(t) = 0.028e^{0.22t}$。
注:下图中 lamuda 即为 λ。

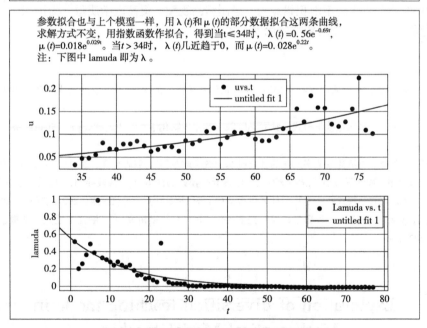

图 4 部分学生预测武汉新冠肺炎的结果

的视野,增强了团队合作精神,更培养了创新能力和科研能力。

(三)提高了学生的爱国精神、社会责任感

通过在课程设计中多元化地融入思政元素,有效地提高了学生的爱国精神和社会责任感。图 5 为部分学生的感悟,通过对疫情进行建模预测,对模型结果进行分析,学生不仅给出了科学、有效的疫情防控建议,更表达了对党和国家的感激之情,表示要从自身做起,加强个人健康防范意识，为疫情防控贡献自己的力量。

> 我们小组以参数时变的 SIR 模型为基础，利用 matlab 仿真工具对湖北省新型冠状肺炎的情况做了分析，用 78 天的疫情数据求得了较为合理的数学模型，各项指标的计算值与实际值相差不大。由于现实中不可控因素太多，无法完全用模型去推测现实，但却能凭借模型去得到大概的趋势，预测未来的发展，所以建模对社会发展的作用非常巨大。通过这次仿真，我们可以看到，湖北省的疫情已经渐渐平息，这其中少不了国家与政府的付出，还有人民的努力。目前虽然疫情还没有完全结束，但按照这种趋势发展下去，最终我们会战胜疫情。面对新冠肺炎，我们没有办法完全阻止其传播，加强隔离，积极接受检测与治疗是最好的应对方法。

> 针对本次新冠肺炎病毒疫情，我们以湖北地区为例，利用 Matlab 仿真分析了该地区理论上单日最多感染人数、该地区收到疫情的整个发展趋势、最后也提出了一种更准确的模型基础。通过我们的仿真结果与实际新闻报告的结合，可以看出我们国家政府在这次抗疫行动中做出的有效措施和突出贡献，使全国各地的损失达到了最小，成功的抑制住了这次突发事件。
> 对于传染病来说，衡量的都是病毒的传染能力而并不是病毒的毒性，因此最原始也是最有效的方法——阻断传播和加强隔离，是这次防控最有效的手段之一，为了阻止感染者的持续增长，加强对密切接触者的追踪和隔离等干预措施，使得病毒的传染大幅度的下降。目前新冠肺炎仍在国外大肆猖獗，我们仍然需要秉持着内防反弹，外防输入的方法，加强自我保护、注意个人卫生，佩戴口罩，勤洗手消毒。

图 5 学生的感悟

总的来说，"数学模型"课程采用多元化教学模式，不仅可以有效提升教学效果，提高学生课堂参与度，将思政元素润物细无声地融入课堂教学，更有利于培养理学素养强、理论功底厚、创新能力佳的高素质人才。

四、结 语

随着计算机技术的飞速发展，数学的应用范围变得越来越广，在高校开展"数学模型"课程十分必要，"数学模型"课程多元化教学模式的创新与改革仍在不断探索与推进之中，这对于进一步提高本科生理学素养、提高教学质量尤为重要。笔者今后也会不断地思考、探索、研究，进行教学改革、设计与反思，结合各个专业不同的背景，进一步细化"数学模型"教学中难点与重点，不断积累经验，录制精品视频，提高教学质量，为国家培养思想觉悟高、竞争力强、具有创新精神的优秀人才。

参考文献

[1] 楚杰，王瑛，史小娟，等. "家具检测"课程多元化教学模式的探索[J]. 中国林业教育，2021，39(1)：76-78.
[2] 李玲玲，尤祥宇. 多元化教学模式在独立学院医学专业生物化学教学中的探究[J]. 知识经济，2021(4)：118-119.
[3] 吉超毅，王海军. 疫情背景下多元化的计算机基础教学改革[J]. 数码世界，2021(3)：116-117.
[4] 黎雨. "新工科"背景下《控轧控冷》课程的教学多元化模式的探索[J]. 科教导刊，2021(4)：108-109.
[5] 王焕起. 多元化教学模式在医学院校计算机教学中的应用探讨[J]. 智慧健康，2021，7(1)：189-191.
[6] 周凯，沈守枫，金永阳. 一种数学建模课程多元化考核评价模型研究[J]. 浙江工业大学学报，2020，49(2)：202-206.

Exploration of diversified teaching mode in
 Mathematical Model teaching

Wang Huiru

(College of Science, Beijing Forestry University, Beijing 100083)

Abstract *Mathematical Model* course is an important course for colleges and universities to improve students' scientific literacy and cultivate students' innovative ability. By analyzing the characteristics of *Mathematical Model* course, such as rich teaching content, wide application range and great difficulty in course teaching, this paper carry out the reform and exploration of diversified teaching mode, that is, system design modular teaching, integrate the ideological and political elements of course in the whoe process, adopt the teaching method of "whole process participation before, during and after class", online and offline mixed teaching, and apply diversified course assessment methods. Through the implementation of diversified teaching mode, it not only improves the teaching effect, but also cultivates students' patriotism, social responsibility, innovation and creativity, and achieves the collaborative goal of knowledge, ability and value cultivation.

Keywords *Mathematical Model* teaching, diversification, personnel training, innovation ability

守正创新，促进水土保持专业"流体力学"课程思政建设

张会兰[1]　丁立建[2]　王　平[1]　万　龙[1]　吕立群[1]

(1. 北京林业大学水土保持学院，北京　100083；
2. 中国水土保持学会，北京　100083)

摘要： 面对新时代对高校教育思想政治工作提出的新命题和新要求，水土保持专业"流体力学"课程基于"守正"和"创新"新思路，促进课程思政建设。首先，守正育人理念、创新育人过程，即守"科学"之正，创"过程"之新，增强学生的创新和实践能力；其次，守正教学内容，创新教学方法，即守"内容"之正，创"方法"之新，培养水保学子的工匠精神和事业素质；最后，守正课程属性，创新认知途径，把握学生心理动态，在课程设计中注重正反两方面综合分析，开展挫折式教育，培养学生辩证思维，帮助学生尽快构建"流体力学"整体的知识体系。
关键词： 守正创新；育人过程；教学方法；认知途径

"育才造士，为国之本"。思政课谁来上，上什么、怎么上[1]？这是新时代对高校教育思想政治工作提出的新命题和新要求[2]。2019 年，习近平总书记主持召开学校政治理论课教师座谈会，进一步从党和国家事业发展的全局出发，强调了思想政治工作的重要地位和作用[3]，这势必会推动高校思政课教学不断创新和改革，也为"大变局"下的高校思政课教学注入了"强心剂"[4]。

"流体力学"是水土保持与荒漠化防治专业核心基础力学课程[5]，为认识山洪、滑坡、泥石流等自然灾害提供理论基础，为人民生命财产及生态安全提供科学保障。以水力学为理论支撑的生态安全建设任重道远。该课程是集理论与实验为一体的课程，以基础理论为核心，以实际应用为输出，本着培养学生力学思维、辩证创新能力的目的，传承工匠精神，为实现"替山河妆成锦绣，把国土绘成丹青"的美丽中国梦奠定理论基础，为培养满足新时期生态文明建设和"五位一体"战略实施所需专业人才提供重要保障。

守正创新，是促进水土保持专业"流体力学"课程思政建设采取的主要方法。所谓"守正"，就是要坚守正道，落实立德树人的根本任务，是思政课教学改革创新的根本原则，而创新是思政课实现守正的活力源泉[6]。具体而言，"流体力学"从以下三个方面实现"守正创新"。

一、守正育人理念，创新育人过程

新时代把课程思政做好、把教育教学改革工作做好，是落实立德树人作为高校的根本

作者简介：张会兰，北京市海淀区清华东路35号北京林业大学水土保持学院，教授，zhanghl@bjfu.edu.cn；
　　　　　丁立建，北京市海淀区清华东路35号中国水土保持学会，副研究员，lijian@bjfu.edu.cn；
　　　　　王　平，北京市海淀区清华东路35号北京林业大学水土保持学院，教授，wangp@bjfu.edu.cn；
　　　　　万　龙，北京市海淀区清华东路35号北京林业大学水土保持学院，讲师，wanlong255@sina.com；
　　　　　吕立群，北京市海淀区清华东路35号北京林业大学水土保持学院，讲师，lvliqunqinghua@126.com。
资助项目："教学学术"实现四维教学目标的途径与机制——以"水力学"为例(BJFU2019KJRHKC010)；
　　　　　融合水保专业特色与应用实践的"水力学"课程教学改革探索(BJFU2021JY029)。

任务、实现全员全过程全方位育人，为国育才的重要方面。如何才能做好课程思政、润物无声，需要教师既能"守正"又能"创新"。"守正"与"创新"关系到社会主义高校的办学方向和办学质量，二者相辅相成，缺一不可。

"流体力学"是水土保持与荒漠化防治专业的核心基础力学课程，为水土保持专业多门核心课程如"土壤侵蚀原理""水土保持工程学""风沙物理"等提供基础理论、基础知识和基本技能[7]，为水土保持专业学生认识山洪、滑坡、泥石流等自然灾害提供理论基础，为设计淤地坝、谷坊等有关水土保持工程设施提供计算基础，也为人民生命财产及生态安全提供科学保障。"流体力学"在专业学习中占举足轻重的地位，然而，由于该课程数学符号多、公式多、推导多，学生普遍存在"力学基础薄弱"现象，因而课程难度系数高[5]。在这种课程背景下，就需要老师在教学目标上守"基础理论扎实、思维严谨创新、实践能力强"之正，以理施教；在育人过程上，创"'课堂+实验+网络'全方位育人"之新，以情优教，使学生不仅学习知识，形成技能、培养智慧和能力，而且发展情感、态度和意志品质。

（一）守科学之正

伯努利方程是流体力学中流体动力学部分的"三大方程"之一，表述的流体在重力场中的机械能守恒，由瑞士伟大的科学家丹尼尔·伯努利于18世纪初提出，原理及推导复杂，教学上切忌"偷工减料"。

理想流体伯努利方程：
$$z_1+\frac{P_1}{\rho g}+\frac{\alpha_1 v_1^2}{2g}=z_2+\frac{P_2}{\rho g}+\frac{\alpha_2 v_2^2}{2g} \tag{1}$$

实际流体伯努利方程：
$$z_1+\frac{P_1}{\rho g}+\frac{\alpha_1 v_1^2}{2g}=z_2+\frac{P_2}{\rho g}+\frac{\alpha_2 v_2^2}{2g}+h_{\omega 1-2} \tag{2}$$

式中，z为位置水头；P为压强；ρ为密度；g为重力加速度；v为断面流速。

进一步，在科学原理的背后，如何深层次发掘思政元素、让思政改革与理论教学同向同行，在教学过程中提出创新思路是一种有效的方法。

（二）创过程之新

课堂教学由兴趣小实验导入，增加学生的参与感与对知识的渴望(图1)：共设置三个"吹气"兴趣小实验，由三组同学分别演示。三组"吹气"实验分别为：向两个纸条中间吹气；在倒置的漏斗下方放乒乓球，从漏斗向下吹气；向桌上一张平铺的纸吹气。让学生分别思考三个问题：纸条张开还是聚拢？乒乓球会不会掉下去？纸张会不会被吹走、如何才能不被吹走？以生活中最为常见的素材开展导入实验，极大激发学生的兴趣和热情。其次，结合工程案例让学生产生重任在肩的感受，如2017年8月17日在马来西亚柔佛水域航船补给事件时两船相撞，导致石油泄漏的事件，加深学生认识：对科学理论认识不足可能导致巨大的安全、环境和经济问题。最后，用AI软件辅助教学软件，让学生自己动手设计，增强其实践能力。

图1 课堂导入——课堂小实验

二、守正教学内容,创新教学方法

思政课守正创新的核心是对教学内容和方法的坚守与创造。教学内容与教法形式的辩证统一关系决定了实现课程思政内涵式的发展需求。守教学内容之正,需要依据人才培养体系中的作用,做好顶层设计和整体规划;创教学方法之新,即注重方法与创新,"以理施教"与"以情优教"深度交融,体现课程的高阶性和创新性。

(一)守内容之正

"流体力学"课程共56学时,包括以下内容:流体基本性质及在水土保持与荒漠化防治中的应用、流体静力学、流体动力学、流动损失的分析与计算、孔口管嘴与有压管道中的恒定流、明渠均匀流与非均匀流、堰流、渗流,以及相似理论等九个章节的课堂授课,同时,包含流体静力学综合实验、伯努利方程、动量定理、局部损失、沿程损失、达西定律、雷诺实验、堰流等在内的六类实验授课(表1)。

表1 流体力学理论及实验授课内容

序号	理论课程	实验课程	实验分类	计算机辅助教学	必修◐/选修●
1	绪论				
2	水静力学	静水压强测量	量测类	计算机AI实验	●
3	水动力学基础	动量实验、伯努利实验			●
4	风及其基本性质				
5	流动阻力与水头损失	沿程流动损失试验、局部流动损失演示试验、雷诺试验			●
6	孔口、管嘴与有压管道中的恒定流	孔口、管嘴实验			●
7	明渠恒定均匀流	流动显示	演示类		●
8	明渠恒定非均匀流	水跃实验、水面曲线	工程类		●
9	堰流和泄水建筑物消能	堰流实验			●
10	渗流	达西渗流实验	量测类		●
11	相似理论与模型实验	水槽模型实验	现代量测技术		●

(二)创方法之新

教学方法或手段是教师向学生表达教学内容、传授课程知识的途径。现代教育思想认为,教学活动是教师与学生的双边活动,传统的教育理念一般以教师教授为主。随教育改革的不断深入,逐渐转向以学生的独立获取知识为主。针对"流体力学"的教学特点,许多教师对其教学方法进行研究。现阶段,现代教学手段快速发展,把抽象的理论具体化、形象化和直观化,辅以动画、色彩和音效等效果,使教学信息传递更为明确和简洁。传统的板书则具有灵活性、针对性以及停留时间长等优点,可以充分起到教学的引导作用。因而,"流体力学"采用了"以板书教学为主(公式推导),多媒体教学为辅(案例演示),培养灵活机动的师生互动教学模式",在此基础上,依托课堂答辩及研究论文形式实现"开放式—研究性"理论授课与实验教学的统一[5],采用热点工程案例分析法等实现理论知识多层次案例相印证,引用热点工程实例(如2020年4月份发生的虎门大桥上下摆动事件),通过层层深入分析得出原因:由于施工时误将水马摆放桥的一侧而破坏了桥体的流线型设计，风在桥后引起的卡门涡街造成桥体的周期性震荡(图2)。这个案例通过工程危害，让学生深刻体会职业规范和专业素养在工程安全中的重要性，真正培养学生的工匠精神。通过教学方法的创新实现多种教学模式相结合，极大调动学生积极性，培养学生分析问题及解决问题的能力，提高其实践与创新能力，培养个性化的水土保持专业人才。

图2　案例教学，实现课程思政的有效融入

三、守正课程属性，创新认知途径

"流体力学"的课程属性为专业基础课，课程思政守正创新建设的根本出发点和落脚点在于培养德才兼备的大学生。

（一）守课程属性之正

大学生作为执行客体，其认同、接受和遵行程度，直接影响到课程思政的实效。针对目前存在的一些大学生对课程思政不重视、不感兴趣的问题，迫切需要提升大学生对课程思政的喜爱度和认同度，实现"路转粉"。这就需要针对学生的认知特点，探索有效的创新途径。

"流体力学"课程的授课对象为水土保持与荒漠化专业三年级学生，按照课程教学计划学生已系统学习了"高等数学""工程力学""土力学"等前导基础课程，具备了一定的工科基础，初步具备了力学分析的能力，并逐步形成了较为严谨的科学思维能力。但是，虽然他们具备了先修课程相关知识，但不同课程之间的综合应用能力欠佳；他们求知欲强，但是认知方式以直观认识和应用实践为主；他们的元认知成熟，正在向"二元论"过渡。针对这些特点，在教学中，需要针对其对基础理论的理解及公式推导的接受能力较差、主动提问和讨论的思维方式有待加强等认知特点，在课程设计中采用"构建主义"与"认知主义"相结合的方式，把握学生心理动态，在课程设计中注重正反两方面综合分析，开展挫折式教育，培养学生辩证思维，帮助学生尽快构建"流体力学"整体的知识体系。

（二）创认知途径之新

在认知途径方面，以科教融合方式加强创新能力培养，以多途径实践方式增强动手能力的培养。

首先，将科研精神、思维和方法融入教学过程，通过"教学学术"思想，基于室内教学、实践教学、科研成果三段式学习，实现教学"四维目标"，即知识技能、问题思考、问题解决、情感态度，实现科研反哺教学。其次，多途径增加学生科研参与度，如通过大学生创新项目、"挑战杯"全国大学生课外学术科技作品竞赛、山水林田湖草沙设计大赛等活动等多方面途径(图3),增加学生的科研融入度和质量。

图3 "科教融合"的实现途径

在实验教学组织中,根据实验教学内容及实现手段,可将其划分为三个类型(表1):①量测类实验;②演示类实验;③工程类实验。此外,还增加了现代量测技术和计算机AI辅助教学的应用。在教学过程中,将研究性实验教学与研究性学习紧密结合,构建研究性实验模式(图4),培养学生的实践能力和动手能力。

问题设计 ➡ 分组设计 ➡ 深入分析 ➡ 撰写报告

图4 "研究性"实验教学的实现途径

通过课堂教学、实践教学、毕业论文、讲座和水保科协等社团活动,开展形式多样、吸引力强的实践教学活动,依托实验教学中心、国家大学生实习基地、课程虚拟仿真平台和国家级、教育部野外实习基地等平台,推动以上教学活动的顺利开展,实现学生的能力培养和素质培养相互促进(图5)。通过以上途径,培养学生为我国的水土保持事业无私奉献的爱国情怀,将水保不怕吃苦、生态发展的精神传承下去。

通过多年的实践证明,这种实践方法能充分调动学生的积极性,培养学生的实践能力、创新能力与团队协作能力,实践效果优于学生按照传统"教师讲,学生做"的灌输式教学模式进行实验,得到了学生的认可(表2)。

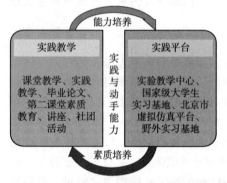

图5 实践与动手能力培养的实现途径

表2 教学效果评价(实时评价明细)

评价项目	满分	评价人数	满意度(%)
总体来看,我对本门课程授课教师的满意度	60	20	
老师对这门课教学认真负责,讲课投入,讲解清楚	6	20	
老师善于与我们交流,启发我们思考,耐心给予指导	6	20	
老师注重课堂管理,善于维持课堂秩序	5	20	
老师潜移默化地传授了做人、做事的道理	6	20	
这门课程激发了我学习相关知识的兴趣和热情	6	20	
通过课程学习,我理解并掌握了重要的知识点,有收获	6	20	
课后作业、答疑、讨论等,对我学习课程知识很有帮助	5	20	

参考文献

[1] 任萍, 高德志. "三中心"联动, 创新思政教育模式[J]. 四川教育, 2021(11): 20-21.
[2] 蒋海蛟. "四新"建设背景下高校思想政治工作创新论析[J]. 文化软实力, 2021, 6(3): 67-72.
[3] 代小丹, 徐辉, 冉婷婷. 新时代政治理论课教学改革的守正与创新[J]. 大学教育, 2021(8): 116-118.
[4] 李钰, 李妍. 百年未有之大变局下高校思政课教学的守正创新[J]. 中学政治教学参考, 2021(28): 28-31.
[5] 张会兰, 王云琦, 张守红, 等. "流体力学"课程"开放式—研究性"理论与实验教学模式及其协同实践[C]//黄国华. 探索 构建 创新: 北京林业大学教改论文选集, 2017: 413-420.
[6] 梁渊. 新时代思政课课堂教学守正创新的再思考[J]. 大学, 2021(24): 158-160.
[7] 张会兰, 王玉杰, 王云琦. 水土保持专业"流体力学"课程优质教学资源的建设. 中国林业科学, 2015, 33(2): 55-57.

Integrity and innovation, to promote the ideological and political construction of *Fluid Mechanics* course in soil and water conservation

Zhang Huilan[1]　Ding Iijian[2]　Wang Ping[1]　Wan Long[1]　Lv Liqun[1]

(1. School of Soil and Water Conservation, Beijing Forestry University, Beijing　100083;
2. Chinese Society of Soil and Water Conservation, Beijing　100083)

Abstract　Facing the new proposition and new requirements of the new era for the ideological and political work of college education, the *Fluid Mechanics* course of soil and water conservation promotes the ideological and political construction of the course based on the new ideas of "integrity" and "innovation". Firstly, keep the concept of educational concept innovate the educational process, that is keep the integrity of "science" and create the innovation of "process", so as to enhance students' innovation and practical ability; Secondly, keep the teaching content and innovate the teaching methods, that is keep the "content" right, create the new "method", and cultivate the craftsman spirit and career quality; Finally, keep the curriculum attributes, innovate cognitive ways, grasp the students' psychological dynamics, pay attention to the comprehensive analysis of positive and negative aspects in the curriculum design, carry out frustration education, cultivate students' dialectical thinking, and help students build the overall knowledge system of *Fluid Mechanics* as soon as possible.

Keywords　integrity and innovation, educational process, teaching methods, cognitive approach

论传统山水文化在"园林设计(双语)"课程中的转译

——以东升公园本科设计课为例

边思敏

(北京林业大学园林学院，北京 100083)

摘要：本文指出当下风景园林教育中，在传统山水文化与当代园林设计之间存在着一道无形的沟堑；传统山水文化意识的缺位现象与园林设计课程上学生们存在的典型问题同样具有一定的对应关系。以本科生大四"园林设计(双语)"课程"东升公园设计"为依托，尝试从解题和赋形两个方面入手，通过案例详解、区域尺度理性关联分析、园林尺度抽象结构分析等系列专题讲座，有针对性地引导学生，为学生初步构建传统山水文化与现代风景园林设计之间的关联意识，并为学生解决认知和实操层面上的相关问题。在教学过程中引导学生深刻理解中华文明之博大，唤起其对传统文化的兴趣和民族情感。

关键词：风景园林；设计课程；山水文化；转译；赋形

一、引言：传统与现代之沟堑

在风景园林专业教育中，"园林设计(双语)"是核心课程，建立在园林历史、园林工程技术、园林文化与社会学等各个侧面的综合培养基础上，并最终体现为学生基于技能掌握和总体认知的风景园林设计成果。换言之，学生在"园林设计(双语)"中展示的设计方案，实质上是其受到的专业教育的综合体现，而这种综合技能也是风景园林专业人才未来回馈社会、建设国家的主要方式。

设计方案实质上以设计技法、设计思维和设计哲学为根本，因此，在教学中如何有效地传授中华文明深厚积淀的山水文化，将课程思政工作潜移默化地糅合在风景园林核心课程中，深深影响着学科与行业的长远发展。

近几十年来，中国的风景园林发展速度迅猛，研究领域和实践方向也越发丰富；同时伴随着西方文化与思想的广泛影响，中国传统文化在园林教育、尤其是"园林设计(双语)"教育中日渐式微。传统园林教育往往拘泥于园林史课程中，成为一个孤立门类，与普遍的园林设计课程缺乏有机关联。这种倾向也造成了学生们认知上的偏差，将传统园林与当下的风景园林设计视为两个截然不同的领域，在传统和现代之间，无意识地产生了一道无形的沟堑。这一问题同样是当代风景园林实践行业所面临的困局。

因此，本文希望讨论如何在"园林设计(双语)"中有机地置入传统山水文化意识，让学生在园林设计的实操过程中，深刻理解传统山水文化，并具备将其转译到现代风景园林设计语境中的基本能力。

作者简介：边思敏，北京市海淀区清华东路35号北京林业大学园林学院，讲师，biansimin@bjfu.edu.cn。
资助项目：北京林业大学课程思政教研教改专项课题"园林设计(双语)"(2020KCSZ045)。

二、反思:"园林设计(双语)"课程的典型问题

传统山水文化意识的缺位现象与"园林设计(双语)"上学生们存在的一些典型问题具有一定的对应关系。在长期从事"园林设计(双语)"教学工作的过程中,笔者认为学生存在以下两种较为典型的普遍问题。

(一)认知层面上,缺乏对人居环境进行深入分析的能力

古往今来,中西方风景园林领域的不断发展均需建立在对人与自然关系的深刻认知的基础之上。山间的平地上举行的古老仪式源于祖先对自然中无法掌握的神秘力量之敬畏,背山面水的筑城格局有利于形成易守难攻、生活丰饶之居所,北欧人对高山与远足的热爱与阿尔卑斯山脉息息相关,苏浙人民的温婉秉性和鱼米之乡的地理特质一脉相承——只有具备见微知著的观察能力和深厚的理解力,才能够成为创造性地塑造人居环境的、优秀的设计师。

然而在设计教学的过程中,笔者发现大多数学生对周遭环境的观察往往是流于表面的。这种现象体现在两个方面。

首先,在认知与分析场地的环节,学生的分析框架多是程式化的。大多数学生会从场地的物理要素入手,分析诸如周边建筑、交通流线、植被、使用人群及使用时间等内容,展示方式以照片为主。这种思路虽然能够快速对设计场地形成基本认知,却由于缺乏视角更为独特、观察更为深入的思考,因而往往无法提供更深层次的设计想法来源,导致许多学生无法从前期分析中生成方案设计概念,故而缺乏思想深度。

其次,在设计方案的推敲过程中,学生对某些场地的使用设想也进一步证明了思考深度的欠缺。经常有学生在阐述方案时,提出"这里是儿童活动场地""那里是老人活动区"的说法,然而细看设计平面就会发现,几处针对不同年龄使用人群的场地并无明显差别。学生方案中之所以存在这种普遍问题,同样源于其对周遭环境的观察和思考不到位。如果深入观察,学生很可能会发现同一处户外景观可以既吸引儿童、又吸引老年人,场地的使用并非像他们简单设想的那样以年龄段划分,而是取决于是否有遮阴的高大乔木、供人休息的座椅和距离不远的售卖区域。

(二)实操层面上,存在二维制图与三维空间的转换断层

从实操层面来说,如何通过专业知识的学习顺畅地建立二维图纸与三维空间的联系,这一问题虽然被持续地讨论,也存在各类数字模型软件作为设计的辅助手段,但现今依然是学生们面对的首要问题。

这一问题主要体现在两个方面:①将设计平面图"图形化"处理;②无法深入理解高程设计与平面布局之间的有机配合关系。"图形化"极有可能使学生陷入对图形的盲目排布中,导致失去控制总体布局结构的能力,无法在结构层面理解园林设计的要义;高程与平面布局之间的配合问题在学生中非常普遍,它会导致方案竖向设计手法的单一化、简单化,进而失去风景园林在土地操作上所能引发的巨大潜力。

三、尝试:基于东升公园设计的传统山水审美转译

基于上述思考与观察,笔者以本科生大四"园林设计(双语)"——"东升公园设计"为依托,尝试从解题和赋形两个方面入手,以一系列专题讲座的形式有针对性地引导学生,以期通过"园林设计(双语)"为学生初步构建传统山水文化与现代风景园林设计之间的关联意识,并借由优秀的中华传统园林文化为学生解决认知和实操层面上的相关问题。

(一)解题:通过典型案例的深入剖析树立文化意识、示范分析与转译思路

设计地块包括八家郊野公园南区和紧邻地铁13号线的一片林地,西邻京新高速及地铁13号

线,东临清华大学双清公寓双清苑小区,北临月泉路,南临三顷园和双清大厦。周边以清华大学、北京林业大学等高校用地为主,居住区及商业区为辅。面积约$25hm^2$,南北长约690m,东西长约580m。作为本科毕业设计前的最后一次园林设计训练,题目有意识地增加了古典园林这一文化维度,命题为"师古创今",希望学生能够思考古典园林复杂表象背后的本质特点。

然而在实际教学中,绝大多数学生方案并没有突破自然山水园的设计思路,手法趋同、结构类似、缺乏创新,这样一来便失去了题目设定的初心,无法达到综合训练设计技法与文化思考深度的初衷。

因此,笔者尝试在布置课题的同时,以亲身参与的典型当代风景园林设计案例——"独乐园"为示例,从文脉线索、设计立意、形式转译、意境营造等方面详细阐释案例设计的整体过程,帮助学生深入理解"师古"与"创今"之间的关联。

1. 文脉线索

对中国古代造园历程的进行系统梳理(图1),发现我们惯常所认知的古典园林多集中在清代中后期未被历史抹除的、可见的园林中;此前数千年的大量园林文化尚待发掘。通过史料的发掘,锁定宋代司马光所建"独乐园"作为设计的切入点。

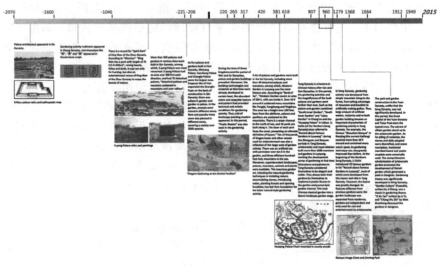

图1 "独乐园"的文脉线索搜集

2. 设计立意

在系统研习关于独乐园的各类记载,包括诗(李格非《洛阳名园记》)、文(司马光《独乐园记》)、画(仇英《独乐园图卷》)的基础上,以文字素材中传达的隐逸思想为意境,以视觉材料即仇英《独乐园图卷》为空间雏形(图2),建构一座当代风景园林语境中的"独乐园"。

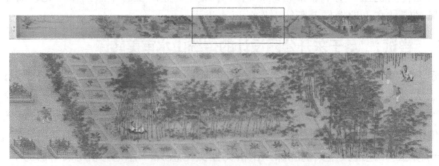

图2 仇英《独乐园图卷》及其中的"采药圃"段落

3. 形式转译

将《独乐园图卷》中的"采药圃"一段作为形式转译的主要依据，打破人们惯常认为的自然形态，以几何性作为平面布局的基本原则(图3)。

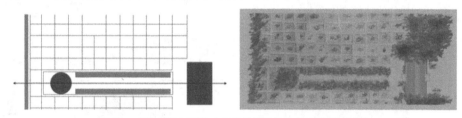

图3 《独乐园图卷》中"采药圃"的空间几何性分析

4. 意境营造

最后，通过表现图的讲解，为学生传达如何贴近传统审美、如何深入体会古典园林中之气韵生动的意境(图4)。

图4 "独乐园"设计效果表现图

(二)赋形：通过多尺度的传统山水文化讲解构建转译能力、链接二维制图与三维空间关联

对于传统山水文化的理解需要建立在对风景园林风貌的多重尺度认知上。在课程教学过程中，以区域尺度和园林尺度为两个大类，通过专题讲解帮助学生建立风景园林风貌与地理特征、社会经济、文化传统等因素的内在关联认知，从本质上理解风景园林空间的物理呈现结果，从而摆脱单纯对古典园林形式进行摹仿的设计思路，提高学生将山水文化进行当代转译的能力。

1. 区域尺度：理解风景园林风貌与水土治理、农业生产、营城实践的理性关联

就区域和城市尺度而言，在专题讲座中注重引导学生理解中国独特的土地利用智慧，帮助学生理解大尺度自然风貌的形成与理性的水土整治、农业生产、营城实践等均存在紧密关联，这一教学引导过程有助于学生透过现象辨析本质，形成表明现象与本质规律之间的关联意识。

例如，通过将苏州城及其周边山水要素进行结构性、多尺度的分析(图5)，帮助学生理解苏州古城在区域尺度内的选址与周边丰富的浅丘地貌和水资源之间的内在关系；同时，通过多个尺度的断面分析，解构苏州城内诸多风景节点与城市周边山脉在风景审美角度的关联。从而逐渐建立起营城与山、水、风景资源之间的关系意识，由感性认知上升到理性认知。

2. 园林尺度：山水结构抽象化，形式语言多样化

就园林营造尺度而言，讲授重点倾向于对各经典园林中自然山水结构的构建，避免陷入对某一细节或视角的细微描述之中。这种教学思路有助于帮助学生在"结构"层面理解古典园林的营造逻辑，同时有助于建立二维与三维之间的直观联系。

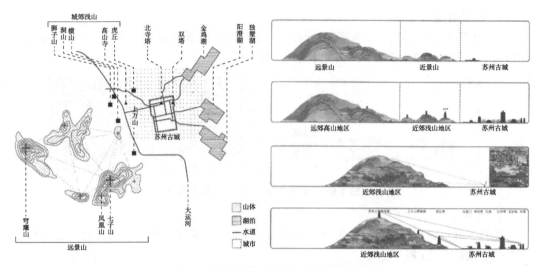

图 5　苏州古城与周边山水的关系分析

例如在专题讲座中,将圆明园的讲授分析重点放在地形塑造和水体经营两个方面,以图底关系和类型归纳的方式分析全园的若干种山水营造方法(图 6),并引导学生思考这些手法如何转译到自己的设计场地中如何抛开"自然形式"的束缚,转而从类型的角度入手思考哪些山水组织类型适合于自身场地,最后再引入形式讨论,生成空间层次丰富、形态多样的设计方案。

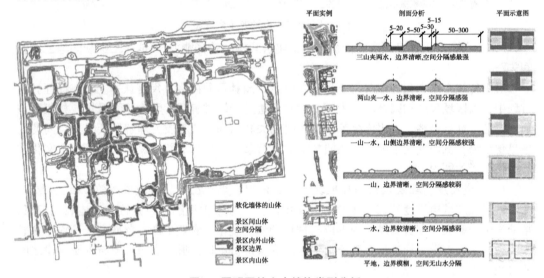

图 6　圆明园的山水结构类型分析

四、教学成效分析

选取 4 份具有代表性的小组设计成果进行教学成效分析。

可以看到,图 7 中的两份设计成果反映出了明晰的山水空间架构思维,对设计场地的空间尺度、总体结构、景观层次等均体现出较好的布局意识和把控力,能够依托地形和水体形成清晰完整的空间结构,并在此基础上营造一系列风貌多样的子级场地,较好地将传统山水结构组织思维转译到了设计场地中。

图 8 的两份设计成果在形式语言的讨论上体现较为充分。在左图中,可以看到学生非

常大胆地用一系列折线与自然的山水驳岸碰撞，尤其是对场地现状建筑的大胆解构，形成了一种更为生动的空间组织方式；右图的设计方案则尝试了更为规则的直线条形式与自然形式之间如何配合，并在两种形式的交界面上形成了非常有趣的形式语言对话。

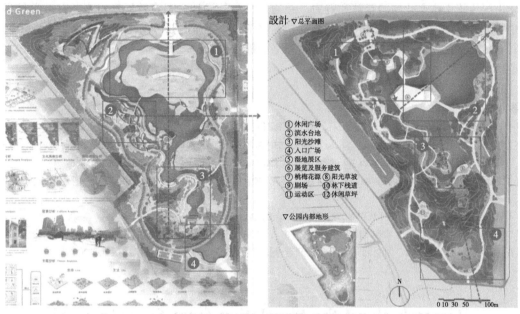

图7　东升公园设计成果(1)

图8　东升公园设计成果(2)

五、结　语

总体来说，东升公园设计从传统山水文化角度入手，在课程思政方面展开的尝试能够通过学生的设计成果看到正向反馈，学生的山水结构意识和赋形意识均有明显增强。同时，由于教改试验的时间积累有限，加之"师古创新"这一命题难度较大，依然需要大量时间积累才能达到更为精准有效的教学目的。

最后，本文认为课程思政建设应当与相对应的具体课程建立更为有机的关联性，而非生硬植入。对于"园林设计（双语）"来说，这种关联性的切入点就在于如何让学生理解和消化中国传统山水文化中的智慧和魅力，并通过自身的设计方案有效展现出来。在教学过程中，通过对中国传统山水文化的深入剖析、讲解，让学生真正理解中华文明之博大，唤起其对传统文化的兴趣和民族情感，这一思路能够更加长远地影响学生，将思政建设更扎实地落实到专业技能中去。

参考文献

[1] 王向荣. 进入新时代的中国风景园林[J]. 中国园林, 2021, 37(11)：2-3.
[2] Mostafavi M. Structure as Space, Space as Structure[M]. MOSTAFAVI M, ed. Structure as Space-Engineering and Architecture in the World of Jurg Conzett and His Partners. London：AA Publications, 2006：9-17.
[3] 戴维·莱瑟巴罗. 地形学故事：景观与建筑研究[M]. 刘东洋, 陈洁萍, 译. 北京：中国建筑工业出版社, 2018：53-78.
[4] 周维权. 中国古典园林史[M]. 北京：清华大学出版社, 2008.
[5] 郑曦. 山水都市化：区域景观系统上的城市[M]. 北京：中国建筑工业出版社, 2018.
[6] 郭黛姮. 远逝的辉煌：圆明园建筑园林研究与保护[M]. 上海：上海科学技术出版社, 2009.

Research about the translation from the culture of Shanshui to *Bilingual Course of Landscape Design*: Taking Dongsheng Park Studio as an example

Bian Simin

(School of Landscape Architecture, Beijing Forestry University, Beijing 100083)

Abstract This paper points out that there is an invisible gap between Chinese traditional landscape culture and contemporary design in the education of landscape architecture studio. What is more, there is also a corresponding relationship between the absence of traditional landscape culture consciousness and the typical problems of students in landscape design class. Taking the undergraduate senior *Bilingual Course of Landscape Design* "Dongsheng Park" as an experiment, the author tried to solve the problem mentioned above from the aspects of thinking and doing. Through a series of targeted lectures including case study, relationship analysis of regional scale and abstract structure analysis of garden scale, to guide students to build the link between traditional landscape culture and the modern landscape architecture design. In the process of teaching, students should be guided to deeply understand the greatness of Chinese civilization and arouse their national emotion.

Keywords Landscape Architecture, design studio, the culture of Shanshui, translation, form giving

红绿相兼：大学教育的北林特色

余吉安　陈泫伽　柳滢

（北京林业大学经济管理学院，北京　100083）

摘要：培养社会主义接班人和建设者，是社会主义大学的使命和责任，红色教育是回答培养什么样的人、如何培养人以及为谁培养人的最佳方案。新时代，生态文明建设不断深化。绿色教育成为促进生态文明建设、实现"美丽中国"的重要举措。培育新时代新型绿色爱国青年人才，是当前林业高校的责任。本文以北京林业大学思政教育与绿色教育相融合的实践为例，探索"红绿相兼"教育的新模式与新路径，为林业高校教育模式的创新提供实践经验。

关键词：红绿相兼；大学教育；北林特色

一、引　言

雅斯贝尔斯认为："所谓教育，不过是人对人的主体间灵肉交流活动，包括知识内容的传授、生命内涵的领悟、意志行为的规范，并通过文化传递功能，将文化遗产交给年轻一代，使他们自由地生成，并启迪其自由天性"[1]教育对引导人们树立正确的生态价值观、转变人们的生活方式、提升人们参与生态文明建设的自觉性具有重要意义[2]。习近平总书记指出"人生的扣子从一开始就要扣好"[3]。

习近平总书记指出："生态文明建设同每个人息息相关，事关中华民族永续发展"，党的十八大报告首次提出了"推进绿色发展、循环发展、低碳发展"和"树立尊重自然、顺应自然、保护自然的生态文明理念"，将生态文明建设放在了突出的位置。2015年4月，中共中央国务院发布的《关于加快推进生态文明建设的意见》明确指出"必须弘扬生态文明主流价值观，把生态文明纳入社会主义核心价值体系"。党的十九大报告进一步提出要"形成绿色发展方式和生活方式""开展绿色家庭、绿色学校、绿色社区和绿色出行等行动"。解决生态问题须在人性上反思和重构人的主体性，培养类主体，走出占有性个人主体性的危机，进而从根本上实现人与自然、人与社会、人与自我的统一[4]。而且，教育部也要求开展创建"绿色大学"活动。"绿色大学"就是要用"绿色教育"思想培养人[5]，培养具有高度社会责任感和可持续发展意识的高素质人才[6]。"绿色大学"核心内容之一就是"绿色教育"，以此提升学生的"绿色素养"，这就需要在课程设计上体现"绿色"的内容。在国际社会，高校的绿色教育逐渐实现了从环境教育向可持续发展教育的转变，并在致力于培养可持续发展人才基础上，实现大学自身的可持续性发展，从而促进社会的可持续发展。

习近平总书记强调，高校思想政治工作关系高校培养什么样的人、如何培养人以及为

作者简介：余吉安，北京市海淀区清华东路35号北京林业大学经济管理学院，教授，yujianbjfu@bjfu.edu.cn；
　　　　　陈泫伽，北京市海淀区清华东路35号北京林业大学经济管理学院，本科生，1171281210@qq.com；
　　　　　柳　滢，北京市海淀区清华东路35号北京林业大学经济管理学院，本科生，2572284071@qq.com。
资助项目：北京林业大学大学教育教学研究一般项目"绿色管理教育的成效：基于绿色管理教育对学生绿色行为的影响的研究"（BJFU2019JY040）；
　　　　　北京林业大学大学课程思政教研教改专项课题"管理学"（2020KCSZ067）。

谁培养人这个根本问题。坚持党对高校的领导，加强和改进思想政治工作，"为党育人、为国育才""培养又红又专、德才兼备、全面发展的中国特色社会主义合格建设者和可靠接班人"，是高校的使命。这就要"把思想政治工作贯穿教育教学全过程"，"全员育人、全程育人、全方位育人"。中共中央办公厅、国务院办公厅于2019年8月印发了《关于深化新时代学校思想政治理论课改革创新的若干意见》，全面贯彻党的教育方针，解决好培养什么人、怎样培养人、为谁培养人这个根本问题；2020年5月28日，教育部印发了《高等学校课程思政建设指导纲要》，把思想政治教育贯穿人才培养体系，全面推进高校课程思政建设。习近平总书记指出"要结合弘扬和践行社会主义核心价值观，在广大青少年中开展深入、持久、生动的爱国主义宣传教育，让爱国主义精神在广大青少年心中牢牢扎根，让广大青少年培养爱国之情、砥砺强国之志、实践报国之行，让爱国主义精神代代相传、发扬光大"。面对深受中华传统文化熏陶、思维活跃、富有以改革创新为核心的时代精神的大学生群体，高校要坚持中国特色社会主义道路这条主线，切实加强对思想政治工作新情况和新问题的把握，挖掘红色资源在思想政治教育、民族精神传承、先进文化传播等方面的独特价值，全面提升红色文化的爱国主义教育的成效，使大学生成为自觉接受红色文化、全面传承红色文化、主动丰富红色文化的力量主体。

林业高校的使命和职责是通过思政教育和绿色教育，培养"红绿相兼"的接班人。本文将就如何开展思政教育和绿色教育融合、培养"红绿相兼"的大学生的模式、路径和成效。

二、文献综述与述评

思政教育是高校"为党育人、为国育才"的重要内容。良好的校园思政教育生态有助于强化学生对中国特色社会主义理论的认知、认同，内化特色理论的原理、精髓[7]。当前，研究生思想政治教育的总体效果显著，但还有很大提升空间[8]。不同类别研究生的生态素养存在一定差异，学校教育和家庭教育(和/或家庭经济状况)对研究生生态素养的水准具有重要影响[9]。侯振中[10]认为，可从协同育人素养基础、优化协同育人运行调节、健全协同育人评估激励体制三个方面构建研究生导师与辅导员协同育人机制，全面提高研究生思想政治教育实效。以专业知识教学为"体"、以专业育人理念为"魂"、以各种教学形式为"用"，可实现专业教育与思政教育的"共振"效应[11]。所以，需要坚持以学生为思政教育的中心，转变传统评价模式，创新教学方法，让学生更有获得感[12]。

关于绿色教育方面，早在1990年，多所大学共同发起签署了《塔罗礼宣言》，提出了提高可持续发展意识、建立可持续发展的制度文化、培养大学生对环境负责的公民意识等10点行动计划。中宣部、国家环保总局、教育部联合编制于2001年5月31日发布的《2001—2005年全国环境宣传教育工作纲要》指出，要在全国高等院校逐步开展创建"绿色大学"活动。"绿色大学"的含义之一，就是要用"绿色教育"思想培养人[5]，培养具有高度社会责任感和可持续发展意识的高素质人才[6]。绿色人才培养已经成为"绿色大学"创建的根本目的和评价标准。这就要重视第一、二课堂教育的培养，课程与科研实践相结合的培养[13]，提升学生的"绿色素质"[14]。教育部颁布的"2011计划"与绿色理念内涵要求相契合，要求克服"源头污染""干流污染""支流污染"，并通过纠偏反馈规划下一周期计划[15]。

彭建国和田珊[16]的研究表明，在大学生绿色生态保护意识的培养方面不能仅仅依靠于课堂教育，还要发挥实践活动的育人作用和自我教育作用。王玮和王秀阁[17]认为绿色交往有利于大学生的身心健康及各方面的发展，高校应该结合各种方法来对大学生进行绿色交往的理念教学及行为引导。绿色消费认知和绿色消费意向存在正相关的关系[18]，但陈凯和肖敏[19]在对北京地区大学生绿色消费认知方面的研究中发现大学生对绿色消费有一定的认知,但不够全面和深入,大学生绿色消费态度尚不明确,存在不稳定性。阮冰颖[20]在对江苏大学学生的绿色行为探索中也发现,江苏大学学生对于环境问题有一定的认识,但是在绿色行为实施过程中缺乏主动性。在消费态度上,女生相较于男生的表现更加突出,在绿色消费行为意向上,女生同样更愿意采纳绿色消费的观点,而学生的年龄、性别、月消费额对于其绿色消费的认知几乎不存在影响[18]。总体来看,大学生绿色消费意愿水平较低,大学生的绿色消费行为水平较低,大部分为浅色绿色消费者[19]。王云仪[21]等研究发现,中国大学生在服装购买选择、购买频率、内在环保主义、宏观环保主义和快乐物质主义方面的得分高于美国学生;后者在服装丢弃方式、外在环保主义和中心物质主义方面的得分高于前者。

大学生绿色创业精神理念淡薄、绿色创业管理知识缺乏、绿色产业发展认知不够的问题[22]。陈丽婷等[23]在绿色印刷方面发现,大学生对于绿色印刷方面的知识了解有很大的欠缺。王季和李倩[24]在基于对大学生样本的相关研究发现,创业者的特质包括创新型、社会成就、风险倾向、内控制源、模糊容忍度、社会责任感、环境导向价值观这七个维度,当创业者这七种特质的水平都较高时,其绿色创业的意向也越大。

当前,思政教育也融入了越来越多的绿色(生态)内容。南京农业大学将通识教育作为课程思政的重要载体,在通识教育中体现价值引领和新时代新农科人才培养的目标,在人才培养过程中不断完善农科特色通识课程[25]。生态文明教育融入高校思政课课程体系的具体路径是生态文明教育"进教材""进课堂""进头脑"[26]。吴明红(2018)[27]认为,可基于思政课程打造大众化生态文明教育的平台,构建长效、稳定的生态文明育人体系。

林业高校每年都会开展绿色教育,提升学生绿色理念和思维、绿色经营管理技能、专业性绿色技术[28-29],如北京林业大学开展了60余年的绿色教育,设置了一些绿色学科和专业,如绿色MBA[30]。当前,如何将思政教育和绿色教育融合,真正有效培养"红绿相兼"的大学生,成为林业高校的重要职责。然后,鲜有林业高校思政教育和绿色教育融合模式、路径与成效的研究,本项目将从这几个方面展开深入研究,以此为林业高校提供决策借鉴。

三、北京林业大学的"红+绿"教育实践经验

(一)实践院系的选择

院系的选择标准:①在专业课、社会实践、论坛、课后活动等方面全方位开展"红+绿"教育;②学生在红绿教育中思想上有进步和行为上有改变。基于此,我们选择经济管理学院工商管理大类作为研究样本。北京林业大学经济管理学院办学特色突出,是全校学科、专业、学生人数最多的学院,选择其作为调查研究对象,学科设置范围广、学生样本数量大、专业涉及面广;经济管理学院于每年暑期组织全院在读学生,开展体现红绿教育特色的暑期社会实践活动,以期加强学生对生态建设现状的了解以及对红色文化、红色精神的感悟;同时,学院通过开展"经管讲坛"活动,拓宽学生的学术视野,倡导专业知识在生态环境保护、绿色发展理念等领域的应用,落脚于实现中华民族的伟大复兴,激励学生成为为新中国奋发图强的新青年。探察经管学院青年学生的生态环保意识、红色信念,能够为其他高校构建以人才培养为中心的红绿教育体系提供借鉴与决策参考。

(二)数据来源

经济管理学院工商管理系,包括工商管理、市场营销、人力资源管理、物业管理和会计学共5个专业,按照大类招生。新生在入学时的专业均为"工商管理",不同课程涉及红绿教育内容的差异性较小。本文基于工商管理大类中各个专业的专业核心课、专业强化以及拓展课程进行调查分析,其中工商管理、人力资源管理以及物业管理专业设置21门此类

课程，会计学专业设置 22 门此类课程，市场营销专业设置 20 门此类课程。

本研究使用腾讯问卷在线设计包含研究问题的问卷，通过微信发送给北林近年来工商大类专业的学生，以已经完成专业分流的大三、大四学生为主要对象，学生通过匿名的方式自愿在线填写。下载完整数据，利用 Excel、SPSS 软件进行结果统计与分析。

共计收回问卷 93 份，各年级占比为：尚未进行专业分流的大一、大二学生占比为 3.3%，已经专业分流的大三、大四学生占比为 96.7%（图 1）；五个专业所占比例为：工商管理 14%，会计学 37.6%，市场营销 15.1%，人力资源管理 21.5%，物业管理 11.8%，基本反映了各专业的实际人数比例（图 2）。

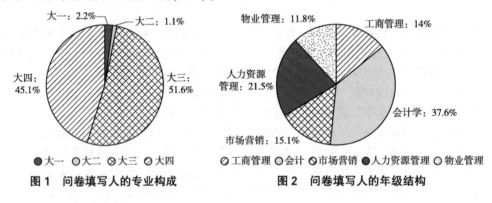

图 1　问卷填写人的专业构成　　　　图 2　问卷填写人的年级结构

（三）工商管理学科开展"红+绿"教育情况

1. 专业课中的"红+绿"教育

在专业课的学习过程中，大多教师会涉及或引用有关绿色发展以及红色主题的例子或历史事件，其引用频率或讲解程度与课程内容和专业培养目标密切相关。其中，工商管理专业在课程教学过程中对于红色教育和绿色教育的内容涉及平均占比最高，分别达到 35.46% 和 38.33%，涉及"红+绿"教育内容的平均占比达到 32.48%；而会计学和市场营销以在专业课程讲解的过程中涉及红色教育和绿色教育内容的平均占比处于 8%~15% 的相对较低水平；人力资源管理在专业课程讲解的过程中涉及红色教育和绿色教育内容的平均占比较高，分别达到 25.13% 和 22.31%，涉及"红+绿"教育内容的平均占比达到 17.78%；物业管理在专业课程讲解的过程中涉及红色教育和绿色教育内容的平均占比处于中等水平，分别达到 17.76% 和 21.22%，涉及"红+绿"教育内容的平均占比达到 16.46%。可见，在工商大类专业的教学中，教师较为注重对学生进行"绿色教育"以及"红色文化"的引导，注重对学生"绿色"素质以及"红色"意识的培养（图 3）。

2. 暑期社会实践中的"红+绿"教育

北京林业大学为进一步引导青年学生深入学习贯彻落实党的十九大精神，积极践行社会主义核心价值观，传承"替河山妆成锦绣，把国土绘成丹青"的北林精神，于每年暑期组织学生开展暑期社会实践活动。为积极响应学校安排，经济管理学院于每年暑期组织全院在读学生，开展结合时代主题的暑期社会实践活动。如，2020 年以"小我融入大我，青春奉献祖国"为主题，在新型冠状病毒肺炎疫情肆虐的背景下，学院鼓励学生采用以线上为主、就地就近的方式进行暑期实践，开展了如绿桥绿色长征实践项目、环保科普与志愿公益实践项目等红绿相兼的暑期活动。2021 年以"建功新时代，永远跟党走"为主题的实践活动中就涌现出许多优秀的实践团队——"生态文明实践团队"以绿色产业为研究对象，通过线上线下结合的方式，以福建省为例进行了调查研究。团队通过生态宣讲、撰写案例报告、制作短视频等传统报告与多媒体相融合的形式，将生态文明故事、绿色发展思想传播得更

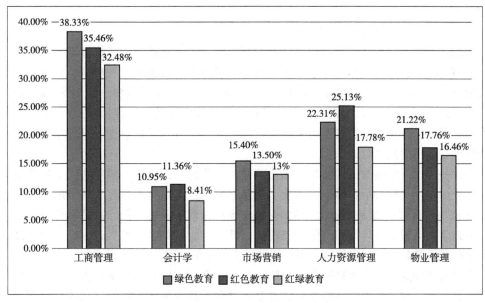

图 3 各专业绿色教育和红色教育情况

广更远,用自己的方式展现了林业高校学子的风采与素养。为了解北京市生态涵养区农村劳动力转移就业政策的实施情况,"巩固生态安全实践团"前往北京市延庆区、密云区和平谷区进行实地考察,立足于乡村振兴战略,对于民生热点问题以及社会矛盾节点问题进行了积极探索,为新时期首都的高质量发展贡献北林的青春力量。

经济管理学院还组织学生积极参与"绿桥杯"大赛,聚焦"弘扬法治精神,禁食野生动物"主题,鼓励学生通过创作环保艺术作品表达青春担当;围绕"河小青"助力黄河流域生态保护和高质量发展主题,引导学生广泛了解黄河的水环境、水文化等内容,保护黄河就是保护我国的大好河山,保护我国的丹青国土,是北林学子的绿色担当,也是北林学子的爱国情怀;同时围绕环境治理、垃圾处理、社会救助机制、特殊群体帮扶等民生热点,积极开展线上科普知识宣讲、社会调查研究、发展建言献策、志愿公益实践等活动,将红色思政教育与绿色环保教育进行了整理融合。

3. 经管讲坛中的"红+绿"教育

讲坛讲座是高校课后教育的重要一环,通过搭建高校教育讲坛平台不仅能使学生提高专业知识水平、提高自身专业意识,有利于拓宽学生的学术视野,还能有效传递学校的文化与精神。经济管理学院通过开展"经管讲坛",邀请全国高校知名教授以及本校优秀教师在校园内进行经管领域的前沿知识讲授,在传递有关生态环保、经济学和管理学知识的同时,落脚于中华民族的伟大复兴上,激励学生成为为新中国奋发图强的新青年。如"知生态环境资产评价,破解国内研究新难题"讲坛,北京林业大学经济管理学院教授张颖老师就环境、生态以及环境审议课题,列举了有关环境资本评价的重要研究成果、困难与挑战,提出了我们应该对我国生态环境进行正确资本评价,让绿色中国思想真正落到实处。又如"析中美能源前景,寻合作发展潜力"讲坛中,来自对外经济贸易大学的董秀成教授分析了中美油气合作的潜力;"从产业安全角度,看国家发展大局"讲坛中,北京交通大学的卜伟教授从产业安全与产业外资控制力评价指标体系,介绍了我国产业外资控制状况,指出中国国有企业存在的症结,为防止产业被外资控制提供相应对策。

在经管讲坛中,各个讲座以讲授经济学、管理学为主,同时与生态环保领域进行融合交叉,以解决我国现有问题为目的,培养学生的学术水平与爱国意识,是"红绿教育"中重要的一步。

4. 课后活动中的"红+绿"教育

为深入有效地开展党史学习教育，营造积极向上的学习氛围，经济管理学院开展了博闻"经"通知识挑战大赛，以博学、明辨、慎思、笃行四个方面为考查模块，比赛内容涵盖党史党建、经管类专业课、学生管理规定、疫情防控、垃圾分类等多方面知识。既达到"以经管之姿践行百年初心"的目的，也是学院提升大学生思想政治工作质量的一项品牌活动。既有利于展现经管学子活泼好学的精神风貌，营造"乐学善思"的氛围，又能增强经管人对经济管理各学科的理解与认识。

为进一步提升学生对疫情防控常态化与爱国卫生运动的认识，倡导文明卫生的生活方式，把爱国卫生运动与宿舍整洁、安全、优良学风建设、勤俭光盘行动结合起来，学院于 2020 年底决定开展爱国卫生运动。活动主要内容包括月末卫生大扫除以及勤俭节约专项行动，通过学院老师、辅导员和工作人员的不定期检查，以及学生线上打卡的主动实践，在提升学生爱国情怀的同时也体现了对环境的尊重与保护。

为学习贯彻党的十九大精神和全国教育大会精神，深入落实《国务院办公厅关于深化高等学校创新创业教育改革的实施意见》《北京市教育委员会关于印发深化高等学校创新创业教育改革实施方案的通知》等文件精神，进一步引导学院学生主动实践，激发大学生创新创业热情，经济管理学院举办了多届创新创业大赛。如 2019 年第二届大赛以"创业、绿色、智慧、未来"为主题，2021 年第四届大赛以"科技创新，绿色创业"为竞赛主题，旨在营造积极创新、团队协作的良好氛围，弘扬创业精神、创新文化。在竞赛开始前学院组织学生参加沙盘模拟活动与培训会，并参观绿创空间，了解绿创扶持政策。创新创业大赛在促进高校学生为我国经济创新性发展作出贡献的同时，也贯彻了绿色发展的思想。自 2018 年起，学院共举办 4 届大赛，其中主题明显体现出红绿结合思想的大赛占比达 50%。

四、"红绿教育"的成效

红色精神是革命先辈实践的结晶，对当前我国高校学生深植崇高信仰、培育红色思想观念作用重大；绿色思想是社会发展的需要，是新时代建设性人才需要具备的基本素养，这使得红绿教育在高校建设中确立了难以撼动的地位。在高校课程中使红绿教育互相融合，一方面，对学生的绿色价值观念进行了培育，促使高校学生在努力学习专业知识的同时，能够将所学知识转化成为国家生态环保建设添砖加瓦的动力；另一方面，也可以对高校学生的道德品质进行引导式培养，以使得高校学生逐渐养成艰苦奋斗、甘于奉献、立志投身社会主义现代化建设的思想观念。

（一）促使学生爱国行为的实践

在调查的学生样本中，有 52.7% 的学生认为在专业课程的学习中融入红色教育的教学方式使其更易接受思政教育内容，并有 51.6% 的学生认为这种形式的教育促进了其爱国行为的实践（图 4）。可见，在专业课程的教学中融入红绿教育内容，随着时间的积淀，能够对学生产生潜移默化的影响。一方面，使得学生更易接受学校思政课程中的红色思政内容，减轻学生对思政课、党政课说教式教学的抗拒心理；另一方面，对学生的日常行为产生突出影响，促使其爱国思想的实践，提高了学生对红色文化资源的了解和认同度。例如，在新中国成立 70 周年以及建党 100 周年的重大庆祝活动中，很多大学生积极参与，为党和国家庆生，并以此感到荣幸和自豪。通过在专业课中有意地渲染红色氛围，有利于学生将专业知识落地于红色的土壤上，为我国的发展作出有益贡献。

（二）促进学生理想信念的教育强化

正确的教育导向能够在知识的传播过程中塑造学生的思想意识、价值观念。在专业课的教学中融入红绿思想，能够引导学生树立正确的思想道德观念和理想信念，使社会主义核心价值观融进学生的一言一行中去。在调查中，亦有74.2%的学生认为，专业课与"红色教育"的融合在很大程度上引导其树立正确的价值观，强化理想信念。高校作为文化传播、教书育人的先锋地，其借助红色文化加强对学生的思想政治教育，能够使学生在红色文化、红色价值观的熏陶感染下，坚定青春理想，不忘初心，砥砺前行，能够使学生在信念的支持下奋力拼搏，积极进取。

（三）丰富高校学生历史人文素养

对于"红色教育"利于加强学生对红色文化的了解，丰富学生的历史人文素养这一观点，更是有67.7%的调查者持赞成态度。可见，专业课教师在教学过程中，融合红色文化资源，通过引用专业课程中的历史实例，不仅使学生更加了解专业发展历程，而且使学生在追寻红色文化轨迹的过程中，坚定立场、初心不改，在面对文化多元发展、各种文化交杂的环境下，能够牢记历史、追寻根源，拒绝不良思想的侵蚀，固守文化之基。

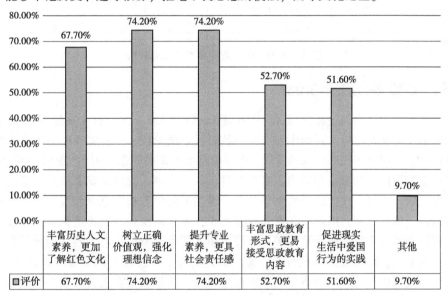

图4　各专业学生对红色教育成效评价

（四）传扬中国传统生态文化思想

生态文化思想在中国由来已久，例如，儒家学派所主张的"天人合一"思想，道家学派代表庄子所主张的"天地与我并生，万物与我为一"思想都意在描述人与自然的整体性以及人类应该顺应自然发展规律，建立人与自然的和谐关系。如是，在大学生群体中加强绿色教育，特别是根植于传统生态文化思想对大学生进行绿色发展理念、绿色消费理念的教育是极有必要的（图5）。在调查中，占比达48%的学生表示，在专业课中融入"绿色教育"有利于其在学习过程中深耕传统，增强对中国传统生态文化思想的了解。在根植于我国传统生态思想的基础上，既利于启发高校学生在未来的绿色发展领域有所实践、有所创新，又推动了我国优秀传统文化的发扬。

（五）落实绿色发展美丽中国战略

调查数据显示，有77.4%的学生认为，专业课学习过程中融合的绿色教育内容，促进了其对绿色发展理念的理解以及生态环保意识的提高，而有54.8%的学生因此在日常生活中提高了实践绿色行为的频率。可见,高校作为培养新时代中国特色社会主义事业接班人的重要基地,在高校教育中高举生态文明建设的旗帜,秉承生态文明理念,重视绿色发展,强化绿色发展理念在教育教学中的地位和作用,有利于以实际且易于理解的形式培养学生的绿色观念,从而培养高质量的绿色发展人才,使其承担起社会主义生态文明建设的重任,为推进绿色发展、建设美丽中国提供坚实的保障。

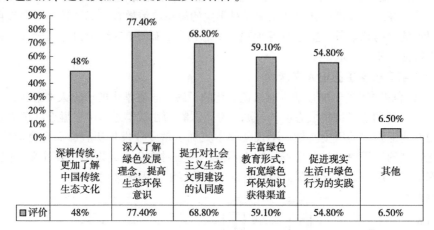

图5 各专业学生对绿色教育成效评价

五、红绿教育启示与反思

习近平总书记提出的生态文明观是当今时代的绿色主题,人类社会在经历了原始文明、农业文明和工业文明之后,开始生态文明的新时代发展阶段,这是实现中华民族永续发展的必经之路。实现中华民族的永续发展,需要能将绿色发展理念运用到实践中的绿色人才,人才是社会发展进步的源泉与动力,直至今日,久经磨难,我国实现了从富起来到强起来的历史性飞跃,这与一代代优秀的中华儿女脚踏实地的艰苦奋斗息息相关。新时代只有注重人才策略,推陈出新,用新理念灌养新型人才,才能在发展上取得更优秀的成绩。绿色人才是我国为实现中华民族永续发展,建设美丽中国生态梦的中心力量,因此,高校推进绿色教育的实施,推动校园绿色行为,实质是为实现中华民族永续发展培育新生代力量,培养为今后我国永续发展不断奋斗的一支攻坚团队。这就需要在教育教学中恰当地融入红色、绿色思想,以丰富课程涵盖内容,达到更好的思政影响效果。

(一)加强红绿教育的理论研究

只有与时俱进的理论才能更好地指导新的实践。当前红绿教育融入学生课堂虽然取得较好的成效,但如何把习近平生态文明思想、绿色发展理念、红色历史文化、社会主义核心价值观等有机融入学生日常规范和理念才是关键节点所在。只有在教育层面加强红绿教育的理论研究,才能在对学生的相关教育和指导中以更加丰富的内容展现。在此过程中,需要厚植于我国丰富的传统文化资源,挖掘其中的理论价值与实践价值,对其相关理念进行系统整理,不断提高理论资源的质量和丰富程度,以更好地教授学生,指导实践。

(二)立足时代背景,创新教育方法

红绿文化要想与课堂教育紧密结合,真正深入学生内心也必须创新教育方法。在进行相关研究的过程中,要结合教育信息化发展的趋势,以更加鲜活的方式开展教育,例如,根据课程内容选择相关视频、纪录片,采用学生PPT作业的方式,加强学生内部的交流与分享,使课程教育与红绿教育的融合度更高,从而避免教育内容的刻板生硬,有利于加强

学生的接受度和兴趣度。

(三)营造良好文化氛围

环境对人的影响是深远持久与潜移默化的,在专业内容与红绿教育的融合过程中,也应努力营造良好的红绿文化氛围,例如,学校开展重要纪念日主题活动,绿色系列讲座以及绿色作品展等活动。以更加新颖的形式引导学生关注红绿教育,拉近学生与红红绿文化的距离,使红色精神、社会主义核心价值观、绿色发展理念转变为学生的实际行动。学校还应借助网络传播优势,建立相关内容宣传网站,借助微信公众号、微博、抖音等短视频平台,多渠道和多形式地宣传红绿教育资源,在学校内形成好学、乐学的学习氛围。

参考文献

[1] 雅思贝尔斯. 什么是教育[M]. 北京:三联书店,1991.
[2] 刘贵华,岳伟. 论教育在生态文明建设中的基础作用[J]. 教育研究,2013,34(12):10-17.
[3] 习近平. 习近平在北京大学考察时强调:青年要自觉践行社会主义核心价值观与祖国和人民同行努力创造精彩人生[N]. 人民日报,2014-05-05(1).
[4] 冯建军. 从环境教育到类主体教育:解决生态问题的教育探索[J]. 教育发展研究,2019,39(12):19-24.
[5] 王大中. 创建"绿色大学"实现可持续发展[J]. 清华大学教育研究,1998(4):8-12.
[6] 陈骏. 创建绿色大学,走健康可持续发展之路[J]. 中国高等教育,2012(Z2):9-11.
[7] 张森年,方乐莺. 校园思政教育生态与特色理论入脑研究[J]. 思想教育研究,2012(7):88-91.
[8] 段远鸿,吴佐文. 国内研究生思政教育水平现状和提升路径研究[J]. 教育学术月刊,2020(10):106-111.
[9] 王从彦,刘君,周嘉伟,等. 生态文明建设背景下研究生生态素养探析[J]. 中国人口·资源与环境,2016,26(S2):436-439.
[10] 侯振中. 高校思政教育协同育人机制的建构[J]. 人民论坛,2020(33):72-74.
[11] 叶方兴. 科学推进专业教育与思政教育相融合[J]. 中国高等教育,2020(Z2):10-12.
[12] 王再军. 思政教育何以让学生更有获得感[J]. 人民论坛,2019(5):118-119.
[13] 张凤昌. 践行科学发展创建"绿色大学"[J]. 中国高等教育,2011(Z1):14-16.
[14] 梁立军,刘超. 试论"绿色大学"建设的理念与实践——以清华大学为中心的考察[J]. 清华大学教育研究,2015(5):83-87.
[15] 李长吾,兰海龙,任艳丽. 绿色管理理念指导下的"卓越人才"培养[J]. 现代教育管理,2016(9):102-106.
[16] 彭建国,田珊. 培育大学生绿色发展理念论析[J]. 学校党建与思想教育,2017(22):45-46.
[17] 王玮,王秀阁. 大学生绿色交往初探[J]. 学术交流,2011(10):203-205.
[18] 曾宇容,王洁. 大学生绿色消费内在机理调查与研究[J]. 消费经济,2009,25(5):56-59.
[19] 陈凯,肖敏. 大学生绿色消费认知、态度、意愿以及行为的调查分析——以北京地区大学生为例[J]. 企业经济,2012,31(3):160-163.
[20] 阮冰颖. 绿色行为在高校中的探索与实践——以江苏大学为例[J]. 节能,2019,38(2):134-135.
[21] 王云仪,冯若愚,李俊. 中美大学生快速时尚的绿色消费行为研究[J]. 西南师范大学学报(自然科学版),2013,38(8):153-159.
[22] 李俊,龚胜意. 关于大学生绿色创业教育的若干思考[J]. 学校党建与思想教育,2015(20):95-96.
[23] 陈丽婷,唐子平,陈文秀,等. 大学生关于绿色印刷的调查报告[J]. 包装工程,2008(10):235-238.
[24] 王季,李倩. 创业者特质对绿色创业意愿的影响机理——基于大学生样本的实证研究[J]. 财经问题研究,2017(6):132-137.
[25] 刘营军. 农科特色通识教育课程思政的内容与路径[J]. 中国高等教育,2020(8):15-17.
[26] 王德勋,陆林召. 生态文明教育融入高校思政课课程体系探析[J]. 教育理论与实践,2015,35(6):33-34.

[27] 吴明红. 思政课程中融入生态文明教育的实现模式探析[J]. 思想政治教育研究, 2018, 34(3): 97-100.
[28] 余吉安, 张友生, 彭茜. 树立绿色素养理念·培育高校绿色人才[J]. 中国高等教育, 2017(23): 55-57.
[29] 余吉安, 陈建成. 促进高等院校绿色教育的思考[J]. 国家教育行政学院学报, 2017(11): 26-31.
[30] 余吉安, 陈建成, 徐宇沛. 绿色MBA培养体系的构建——以北京林业大学绿色MBA项目为例[J]. 学位与研究生教育, 2018(1): 18-24.

Combination of red and green education: BJFU characteristics of university education

Yu Ji'an　Liu Ying　Chen Xuanga

(School of Economics and Management, Beijing Forestry University, Beijing　100083)

Abstract　To train successors and builders of socialism is the mission and responsibility of socialist universities. Red education is the best way to answer the question that what kind of people, how and for whom universities should cultivate. In the New Era, ecological progress has been deepened. Green education has become an important measure to promote ecological civilization and realize "Beautiful China". It is the responsibility of forestry universities to cultivate new green patriotic young talents in the New Era. Taking the practice of integrating ideological and political education with green education in Beijing Forestry University as an example, this paper explores the new mode and path of combining red and green education, providing practical experience for the innovation of education mode in forestry universities.

Keywords　combination of red and green education, university education, BJFU characteristics

草学专业课程思政效果评价及教学改革建议

杨珏婕　张铁军　林长存　董世魁

(北京林业大学草业与草原学院，北京　100083)

摘要： 对草学专业课程思政的效果进行评价是全面提高草业人才培养质量和开展教学改革的前提。本研究针对北京林业大学草学专业本科生和硕士研究生在对课程思政的了解程度、课程思政的教学方式、课程思政的效果评价和意见建议四大方面进行了调查研究，在此基础上对草学专业课程思政的效果进行定量评价，并基于文献计量分析，通过VOSviewer软件追踪近年来"草学和相关专业课程思政"的研究热点，提出教学改革建议。为草学专业课程思政改革及教学模式创新提供参考和依据，为加快草业科学研究和培养现代草业人才提供支撑和保障。

关键词： 草学专业；课程思政；效果评价；教学改革建议

从2004年开始，中央先后出台关于进一步加强和改进大学生思想政治教育工作的文件，开启了高校思想政治教育课程改革的探索之路[1]。到2020年，教育部印发《高等学校课程思政建设指导纲要》，标志着高校教育从思政课程到课程思政的彻底转变和完整课程思政体系的建立。课程思政就是将思想政治教育元素（包括理论知识、价值理念以及精神追求等内容）融入高校专业课的各门课程中去，潜移默化地对学生的思想意识、行为举止产生影响[2]。课程思政的目的是以"立德树人"为根本任务，实现知识传授、价值塑造和能力培养的多元统一，解决"培养什么人、怎样培养人以及为谁培养人"的人才培养根本问题[3]。党的十九届五中全会对我国生态文明事业的发展提出了新的目标，而草地生态系统不仅面积大（约占我国国土面积的40.7%）[4]，同时具有生产、社会和强大的生态功能[5]，因此草原和草地的保护与可持续发展是新时期我国生态文明建设的重要组成部分。在新发展形势的要求下，草学专业大学生是我国实施草原管理、草地保护修复和发展现代草业的接班人和主力军。而对草学专业课程思政的效果进行评价是提高草业人才培养质量和开展教学改革的前提[6]，通过课程思政元素来促进专业教育和思政教育融合，全面培养草学专业学生的职业素养、创新能力和树立生态价值观与责任担当意识，为加快草业科学研究和培养现代草业人才提供支撑和保障。

一、草学专业课程思政效果评价调查问卷设计

本研究采用问卷调查法，针对草学专业课程思政的效果评价设计了调查问卷（表1），调查

作者简介：杨珏婕，北京市海淀区清华东路35号北京林业大学草业与草原学院，讲师，248610827@qq.com；
　　　　　张铁军，北京市海淀区清华东路35号北京林业大学草业与草原学院，副教授，zhangtiejun@bjfu.edu.cn；
　　　　　林长存，北京市海淀区清华东路35号北京林业大学草业与草原学院，副教授，linchangcun@bjfu.edu.cn；
　　　　　董世魁，北京市海淀区清华东路35号北京林业大学草业与草原学院，教授，dongshikui@sina.com。
资助项目：北京林业大学教育教学研究项目"基于知识构建式教学的'草学实验设计与统计分析'课程教学方法研究"（BJFU2021JY115）；
　　　　　北京林业大学中央高校基本科研业务费专项资金项目"放牧对高寒草地土壤微生物结构和功能的影响研究"（2021ZY82）。

内容包括学生的基本情况、对课程思政的了解程度、课程思政的教学方式、课程思政的效果评价和意见建议五大方面，共计13个问题。主要针对的是本科生和硕士研究生，不包括博士研究生。通过调查学生对课程思政了解的自我评价、了解课程思政的渠道和目的，以及对思政元素的理解来综合判断学生对目前课程思政的了解程度。通过调查课程思政在提高学生学习积极性、提高自我管理意识、提高尊师重教意识，特别是帮助学生树立正确的三观方面所起到的作用来定量评价目前草学专业课程思政的效果。对比目前课程思政的方式和学生期望的方式，收集整理学生的意见和建议为课程思政教学改革提供新的方向。

表1 草学专业课程思政效果评价调查表

调查内容	问题设置	答案选项						备注
学生基本情况	您的年级	大一	大二	大三	大四	研一	研二	研三	单选
	性别	男	女					单选
对课程思政的了解	您是否了解什么是课程思政	完全不了解	有一点了解	了解	非常了解			单选
	通过什么渠道了解课程思政	网络	电视	课堂	学校讲座培训	学生朋友间		多选
	思政元素包括以下哪些内容	家国情怀	法治意识	道德修养	社会责任	社会主义核心价值观	科学精神和人为精神	以上所有内容	多选
	课程思政的目的是什么	知识传授与价值引领有机结合	帮助学生树立正确的三观	德育和智育有机融合	以上都有	不知道		多选
课程思政的教学方式	目前您上过的课程中有哪些课程思政的方式	老师讲授和灌输	小组研讨	案例教学	互动教学	讲座	视频	以上方式都有	多选
	您认为哪种课程思政方式效果更好	老师讲授和灌输	小组研讨	案例教学	互动教学	讲座	视频	以上方式都好	多选
课程思政的效果评价	您是否意识到课程中的思政元素	完全没有意识到	有一点意识到	意识到	非常清楚课程思政点			单选
	您认为目前课程思政的效果	没有效果	不知道	觉得有用	深受感染			单选
	您觉得课程思政对您树立正确的世界观、人生观和价值观的作用如何	起到反作用	完全没有用	有一点用	非常有用	不知道		单选
	您认为课程思政对您的帮助在于	提高学习积极性	提高自我管理意识	提高尊师重教意识	帮助树立正确的三观	以上都有	没有帮助	多选
意见和建议	您对课程思政的建议							问答

二、草学专业课程思政效果评价结果与分析

(一) 学生基本情况及对课程思政的了解程度

本次调查共收到了 80 份有效问卷,北京林业大学草业与草原学院的本科和硕士研究生所有年级均有学生参与调查,其中大一和研一参与调研的学生数量最多,占总被调查人数的 53.75%;其次是大二(17.50%)和研二(16.25%)的学生;大三(3.75%)、大四(5%)和研三(3.75%)的学生参与调查的数量相对较少(图 1a)。参与调查的学生中女生占 58.75%,男生占 41.25%(图 1b)。

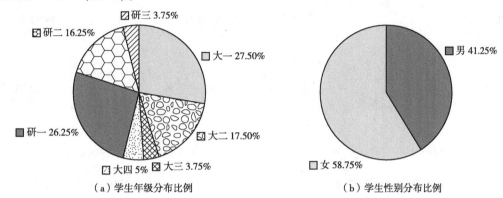

(a) 学生年级分布比例　　　　(b) 学生性别分布比例

图 1　被调查学生的基本情况图

草学专业学生对课程思政了解情况调查结果见表 2,结果表明:有 91.25% 的学生是了解课程思政的,完全不了解的学生占比仅为 8.75%。学生了解课程思政的主要渠道是网络 (67.50%) 和课堂 (62.50%) 以及学校讲座培训 (46.25%)。有 81.25% 的学生都知道思政元素包括家国情怀、法治意识、道德修养、社会责任、社会主义核心价值观和科学精神以及人为精神的培养,同时有 87.50% 的学生都知道课程思政的主要目的包括了知识传授与价值引领有机结合、帮助学生树立正确的三观和德育与智育有机融合等内容。

表 2　草学专业学生对课程思政了解情况调查结果表

是否了解什么是课程思政(百分比例)		通过什么渠道了解课程思政(百分比例)		思政元素包括以下哪些内容(百分比例)		课程思政的目的是什么(百分比例)	
完全不了解	8.75%	网络	67.50%	家国情怀	30%	知识传授与价值引领有机结合	33.75%
有一点了解	71.25%	电视	33.75%	法治意识	26.25%	帮助学生树立正确的三观	36.25%
了解	17.50%	课堂	62.50%	道德修养	25%	德育和智育有机融合	30%
非常了解	2.50%	学校讲座培训	46.25%	社会责任	23.75%	以上都有	87.50%
		学生朋友间	35%	社会主义核心价值观	13.75%	不知道	
				科学精神和人为精神	7.50%		
				以上所有内容	81.25%		

(二) 草学专业课程思政教学方式

对草学专业课程思政教学方式的调查中发现,学生认为目前教学方式以老师教授和灌

输(62.50%)为主，其次是视频播放(43.75%)和案例教学(42.50%)，讲座(37.50%)、小组研讨(22.50%)和互动教学方式(23.75%)也都有涉及(图2a)，说明老师课程思政的教学方式和手段多样。与目前教学方式相比，学生期望的教学方式中老师讲授和灌输减少了25%，视频减少了11.25%，讲座减少了10%，小组研讨增加了5%，案例教学增加了6.25%，互动教学增加了10%(图2b)，说明以后在课程思政的教学方式上可以加强小组研讨、案例教学和互动教学。

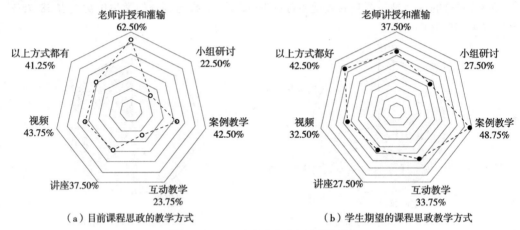

(a) 目前课程思政的教学方式　　(b) 学生期望的课程思政教学方式

图2　课程思政教学方式调查情况图

(三)草学专业课程思政效果

对草学专业课程思政效果的调查表明，有95%的学生都能意识到课程中的思政元素；80%的草学专业学生认为目前课程思政有用，其中23.75%的学生深受感染；67.50%的学生认为课程思政在他们提高学习积极性、自我管理能力、尊师重教意识和树立正确三观方面有效果；特别是在树立正确的人生观、世界观和价值观方面，97.50%的学生都认为课程思政有帮助(图3)。这说明草学专业开展课程思政效果良好，课程思政在全员育人、全程育人、全方位育人的"三全育人"过程中和学院达到"立德树人"的目标中都起到了非常重要的作用。

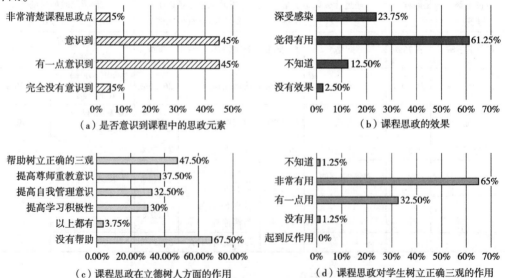

(a) 是否意识到课程中的思政元素　　(b) 课程思政的效果

(c) 课程思政在立德树人方面的作用　　(d) 课程思政对学生树立正确三观的作用

图3　草学专业课程思政效果调查结果图

在意见和建议方面,学生提到希望课程思政讲授中"老师能讲得更加生动""增加趣味性""增加感染力""与实际生活相结合""增加互动和有趣案例""培养学生质疑精神"等,值得老师借鉴。

三、草学专业课程思政教学改革建议

基于以上调查分析,同时本研究利用中国知网数据库(CNKI)检索目前草学和相关专业课程思政的相关文献,对未来草学专业课程思政教学改革方向提出建议。以"草学""环境生态""课程"和"思政"为关键词,进行检索,检索年限不限。目前草学和相关专业课程思政文章的发表时间为2018—2021年。对检索到的文献按照以下3个标准进行进一步的筛选:①研究针对草学和相关专业课程思政教学方法、教学改革和教学效果等内容;②研究对象为高校大学生和研究生;③文献类型为研究论文。本文最终选取了52篇有效文献进行文献计量分析,通过VOSviewer软件追踪近年来发表在国内期刊上"草学和相关专业课程思政"文献的研究热点(图4)。

近四年发表在国内期刊上相关文献的高频关键词中课程思政的内容方面主要包括"立德树人""价值引领""科学思维"和"传统文化"等;教学方法方面主要包括"教学改革""教学模式""实践教学""思政案例""课堂联动""雨课堂"和"顶层设计"的探讨;而发表文献比较多的专业包括"草业科学""生物技术""植物学"和"大气污染"等相关学科。

图4 知网中2018—2021草学和相关专业课程思政文献中的高频关键词

结合本次调研结果和目前发表的相关研究，建议未来课程思政教学内容还需要加强"价值引领""科学思维"，特别是"传统文化"等方面的内容。在教学方法方面，除了讲授法、问答法和演示法等传统的教学方法，建议要加强引导学生主动建构思政知识，调动学生思政学习积极性，多采取启发式、探究式、参与式等教学方法，如加强思政元素的研讨教学、案例教学、互动教学和小组研讨等多种教学方法结合。真正激发学生思政学习的热情，将智育和德育有效融合，实现"立德树人"的全方位育人目标。

四、结 语

本研究通过来自北京林业大学草学专业本科生和研究生的 80 份调查问卷分析，对草学专业课程思政的效果进行了定量评价。但是，跟相关专业和院校相比，北京林业大学的草学专业课程思政课程尚需在教学内容、教学方法等方面进一步进行改革，为加快草业科学研究和培养现代草业人才提供支撑和保障。

参考文献

[1] 金浏河，高哲. 对"课程思政"的几点思辨[J]. 现代职业教育，2017(18)：60.
[2] 高德毅，宗爱东. 从思政课程到课程思政：从战略高度构建高校思想政治教育课程体系[J]. 中国高等教育，2017(1)：43-46.
[3] 何红娟. "思政课程"到"课程思政"发展的内在逻辑及建构策略[J]. 思想政治教育研究，2017(33)：60-64.
[4] 方精云，杨元合，马文红，等. 中国草地生态系统碳库及其变化[J]. 中国科学：生命科学，2010(7)：566-576.
[5] 中共国家林业和草原局党组. 组建国家林业和草原局是党中央生态文明建设的重大战略安排[J]. 中国机构改革与管理，2019(4)：15-17.
[6] 匡江红，张云，顾莹. 理工类专业课程开展课程思政教育的探索与实践[J]. 管理观察，2018(1)：119-122.

Evaluation of ideological and political effect and suggestions on teaching reform to grassland science

Yang JueJie Zhang Tiejun Lin Changcun Dong Shikui

(School of Grassland Science, Beijing Forestry University, Beijing 100083)

Abstract The evaluation of the effect of ideological and political education of grassland science is the premise of comprehensively improving the training quality of grass talents and carrying out teaching reform. In this study, undergraduate and graduate students majoring in grass science of Beijing Forestry University were investigated and studied in four aspects: their understanding of the ideological and political, the teaching methods and the effect evaluation and suggestions of the curriculum ideological and political education.On this basis, the effect of the ideological and political education of grass science was quantitatively evaluated, and based on the bibliometric analysis, through vosviewer software, this paper tracked the research hotspots of "grass science and related professional curriculum thought and politics" in recent years, and proposed teaching reform suggestions.It provided reference and basis for the ideological and political reform and teaching mode innovation of grassland science, and provided support and guarantee for accelerating the scientific research of grass industry, and the cultivation of modern grass talents.

Keywords　　grassland science, ideological and political, effect evaluation, suggestions on teaching reform

保护生态，守卫健康

——"食疗"课程绪论部分课程思政的实践探索

杜为民[1]　刘晓东[2]　郐茜文[2]　雷光春[2]　程小琴[2]

(1. 北京林业大学生物科学与技术学院，北京　100083；
2. 北京林业大学生态与自然保护学院，北京　100083)

摘要：生态文明建设已上升为国家战略，构建高质量的生态文明教育体系势在必行。"食疗"课程绪论部分拟结合讲授中医学，着力于保护生态才能守卫健康为主题的生态文明教育。从道法自然诞生的易经入手，学习大气圆运动，初步建立环保意识；将大气圆运动应用到人身，讲授天人合一的中国特色养生理论，进一步强化环保意识；以五运六气为基础，学习因循时节的食疗学，落实环保观念。层层递进不断深入地强化生态与健康的关系，潜移默化中开展独具林大特色的课程思政。

关键词：食疗绪论；道法自然的易经；天人合一的中医学；因循时节的食疗学

　　北京林业大学生态与自然保护学院主动对接"美丽中国"[1]"健康中国"[2]的国家发展战略，整合了生态学、林学、风景园林及心理学、食品科学等多学科优势，率先成立了森林康养专业。"食疗"因能够提升森林游憩的保健功效，而成为本专业重要的专业选修课。本课程设计了理论学习、实际应用、实操训练三大课程模块。理论学习要求学生同时掌握因人而异因时而异的中国传统食疗理论和人体所需营养素功效，以及植物性、动物性食品的合理烹调加工等现代营养学知识；实际应用包括针对肥胖、三高(高血脂、高血糖、高血压)等亚健康人群提供营养配餐、养疗食品、作息和情绪调理等综合治疗方案；实操训练利用课程实验动手制作酒剂、蜜膏等传统养疗食品，并应用亚临界水技术提取麸皮益生元。三大模块，相互支撑，全面滋养学生的知识学习、能力发展和价值塑造。

　　"绿水青山就是金山银山"，习近平总书记的讲话将生态文明建设上升为国家战略。北京林业大学校长安黎哲在贵阳发表了以"构建高质量的生态文明教育体系"为题的演讲，大力发展生态文明教育已势在必行。笔者拟在本课程的绪论部分，结合讲授天人合一，人体小宇宙的中医养生理论，让学生认识到气候环境等生态因素影响人体健康的规律和机制，着力于保护生态才能守卫健康的生态文明教育，践行"知山知水树木树人"的校训，实现梁希先生"无山不绿有水皆清"的美好愿景，开展独具林大特色的课程思政。

作者简介：杜为民，北京市海淀区清华东路35号北京林业大学生物科学与技术学院，讲师，weimindu@bjfu.edu.cn；
　　　　　刘晓东，北京市海淀区清华东路35号北京林业大学生态与自然保护学院，教授，xd_liu@bjfu.edu.cn；
　　　　　郐茜文，北京市海淀区清华东路35号北京林业大学生态与自然保护学院，研究实习员，905121909@qq.com；
　　　　　雷光春，北京市海淀区清华东路35号北京林业大学生态与自然保护学院，教授，guangchun.lei@foxmail.com；
　　　　　程小琴，北京市海淀区清华东路35号北京林业大学生态与自然保护学院，副教授，cxq_200074@163.com。
资助项目：北京林业大学2014年校级教学改革研究项目"食品营养慕课课程建设"。

一、课程思政设计思路

为了突出保护生态才能守卫健康的思政主题，本节课构建了易经—大气圆运动、天人合一——中医学、五运六气—食疗学，不断深入层层递进的育人载体，不断强化气候与健康密切相关的理念，潜移默化中开展生态文明教育，线索清晰，目标聚焦(图1)。

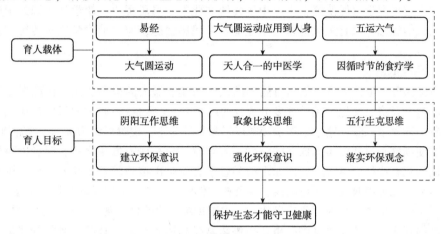

图1　课程思政设计思路

(一)从易经入手，学习大气圆运动，初步建立生态环保意识

从观察自然、道法自然而诞生的中国根文化——易经入手，了解阴阳互作、阴阳互根的易经思维，改变固有的单一营养素或者单一食品营养保健的狭隘观念。在此基础上，学习大气圆运动。一年的大气，春升夏长秋收冬藏，夏秋之间为中气，运动一周为一岁。通过学习大自然运转规律，初步建立生态环保意识。

(二)将大气圆运动应用到人身，讲授天人合一的中国特色养生理论，进一步强化环保意识

儒道两家都认同人身与天地同一本源、同一生成程序、同一运转规律，人体小天地与宇宙大天地在各方面存在对应关系。将春升夏长秋收冬藏对应于人体的肝升心长肺收肾藏，将中气对应于人体的脾胃，由此建立人体小宇宙。应用取象比类的易经思维，将大气运动规律运用到人体五脏互作关系中，即形成了天人合一的中国特有的养生理论。由此建立天人相应、天人合一观念，破坏大自然，即是破坏人身，进一步强化环保意识。另外，取象比类的易经思维，也可提高学生归纳总结能力，激发想象力和创造力。

(三)以五运六气为基础，学习因循时节的食疗学，落实环保观念

大气的圆运动是融合极密，分析不开的。木气偏现则病风，君火之气偏现则病热，相火之气偏现则病暑，金气偏现则病燥，水气偏现则病寒，土气偏现则病湿。当大气的圆运动一气偏现，运动不圆时，天人合一，人身相应的脏器也会受影响。一年24个节气，每四节为一气，分为六气，五运六气，即是应用历法推演每一年每一气的天气变化，预测人体脏器的兴衰，并以此为依据，指导食材的选择和配伍。

通过金木水火土五行，将六气与人体脏器相关联，即风热暑湿燥寒对应于肝心脾胆肺肾，由此得到不同种类的异常天气对人身脏器的影响规律。通过了解不良气候对人体健康的负面影响，落实环保观念。同时学习五行生克，帮助学生认识到健康是多因素相互促进相互抑制达到的和谐状态，提升学生认识事物的全局观。

从"大气圆运动"到"人身圆运动"，再到"大气圆运动异常对人体健康危害"，不断深入

理解天人合一的内涵，不断强化人与自然和谐共生观念，逐步实现唯有保护生态才能守卫健康的课程思政目标。

二、课程思政教学方法

(一)讲述个人学习传统文化的心路历程，消除学生对传统文化的认知偏见

通过介绍出国学习促使笔者学习中国传统文化的心路历程[3]，使学生认识到中国文化才是中国人的标志，只有文化得以传承才能延续民族血脉，努力消除学生对传统文化的抵触情绪。

(二)易经的诞生

以自然为师，取法天道，依据自然界的法则而建立做人的根本法则，由此诞生了影响了中国政治、经济、文化、医学等多个领域的巨著——《易经》。通过学习太极生两仪、二仪生四象、四象生八卦，使学生初步接触以形象思维为主，逻辑思维为辅的太极思维模式。

为了使满脑子只认可实验数据的学生了解观察法也是研究方法之一，笔者以科研图片为例，说明观察法的简单实用。比如多酚类色素含量是山楂酒的重要品质指标，可用分光光度计检测，也可肉眼观察颜色深浅，仪器检测偶然会出错，但肉眼观察极少出错。

为了帮助学生进一步理解道法自然这一中国传统文化的核心观点，培养学生尊重自然、爱护自然的观念。笔者又通过讲故事，揭秘诸葛亮利用冬至子时必起东风的规律借到了东风，使学生领略中国传统文化的神奇，更加信服道法自然诞生的《易经》。

(三)易经的思维

简要介绍阴阳互作、取象比类、五行生克等主要易经思维模式[4]，提高学生透过表面现象分析内在本质的能力，提升学生思考问题的整体观。随后讲授与之相关的西方现代科技成果，如混沌原理、量子力学互补性、二进制计算机等，以迎合学生的思维习惯，证实易经的科学性。最后介绍现代人对易经思维的研究成果，已总结出归纳法、推演法、类推思维、类象思维、交合思维和互变思维等多重手段，并应用于实验研究、经济学、人事管理等多个领域。

(四)大气圆运动与人体圆运动——天人合一

夏时太阳辐射到地面的热，经秋时收降于土下的水中，经冬天的封藏阳热与水化合，交春升泄出土，是为四象，四象运动而生中气。

肺金收降于肾水而生肝木，肝木上浮生心火，中气即为脾土。

天人合一，不仅是中医学、食疗理论的基础，更是让学生理解"只有保护生态才能守卫健康"的关键知识点。笔者采用幻灯片动画演示的功能逐一展示，春、夏、长夏、秋、冬的季节变化—大气五行的运转—五脏的产生—人身五行的运转，清晰地展示了季节与五脏的对应关系，方便学生理解气候对健康的影响机理。

中气(脾土)如轴，经气(肺金、肾水、肝木、心火)轮，旋转升降是平人。中医的病理是轴不旋转轮不升降，中医的医理是运动轴而促进轮的旋转或者运动轮而增加轴的旋转(图2)。

图2 天人合一的圆运动

在学习中医理论知识的基础上,通过分组讨论,由学生自己总结利用食品的性味归经去旋转轴或者运动轮的食疗方案[3],并举例说明谷物入脾胃,喝粥可以旋转轴,酸辣汤采用酸辣两种食材,可同时升肝木降肺金,更好地运动轮,引导学生将所学知识运用到食疗中,同时启发学生思考中国传统菜肴的食材配伍方式和可能的疗效。

(五)五行生克

人秉大气的五行而生脏腑,秉秋金之气而生肺脏,秉冬水之气而生肾脏,秉春木之气而生肝脏,秉夏火之气而生心脏,秉中土之气而生脾脏。

相生者,大气圆运动次第的先后,相克者,大气圆运动对待的平衡。相生者,补其不足,相克者,制其太过。根据生克规律,诞生了一系列治疗方法(图3)。

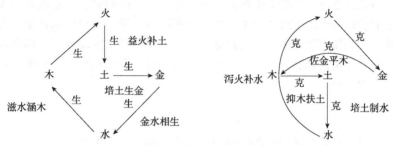

图3 五行生克衍生的中医治疗方案

在学习五行生克规律的基础上,通过分组讨论,由学生自己尝试将这些治疗方案应用于食材的配伍中。同时举例说明,冰糖雪梨应用了培土生金,菊花枸杞茶应用了佐金平木等。

(六)五运六气

五运六气(运气)学说以阴阳五行为基础,运用天干地支作为推演工具,预测气候变化规律,以及气候变化对人体脏腑的影响。

土	金	水	木	火
甲 4+	乙 5-	丙 6+	丁 7-	戊 8+
己 9-	庚 0+	辛 1-	壬 2+	癸 3-

(a)天干

初气	二气	三气	四气	五气	六气
厥阴风木	少阴君火	少阳相火	太阴湿土	阳明燥金	太阳寒水
		司天			在泉

(b)地支

图4 运用天干地支推演五运六气

以天干推演每年的年运(中运),按照年份的最后一位数字在图4a中查出本年度五行的兴衰。如2021年最后一位数字是1,为水不及,即肾水不足,2021年应多食用核桃、黑米黑豆黑芝麻(三黑)等补肾食品。另外,根据地支推演六气的变化(图4b)。每4个节气大约2个月,为一气,即1月20日至3月20日为初气,此时与肝胆相关的厥阴风木为主气,应注重保养肝胆,多食用绿叶蔬菜、羊肉、花茶等疏肝利胆的食物。3月20日至5月20日为二气,依次类推,称为主气。每2个月的气候变化及对人体的影响是中运与主气共同作用的结果。因学时有限,只能介绍主要内容。通过学习运气理论,可以使学生更深入地理解气候与健康的密切关系。

三、课程思政的难点和解决方案

万事开头难，学生习惯于以实验数据为基础的逻辑思维，难以接受中国传统文化的形象思维，很多学生误认为易经是算卦用的封建迷信，成为本节课课程思政的最大障碍。

笔者首先讲授了对中国传统文化认知转变的过程，以自己的亲身经历感染学生。同时讲授了计算机二进制等与易经思维类似的近代科学研究成果，证实易经思维的科学性。最后以笔者的实验图片为例，说明观察法也是一种常用的研究方法，等等，鼓励学生抛开固有思维模式的束缚[5]，尝试了解阴阳、五行、取类比象等全新的思维方式。

四、课程思政的教改成效

通过本节课的学习，许多学生消除了对易经和中医的误解，并对取类比象、道法自然的研究方法和独特的思维方式产生了兴趣。中医因时而异的食疗原则让学生切实体会到中国文化的精妙，并深感生为中国人的自豪。更为重要的是学生改变了为提高人类生活品质而肆意改造自然的错误观念，天人本一体，人与自然应和谐相处，保护生态才能守卫健康的理念从此落地生根。

参考文献

[1] 黄润秋. 建设人与自然和谐共生的美丽中国[J]. 求是，2021(13)：13-16.
[2] 江宇. 开启健康中国新长征[J]. 中国卫生，2020(12)：16-17.
[3] 杜为民，孙爱东. 美国教美国教育理念的观察与思考[J]. 中国现代教育装备，2013(12)：73-74.
[4] 朱有祥，李丽娇.《易经》逻辑思维试析[J]. 辽宁师专学报(社会科学版)，2020(1)：47-50+59.
[5] 杜为民，娄秀华，郑彩霞，等. 创新型人才培养模式的探讨：以美国康奈尔大学为例[J]. 中国林业教育，2017(S1)：96-98.

Protect ecologyto guard health: Practical exploration of the ideological and political education in the introduction of *Food Therapy*

Du Weimin[1]　Liu Xiaodong[2]　Zhi Qianwen[2]　Lei Guangchun[2]　Chen Xiaoqin[2]

(1. College of Biological Sciences and Biotechnology, Beijing Forestry University, Beijing　100083；
2. School of Ecology and Nature Conservation, Beijing Forestry University, Beijing　100083)

Abstract　The construction of ecological civilization has become a national strategy, and it is imperative to build a high-quality education system for ecological civilization. The introduction of *Food Therapy* course focus on the ecological civilization education with the theme of "protecting ecology to guard health" by lecture in traditional Chinese medicine. Began with the I Ching that originated from "Taoist nature", learning the rule of circular motion of atmosphere to initially establish environmental awareness; The rule of circular motion of atmosphere was then applied into the human body to learn traditional Chinese medicine characterized by "Unity of Man and Nature", in order to further strengthen environmental awareness; At last, learning *Food Therapy* according to "Solar Term" based on "follow the gasification of nature Yin and Yang", for firming up the concept of environmental protection. With gradually strengthen the relationship between ecology and health, the ideological and political education, that highlight the unique special feature of forest university was imperceptibly carried out.

Keywords　introduction of *Food Therapy*, the I Ching from "Taoist nature", Chinese traditional medicine from "Heaven", *Food Therapy* according to "Solar Term"

课程思政引领"数据结构"的教学改革与实践

李冬梅　孙楠　付慧　洪弋　孟伟

(北京林业大学信息学院，北京　100083)

摘要：高校教育应该以德为先，突出德育先导地位，加强课程思政建设，挖掘专业课程中蕴含的思想政治教育资源，才能实现全员全程全方位"三全育人"的目标。在此背景下，提出了思政引领下的计算机专业核心课程"数据结构"的教学改革方案，将知识体系、能力体系和价值体系有机地融合起来，在课程目标修订、课程内容重构和思政教学具体实施的全过程中融入思政元素，取得了较好的成效，为计算机专业其他课程的思政改革提供一种可借鉴的教学模式。

关键词：课程思政；数据结构；以德为先；三全育人

　　课程思政是新时代背景下加强高校思想政治工作的新要求，习近平总书记明确提出"各类课程与思想政治理论课同向同行，形成协同效应"[1]。高校教师作为知识传授和思想交流的主导者，应该以立德树人为导向，将德育元素融入课程的知识传递过程中[2]，构建思想政治理论课、综合素养课程、专业课程三位一体的思政课程体系，实现全员全程全方位育人。

　　在专业课程中实施课程思政是最为关键和最难解决的部分[3]，而计算机专业的特色以及学生的特点尤为增加了专业课程思政建设的难度。对于计算机专业的课程而言，其主要特点为偏重基础理论和技术的讲解，从而使思政元素较难融入相应的理论和技术当中；对于计算机专业的学生而言，他们对当前热门的技术兴趣浓厚，主动获取知识的意愿较强，学习的目的性非常明确。因此，在计算机专业实施课程思政教学的过程中，不能强行加入思政元素，或者只是通过简单直白的案例来实施课程思政，这样可能都会降低学生学习的积极性和学习兴趣，适得其反。"数据结构"作为计算机及相关专业的核心课程，受重视程度高，学习该课程的学生人数较多，影响面较大，在培养学生专业能力的同时，需要培育学生崇高的思想品德，全方位提升学生的综合素养。该课程在课程体系中承上启下，针对"数据结构"开展课程思政建设，可以为其先修课程和后续课程起到示范和引领的作用。因此，在"数据结构"课程中开展课程思政方面的教育具有不可替代的优势。

作者简介：李冬梅，北京市海淀区清华东路35号北京林业大学信息学院，教授，lidongmei@bjfu.edu.cn；
　　　　　　孙　楠，北京市海淀区清华东路35号北京林业大学信息学院，副研究员，sunny325@bjfu.edu.cn；
　　　　　　付　慧，北京市海淀区清华东路35号北京林业大学信息学院，副教授，fuhuir@bjfu.edu.cn；
　　　　　　洪　弋，北京市海淀区清华东路35号北京林业大学信息学院，讲师，hongyi@bjfu.edu.cn；
　　　　　　孟　伟，北京市海淀区清华东路35号北京林业大学信息学院，副教授，mnancy@bjfu.edu.cn。

资助项目：教育部第二批新工科研究与实践项目"面向新工科的计算机专业校企双师建设与实践(E-JSJRJ20201306)"；
　　　　　　北京林业大学课程思政教研教改专项课题"数据结构A"(2020KCSZ206)；
　　　　　　教育部产学合作协同育人项目"数据结构课程教学改革与创新探索"(202101081005)；
　　　　　　北京林业大学课程思政教研教改专项课题"数据结构A课程设计"(2020KCSZ207)。

近年来，课程组精心设计专业知识体系与德育知识体系的合理切入点，重新修改教学大纲，在课程目标修订、课程内容重构和思政教学具体实施的全过程中融入思政元素，将思政教育润物无声地融入"数据结构"的教学中，取得了一定的成效。

一、课程目标修订

"数据结构"课程内容综合性强，较为抽象深奥，在课程体系中具有承前启后的作用，不仅是一般程序设计的基础，还是设计和实现编译程序、操作系统、数据库系统及其他系统程序的重要基础。课程兼具理论性和实践性，是计算思维和工程素养的启蒙课程[4]。工程素养包括技术修养、人文素养和职业道德规范，要求学生具有创新能力、团队合作精神、组织协调能力和工程项目管理能力，拥有自主学习和终生学习的习惯及能力[5]。根据专业培养目标，结合课程自身的特点，深入挖掘本课程的伦理、价值、科学精神等德育元素，将原有的只重视知识本身的课程目标修订为知识、能力、素养相融合的"三育人"目标，概括为"三熟""三能""三有"，具体如下：

①"三熟"知识目标：熟练掌握线性表、栈、队列、串、数组、树和图等基本数据结构的逻辑特性和存储表示方法；熟练掌握各种基本数据结构的基本算法和其应用；熟练掌握各种查找和排序算法。

②"三能"能力目标：能够依据工程实际问题的需求合理组织数据，并在计算机中有效地存储数据；能够针对复杂工程中的算法问题，设计出比较合理的解决方案，并具有一定的创新思维能力；能够利用具体的编程语言实现解决方案，能够为算法设计提出合理的改进建议。

③"三有"素养目标：具有良好的工程素养和职业素养，诚信守法，能够坚持职业操守和道德规范；具有精益求精的工匠精神、创新精神和探索未知终身学习的意识；具有科技报国的社会责任感、使命感和爱国主义情操。

二、课程内容重构和思政教学具体实施

基于修订的"三育人"教学目标，需要重构课程内容，合理融入思政元素。

(一)课程思政体系框架

以新工科为背景，以一流课程建设思想为指导，以课程思政为引领，提出了"一先导、二驱动、三育人、四协同"的课程思政体系框架(图1)。一先导是指在教学中注重以德为先，寻找专业知识体系与德育知识体系的合理融入点，加强德育教育与专业教育的融入和渗透，落实立德树人根本任务；二驱动强调以人为本，建设线上线下各类思政教学资源，实施线上线下、课内课外教学的双向共同驱动，充分体现以"以学生为中心"的教学理念；三育人指以才为重，践行"三全育人"模式，培养"三熟、三能、三有"德才兼备的复合型创新人才；四协同指以统为要，统筹规划，借助教学服务系统、动画演示系统、在线评测系统、代码查重系统四个教学平台，共享思政和专业教学资源，构建多平台协同育人模式。

(二)课程思政教学设计方案

围绕课程的"三熟、三能、三有"的三育人目标，将理论环节与实践环节相融合，根据这两方面的不同特点与要求，分别基于案例驱动和情境驱动的方法开展思政教育，激发学生自我驱动力，满足不学生生学习能力和学习效果的需求。

1. 基于案例驱动的理论教学

在理论教学方面，从各章节的知识点中挖掘出蕴涵思政元素的"思政教育点"(表1)，然后将各章节相同的分散的"思政教育点"梳理成"思政教育线"，再进一步融合为"思政教

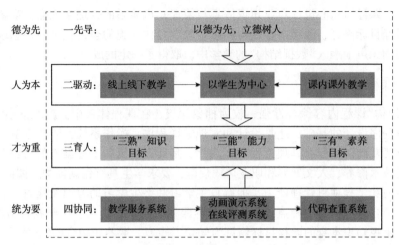

图 1 数据结构课程思政体系框架

育面"，最后基于 OBE 理念，通过案例驱动教学、翻转课堂教学等教学手段实施，构建了"思政教育体"。既提升了教师教书育人的水平，也达到了该课程"以德为先，立德树人"的目标。

表 1 各章节代表性"思政教育点"

章节序号	章节名称	课程思政融入点	案例	评价方式
第1章	绪论	通过介绍一个"好"算法的衡量标准来向学生传达大局意识，统筹兼顾，培养创新精神	人机对弈问题	课堂研讨
第2章	线性表	通过讨论顺序结构的"优劣"，向学生传达唯物辩证法基本观点，培养工匠精神和探索未知终身学习的意识	多项式的加法运算	实验报告
第3章	栈和队列	通过介绍队列讲解遵守社会秩序，坚持职业操守和道德规范	舞伴问题	
第4章	串、数组和广义表	拓展网络入侵检测问题，培养学生科技报国的社会责任感和使命感	网络入侵检测问题	课堂研讨 论文
第5章	树和二叉树	根据树结构的特点引申出家族、家谱的概念，培养学生家国情怀和爱国主义情操	数据压缩问题	实验报告
第6章	图	在最小生成树的学习过程中，介绍修建高速公路，提升学生的民族自豪感，培养学生的工程素养	最小生成树问题	课堂研讨 实验报告
第7章	查找	讲解不同查找算法给学生传达"提高效率"的思想，将"统筹规划、大局意识"融入到课程难点讲授中	店商平台数据查找问题	实验报告
第8章	排序	通过店商平台数据排序问题向学生传递"讲究秩序"、诚信守法的观念	店商平台数据排序问题	实验报告

在课程思政的引领下，以人为本，充分体现以"以学生为中心"的教学理念，精心设计思政教学资源和思政教学案例。充分利用各种教学平台，使用课程组自行开发的教学案例库、算法演示系统、在线评测系统等丰富的课程资源，实施线上线下、课内课外教学的双向驱动，将理论环节与实践环节相融合，根据这两方面的不同特点与要求，分别基于案例驱动和情境驱动的方法开展思政教育。

下面以第 4 章字符串的模式匹配算法相关的思政教学案例为示例,说明课程思政设计方案(图 2)。

(1) 课前(线上)

在教学服务系统上传网络安全、网络入侵检测、病毒检测、模式匹配算法等相关文献,要求学生阅读并检索相关文献,明确网络安全的重要性,了解网络入侵检测的基本实现技术。

(2) 课堂(线下)

通过网络入侵的标志性事件,分析事件的严重性,引导学生思考实现网络入侵检测的工程意义,向学生传递健康的网络道德观,激发学生对网络入侵检测关键实现技术即模式匹配算法学习的积极性和爱国主义情操。通过提问方式检查学生课前文献阅读的效果,根据学生课前预习效果,结合动画演示系统详细讲解字符串模式匹配算法中的 BF 算法,引导学生进行讨论,分析不同模式匹配算法的优劣,培养学生的创新意识。

(3) 课后(线上)

在教学服务系统上发布模式匹配算法和网络入侵检测技术相关的基本测试题,同时于在线评测系统发布相关实验题目,对于复杂的实验题目,学生模拟企业情景进行分析设计,然后编码完成。学生通过查阅文献和调试代码完成实验题目,培养自己的工匠精神和探索未知终身学习的意识,树立知法守法的价值理念,坚持职业操守和道德规范。

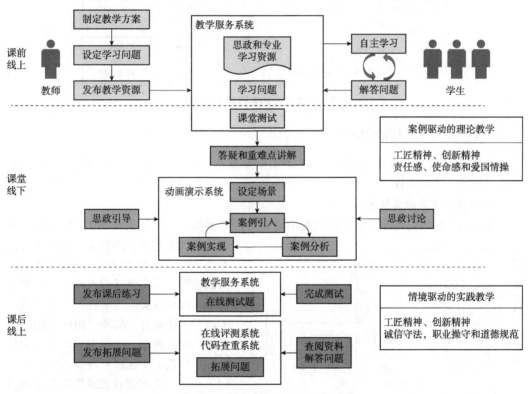

图 2 数据结构课程思政设计方案

2. 基于情境驱动的实践教学

在实践环节方面采用情境式教学方法,基于专业的培养目标,即培养以工程实践能力培养为主体、创新能力与农林信息化研究能力培养相结合的高端复合型应用人才,特此模拟软件开发企业的情境,将课程的综合性实验与课程设计等实践任务模拟为企业实际应用项目，尤其侧重农林信息化相关项目。综合性实验主要培养学生的系统思维能力，在设计解决方案时，要求学生要做到精益求精并有所创新，培养学生的工匠精神；通过模拟软件开发企业的情境，转换学生角色与模拟项目管理过程，使学生获得更为真实的工作体验，进而更自然地培养学生遵守职业道德规范，全面提升学生的工程素养和职业素养。

另外，除了综合性实验外，实验环节还包括设计性实验和探索性实验，进而构建了多层次的实践教学环节(图3)。设计性实验主要是加强学生对基本数据结构和算法的理解，提升学生的计算思维和抽象思维能力，培养学生严谨求实的科学态度；探索性实验具有一定的难度和挑战性，与学科竞赛或实际科研项目相结合，培养学生的创新能力，实验项目属于复杂工程问题，需要以小组协作方式完成，进而培养学生的团队协作能力。

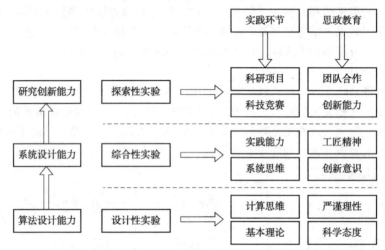

图3　多层次的实践教学环节

三、课程思政教学成效

课程组在2019级计算机类本科学生中全面实施思政建设方案。课程思政在实施之后，取得了较为显著的成效。

(一)立德树人成果显著

课程结束后，对数据结构课程的教学成效进行了评估。对计算机类2018级与2019级学生的课程实验、课程设计和期末考试卷面平均成绩分别进行了对比(图4)。可以看出，在实施课程思政之后，学生的平均成绩在理论与实践环节均出现了不同程度的提升。另外，2019级的课堂提问回答正确率、出勤率等均有一定的提升。出勤率从课程思政前的90%上升到了94%，表明课程思政可以有效地激励学生的积极性，加强学生按时上课的时间观念，从而提升学生的学习成效。

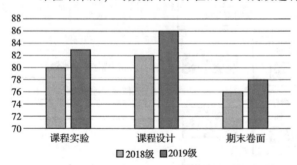

图4　课程思政实施前后平均成绩对比

(二)课程思政资源建设成果显著

①"数据结构A"与"数据结构A课程设计"两门课程均于2020年立项为"北京林业大学课程思政教研教改专项课题"，并已开展了相应的思政建设。

②"数据结构 A"与"数据结构 A 课程设计"两门课程均撰写完成了融入思政案例的教案。

③课程组已修订了思政教学大纲，收集整理了系列教学案例，将从各章节的知识点中挖掘出蕴涵思政元素的"思政教育点"梳理成"思政教育线"，进而融合为"思政教育面"，构建"思政教育体"。课程组正在编写融入思政教学案例的《数据结构教师用书》，计划于 2022 年 6 月由人民邮电出版社出版。此教师用书将作为课程组编写的主教材《数据结构（C 语言版）》[6]的配套教学用书，该主教材书于 2015 年由人民邮电出版社出版，目前全国 300 余所高校使用，累计销量超过 50 万册。

④思政引领下的"数据结构"课程教学改革和实践具有一定的示范作用。本课程提供专门的课程社群服务（群号：613926723），课程组负责人李冬梅主讲多场特邀专题报告。2020 年 7 月，人民邮电出版社组织了有关数据结构教学改革的线上直播，李冬梅老师作为主播，参加的教师高达 2000 余人。2020 年 8 月，李冬梅受邀参加由陕西省教育学会主办的"2020 年度西北地区数据结构课程研讨会"并作特邀报告。

四、结　语

课程思政属于一个系统工程[7]。通过对"数据结构"课程思政教育的具体实施进行深入研究，将课程的知识体系、能力体系和价值体系有机地融合起来，培养了学生的科学素养，提高了学生的创新能力，使学生具有科技报国的社会责任感和使命感。思政引领的课程教学方式是在潜移默化地影响着学生，使学生对学习充满热情，对专业知识本身和应用价值的理解更加深刻，提升了学习的积极性和主动性，初步达到了课程思政的教学目标。目前，思政教学改革的效果评估尚缺乏一定的量化指标，今后，将对评估方法和指标问题开展研究，逐步改善"数据结构"课程思政工作，进一步研究更加切合专业特色的课程思政改革方案。

参考文献

[1] 习近平. 习近平谈治国理政：第二卷[M]. 北京：外交出版社，2017.
[2] 高德毅，宗爱东. 从战略高度构建高校思想政治教育课程体系[J]. 中国高等教育，2017(1)：43-46.
[3] 陆道坤. 课程思政推行中若干核心问题及解决思路：基于专业课程思政的探讨[J]. 思想理论教育，2018(3)：64-69.
[4] 李冬梅，陈志泊，王建新，等. "数据结构"精品资源共享课的建设与成效[M]//黄国华. 北京林业大学教育教学改革优秀论文选编，2017(12)：63-68.
[5] 汤琳，周鹏，洪玲. 新工科背景下计算机类专业课程思政建设思路与实践路径探索：以"数据结构"课程为例[J]. 绵阳师范学院学报，2020，39(10)：48-56+61.
[6] 严蔚敏，李冬梅，吴伟民. 数据结构（C 语言版）[M]. 北京：人民邮电出版社，2015.
[7] 刘鹤，石瑛，金祥雷. 课程思政建设的理性内涵与实施路径[J]. 中国大学教学，2019(3)：59-62.

Teaching reform and practice exploration of *Data Structure* course integrated with ideological and political education

Li Dongmei　Sun Nan　Fu hui　Hong yi　Meng wei

(School of Information Science and Technology, Beijing Forestry University, Beijing　100083)

Abstract College education should put morality first and highlight the leading position of moral education. The ideological and political education resources should be digged up in professional courses, so as to achieve the goal of "three all-round education" of all staff in the whole process. In this paper, the teaching reform scheme based on the ideology and politics of *Data Structure*, the core course of computer specialty, is put forward. We organically integrates the knowledge system, ability system and value system, and integrates ideological and political elements in the whole process of curriculum, such as objective revision, curriculum content reconstruction and ideological and political teaching. The teaching reform has achieved good results. It can provide a teaching model for the reform of Ideological and political education in the other courses of computer specialty.

Keywords curriculum ideology and politics, *Data Structure*, morality first, three all-round education

课程思政视域下"电力电子技术"教学设计探析

王 贺　谢将剑　张军国　王海兰

（北京林业大学工学院，北京　100083）

摘要：专业课程是高校工科教育的主要形式，更是实施课程思政的重要载体。本文以电气工程及其自动化专业核心课"电力电子技术"为例，探析课程思政视域下的工科教学设计方法，首先根据课程内容总结建立课程思政体系，其次对融入思政体系后的教学设计的思路进行探索，最后给出教学设计案例，以期为相关老师和研究人员提供教学或研究参考。

关键词：课程思政；电力电子技术；教学设计；思政融入

一、引言

根据教育部《高等学校课程思政建设指导纲要》文件，课程思政是指以构建全员、全程、全课程育人格局的形式，将各类课程与思想政治理论课同向同行，形成协同效应，把"立德树人"作为教育的根本任务的一种综合教育理念，从根本上回答了"培育什么人"这个教育的首要问题。专业课程是课程思政建设的基本载体。文件还指出，高校要深入梳理专业课教学内容，结合不同课程特点、思维方法和价值理念，深入挖掘课程思政元素，有机融入课程教学，达到润物无声的育人效果[1]。

电力电子技术是国民经济和国家安全领域的重要支撑技术，而"电力电子技术"课程作为电气工程及其自动化专业的核心专业课，是以电力电子元器件为基础，以电力电子电能变换电路为核心，传授电力电子电路的基本工作原理、控制方式和应用等内容，培养学生的专业能力、实践能力和分析解决电力电子工程问题的能力。长期以来，"电力电子技术"课程作为一门工科课程，更多的是侧重于知识传输和能力培养，缺乏针对"思政"目标的教学内容准备和教学环节设计，难以与"思政课程"形成协同效应[2]。

在课程思政视域下，"电力电子技术"课程除了立足于人才培养的知识目标和能力目标外，还需要进一步地提炼蕴含在专业知识和专业能力中的思政元素与体系，实现知识性、能力性和价值性有机融合[3]，在知识传授和能力培养中引导学生树立正确的价值观。而教学设计是实现这一目标的根本路径，本文旨在探析"电力电子技术"课程融入思政元素后的课程设计方式，以期为相关老师和研究人员在对工科专业课程进行思政建设时提供参考和借鉴。

二、"电力电子技术"课程思政内容

结合笔者六轮"电力电子技术"的教学经验，笔者认为根据课程特点，建立"辩证唯物

作者简介：王　贺，北京市海淀区清华东路35号北京林业大学工学院，讲师，wanghe@bjfu.edu.cn；
　　　　　谢将剑，北京市海淀区清华东路35号北京林业大学工学院，副教授，shyneforce@bjfu.edu.cn；
　　　　　张军国，北京市海淀区清华东路35号北京林业大学工学院，教授，zhangjunguo@bjfu.edu.cn；
　　　　　王海兰，北京市海淀区清华东路35号北京林业大学工学院，副教授，wanghenlan@bjfu.edu.cn。

主义观、中国自信、家国情怀、工匠精神"四位一体的渗透式课程思政内容与体系。融入思政体内容的教学设计框架(图1),思政内容与课程内容是教学设计的灵魂。将科技前沿、我国科学家的担当和课程核心知识点有机融合,培养学生正确的世界观,树立学生的中国自信,厚植学生的家国情怀,培养学生精益求精的工匠精神。

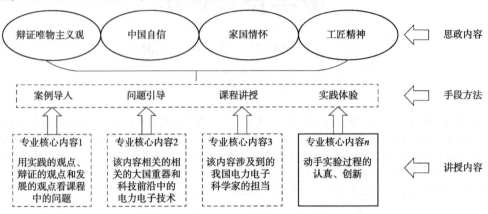

图1 融入思政元素的教学设计整体框架

(一)辩证唯物主义观

辩证唯物主义观是马克思主义的一种哲学理论,它是把辩证法和唯物主义有机地统一起来的科学世界观,是唯物主义的高级形式。其中的实践和认识的辩证关系原理、真理的条件性和具体性原理在对于培养学生在看待事物和科技创新思想时具有重要作用。

"电力电子技术"课程本身就拥有很多可挖掘的辩证唯物主义因素,比如实践是检验真理的唯一标准,"电力电子技术"课程中重点讲授的各种电力电子电路,都是经过实践检验,因此可以让学生通过课程实验去动手检验电路的合理性和有效性,同时去发现电路为了满足时代的新要求而需要进行的改进和创新点。在"电力电子技术"教学中,借助课程将其中蕴含的辩证唯物主义观点表达出来,并潜移默化地使学生掌握这些观点,可以有效促进学生体认并坚持正确的认识论和价值观。

(二)中国自信

由于历史原因,电力电子课程中很多基本定理和基本思想都是以西方科学家的名字来命名的,这就很容易让部分学生产生"外国的技术更先进"的认识。但这部分学生却忽略了我国电力电子技术在极短的时间内,走完了西方国家漫长的科学路程,并达到了领先水平。因此,我国最新的电力电子技术发展成果是非常重要的思政资源,对树立学生的中国自信具有重要的价值引领意义。

中国自信,包括中国特色社会主义制度自信、道路自信、理论自信和文化自信。而我国电力电子技术的飞速发展则为课程提供了丰富的思政资源,将这些资源和课程中的专业内容有机结合,可以有效地引导大学生树立中国自信。比如从我国高铁技术走向世界,到世界最先进的特高压输电技术和世界领先的航空航天技术,都是此类思政资源的代表。在教学中,将此类资源与专业课内容进行有机结合,则可以激发学生的民族自信心和自豪感,强化学生的中国自信。

(三)家国情怀

家是最小国,国是千万家,每个人生命价值的体现都与家国紧紧相连。中国有家国情怀的科学家像天上的繁星,而在电力电子技术领域有家国情怀的科学家也比比皆是。所以我们在塑造中国自信的同时，也应该让学生了解中国在电力电子技术发展中面临的困难，让大学生树立起未来担负起祖国前行的责任感和使命感。

家国情怀不是空泛的，而是具体的、真实的，在进行专业知识的讲解时，引导学生理性认识我们在现阶段个别方向的电力电子技术仍然有被西方"卡脖子"的风险，如碳化硅MOSFET技术等，激发学生的爱国热情和家国情怀，从思想上和行动上产生担负起国家和民族复兴重任的意愿。

（四）工匠精神

工匠精神是追求卓越的创造精神、精益求精的品质精神，是社会文明进步的重要尺度、是中国制造前行的精神源泉。事业是干出来的，因此有了精神的指引，还必须得弘扬工匠精神。工匠精神，从本质而言，是一种职业精神，包括敬业、精益、专注、创新等方面的内容，既是一种技能，更是一种实干实践精神。

因此在我国经济和科技高速发展、引领全球的关键时刻，需要更多的具有工匠精神的社会主义建设者。因此在电力电子教学中，应根据电力电子技术重应用的特点，将电力电子专业知识和工匠精神的培养结合起来，通过各种案例和实验实习，让学生体验爱岗敬业、追求卓越和精益求精的职业精神。

三、教学设计思路探索

好的教学设计方法，不仅可以帮助学生更好地掌握专业知识和动手能力，还能激发学生的爱国热情，树立中国自信。教学设计一般包括教学内容、教学目标、教学重难点、教学方法、教学过程等环节。思政视域下的"电力电子技术"课程设计需要在教学设计的多个环节中融入思政元素时，还需注重自然性原则，不能生搬硬套，要自然、有机融入思政元素，让教师在润物细无声中践行课程思政的育人理念[5]。

（一）教学内容

根据教学内容，挖掘思政典型案例。在进行"电力电子技术"教学设计的时候，根据教学内容，挖掘思政元素起着连接专业课内容和思政衔接点的作用，而"电力电子技术"作为一门工科课程，并不是只有冰冷的原理和实验，课程中实际上有很多思政元素可以去挖掘，而好的思政元素对于有机融入专业课内容，激发学生的学习兴趣，厚植学生的家国情怀，提高学生职业素养具有重要作用。表1列举了部分课程内容思政元素的挖掘。

表1 部分课程内容中的典型案例和思政元素

课程内容	典型案例	思政元素
绪论	电力电子发展史，尤其是我国电力电子技术用远少于西方的发展时间达到了世界先进水平	家国情怀中国自信
整流电路	我国特高压直流输电技术从无到有，从落后到领先	工匠精神
PWM控制技术	PWM调整出的波形和逆变的波形性能对比	辩证唯物主义观
电力电子技术实验	动手搭建电力电子电路，根据实验结果撰写实验报告	工匠精神

（二）教学目标

改进教学目标，增加包含思政元素的德育目标。目前"电力电子技术"课程教学目标针对每章的课程只有知识性目标和能力性目标，缺少德育目标。因此在课程思政视域下，在挖掘思政元素后，需要设置德育目标，帮助学生树立正确的人生观和价值观。德育目标主要围绕思政衔接点进行。

（三）教学重难点

在进行教学设计时，除了需要考虑课程中知识性和能力性的重难点，也应该将德育性的重难点内容考虑进去。德育目标的重点和难点主要围绕"家国情怀和中国自信"这两个衔接点展开。"电力电子技术"课程教授的主要科学知识和原理大多是由西方科学家发现并以他们的名字命名。在讲授课程内容的时候，需要引导学生去思考为什么在那个年代，中国的科学研究落后，更要介绍我国科学家在新中国成立后为赶超发达国家所做出的牺牲、努力和取得的成果，从而引导学生厚植家国情怀，树立中国自信[6]。

（四）教学方法和教学过程

在进行教学方法和教学过程的设计时，可以采用问题驱动的方法，进行引导探思教学。学生是教学工作的主题，而教师是教学工作的主导，教师通过给学生创设情境，并适当引导提出问题，一方面可以使学生更好地理解专业课的知识的应用场景，另一方面可以让学生体验电力电子课程知识的发现过程，获取过程和思维的培养过程，这样就自然地实现了课程的知识性、能力性和德育性目标。

为了让学生更好地理解电力电子的知识，在教学过程上需要注意引导学生思考电力电子电路是如何设计的，其原理和工作过程是怎么样的。让学生在掌握整个电路工作过程的基础上，还能体会到前人在进行电路设计时的设计思路和创新意识。接着教师需要用更宽的视野和更高的角度去点评该电路的优缺点。接着在讲述该电力电子电路的应用时，需结合科学前沿知识，讲述目前我国在该领域所处的地位，是国际领先还是与先进水平有差距。未来我们应该怎么走才能保持领先或者弥补差距。在拓宽学生视野的同时，潜移默化地引导学生为未来的电力电子科技进步去努力、去奋斗。

四、教学设计案例

以"电力电子技术"课程中"3.1单相可控整流电路"这一节为例，节选其中的部分内容给出课程思政视域下教学设计案例。

（一）教学内容

本课选自机械工业出版社的《电力电子技术》（第五版）第三章第一节。本小节主要内容是整流电路的工作原理和波形分析、整流后所得直流电压平均值的定量计算、整流电路的示例应用。思政内容：辩证唯物主义观、中国自信、家国情怀和工匠精神。

（二）教学目标

知识能力目标：理解整流电路的功能和作用，掌握单相可控整流电路的电路原理。思政目标：厚植家国情怀，培养中国自信和工匠精神。

（三）教学重难点

桥式整流电路基本原理和整流过程，如何自然地培养学生的家国情怀和工匠精神。

（四）教学方法

采用案例导入、探究式教学方法，运用多媒体辅助教学，按照"情景引入—概念形成—定性分析—定量计算—总结升华"的脉络开展教学。

（五）教学过程

1. 情景引入

【教师活动】设计导图，引出问题。配一张特高压输电线路导图，讲述我国特高压输电技术从无到有，从落后到领先的过程，最后对学生提问：发电机发出的电是交流电，通过特高压直流输电技术输给用户,而输电线路却输的是直流电,如何将发电机发出的交流电变成输电线路需要的直流电。

【学生活动】思考并回答教师问题。

【设计意图】通过导图介绍和本节相关的尖端科技,通过问题激发学生好奇心和学习兴趣,便于后面引入整流电路的基本概念。

【课程思政切入点】家国情怀和中国自信。从我国特高压输电技术从无到有,从有到强的过程,显示了我国科研人员在中国共产党领导下不怕困难,顽强拼搏的奋斗精神和钻研精神,便于学生增强中国自信。

2. 概念形成

【教师活动】教师引出整流电路的基本概念,由交流电变成直流电的过程称为整流,给出整流电路的基本概念,并引导学生思考整流电路的构造和控制方式。

【学生活动】结合教师讲解的整流电路的基本概念,加深印象。

【设计意图】引出整流电路的概念,便于后面对整流电路过程的讲解。

【课程思政切入点】辩证唯物主义观,事物或现象之间以及事物内部要素之间是相互联系、相互转化、相互影响、相互作用的,应该解放思想,用联系的、发展的眼光看问题。

3. 整流电路原理定性分析

【教师活动】结合PPT上的电力电子整流电路内容,讲解整流电路基本工作原理,尤其是当整流电路具有不同负载时的情况。

【学生活动】认真思考教师讲解内容,总结整流电路不同负载时出现的不同情况。

【设计意图】向学生讲解电力电子电路整流过程的工作原理,帮助学生加强对整流电路的理解和认知,体会由交流电转化为直流电的过程。

【课程思政切入点】辩证唯物主义观,从交流到直流的转化过程体现了辩证唯物主义观中的联系、转化的观点。

4. 整流电路定量计算

【教师活动】引导学生采用微积分的知识计算所得直流电的平均值。

【学生活动】思考教师的问题,利用微积分的知识计算所得直流电的平均值。

【设计意图】通过多次整流电路的定量计算培养学生细致认真的学习态度和学习习惯。

【课程思政切入点】工匠精神,鼓励学生多动手、多实践。解决眼高手低的问题,培养学生的工匠精神。

5. 整流电路的广泛应用

【教师活动】讲述整流电路在工业生产和日常生活中的应用广泛,小到男生日常使用的电动剃须刀,大到国之重器特高压直流输电,以及军事领域的潜艇等都需要用到整流电路。

【学生活动】通过教师讲解开阔眼界,树立远大理想信念。

【设计意图】加深对整流电路应用的学习体会,激发学生学习电力电子技术的动力和信心,总结升华本次课程。

【课程思政切入点】家国情怀和中国自信,我国目前能自主生产绝大多数工业和日常生活中用到的整流电路,质量达到国家先进水平。但是某些方面还有可能被"卡脖子",需要学生努力去为祖国未来的科技发展作贡献。

(六)教学设计案例小节

综上,在"电力电子技术"课程的教学设计中,有许多课程思政的素材可以有机融入,因此需要结合"电力电子技术"的专业课内容,探索围绕辩证唯物主义观、中国自信、家国情怀和工匠精神四个课程思政衔接点来开展教学设计。

五、结　语

本文探析了课程思政视域下"电力电子技术"课程的教学设计过程，首先根据课程知识内容特点总结思政衔接点，其次根据衔接点挖掘课程中思政元素，然后总结教学设计思路并进行科学设计，从而引导学生用唯物辩证观看问题，厚植家国情怀和中国自信，培养卓越的具有工匠精神的新时代工程师。

参考文献

[1] 中共教育部党组关于印发高校思想政治工作质量提升工程实施纲要的通知[EB/OL]. http：//www.moe.gov. cn/srcsite/A12/s7060/201712/t20171206_ 320698. html.

[2] 王颖, 包金明, 郝立, 等. "电力电子技术"课程思政教学改革的探讨[J]. 电气电子教学学报, 2020, 42（2）：39-42.

[3] 韩宪洲. 深刻认识"课程思政"的时代价值[N]. 人民日报, 2019-08-18(05).

[4] 王子赟, 王艳, 纪志成. 基于课程思政的《电力电子技术》课堂教学案例设计[J]. 高教学刊, 2020(36)：93-96.

[5] 赵涛, 徐友, 高金凤, 等. 一流课程建设背景下的课程思政教学实践——以《电力电子技术》课程为例[J]. 中国电力教育, 2021(7)：48-49.

[6] 蔡小春, 刘英翠, 顾希垚, 等. 工科研究生培养中"课程思政"教学路径的探索与实践[J]. 学位与研究生教育, 2019(10)：7-13.

Exploration and analysis of the teaching design of *Power Electronic Technology* from the perspective of curriculum ideology and politics

Wang He　Xie Jiangjian　Zhang Junguo　Wang Hailan

(School of Technology, Beijing Forestry University, Beijing　100083)

Abstract　Professional curriculum is not only the main form of engineering education in colleges and universities, but also an important carrier for the implementation of curriculum thought and politics. Taking the core course *Power Electronic Technology* of electrical engineering and automation specialty as an example, this paper analyzes the teaching design method from the perspective of ideological and political elements of the course: firstly, summarize the elements of ideological and political elements of the course according to the course content, then explore the organic integration of ideological and political elements into each section of teaching design, and finally give the teaching design case integrating ideological and political elements, in order to provide teaching or research reference for relevant teachers and researchers.

Keywords　curriculum ideological and political, *Power Electronic Technology*, teaching design, ideological and political integration

课程思政视域下"胶黏剂与涂料"课程的改革实践研究

陈 惠 高 强 周文瑞 李建章

(北京林业大学材料科学与技术学院,北京 100083)

摘要：针对北京林业大学木材科学与工程专业核心必修课"胶黏剂与涂料"的课程特点，分析了该课程的专业能力培养目标与思政教育目标及其相互融合的优势；解析了课程思政与专业知识之间的融入点；探索和实践了课程内容梳理、教学方法组织、思政有机融入和思政成果固化等改革措施；在提高学生学习兴趣、提升专业热爱和思想认识等方面获得了优良的实践效果，为林业院校课程思政改革深化提供了有益参考。

关键词：胶黏剂与涂料；课程思政；课程改革

一、开展课程思政教育的意义和必要性

"课程思政"是将"立德树人"作为教育的根本任务的一种综合教育理念[1]，开展课程思政教学是时代赋予教育工作者的责任和使命。2016年，习近平总书记在全国高校思想政治工作会议中指出，思想政治理论课要坚持在改进中加强，各类课程与思想政治理论课同向同行，形成协同效应[2-3]。2020年，教育部印发了《高等学校课程思政建设指导纲要》，要求把思想政治教育贯穿人才培养体系，全面推进高校课程思政建设。随着现代木材工业的发展，胶黏剂与涂料的应用范围日益扩大。北京林业大学自1958年森工系成立不久就开设的"胶黏剂与涂料"课程，是木材科学与工程专业的核心必修课程，共40学时，授课对象为木材科学与工程专业、梁希实验班(木材科学与工程)和木材科学与工程专业(中加合作办学项目)的三年级本科生，累计授课人数2300多人。本科阶段的学生思想较为单纯、可塑性强，也是其独立人格形成的关键时期。因此，我们应充分利用好"胶黏剂与涂料"课程思政教育，激发学生科技报国的家国情怀和使命担当，为国家培养具有高尚道德品格、优秀科学素养的德才兼备的木工专业人才。

(一) 课程的知识和能力目标

"胶黏剂与涂料"主要介绍木材胶接理论、木材胶黏剂与涂料的合成原理、常用木材胶黏剂与涂料的种类、组成、应用方法和性能等内容。通过本课程的学习，使学生掌握"胶黏剂与涂料"最必要的基本理论、基本知识和基本技能，对木材常用涂料有一般了解，为学习

作者简介：陈 惠，北京市海淀区清华东路35号北京林业大学材料科学与技术学院，副教授，chenhui@bjfu.edu.cn；
高 强，北京市海淀区清华东路35号北京林业大学材料科学与技术学院，教授，gaoqiang@bjfu.edu.cn；
周文瑞，北京市海淀区清华东路35号北京林业大学材料科学与技术学院，高级实验师，zhouwenrui1997@126.com；
李建章，北京市海淀区清华东路35号北京林业大学材料科学与技术学院，教授，lijzh@bjfu.edu.cn。

资助项目：北京林业大学教育教学研究项目"面向拔尖创新型人才培养的梁希实验班'胶黏剂与涂料'课程教学改革探索"(BJFU2021JY057)；
北京林业大学课程思政教研教改专项课题"胶粘剂与涂料实验A"(2020KCSZ143)。

"人造板工艺学"和"家具表面装饰"等专业课程，以及今后从事木材科学与工程领域技术工作或科研工作中解决胶黏剂和涂料问题奠定基础。

（二）课程的思政教育目标

全面推进课程思政建设，就是要寓价值观引导于知识传授和能力培养之中，帮助学生塑造正确的世界观、人生观、价值观。以立德树人为根本任务，将"胶黏剂与涂料"课程思政元素系统融入教学全过程，浸润到学生的学习和生活，引导他们掌握如何做人、如何做事、如何思维的基础知识，不断提升自身能力，培养精益求精、专注和创新创造精神，树立社会责任感和责任意识。努力实现"知识—能力—素质—思想"四位一体的培养目标，培养适应经济社会发展的高素质新林科人才。

二、课程思政教育的融入点

木材科学与工程专业的"胶黏剂与涂料"课程引入思政理念有其自身的优势。

（一）以时代为背景培养学生实现乡村全面振兴的重大责任感和历史使命感

党的十九大提出了实施乡村振兴战略的重要战略部署，实现乡村全面振兴，需要源源不断的知林爱林新型人才。农林高校全面推进课程思政建设是为乡村振兴战略提供人才保障的重要抓手，也是确保农林高校主动参与国家战略实现特色发展的固本之策[4]。"胶黏剂与涂料"课程在教学过程中强化育人职责，在专业学习中厚植家国情怀与强林兴林使命，丰富国情、民情、林情教育实践，引领学生学林、知林、爱林，主动服务乡村振兴、生态文明建设和美丽中国建设。

（二）以专业为背景培养学生的专业认同和社会责任感

社会的发展需靠各行各业共同推进。"胶黏剂与涂料"课程思政教学的任务之一就是让学生对所学专业学有所懂、学有所用和学有所感，明确自己的社会责任和时代重任。无论是课堂教学还是实验课程和实践环节，教学团队在专业知识的讲授中不仅介绍最新科技成果以拓宽学生的视野，还结合胶黏剂与涂料行业的发展过程形象地描述中国的快速发展历程，增强学生的民族自豪感和自信心，同时增强社会责任感和使命感。

（三）专业知识传授过程中培养学生正确的世界观、人生观、价值观

世界观、人生观、价值观是对人生目的、意义的认识和对人生的态度，以及对价值的实质、构成、标准的看法。它融合了社会与个体、人文与科学、人与自然的和谐关系。在遵循思政工作规律、教育教学规律、学生成长规律的前提下，把"胶黏剂与涂料"课程中蕴含着的理想信念教育、人文素养教育、科学精神教育、道德情操教育等思政元素挖掘出来，以案例、事件、社会现象、公众舆论等形式有机融入课程教学，帮助学生树立正确的世界观、人生观和价值观。

三、"胶黏剂与涂料"课程思政教育的探索和实践

从课程内容梳理、教学方法组织、思政有机融入和思政成果固化等方面进行了"胶黏剂与涂料"课程思政教育的探索和实践。

（一）基于课程内容，挖掘思政教育元素

系统梳理知识脉络，结合"胶黏剂与涂料"课程专业特点、思维方法和价值理念，挖掘、收集、整理课程思政教育素材。深入挖掘课程涉及的世界观、方法论和素质素养等思政教育内容（表1），与思政元素结合点示例如下：

表 1　课程思政教育内涵的挖掘

思政要素	具体内容
科学世界观	马克思主义世界观(唯物论)、方法论(辩证法)
家国情怀	世情、国情、民情；关注社会、服务社会；使命感和责任感；科学发展、绿色发展、"两山理论"
科学素养	追求真理、批评精神、探索精神、创新精神、勇攀高峰；实践能力、创新能力
思维方式	学科体系、学术体系；学科思维
学科视野	国内外发展、国际/人类重大问题
价值引领	价值理念、科学伦理、生态伦理

1."酚醛树脂胶黏剂合成"培养学生严谨细致的科学态度

"胶黏剂与涂料"是一门以实验为基础的课程，要求学生在实验中认真、细致，养成良好的实验习惯。以制备酚醛树脂胶黏剂实验中常遇见的颜色变化现象为切入点，讲述合成过程中环境中的金属离子会对酚醛树脂胶黏剂合成产生影响，发生颜色变化，进而影响胶黏剂的性能和产品的胶接效果，说明实验的科学性和严谨性。让学生切实领悟到严谨求实的精神才是科学进步的坚实基石，培养学生实事求是、严谨细致的科学态度。

2."脲醛树脂胶黏剂应用"树立行业信心和激发社会使命感

近年来，我国在胶黏剂与涂料领域取得了众多重要成果。一些环保型胶黏剂与水性涂料得到自主研发和生产，部分研究成果达到了国际领先水平，特别是低摩尔比脲醛树脂的研发在降低甲醛释放量方面所取得的成果，大大降低了企业生产成本。通过介绍脲醛树脂胶黏剂的研究和应用现状，树立学生的行业信心，增强民族自豪感和爱国情怀，提高社会使命感。

3."胶黏剂和涂料性能测试"培养创新意识和创新能力

"双一流"建设要求培养具有较强创新意识和创新能力的专业人才。在讲解不同种类胶黏剂和涂料性能的课程教学过程中，给学生详细介绍特种功能胶黏剂和涂料最新的科研进展和研究动态，包括胶黏剂固体含量、黏度、甲醛释放的最新测定方法和最先进测定仪器，以及国内外最新的胶接和涂饰工艺等。鼓励学生今后在科研和工作中勇于创新、不怕失败，激发学生创新潜力，培养学生知林、爱林的创新创业精神。

4."天然胶黏剂和涂料开发"增强人与自然和谐理念

胶黏剂与涂料行业中的环境污染治理和改善需要绿色发展理念和科学技术的有力支撑。通过介绍天然大漆和生物质基无醛大豆蛋白胶黏剂的最新研发成果，让绿色发展理念与专业学习有机结合，使学生明确科学技术在绿色发展和生态文明建设中的重要作用，引导学生以强林兴林为己任，树立人类与环境和谐共生理念。

(二)合理组织教学方法，注重因材施教

为实现专业课程与思政教育的有机融合，采用多元化教学方法，主要包括：

1. 项目式教学

以北京林业大学平泉实验基地和上海书香门地企业等校内外实践基地为依托，课程团队教师的科研项目为基础，设置胶接与涂饰的课程实践项目，让学生接触新兴的胶黏剂制备工艺和涂料涂饰技术，引导学生将专业知识灵活应用于生产实际，通过"实践—反思—应用"等环节，渗透绿色化学化工理念，增强课程的思想性、理论性和亲和性，让学生体验有温度的教育，为我国木材胶黏剂和涂料行业培养具有高尚职业道德的专业技术人才。

2. 研讨式教学

木材胶接与涂饰是人造板及家具地板产品加工的关键环节。目前，我国人造板及家具地板产业正在技术升级，对绿色胶接和涂饰新技术需求强烈。自从2015年北京市颁布了木质家具制造业大气污染物排放标准以后，国内生物质基无醛胶黏剂和水性涂料的行业研发技术取得不断地进步，反映出了中国木材人的环保意识和开拓创新精神。利用绿色环保木材胶黏剂与涂料经典课程案例作为切入点，以文化自信、环保理念、科技创新，以及社会服务为核心，开展研讨，邀请学生参与展示（图1）、老师点评（图2），师生共同展开课堂讨论（图3），引导学生把事业理想和道德追求融入国家建设，将社会主义核心价值观内化为精神追求，外化为自觉行动。

图1　学生展示

3. 线上线下混合式教学

通过课前导学、线上自主学习、课堂重难点讲解、线上线下讨论等方式，提高学生自主学习兴趣，锻炼学生独立思考的能力，满足不同层次学生的个性化需求。例如通过线上播放课程相关视频，使学生对现代胶黏剂和涂料的制备原理、使用方法、特殊性能，以及企业的应用现状有直观的了解，感受技术的进步。通过线下参观胶黏剂与涂料团队成员的科研成果和技术转化产品，体验生物质基无醛胶黏剂实木地板胶接和涂饰工艺（图4），增强专业自信心。结合学生关注的社会热点，从专业角度阐明问题是非，培养学生社会责任感和使命感，提升学生的价值判断和理性思维。

图2　老师点评

4. 立体化考核模式

课程思政效果考核实行"课内+课外，校内+校外，理论+实践，平时+期末，线下+线上"的立体化模式，以学生自主完成带有思政教育要求的报告、论文、设计、活动等形式展开，采取了教师评价、小组内评和组间互评相结合的多维度考核方式（图5）。以社会责任感考核为例，采用小组作业形式，安排学生以小组为单位结合大漆性能研讨故宫木结构建筑表面涂饰修缮的方法，培养学生运用专业知识保护历史文物的责任心。以课程论文引导学生通过查阅文献并结合相关胶接与涂饰的原理，寻找加速雾霾沉降的方法，引导学生关心社会、关心生态。

图3　师生共同研讨

图4　参观单板无醛胶接　　图5　组间互评表

（三）聚焦有机融入，注重实施方法

在科学把握教学内容、教学规律的基础上，通过上述教学方法的创新，将丰富的思政教育元素潜移默化地植入了课堂教学之中。针对“逻辑层面保持一致、知识层面配合补充、理论层面衔接递进、价值引领效力凸显”的深度融入，我们积极探索实施方法，总结有三个要点需要特别关注：一是通识性，即课堂教学要善于将专业知识传授与价值意蕴传递有机结合，以确保教学内容与主流价值观相符合，积极有效地回应学生的关注和关切。二是契合度，课程思政要在遵循工科课程完整教学体系、知识体系的基础上，找准结合点、切入点，“自然而然”地培养学生的科学精神、探索精神、创新精神，潜移默化地引导学生牢固树立矢志创新、科技报国的志向。三是灵活性，切忌牵强附会、生搬硬套，需要在科学把握课程体系和教学内容的基础上，找准“燃点”，把理论融入叙事、用叙事阐明道理、以道理引发认同，从而点燃学生的思想共鸣，达成润物无声的育人效果。

（四）修订教学大纲，固化课程思政成果

课程教学大纲是教学的基础。“胶黏剂与涂料”课程教学团队的老师通过对知识点的细致分析，挖掘思政元素，明确课程思政的结合点，将具体实施的方案、路径、角度、要点和目标均列入教学大纲，结合课程教学经验，选用合适的教学方法融入，提升了教学效果，育人质量明显提高。在积极实践的基础上，我们还将思政教育内容有效融入专业人才培养目标并修订专业培养方案予以固化，保障课程思政教学质量的稳定性。

四、“胶黏剂与涂料”课程思政教育取得的成效

通过团队老师精心设计和编写课程思政教学案例，优化课程教学设计，加强教学方式和方法的创新变革，我们发现学生对课堂授课质量的认同感和满意度显著提高，2018—2020 年课程思政教学实施前后“胶黏剂与涂料”课程评教结果也逐年上升（图 6）。课程思政改革提高了学生学习兴趣和学习积极性，激发了对中华文明的自豪感，提升了对所学专业及生活的热爱和激情，培养了更多专业素养好、思想境界高的新型木工人才。通过课程思政教学的实施，教师牢固树立了科学的课程思政理念。教师不仅要给学生传授专业知识和技能，还要将社会主义核心价值观渗透到专业课程教学中，以自身的实际行动和人格魅力给学生进行示范引领，教师的工作责任感增强，综合素质得以提升。

学年学期：2020-2021-1

评价结果统计

课程编号	课程名称	授课教师	开课单位	上课班级	评价课程类别	合班类型	学生人数	样本总数	参评率(%)	有效数	评价总分	学院该类课程排名	学校该类课程排名	操作
15008740	胶粘剂与涂料A	陈惠	材料科学与技术学院	梁希18-4	理论课评价	小班	5	5	100	5	95.56	0	0	

学年学期：2019-2020-1

评价结果统计

课程编号	课程名称	授课教师	开课单位	上课班级	评价课程类别	合班类型	学生人数	样本总数	参评率(%)	有效数	评价总分	学院该类课程排名	学校该类课程排名	操作
15008740	胶粘剂与涂料A	陈惠	材料科学与技术学院	梁希17-3	理论课评价	小班	11	11	100	11	95.2	0	0	

学年学期：2018-2019-1

评价结果统计

课程编号	课程名称	授课教师	开课单位	上课班级	评价课程类别	合班类型	学生人数	样本总数	参评率(%)	有效数	评价总分	学院该类课程排名	学校该类课程排名	操作
15008740	胶粘剂与涂料A	陈惠	材料科学与技术学院	梁希16-3	理论课评价	小班	12	12	100	12	87.69	0	0	

图 6　2018—2020 年课程思政教学实施前后“胶黏剂与涂料”课程评教结果对比

五、结　语

“胶黏剂与涂料”课程在教学过程中渗透思政教育，促进学生全面发展，培养学生良好

的道德修养和高尚的人格情操，形成正确的世界观、人生观、价值观。在具体的实施过程中，以课堂为载体，以学生为中心，结合学生特点，有效融入思政内容，充分激发了学生兴趣，增强了学生的行业信心、民族自豪感和社会使命感。"胶黏剂与涂料"课程思政改革在教学实践中取得了良好成效，对专业的整体教学质量和水平的提升起到积极的作用。

参考文献

[1] 高燕. 课程思政建设的关键问题与解决路径[J]. 中国高等教育, 2017(Z3)：13-16.
[2] 万林艳, 姚音竹. "思政课程"与"课程思政"教学内容的同向同行[J]. 中国大学教学, 2018(12)：52-55.
[3] 邱仁富. "课程思政"与"思政课程"同向同行的理论阐释[J]. 思想教育研究, 2018(4)：109-113.
[4] 曹震, 肖湘平. 农林高校全面推进课程思政建设的五个着力点[J]. 中国大学教学, 2020(11)：93-96.

Research on thereform practice of *Adhesives and Coatings* course from the perspective of ideological and political education

Chen Hui　Gao Qiang　Zhou Wenrui　Li Jianzhang

(College of Materials Science and Technology, Beijing Forestry University, Beijing　100083)

Abstract　Based on the characteristics of the core course *Adhesives and Coatings* of the major of Wood Science and Engineering in Beijing Forestry University, this paper analyzes the professional ability training objectives and ideological and political objectives of the course and the advantages of their mutual integration, as well as integration points between the ideological and political construction and professional knowledge. It has been explored and practiced the ideological and political reform measures in many aspects, such as the curriculum content combing, teaching method organization, ideological and political integration and ideological and political achievements solidification.It has obtained excellent practical results in improving students' learning interests, enhancing professional love and ideological awareness and so on, which provides a useful reference for the deepening of the ideological and political reform in forestry colleges.

Keywords　*Adhesives and Coatings*, ideological and political construction, course reform

课程思政视域下案例教学法的融入探索

——以"木质素及其利用"课程为例

郝 翔 吕保中 彭 锋

(北京林业大学材料科学与技术学院,北京 100083)

摘要: "木质素及其利用"是林业院校林产化工专业的一门重要的基础课,但其内容广泛且知识抽象,使应用型工科背景的本科学生难以掌握。在明确课程现阶段问题后,引入案例教学法并分析了其实施的必要性和可行性,建设完成包含 16 个案例的课程思政案例库,设置了多元化考核体系,探索了如何在教学实践中实施课程思政。实践表明,案例教学法能够充分提高学生的课堂参与性,强化对课程内容的掌握,潜移默化地提升学生专业自信,取得了良好的教学效果。

关键词: 木质素利用;案例教学法;案例库;思政教育

"木质素及其利用"是北京林业大学材料学院林产化工(制浆造纸专业方向)学生的重要专业课,是一门理论与实践并重的课程,被认为是林产化工专业学生接触和深入学习生物质材料领域知识的基石和桥梁[1]。但该课程以往充斥着大量抽象概念和晦涩知识点,教学只强调"专业成才",忽视传授知识与培养价值观的同频共振,缺乏"精神育人"方面内容。在教育部新工科项目建设和"大思政"课程理念的背景下,亟须对课程建设进行全面的改革和升级,以发挥学科优势,满足培养高素质林产化工专业人才的迫切需求[2-3]。

案例教学法是指老师根据教学大纲和目标,通过大量具体案例来组织讨论,将学生引入特定的情境中启发学生进行思考,鼓励学生参与教学设计,培养学生创新性思维和解决具体问题的能力[4-5]。为了更好实现"木质素及其利用"的课程定位,实现思政元素与专业理论知识水乳交融,我们将案例教学法引入教学设计活动中,通过建设多元化思政案例库、实施多样化的授课形式以及设置全方位的考评体系,对案例教学法在"木质素及其利用"的课程中进行思政教学实践和探索,以期将知识传授和价值观引领有机结合,达到全面育人的目的。

一、"木质素及其利用"课程传统教学存在的困境

(一)教学内容陈旧,缺乏课程思政

目前,课程所采用的参考书为 2009 年出版的《木质素及其利用》,其中仍将木质素定义为工业废料,对利用都局限在如何进行焚烧等应用,容易让学生产生学科落后的想法。此外,根据教育部印发的《高等学校课程思政建设指导纲要》,明确要求课程思政建设工作在全国所有高校、所有学科专业全面推进,而原有教学设计中无任何课程思政的相关内容。

作者简介:郝 翔,北京市海淀区清华东路 35 号北京林业大学材料科学与技术学院,讲师,xianghao@bjfu.edu.cn;
吕保中,北京市海淀区清华东路 35 号北京林业大学材料科学与技术学院,讲师,lvbaozhong@bjfu.edu.cn;
彭 锋,北京市海淀区清华东路 35 号北京林业大学材料科学与技术学院,教授,fengpeng@bjfu.edu.cn。
资助项目:北京林业大学教育教学改革项目"'木质素及其利用'课程参与式教学模式探索"(BJFU2020JY057);
北京林业大学教育教学改革项目"'纸张印刷与包装'课程评价体系构建与实践"(BJFU2021JY051)。

（二）结构框架不合理，概念晦涩难懂

原有教学设计中，教学内容分为两部分：一部分为木质素的结构和性质，另一部分为木质素在材料领域的应用，两部分按填鸭式教学方式进行讲解，内容彼此分割。同时，课程内容包含大量艰深晦涩的概念和名词，学生理解十分困难，如果在此基础上强行引入思政元素，反而容易引起学生产生厌学心理。

（三）师生互动性差，学生参与度低

自"木质素及其利用"课程开课以来，其考评方式一直以期末考试为主，试卷成绩达到70%。由于平时成绩只占30%，大部分学生都存在平时不努力，临考时拼命背重点的问题。这种考评方式，不但导致教学效果差，课堂气氛沉重，同时教师缺乏调动学生参与教学设计的手段，打击了主动参与课堂教学活动这部分学生的积极性。

二、案例教学法在"木质素及其利用"课程思政中实施的必要性和可行性

一方面，如果仅仅让学生对概念死记硬背，不能将知识点带入到具体案例或者情境进行思考分析，只会导致学生课堂所学与其未来深造或工作产生脱节。另一方面，教育的首要问题是"培养什么人"，教育工作的根本任务是为社会主义培养建设者和接班人，在"木质素及其利用"课程实施案例教学法，充分挖掘思政元素，是课程体系全方位升级，培养基础学科一流创新人才的需要。

此外，以木质素为关键词，通过知网检索可以发现，国内木质素的关注指数呈倍数增加，从2000年的63增加至2020年的640，这与我国近年来大力发展生物质资源战略密切相关。大量国内优秀的基础研究成果，以及重大经济效益相关的应用技术，如木质素液体地膜、木质素防晒霜等，均为案例教学法在课程思政中的实施提供了必要条件。

三、案例教学法在"木质素及其利用"课程中的教学实践

（一）案例的选择与设计

"木质素及其利用"课程思政的案例，需要在体现木质素相关知识点的基础上，反映出当前木质素化学的发展趋势，帮助学生在具体情景中对概念进行理解，更要传递正确的价值追求和理想，春风化雨般地帮助学生树立专业自信和社会责任感。在整个课程体系的案例设计中，均需要在知识点中穿插思政元素，将"大思政"育人格局落实到具体案例上。为了润物无声地让学生认同案例中思政元素，我们主要从典型性、新颖性和启发性三个方面对思政元素进行了导入。

1. 案例的典型性

引入社会正能量相关报道或日常生活中的典型案例（图1），能把学生带入到具体的情境中启发引导他们，同时帮助他们培养社会责任感。在有关木质素应用在农林业领域案例设计上，引入抖音上有关"重庆交通大学固沙保水黑科技"的报道，让学生明白我国研发的木质素基地膜材料的意义，引导学生扎实学好专业知识，为实现祖国蓝天绿水而作出贡献。设计有关木质素在塑料领域应用的案例时，通过引入"2020年北京最严限塑令"的社会新闻，突出了我国在可降解塑料领域中的努力，消除学生脑海中我国环保不力的错误认识，再自然过渡到国内优秀科研工作者在木质素基可降解塑料领域的努力。

2. 案例的新颖性

新颖的案例可激发学生的专业兴趣，有助于培养具有宽广国际视野的拔尖创新人才，同时应充分考虑不学生的接受能力，避免引入太前沿或深奥的知识点，加重学生学习负担。例如，在介绍木质素基纸吸管时，通过使学生分析奶茶店或咖啡馆现阶段所用的木质素基

图 1　融入思政元素的典型性案例设计示例

纸吸管,让学生感受到科技进步就在自己身边,也让他们了解国内造纸行业技术的进步,增强学生爱国热情。在介绍木质素在可穿戴设备领域应用时,直接选取了与此相关的大学生创新计划中优秀项目作为典型案例,不仅帮助学生充分理解"可穿戴"以及"柔性"等抽象概念,缩短了学生对科技成果的距离感,同时树立了专业自信。

3. 案例的启发性

在思政案例的设计中,我们有意在部分案例中将思政元素与科学问题环环相扣,在学生进行"头脑风暴"的同时,促使他们树立正确的价值观。以"洗碗液启发的木质素溶解新技术"为例,确定了该案例可帮助学生理解"增溶""助溶""相似相溶"等基本概念的前提下,进一步设置以下问题启发他们思考:洗碗液的成分到底是什么?为了保护环境,我国表面活性剂技术已经改革升级到哪个阶段?这些成分能否溶解木质素?怎样根据木质素的结构选取溶剂?洗碗液启发的溶解木质素新技术的原理是什么?我国开发这种技术溶解木质素的目的是什么?通过这种举一反三的方式,充分挖掘案例背后的科学道理和思政元素,实现"价值塑造、知识传授、能力培养"三位一体的育人理念。

(二)教学案例库的建立

在确立了案例选择标准后,我们共建设完成 16 项原创思政教学案例,表 1 为北京林业大学"木质素及其利用"课程思政案例库建设项目中最受学生欢迎的 8 项。从表 1 中可以看出,越接近生活或者具有时代性的思政案例,越受学生欢迎。另外,在教学过程中,总结编写了一套完整的《木质素及其利用》讲义,并制作了配套的多媒体课件和动画素材。

表 1　北京林业大学"木质素及其利用"案例库中最受学生欢迎的案例

序号	案例名称	对应章节	授课学时
1	针叶木提取木质素的结构及其在 3D 打印材料中的应用	木质素的理化性质	3
2	阔叶木提取木质素的结构及其在混凝土材料中的应用	木质素的理化性质	3
3	保健品为什么会有木质素	木质素的理化性质	2
4	向造纸废水说不——碱木素的利用	木质素的化学改性	4
5	洗碗液启发的木质素溶解新技术	木质素的溶解	2
6	木质素防晒霜	木质素在日用化学品中的应用	2
7	木质素乐高积木	木质素在弹性体领域中的应用	2
8	史上最强限塑令,你准备好了吗	木质素在塑料领域中的应用	2

（三）案例教学法的课堂实施

1. 案例教学法课前准备

学生能否真正理解或掌握案例所蕴含的知识点，课前准备阶段至关重要。如果不做好充分的准备，教师突然将案例抛出，学生往往只能理解表面浅显的知识点，而更深层的知识点，则由于课堂上时间较短而根本无法进行深入的师生探讨。

因此，本课程在实施过程中会提前建立微信群，每次课前都将下次教学所涉及的部分思政案例和知识点提前发送至群里，并设置一些引导性问题让学生提前思考。通过课前先让学生去消化一些浅显的知识点，并带着问题去进入课堂，有助于他们课堂上更快理解和掌握环环相扣的知识点。对于涉及跨学科知识的案例，则安排学生进行课前分组调研，并进行 PPT 汇报，重点分析国内科研工作者的努力，通过这种方式实现价值引领，并促使学生自发进行课前学习。

2. 案例教学法实施阶段

在案例教学法实施阶段，通过对案例法思政教学的具体实践摸索，根据案例的特点和难易程度，我们总结了案例开场法、问题案例法以及案例实践法等三种方法，具体如下：

（1）案例开场法

教学时课堂直接放上案例相关的图片或视频，调动起学生的疑惑和好奇心，随后展开相关知识点，让学生带着解密的态度去阅读书本。由于"史上最强限塑令，你准备好了吗""木质素基液体地膜"及"针叶木提取木质素的结构及其在 3D 打印材料中应用"等相关案例涉及大量的影像和动画，在学生注意力明显下降时，运用该法可直接调动学生积极性，提高教学质量。

（2）问题案例法

这种方法是在课前准备阶段提出相关引导问题的基础上，在课堂进一步提出更深层次和复杂的问题，再通过抛出案例对问题和知识点进行剖析，以此启发并提升学生的认识。以"木质素基积木"为例子，在课前微信群提出问题，为什么要开发木质素基积木？当大部分学生都能在课堂回答出环境保护和可降解的答案时，进一步进行提问，乐高积木都是由什么组成？木质素主要代替苯乙烯链段部分的原因是什么？随后引导学生回归课本，对比木质素树脂与乐高积木结构和性能的异同，随后再播放我国中科院在木质素基树脂方面的研究成果相关视频，进一步分组讨论如何将我国木质素树脂应用于乐高积木的革新升级。通过设置层次分明的问题，将知识点和思政元素循序渐进的推进，让学生不断进行头脑风暴，不但有助于理解"玻璃化温度""弹性"以及"相容性"这些概念，同时激发学生民族自信和创新意识。

（3）案例实践法

对于某些比较容易课堂进行现场演示的案例，则可以通过直接让学生参与，打造相关案例情境。例如在讲解木质素基疏水材料案例时（图2），首先带领学生课堂上快速地制备疏水涂料，随后直接选取几名学生，上台参与演示疏水涂料喷涂至衣服后的效果，现场向学生解释科学原理，并在此基础上介绍该涂料在我国高铁领域的应用进展。事后学生反馈表明，该方式获得了事半功倍的教学效果，不但能帮助学生很好掌握"接触角""超疏水"等相关知识点，同时引起了他们强烈的共鸣，立志于为助力中国梦的实现贡献力量。

（四）案例教学法的课后考评

为了进一步提升案例教学法的教学效果，促进学生参与到教学设计活动中来，采用"以评为主，以考为辅，考评结合"的评价模式对学生进行最终成绩评定。在新的评价体系中，"考"的权重只占 40%，剩下的 60% 由"评"为主导。

图 2　案例实践法带学生进入情境

针对"考"的这一部分，将传统的闭卷考试改为结课论文，论文主题不是宽泛的行业发展现状，而是设置了六个具有开放式特点的主题，分别为："如何提升木质素在防晒霜中的防紫外线效果""深色木质素降色的方法及其应用""木质素基树脂用于泡泡玛特中盲盒的可行性探究""木质素基纳米中空结构制备方法和原理""木质素应用到我国食品包装膜的方法"以及"如何实现我国造纸废液中的木质素高值化利用"。这六个主题均与课堂授课内容紧密联系，需要学生进一步通过中国知网等平台去检索相关知识点，并要求他们论述如何将所学应用到我国行业发展和生态文明建设中，以实现思政案例教学法培养独立思考和具有家国情怀人才的目的。

针对"评"的这一部分，更强调评价多元化。评的成绩由于比例较高，因此通过课堂分组讨论、PPT 分享及课堂参与度等多种方式进行参考。其中，分组案例讨论部分占比 20%，以此鼓励学生对案例进行思考，并给出自己看法；PPT 分享占比 20%，这部分主要是在几个主题案例结束后，让学生自己独立搜索相关领域我国代表性科研工作者的事迹，以此引导学生弘扬工匠精神，将专业知识学习和国家发展相联结；课堂参与度占比 20%，主要是保护积极参与案例教学设计的学生积极性，有助于教师在教学过程中调动课堂气氛。

四、案例教学法在"木质素及其利用"课程中的教学效果

（一）师生互动性提高，提升学生的专业兴趣

通过案例教学法，师生的互动性大幅度增加，对 36 名林业工程类大三本科生进行的调研结果显示，90%以上的学生觉得自己能够参与到全部思政案例讨论过程。同时，有 85%以上的学生觉得大部分案例改变了他们原本认为专业落后的错误想法，树立了民族自信，认识到个人发展与国家命运的关联，并愿意以后进一步在木质素相关专业方向进行深造和就业。

（二）实现了科研与教学资源融合，助推学生科研创新能力

案例教学法引入了大量的最新科研成果及国内前沿知识，学生通过了解优秀科研成果，开阔了视野，感悟到知识的力量和魅力，我们也通过对课程的改革实践，实现了"科教协同育人"的目的。课后追踪调研显示有 30%的学生通过对课堂列举的案例进行调研和知识点延伸，会主动提前联系相关老师进行科研活动。其中，有 8 人毕业论文设计与木质素相关，有 1 人申请到国家级大学生创新计划项目，2 人申请到北京市级大学生创新计划项目。

五、结　语

利用案例教学法对"木质素及其利用"课程思政进行了改革和探索，能最大限度地提高学生吸收知识和思维创新能力，对专业的整体教学质量和水平的提升起到积极作用。同时

该授课方式通过挖掘专业课中的思想政治元素,并巧妙地通过多种方式融合在专业理论知识教学中,推动了课程思政落实落地,潜移默化地实现"三全育人"目标。未来课程建设中,将继续坚持专业知识与课程思政融合,理论与实践贯通,最终实现培养创新型社会主义人才的目的。

参考文献

[1] 孙少妮,曹学飞,文甲龙,等. 木素利用课程教学改革的探索[J]. 纸和造纸,2020,39(5):54-57.
[2] 李著尧,唐丹丹,刘峙嵘. 新工科背景下分离工程课程教学改革探索[J]. 教育教学论坛,2020,12(50):152-154.
[3] 曹海霞. "新工科"背景下大学物理课程中融入课程思政的实践与探索[J]. 物理通报,2020(12):9-12.
[4] 李若瀚,高娜. 论当前高校思政课案例教学面临的困境与对策[J]. 高教学刊,2021,7(22):174-177.
[5] 刘淼,李智炜,王玺. 微纳电子器件课程思政案例教学的探索和实践[J]. 教育教学论坛,2020(47):236-238.

Exploration and practice of case teaching from the perspective of the ideological and political education: Take *Lignin Utilization* course for example

Hao Xiang Lv Baozhong Peng Feng

(College of Materials Science and Technology, Beijing Forestry University, Beijing 100083)

Abstract *Lignin Utilization* is an important basic course for students majoring in forestry products and chemical engineering; however, its complex content and abstract knowledge make it difficult for undergraduates with applied engineering backgrounds. After clarifying the existing problems, the case teaching method was introduced, during which the necessity and feasibility of its implementation were analyzed. The case library derived from ideological and political containing 16 cases was built, and a diversified assessment system was established, accompanied by exploring how to implement curriculum ideology and politics in teaching practice. From the practiced results, it shows that case teaching can fully improve students' participation in class, strengthen the mastery of course content, enhance students' professional self-confidence, and achieve good teaching results.

Keywords *Lignin Utilization*, case teaching, case library, ideological and political education

课程思政融入"国际金融"教学的探索与实践

顾雪松　秦涛　潘焕学　邓晶

（北京林业大学经济管理学院，北京　100083）

摘要：针对传统的"国际金融"课程教学中存在的重专业知识轻育人目标、重基础理论轻实践案例、重教师讲授轻学生参与等问题，北京林业大学金融学专业积极改革创新，将思政元素融入课程教学，取得有借鉴价值的实践经验。本文首先基于学生需求提出课程教学的总体设计思路，然后将育人元素融入知识体系重构教学目标与教学内容，最后通过典型实例介绍了基于翻转课堂的教学模式创新。实践证明，引导学生紧密结合课程内容讲好中国的故事、身边的故事、有深度的故事，显著提升了教学效果。

关键词：课程思政；国际金融；教学改革；翻转课堂

一、引言

全面推进课程思政建设是高等学校落实新时代立德树人根本任务的战略举措。《高等学校课程思政建设指导纲要》指出，课程思政的内容要紧紧围绕政治认同、家国情怀、文化素养、宪法法治意识、道德修养等重点方面，让所有高校、所有教师、所有课程都承担好育人责任[1]。课程思政以课程为媒介，将正确的人生观、价值观和职业道德标准融入课程教学中，建立了立德树人与专业教学相融合的人才培养理念和模式[2]。自课程思政的概念及指导意见提出以来，我国高校全面开启了全员、全方位、全过程的"三全育人"研究与实践，形成了具有示范意义的典型经验，但结合具体课程仍存在许多需要进一步探索的问题[3]。

"国际金融"是金融学等经济管理类专业的核心课和必修课，这门课程研究国家和地区之间由于经济、政治、文化等联系而产生的货币资金的周转和运动，具体内容由国际收支、外汇与汇率、国际货币体系和开放经济下的政策构成。在北京林业大学，"国际金融"课程作为金融学、国际经济与贸易、商务英语等专业的必修课开设，作为会计学等专业的选修课开设，授课对象为三年级本科生，每届覆盖经济管理学院、外语学院相关专业的300余名学生。

"国际金融"传统的课程教学存在重专业知识轻育人目标、重基础理论轻实践案例、重

作者简介：顾雪松，北京市海淀区清华东路35号北京林业大学经济管理学院，副教授，gxs-1984@163.com；
　　　　　秦涛，北京市海淀区清华东路35号北京林业大学经济管理学院，教授，qintao415@126.com；
　　　　　潘焕学，北京市海淀区清华东路35号北京林业大学经济管理学院，教授，panhuanxue@126.com；
　　　　　邓晶，北京市海淀区清华东路35号北京林业大学经济管理学院，副教授，bfudengjing@126.com。
资助项目：北京林业大学课程思政教研教改专项课题"国际金融"（2019KCSZ025）；
　　　　　北京林业大学教育教学研究重点项目"金融学第二学位人才培养模式与核心课程体系建设研究"（BJFU2020JYZD014）；
　　　　　北京林业大学教育教学研究项目"金融学专业应用型人才培养模式研究"（BJFU2017MS006）；
　　　　　北京林业大学教学改革研究项目"基于校政企协同合作的金融学专业实践教学体系改革与探索"（BJFU2014JG022）。

教师讲授轻学生参与等问题。现有关于金融类专业课教学改革的研究普遍关注一般性的教学方法，对课程思政的融入方式讨论不够深入，缺少典型的实践案例[4-5]。自 2019 年以来，北京林业大学"国际金融"课程依托教研教改专项课题，针对存在的问题进行了改革创新，在教学目标上实现了专业知识目标与育人目标并重，在教学内容上实现了国际主流理论与中国实践案例的有机结合，在教学模式上实现了由教师单向传授到翻转课堂转变，教学效果得到了督导和学生的高度认可。本文从学生需求、教学目标和内容重构、教学模式创新等方面系统介绍改革取得的初步经验。

二、学生需求分析

课程思政的本质是对"人"的教育与塑造，只有了解学生对课程的需求，才能使教学实现以人为本，使课程内容入脑入心，起到"润物细无声"的育人效果。本课程在第一次导论课后，授课教师会对学生进行问卷调查，问题是"你希望通过学习'国际金融'获得哪方面的知识？"，要求学生写出不超过五个关键词。对收集的关键词按照国际经济关系、我国政策实践、机构金融业务、个人金融操作四个方面进行分类汇总，以了解学生需求的特点和动态变化。各类别与高频关键词的对照关系见表 1，2016—2021 年学生选取各类关键词的占比变化如图 1 所示。

表 1　学生需求关键词分类情况

关键词分类	对应的高频关键词示例
国际经济关系	中美贸易战、美联储、次贷危机、东南亚金融危机、索罗斯、巴菲特、IMF
我国政策实践	一带一路、亚投行、进博会、人民币国际化、互联网金融、丝路基金
机构金融业务	外汇期货交易、中行"原油宝"事件、瑞幸造假、蛋壳公寓、恒大危机
个人金融操作	外汇投资、数字货币、比特币、狗狗币、P2P、基金、炒股、银行理财、金融诈骗

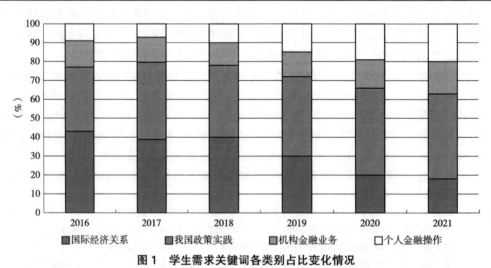

图 1　学生需求关键词各类别占比变化情况

由表 1 和图 1 可知，学生对国际国内金融领域的重大议题和热点问题高度关注，所选关键词基本上是近年来财经领域的"热词"，具有鲜明的时代特征。分析历年变化情况可以发现学生所关心问题领域的变动趋势：一是我国的政策实践超过了一般性的国际经济关系，成为学生目前最关心的领域；二是对机构金融业务和个人金融操作的关注度逐年提高，上升趋势明显，反映出学生在更多地从个体微观视角看待金融问题；三是学生对专业课知识体系的把握还比较有限，部分关键词不属于"国际金融"课程的范畴。

针对上述特征和趋势，在进行课程思政教学设计时应遵循以下思路：一是教学内容应当回答学生的关切，厚植家国情怀，讲好国际金融"中国的故事"；二是坚持以人为本的教学理念，从学生的现实生活中挖掘微观素材，讲好"身边的故事"；三是引导学生将热点问题与专业知识有机结合，避免对热点问题浮于表面的分析，讲好"有深度的故事"。

三、教学目标与教学内容重构

（一）教学目标体现价值引领

从知识、能力、素质三个维度建立了教学目标体系，通过素质目标体现价值引领。课程总的素质目标包括：第一，树立将所学理论知识与国家发展现实需求相结合的专业意识，形成对我国新时代国际金融政策目标与实现路径的理论认同和情感认同；第二，构建用数学模型分析理论问题的经济学研究方法，锻炼历史唯物主义和辩证唯物主义的经济学逻辑思维能力；第三，养成从数据和案例中提炼经济学观点的专业素养，强化独立自主的价值取向；第四，培养风险防范的投资意识和审慎合规的工作态度。

（二）教学内容反映育人目标

以教学目标为指引，结合课程主要知识点挖掘育人目标与教学内容的契合点，主要包括人民币国际化、国际收支平衡、国际储备形成、金融危机防范与干预等方面。

1. 人民币国际化

引导学生辩证理解人民币国际化对于提升我国国际地位的积极意义和存在的风险，坚定渐进实现人民币国际化的制度自信和道路自信。

2. 国际收支平衡

使学生理解"一带一路"倡议、亚投行建立和进博会对我国实现国际收支平衡的意义，培养学生将理论知识服务于国家重大战略需求的家国情怀。

3. 国际储备形成

引导学生客观认识我国巨额国际储备形成的微观机制，理解外汇储备对抵御国际金融风险的积极作用，通过外汇储备数量的历史变迁理解我国改革开放四十多年来波澜壮阔的经济发展历程，增强民族自豪感。

4. 金融危机防范与干预

使学生了解金融危机产生的投机机制及危害，从而深刻理解习近平总书记"把维护金融安全作为治国理政的一件大事"的重要论断，理解财经从业人员职业道德对国家金融稳定的重要意义。

（三）知识体系融入思政元素

作为教学目标与内容的直观反映，通过修订教学大纲在知识体系结构中融入家国情怀、四个自信、职业道德与职业精神、专业文化素养、辩证唯物主义思维方式等思政元素，实现教书与育人的有机结合。具体见表2。

表2 融入思政元素的知识体系（教学大纲）设计

教学内容	体现价值引领的教学目标	思政元素
1 国际金融导论	树立将所学理论知识与国家发展现实需求相结合的专业意识	家国情怀
2 国际收支	辩证看待我国不同时期国际收支目标的差异与政策选择	辩证唯物主义思维方式
3 外汇市场与外汇交易	增强外汇投资的风险防范意识，形成审慎合规的外汇实盘操作态度	职业道德与职业精神

(续)

教学内容	体现价值引领的教学目标	思政元素
4 汇率决定	构建用数学模型分析汇率决定理论问题的经济学研究方法	专业文化素养
5 国际货币体系	理解内因是实现金融政策目标的关键，培养经济学逻辑思维能力	辩证唯物主义思维方式
6 国际金融市场	养成从国际金融数据和案例中提炼经济学观点的专业素养	专业文化素养
7 国际储备与外汇干预	形成对我国新时代国际金融政策目标与策略的理论认同和情感认同	四个自信
8 内外均衡与政策协调	理解金融安全对实现经济稳定的重要意义，强化独立自主的价值观	四个自信

四、教学模式创新

（一）基于翻转课堂的教学模式创新

"国际金融"课程在改革中突破传统的讲授模式，在每次授课中安排15分钟的学生展示环节，充分发挥学生的主体地位，实现翻转课堂。在组织方式上：采用小组作业的方式，要求全体学生参与，限定展示时间；在内容选题上：聚焦学科前沿和社会热点，以问题为导向引导学生用课程知识分析和解决现实问题，实现学以致用和价值引领；在呈现形式上：鼓励以小品、情景剧、分组辩论、新闻访谈等灵活多样的形式，鼓励团队合作；在考核机制上：将课堂展示的小组整体表现和个人表现均计入平时成绩，起到对学生的激励和约束作用。

（二）案例驱动的翻转课堂选题

好的选题能够调动起学生参与翻转课堂的兴趣，引导学生讲好中国的故事、身边的故事、有深度的故事。结合"国际金融"课程的特点，在国际经典理论的基础上，应结合我国的实践案例设计选题。

1. 从现实世界的热点问题中提炼选题

作为世界最大的发展中国家和经济增长最快的新兴经济体，我国日新月异的金融事件为选题提供了丰富的素材。中美贸易摩擦、"一带一路"、进博会、"十四五"规划、数字货币等都与课程存在结合点且结合紧密，能够充分挖掘育人元素。例如，将"一带一路"倡议、进博会召开等经济热点，与国际收支等知识点紧密结合，引导学生在准备展示内容时学习领会习近平总书记在"一带一路"国际合作高峰论坛和进博会的主旨演讲，从而在课堂展示时从政治高度呈现我国当前的金融国际化路径选择，引导学生在思想上、理论上、情感上认同我国新时代的对外开放政策，坚定用所学理论知识服务于国家发展战略的自信心和自觉性。

2. 从日常生活的疑难问题中提炼选题

"国际金融"的课程内容既涉及国家大政方针等宏观层面，也与学生的日常生活息息相关。例如，汇率变动如何影响出国旅游的时机和出国留学的成本，商业银行推出的外汇理财产品是否具有投资价值，个人如何在风险可控的前提下通过外汇投资实现资产增值。这些贴近学生日常经济生活的选题接"地气"，合理利用则能够调动起学生的"人气"。

3. 从学术研究的争议话题中提炼选题

作为面向高年级本科生开设的课程，应当将课内知识向学术前沿进行适当延伸。从学术研究的争议话题中设计案例选题，反映了以科研促进教学的理念，能够锻炼学生的研究能力，增强学生的思辨意识。例如，林毅夫和张维迎两位教授关于我国产业政策是否有效的争论，在学术界注度极高，容易引起学生的探究兴趣。这一争论与国际金融领域的内外政策搭配与协调相联系，通过引导学生思考这一问题并进行讨论和展示，能够拓展学生对课内问题思考的广度和深度，以更加辩证的态度看待开放经济条件下宏观经济政策的有效性。

（三）翻转课堂教学设计实例

以"国际金融"课程第一章第三节的内容"国际收支的调节机制与政策"为例，介绍学生展示环节的具体设计。结合本节课的教学目标与内容，并联系授课之前发生的重大新闻事件，将展示主题设定为"走进'进博会'，感受全球贸易的中国力量"。通过课堂情景剧与课下 VCR 制作相结合的方式充分调动组内所有学生参与，教师在展示的全过程充分发挥引导作用，并将家国情怀、以人为本、四个自信等思政元素有机融入展示内容，具体设计方案如图 2 所示。

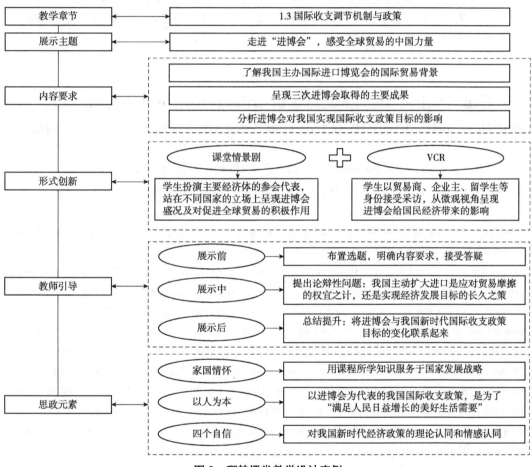

图 2　翻转课堂教学设计实例

五、结　语

北京林业大学"国际金融"课程以将思政元素融入教学目标、教学内容、教学模式的设计中，构建了全新的课程体系。改革的主要创新和特色可总结归纳为四个方面：一是理论基础与实际应用紧密结合，二是专业育才与思政育人有机融合，三是学生主动与教师引导相辅相成，四是国际视野与中国特色相得益彰。

总的来看，"国际金融"课程改革取得预期成效，融入课程思政的修订版教学大纲已经使用,教学效果得到学生与督导专家的高度评价。本课程2019年和2021年分别入选北京林业大学第一期和第三期"好评课堂",成为目前为止全校两次入选"好评课堂"的极少数课程之一。但由于时间和经验所限,目前课程对思政元素的挖掘还不够深入,融入方式有时还不够自然,教学案例还需要与时俱进地进行调整,这些都需要在今后的教学实践中进一步改革创新。

参考文献

[1] 教育部. 高等学校课程思政建设指导纲要[Z]. 2020.
[2] 蒋云赟. 思政建设在"社会保险"课程中的思考和实践[J]. 中国大学教学, 2021(7): 64-69.
[3] 李爽. 高校课程思政建设中存在的主要问题及应对策略研究[J]. 东北师大学报(哲学社会科学版), 2021(5): 137-144.
[4] 王伟. 高校金融类专业课程思政建设路径研究[J]. 北京教育(高教版), 2021(6): 23-25.
[5] 张申, 万静, 高倩然. 金融专业"课程思政"建设方法探讨——以"国际金融""宏观经济学"课程为例[J]. 教育教学论坛, 2021(16): 81-84.

Exploration and practice of integrating ideological and political education into the teaching of *International Finance*

Gu Xuesong　Qin Tao　Pan Huanxue　Deng Jing

(School of Economics and Management, Beijing Forestry University, Beijing　100083)

Abstract　In view of the problems existing in the traditional teaching of *International Finance*, such as emphasizing professional knowledge over educational objectives, emphasizing basic theory over practical cases and emphasizing teachers' teaching over students' participation, The Finance major of Beijing Forestry University actively reformed and innovated to integrate ideological and political elements into the course teaching, and achieved valuable practical experience. This paper first puts forward the overall design idea of curriculum teaching based on students' needs, then integrates educational elements into the knowledge system to reconstruct teaching objectives and contents, and finally introduces the innovation of teaching mode based on flipped classroom through typical examples. The practice proved that guiding the students to tell the stories in China, around them and in-depth in close combination with the course content significantly improved the teaching effect.

Keywords　curriculum-based ideological and political education, *International Finance*, reform in education, flipped classroom

课程思政融入"线性代数"课程的探索

章娟 李扉

(北京林业大学理学院,北京 100083)

摘要: 基于"线性代数"课程的特点,我们深入挖掘知识点中蕴含的思政元素,着力将思政教育贯穿整个课程中,发挥课程育人的功能。具体来说,我们探索了从融入数学文化,培养学生的文化自信,融入中国科技,培养学生的民族自豪感和融入哲学思想,培养学生的辩证思维能力这三个途径将课程思政自然地融入课堂教学中。并且给出了一个具体的课程思政教学案例的教学设计过程和实现途径以及实施效果。

关键词: 线性代数;课程思政;文化自信;民族自豪感;哲学思想

最古老的线性问题是线性方程组的求解,在中国古代的数学著作《九章算术·方程》中,已经做了比较完整的叙述。随着线性方程组和变量的线性变换问题的深入研究,以及行列式和矩阵的产生,推动了"线性代数"的发展。随后向量概念的引入形成的向量空间,以及与此相联系的矩阵理论,构成了"线性代数"的中心内容。"线性代数"是数学在其他学科应用的基础工具,也是工程类及经济管理类课程的基础。在计算机广泛应用的今天,计算机图形学、计算机辅助设计、密码学、虚拟现实等技术无不以"线性代数"为其理论和算法基础的一部分。因此我们在教学过程中不仅要注重知识层面上的学识教育,更要注重文化层面上的素质教育,抓住课程改革核心环节,充分发挥课堂教学在育人中主渠道作用,着力将思政元素贯穿整个课程中,发挥课程育人的功能。

一、"线性代数"课程思政主题的构建

首先,我们从"线性代数"所体现的几何观念与代数方法之间的联系,从具体概念抽象出来的公理化方法以及严谨的逻辑推证、巧妙的归纳综合等,来培养学生综合运用所学知识去分析问题和解决问题的能力。

其次,探讨"线性代数"课程中蕴含的哲学思想,包括课程内容中体现的质变引起量变、对立统一、形变质不变等哲学思想,使得一些抽象的理论和公式变得容易理解,激发学生的学习兴趣,同时培养学生的辩证思维能力。

最后,我们坚持在"线性代数"的课堂教学中融入思政教育,深入挖掘知识点中的思政元素,培养学生对学科价值的认同感、学生的爱国主义情怀和文化自信。让学生学到专业知识的同时,潜移默化地帮学生树立正确的人生观、世界观和价值观。

二、课程思政融入途径的探索

课程思政必须紧密结合课程教学内容展开,深入挖掘课程内容中所蕴含的思政元素,自然地融合到课堂教学中,达到润物无声的育人效果[1-2]。

作者简介:章娟,北京市海淀区清华东路35号北京林业大学理学院,讲师,juanzhang@bjfu.edu.cn;
李扉,北京市海淀区清华东路35号北京林业大学理学院,副教授,feifei_1004@bjfu.edu.cn。
资助项目:北京林业大学课程思政教研教改专项课题"线性代数B"(2020KCSZ244);
北京林业大学课程思政项目"高等数学E"(2020KCSZ225)。

(一)融入数学文化，培养学生的文化自信

在数学课程教学中，除了传授数学思想、精神、方法、观点外，还应该注重数学家、数学史、数学美以及数学与各种文化的关系等人文品质的培养。我们从数学史出发，在讲授新的知识的时候，先介绍该知识点的发展历史，如学习"线性方程组"这一章的时候，可以讲述我国古代著名数学专著《九章算术》中采用分离系数(即矩阵)的方法表示线性方程组；解线性方程组时使用的直除法，与矩阵的初等变换一致。这是世界上最早的完整求解线性方程组的方法，在西方，直到17世纪才由莱布尼兹提出完整的线性方程的解法法则，早于西方一千多年。在课程中，通过简要概括中国古代数学家的学术贡献，可以提升学生的文化自信和民族自豪感。

(二)融入中国科技，培养学生的民族自豪感

线性代数是现代科技的理论基础，我们在授课中从所学知识在实际中的应用出发，讲述我国科学发展前沿性进展，来培养学生的民族自豪感以及对学科价值的认同感。比如学习矩阵及其运算的时候，可以介绍中国 C919 大飞机，让学生不仅能感受到所学知识的实际应用价值，同时也为我们国家科技快速发展而感到自豪。

(三)融入哲学思想，培养学生的辩证思维能力

事物发展是有规律可循的，量变一定会产生质变，量的积累必然产生质的飞跃，这是无数事实已经证明的真理。而数学研究就是从量的关系方面去把握事物的质及其变化规律，特别是质的差异和从量变到质变的飞跃过程。"线性代数"课程中的一些内容就体现了这个思想，如 m 个 n 维向量构成的向量组 $A=(a_1, a_2, \cdots, a_m)$，当向量组的秩 $R(A)<m$ 时，向量组必线性相关；当向量组的秩 $R(A)=m$ 时，向量组必线性无关，反映了质变引起了量变的思想[3]。因此在教学过程中探讨课程内容中蕴含的哲学思想，能调动学生学习的主动性和积极性，培养学生的辩证思维能力。

三、课程思政的教学案例

思政元素是融合在教学内容的方方面面的，本案例以"线性代数"课程中一个十分重要的知识点——"线性变换的矩阵表示式"为例[4-5]，创新性地从线性变换在动漫制作中应用这个知识点，巧妙地挖掘出中国传统文化自信这个思政点，既传授知识，又培养学生文化素质。

(一)教学背景

加强高校思想政治教育工作，必须从高等教育"育人"本质要求出发，不能就"思政课"谈"思政课"建设，而应抓住课程改革核心环节，充分发挥课堂教学在育人中主渠道作用。因此在讲授"线性代数"这门课时，着力将思想政治贯穿整个课程中，发挥课程育人的功能。在本节内容"线性变换的矩阵表示式"以电影《哪吒》引入，再以《哪吒》结尾点题，升华思想，自然而然将中国文化自信理念带到课程中。

(二)思政元素的挖掘

本节课内容"线性变换的矩阵表示式"在计算机图形学中应用广泛，结合近来火热的动画《哪吒之魔童降世》，动画中 3D 人物的连续运动涉及大量 4×4 矩阵计算，尤其是要求物体表面看起来真实、有纹理且光线自然的时候，计算量更大。高端的计算机图形平台在微芯片和电路中嵌入了 4×4 矩阵运算和图形算法，它们每秒钟可以执行数十亿次矩阵乘法，可用于实现仿真彩色动画。通过这点可以引出本节课的主要内容线性变换以及非线性变换的矩阵表示，在课程结尾处用所学的知识配合 MATLAB 数学软件，做一个简单的 3D 的小动画，然后点题动画《哪吒》，自然引出《哪吒》动画的火热不仅仅是因为动画制作技术的进步，更因为它植根于深厚的中华文化，它融入了中国传统文化元素——江山社稷图，同时取材于家喻户晓的中国传统故事，更蕴含了中国式哲思，正是有了这样的文化自信才能创

造根植于文化的优秀作品。动漫作为一种文化创意产品,不仅向全世界观众传播和展现东方文化的独特魅力,更能代表一个国家的文化与价值观,而价值观的输出更是国家软实力的体现。自然而然引出思政内容——文化自信。

(三)教学特色

以问题教学方法为主要教学方法,以学生为主体、以问题为核心规划学习内容,让学生围绕问题寻求解决方案。给学生提供一个交流、合作、探索、发展的平台,促进学生创造思维的发展。通过"雨课堂"平台,更好地增加学生之间的互动,并为学生提供及时反馈问题的渠道。课堂中将思政内容自然融入课程教学里面,潜移默化地影响学生,将"立德树人"落到实处。

(四)教学过程

采用基于问题教学法,以学生为主体、以问题为核心,让学生围绕问题寻求解决方案。教师在此过程中担任问题的提出者、课程的设计者以及结果的评估者。利用电子教案展示1979年动画《哪吒闹海》和2019年动画《哪吒之魔童降世》部分画面,通过观看提出问题:"两部动画在制作上有什么不同?在展现效果上又有哪些不同?"从实际问题切入,引出本节课的教学内容:

①提出具体实际问题,引入学习内容(图1),吸引学生的注意力,激发学生学习和继续探索的兴趣。

②边读边议,讨论交流。引导学生对提出的问题思考,明确要解决的主要问题,即问题定向。

③引导学生解决问题,授课过程中向学生强调本节课的主要任务是掌握线性变换的定义和性质,以及线性变换的矩阵表示(图2)。

　　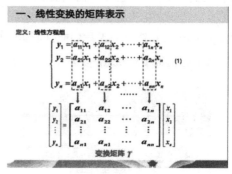

图1　课程引入　　　　　　　　　　图2　课程内容

④引导学生利用所学知识先解决一些简单问题,如平面上中的旋转变换、反射变换、收缩与膨胀变换、投影变换(图3、图4)。

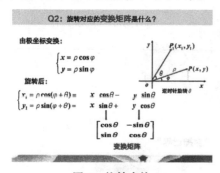　　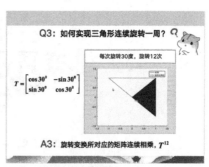

图3　旋转变换　　　　　　　　　　图4　连续旋转变换

⑤对解决的问题再质疑，使得学习的知识深入化和系统化，并且给出所学知识在实际中的应用(图5)。

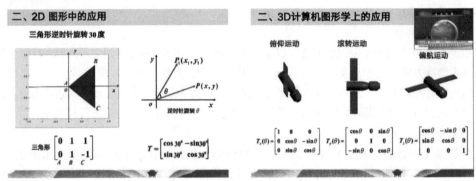

图5　在图形学中的实际应用

⑥例题小结并升华。近来火热的动画《哪吒之魔童降世》，动画中3D人物的连续运动涉及的大量矩阵计算，其实就是矩阵变换，包括线性变换和非线性变换，正是本节课学习的主要内容：线性变换的矩阵表示。无疑《哪吒》这部动画是成功的，成功不仅仅是因为动画制作技术的进步，更因为它植根于深厚的中华文化，它融入了中国传统文化元素——江山社稷图，同时取材于家喻户晓的中国传统故事，更蕴含了中国式哲思，正是有了这样的文化自信才能创造根植于文化的优秀作品。动漫作为一种文化创意产品，不仅向全世界观众传播和展现东方文化的独特魅力，更能代表一个国家的文化与价值观，而价值观的输出更是国家软实力的体现。我们的文化，历经千年而风采依旧；我们的历史，绵长悠久而辉煌。

⑦"以传统文化为骨，以制作技术为翼"，激励学生好好学习线性代数的知识，将所学应用到实际中去，终有一天我们能打造属于自己的"封神世界"(图6)。

图6　实际应用树立文化自信

(五)案例实施的成效

实施成效相当显著,学生在课堂上积极互动,积极思考,不仅对"线性代数"这门课在实际中的应用很感兴趣,同时对于引例《哪吒之魔童降世》中体现的文化自信展开了激烈的讨论。"雨课堂"实时弹幕时时飘过"中国真的强大了,国漫崛起了,我们也像全世界展示我们中华文化了""我不喜欢好莱坞的普世思想,也不喜欢美国的价值输出,《哪吒》真的是软性输出了中国传统文化""《哪吒》特效炸裂,我命由我不由天,舍己为人正是我们优秀的文化体现""江山社稷图很中国风,喜欢中国元素"。课下也随机问了20位学生的课程感受,几乎全部都表示中国真的强大了,我们有很多优秀的传统文化,为祖国感到自豪。

四 结 语

本案例整体的设计让学生体会到两方面的内涵:一方面科技的进步离不开数学;另一方面中国文化博大精深,我们"以传统文化为骨,以科学技术为翼",树立自己的文化自信。课程思政融入课堂教学。目前我们已经取得了一定的成效,但是要做到"春风化雨,润物无声"的效果,还需要我们进一步深入探索,建立一套完整的思政教学体系。

参考文献

[1] 曹洁,曹殿立,马巧云,等. 融合思政的线性代数在线课程教材内容研究[J]. 科教导刊,2020(8):116-117.
[2] 章娟,田阳. 以学生为中心的"高等数学"线上教学实践[J]. 高等农业教育,2020(1):95-99.
[3] 李晓红. 浅谈线性代数中的哲学思想[J]. 教育教学论坛,2017,9(39):219-220.
[4] D. C. Lay, S. R. Lay, J. J. McDonald. Linear Algebra and Its Application[M]. USA:Pearson Education, Inc., publishing as Addison-Wesley, copyright, 2006.
[5] 同济大学数学系. 工程数学线性代数(第六版)[M]. 北京:高等教育出版社,2013.

Exploration of integrating course-based ideology and politics education into *Linear Algebra* curriculum

Zhang Juan Li Fei

(School of Science, Beijing Forestry University, Beijing 100083)

Abstract Based on the characteristics of *Linear Algebra* curriculum, we deeply explore the ideological and political elements contained in the course, and focus on course-based ideology and politics education throughout the course, give full play to the educational function of the curriculum. To be specific, we have explored three ways to integrate course-based ideology and politics education into classroom teaching naturally: integrating mathematics culture to cultivate students' cultural confidence, integrating Chinese science and technology to cultivate students' national pride, integrating philosophy to cultivate students' dialectical thinking ability. Finally, a concrete case of course-based ideology and politics is given, including the process of teaching design, the way of realization and the effect of implementation.

Keywords *Linear Algebra*, course-based ideology and politics, cultural confidence, national pride, philosophy

课程思政融入专业课"家具材料学"教学的探索

杨国超　张求慧　郭洪武　刘　毅

（北京林业大学材料科学与技术学院，北京　100083）

摘要：在高校全面推进课程思政建设的新时代背景下，充分挖掘专业课的思政元素和资源，发挥好该课程的育人作用，全面提高人才培养质量，是专业课教师的责任。本文以北京林业大学国家级重点学科木材科学与技术的专业课"家具材料学"的课程思政改革为例，从适应新工科人才培养需求、加强课程思政教育的新视角出发，通过构建"素质—知识—思政"三维立体化育人模式对课程的教学内容和教学形式进行了探索和实践，收到了满意的效果，也提出了进一步的教改建议。

关键词：课程思政；家具材料学；专业课教学；人才培养

　　课程思政教育的内涵可以概括性地理解为，在授课过程中进行潜移默化的思想政治教育，以培养学生的家国情怀、个人品格以及科学思维。2020年5月28日，教育部在关于印发《高等学校课程思政建设指导纲要》（以下简称《纲要》）的通知中指出："落实立德树人根本任务，必须将价值塑造、知识传授和能力培养三者融为一体、不可割裂"[1]。《纲要》中指出："专业教育课程要深度挖掘提炼专业知识体系中所蕴含的思想价值和精神内涵，科学合理拓展专业课程的广度、深度和温度""工学类专业课程，要注重强化学生工程伦理教育，培养学生精益求精的大国工匠精神，激发学生科技报国的家国情怀和使命担当"。课程思政是社会主义新时期下的高校思政教育的深化与拓展，在高校专业课教学融入课程思政理念，已然成为新时代教育行业发展的必然途径。

　　课程思政的实质是一种符合时代需求的育人观，是将立德育人的理念自然地渗透融入课程教学内容。教育部高教司吴岩司长提出："要让课程思政成为有情有义、有温度、有爱的教育过程""80%的大学生都认为对自己成长影响最深的是专业课和专业课教师，因此要紧紧抓住专业课教师主力军、专业课教学主战场、专业课课堂主渠道，深入推动专业教育与思政教育紧密融合"[2]。具体实施就是在高校所有课程中融入思政元素，以充分发挥课程的德育作用。这体现了当前教育育人本质的深化和新时代高校思想政治工作的协同要求[3]，是适应社会发展和培养德智体美劳全面发展的明智之举。

　　"家具材料学"课程是北京林业大学材料学院国家级重点学科木材科学与技术下设的木工专业（家具设计与制造方向）的专业基础课，也是必修课、专业核心课。在提倡课程思政的时代背景下，笔者结合时代要求与学生认知现状，探索了"素质—知识—思政"三维立体化育人模式在"家具材料学"教学中的课程教学与课程思政的融合，形成了新的思政教学与

作者简介：杨国超，通讯作者，北京市海淀区清华东路35号北京林业大学材料科学与技术学院，讲师，yangguochao@bjfu.edu.cn；
　　　　　张求慧，北京市海淀区清华东路35号北京林业大学材料科学与技术学院，教授，qhzh66@163.com；
　　　　　郭洪武，北京市海淀区清华东路35号北京林业大学材料科学与技术学院，教授，ghw5052@163.com；
　　　　　刘　毅，北京市海淀区清华东路35号北京林业大学材料科学与技术学院，副教授，liuyi.zhongguo@163.com。
资助项目：北京林业大学研究生建设课程"'家具材料与结构'课程教学改革与创新实践"（JXGG2021）。

科学技术传授的有机结合模式。

一、"家具材料学"课程在课程思政中的问题探究

有学者认为：在课程思政的教学活动实施过程中，教师要做到"有情有义有爱"，即有献身教育的情怀，有立德树人的意识，有以生为本的大爱，学生才可能享受"知识层面有广度，理论分析有深度，能力提升有高度，学习情感有温度"的课堂[4]。在课程"家具材料学"教学活动中，笔者就如下三方面进行了认真反思：①如何提高专业课教师对课程思政的自觉性和使命感？②如何在传授专业知识的同时，将课程思政教育理念有机地融入专业课教学？③如何促进专业课教学多元化的育人功能，培养更多堪当民族复兴大任的时代新人？在以往教学实践的基础上，归纳出目前"家具材料学"课程在课程思政中的现存问题主要有以下三个方面。

（一）对课程思政的认同感和使命感不足

任课教师对实施思政教育行动存在误区，认为在高校课程教学体系中，思想政治课才应该是思政教育的主阵地和主渠道，因为那里集中了最广泛最重要的思政教育师资力量和相关信息资源。思政教育应该是思政老师和辅导员的职责和本分，而专业课老师主要只负责智育即可。即使对课程思政有简单理解，也能在课程教学中简单运用少量的课程思政的手法，但不够透彻具体，未能深入地将课程思政与专业学科内容进行有机融合。

（二）在教学课件中未充分挖掘课程思政元素

在"家具材料学"的新版教学大纲中，任课教师遵从学校的统一要求，对思政教育提出了宏观上的要求，但落实在教学实处的不够或很少。貌似是为了课程思政而被动地进行思政教育，有些突兀地将专业知识讲授与课程思政内容"机械堆砌"，未能起到很好的"画龙点睛"的既教书又育人的效果。

（三）在教学过程中未真正实现课程思政与专业学科知识传授的有机融合

课堂讲授是以教学课件和教案为主要依据进行的教学活动，如果没有充分的教学准备工作安排，备课时没有系统地将思政教育融入专业课内容的设计，没有明确自己需要进行的"思政教育要点"，就难以真正实现专业知识与思政教育的有机融合。这个问题实质上是与上述两个问题密切关联的，是以上问题导致的具体结果。主观上分析，其根源还在于对课程思政的主观意识不足，在具体实施上就缺乏自觉性和责任感。

二、课程思政教学体系的探索与建设

课程思政的目的是为了实现各类课程与思想政治理论的同向同行，实现协同育人。在专业课程中融入思政元素，可以潜移默化地展开思政教育，起到"润物细无声"的作用[5]。对"家具材料学"课程中课程思政存在的问题，有针对性地进行了以下具体改革措施。

（一）加强政治理论知识学习，提高对课程思政重要性的认识

课程思政作为一种教育理念和教育方法，具体是指以构建全员、全程、全课程育人格局的形式，将各类课程与思想政治理论课同向同行，形成协同效应，把"立德树人"作为教育的根本任务。把思想教育融合到专业课程的领域，分散到教育体系的各个环节，是新时期党对教育事业的真切指导[6-7]。在高校的教学师资队伍中，作为有着重要教学角色地位的专业课教师，应该与思政课教师发挥联动作业，双向同行，形成合力，促进专业课教学的多元化育人功能的实现。归纳起来看，专业课构建课程思政的重要性主要有三个方面：首先是新时期教育现代化的需要；其次是发挥高校立德树人主阵地的作用；第三是有效保障学生的德育和智育全面发展。

要在授课过程扩大思政教育的格局和视野，真正做实际意义上的"大思政"，就需要任课教师处处从师德出发，坚持正确的政治导向和与时俱进的时代精神，在教育教学中，注重对学生进行"润物细无声"的思政渗透，实现全方位育人。力争做到让学生在无形中感知到思政教育的温度，潜移默化地达到思政教育的隐形结果。

通过学习前人的研究结果和经验[8-10]，任课教师认识到，专业课教师其实能够最大限度地发挥教学育人的优势，因为他们与学生接触最为频繁，所讲授的课程内容也是学生认可度高的学科知识。所以作为专业课教师，更有必要利用自己对学生的影响力，提高自己的政治站位，坚定社会主义核心价值观，创新教学模式，优化专业课育人的功能，凝练教学内容，明确德育功能。换言之，专业课教师有责任将思政教育贯穿于专业课程教学课堂的全过程，因势利导地引领学生运用正确的立场、观点和方法，去观察社会、理解人生，提升他们的思辨能力。另外，还应特别注意的是，在实施课程思政时，绝不应简单地生拉硬套，将政治理论与专业知识进行"强制联姻""机械堆砌"，而应该注重贴近专业教学体系，不断增强专业课的理论厚度、思想深度和情感温度，培养学生的家国情怀，坚定文化自信，突出爱国主义教育、集体主义教育、社会主义核心价值观教育等积极向上的正能量内容。

(二)潜心挖掘专业课中的思政元素，精雕细琢打磨思政好课

1. 建立专业学科知识与课程思政元素融合体系，构建立体化育人模式

抓住各章代表性的知识点，系统安排设计将课程思政教育灵活加入专业课中，构建"素质—知识—思政"三维立体化育人模式，实现教书育人的最终目的。

(1)总体目标

以专业课知识讲授为载体，以立德育人为根本，充分挖掘蕴含在专业知识中的德育元素，实现专业课与思想政治教育的有机融合，帮助学生树立社会主义新时代的核心价值观，实现显性教育与隐性教育的有机结合。

(2)具体目标

①在综合素质层面：提升学生的爱党爱国热情、积极向上的正能量、互促互进的团队凝聚力。

②在知识拓展层面：提升民族自豪感和文化自信，提升个人社会价值。

③在课程思政层面：明确作为新时代大学生对国家经济发展应尽的义不容辞的责任。

在专业课教学开展思政教育的实施过程中，施教者需要顾及完成学科专业知识教学大纲的进度，通过构建"素质—知识—思政"三维立体化育人模式，仔细分析找到专业知识与课程思政元素两者相互融合的切入点，形成统一的有机整体。教师除了在备课时充分仔细，还需要具备一定的"灵魂度"。随时关注时事政治，注意将最新的时政要闻、重大新闻事件作为引导线索，实现思政教育的"与时俱进"和"同频共振"。

任课教师团队仔细梳理了各章的教学内容，列出了实施"家具材料学"课程思政的知识点、思政融入点和思政教育点三者之间的融合体系(表1)。

2. 精心设计实施方案，将思政教育落在实处

在充分挖掘隐含在专业知识中的课程思政元素的基础上，从教学内容和教学方法的教学体系中，应注重将知识传授和价值塑造进行有机融合，避免"两张皮"。课程思政也需要遵循教育发展规律，创新教育组织形态，丰富现代学习方式，有利于提升高校人才培养的质量。任课教师对北林木材加工专业(家具设计与制造方向)的大三学生实施了课程思政教学的探索实践。由于该课程采用了混合式的教学模式(线上30%，线下70%)，所以在课程思政教育上，也运用了两种不同的教学方法和形式。

表 1　"家具材料学"专业学科知识与课程思政元素的有机融合

章节	关键知识点	思政融入点	思政教育点
1 概论	家具材料史的发展沿革	中国家具发展的鼎盛时期(明式家具的辉煌及对世界家具历史发展具有划时代意义,至今无法超越)	提升学生的文化自信,民族自豪感,增强家具人对目前现状的思考,增强家具人的使命感
	材料的生命周期评估	材料使用对生态环境的影响,敬畏自然赋予的财富	科学利用有限的资源是可持续发展的是需要
2 木材	木材的主要性能特点	木材应用历史,数千年来国人对木材依恋未曾改变	弘扬中华传统木文化,人+木=休(休身养性)
	家具常用木材	红木被过度追捧,速生材的应用意义	珍惜各种木材资源,实现科学利用是王道
3 人造板	人造板的主要品种、性能特点、应用范围和发展趋势	发展人造板工业的意义,"人造板及制品的有害物质限量"强制标准的意义	人造板生产是合理利用有限木材资源的途径,国家重视百姓生命安全
	家具常用人造板品种	板式家具成为目前家具市场的主流产品,尤其是刨花板成为板式家具中最主要的用材板种,原因何在	全树利用的意义;刨花板家具木材综合利用高,性价比合适,可满足百姓生活需求
4 竹材与藤材	竹材藤材的主要特点及应用	竹材藤材的应用历史,竹材藤材的独特优势	弘扬中华竹文化(宁可食无肉不可居无竹)
	家具常用竹材藤材品种	竹材改性的研究及应用(竹集成材竹展平板)	以竹代木保护森林以竹胜木造福子孙
5 金属	金属家具的特点及应用	我国金属家具发展的趋势,金属家具的环保性能	金属的刚硬和强悍恰似国人的不屈的性格
	家具常用金属的品种	铁艺家具的独特美感,新型铝合金的应用	钢筋铁骨也柔情,创新性技术提升了性能
6 玻璃	玻璃的特点及应用	玻璃家具兼具多种效果艺术,玻璃-琉璃是中国独特的艺术瑰宝	玻璃通透,人也该如此弘扬中华传统琉璃文化期待复兴玻璃家具产业
	家具常用玻璃品种	浮法玻璃的特点及应用	中国浮法玻璃产量及生产技术为世界第一,民族自豪感
7 塑料	塑料的特点及应用	塑料的发明及制品的使用有哪些利与弊	塑料对自然环境的影响极大,减少塑料制品开发降解塑料势在必行
	家具常用塑料品种	国家颁布"塑料家具中有害物质限量"强制标准的意义具体都有哪些	塑料家具物美价廉,但需重视其中有害物质,确保人身和环境安全

(续)

章节	关键知识点	思政融入点	思政教育点
8 纺织品与皮革	纺织品与皮革的特点	棉纤维与化学的性能对比家具覆面材料，采用化纤制品综合性价比高	我国化纤产量和品种长期稳居世界第一，全球服装半数含中国纤维，民族自豪感
	家具常用纺织品和皮革品种	沙发覆面采用珍贵皮革还是合成皮革，体现了对未来世界生态世界的思考	善待动物，关爱生命，遵守法律，抵制非法饲养或买卖保护动物
9 石材	石材的种类及特点	石材的材料语言表现力	弘扬中华石文化(石不能言最可人)，大理石枝条形花纹浪漫多变，花岗石花纹似繁星璀璨
	家具常用石材的品种	关于石材放射性的释疑	国家现行石材放射性的强制标准颁布和实施，是对石材市场的规范，也是对百姓安全的保障
10 瓦楞纸板	瓦楞纸板的特点及应用	造纸术是中国古代的创新智慧成果，是四大发明之一，对世界文明发展史产生巨大的影响力	中华民族优秀传统文化是国人生生不息长盛不衰的文化基因，也是实现伟大复兴的精神力量
	瓦楞纸板家具的现状与趋势	瓦楞纸板家具的环保特性传承文化基因，纸有境界	期待中国家具行业实现腾飞再创辉煌，从家具大国跃至家具强国

在线下部分，利用线下教师学生可以面对面交流的机会，积极实施课程思政活动，同时利用翻转课堂小组讨论发言的机会，引导学生思考如何在掌握专业学科知识的基础上，实现个人的思想素质提高和社会价值提升。如谈论木材的时候，让学生以不同的视角和思维方式，来审视木材为人类的贡献，"生为树，为人类提供生态功能；死为木，依然为人类提供生态材料"。作为人类，又该为这个地球这个社会做些什么？学好专业学科知识，科学合理地利用珍贵木材资源，是对木材最大的尊重，也是每一个家具人的责任。

在线上部分，利用的线上课程资源是本校自建的北京市精品慕课"材料与家具"，课程教学团队适时将有关课程思政的讨论题发在讨论区，让学生表达自己的见解。取得了很好的效果(图1)。

与时俱进、同频共振，利用特殊日子和特殊事件，随时实施相关学科知识的思政教育，并及时关注学生思想动态。举个例子，2021年9月30日下午，恰逢课程讲授至人造板一章，任课教师抓住机会强调人造板工业现在已经是木材加工行业的支柱，就是源于国家非常重视木材的合理利用和行业的可持续发展，对于第二天即将到来的国庆日，适时对学生进行爱国主义教育，引导学生进行深入思考：作为一名家具人，如何助力祖国家具行业的发展。

三、 基于三维立体化育人模式的"家具材料学"教学实践结果分析

从目前北京林业大学综合教学管理系统上的教学实时评价结果可以看出，课程思政的

图 1 线上教学的课程思政讨论

效果初见成效(图2)。有大于90%的学生表示,"老师潜移默化地传授了做人、做事的道理",学生对课程评价给出"非常满意"的留言上写到"老师给我带来多方面多维度的知识""老师总是希望我跳出她讲的东西的局限性"等,这让任课教师感到欣慰,也更坚定了进一步努力探索课程思政教学的勇气和信心。

通过在线问卷调查的方式对课堂教学过程中思政育人效果进行调查分析。通过在创新意识、科学精神、环保意识、职业素养等方面设置题目,反馈结果见表2。结果显示课程思政在授课学生群体中起到了显著影响,其中在环保意识方面取得的教育效果最为突出。在环保意识方面,通过课堂中穿插爱护环境、敬畏自然等内容的讲解,学生中有95.91%的群体认为有较大提升及以上,环保意识方面进步是很大提升的比例达到59.18%。在创新意识、环保意识、职业素养三方面进步为较大提升及以上的学生所占比例均超过了91%,结果显示将课程思政内容与课程知识点的有机结合可以有效提高学生的综合素质,"素质—知识—思政"三维立体化育人模式的课程思政教学效果突出。此外,在科学精神方面进步选择较大提升及以上的学生所占比例为87.76%,相对其他三方面较低,结果表明在科学精神方面的相关内容相对匮乏、内容形式缺乏教育作用,在这一方面需进一步加强。

首页 » 教学评价 » 实时评价明细

实时评价明细

评价项目	满分	评价人数	满意度(%)
总体来看，我对本门课程授课教师的满意度	60	65	
老师对这门课教学认真负责，讲课投入，讲解清楚	6	65	
老师善于与我们交流，启发我们思考，耐心给予指导	6	65	
老师注重课堂管理，善于维持课堂秩序	5	65	
老师潜移默化地传授了做人、做事的道理	6	65	
这门课程激发了我学习相关知识的兴趣和热情	6	65	
通过课程学习，我理解并掌握了重要的知识点，有收获	6	65	
课后作业、答疑、讨论等，对我学习课程知识很有帮助	5	65	

图 2　综合教学管理系统的教学实时评价结果

表 2　"家具材料学"课程思政育人效果分析表

调查项目	调查选项与结果统计(%)			
	很大提升	较大提升	提升不明显	没有提升
通过学习"家具材料学"，你在创新意识方面的进步是	40.82	51.02	8.16	0
通过学习"家具材料学"，你在科学精神方面的进步是	40.82	46.94	12.24	0
通过学习"家具材料学"，你在环保意识方面的进步是	59.18	36.73	4.08	0
通过学习"家具材料学"，你在职业素养等方面的进步是	48.98	44.90	6.12	0

四、结　语

静下心来教书，潜下心来育人。立德树人是所有高校每一位专业课教师应该履行的责任和承担的使命，专业课教师有必要在教授专业知识的同时，掌握思政教育的动态、明确思政课程思政的内容要义，牢记自身的育人职责，不断改革创新教学方法，实现全方位培养人才的目的。高校人才培养的格局不应只停留在知识传递层面，还应该向思维拓展和价值升华(为社会发展贡献价值的追求)的方向挺进，唯此，才能增强学生的理想信念、爱国主义精神和团结奋进的凝聚力。"素质—知识—思政"三维立体化育人模式的构建及在"家具材料学"中的应用促进了课程内容与思政教学的有机融合，提高了学生在创新意识、科学精神、环保意识、职业素养等方面的修养，达到了思政育人的目的。在"课程思政"的时代背景下，思想政治理论融入各学科是大势所趋。课程团队将进一步对"家具材料学"的课程思政进行精雕细琢，积极探索其中的有效融合方式，力图打造出能够与时俱进、满足时代发展需求的高品质思政好课。

参考文献

[1]教育部. 教育部关于印发《高等学校课程思政建设指导纲要》的通知[EB/OL]. [2020-06-1], http://www.moe.gov.cn/srcsite/A08/s7056/202006/t20200603_462437.html.

[2]吴岩. 让课程思政成为有情有义、有温度、有爱的教育过程[EB/OL]. [2020-06-11], https://baijiahao.baidu.com/s?id=1669170975781680162&wfr=spider&for=pc.

[3]杨滨. 基于课程思政视角下的高校《会计学原理》课程建设研究[J]. 中国乡镇企业会计, 2021(9): 187-188.

[4]张武, 程绍玲, 贾青竹. 环境化学课程思政内涵建设与实践[J]. 化学教育, 2021, 42(16): 77-81.

[5]王伟, 陈棣湘, 唐莺, 等. "电工与电路基础"课程中的思政元素探究[J]. 电器电子教学学报, 2021, 43

(4)：49-51+56.
[6] 高德毅，宗爱东. 从思政课程到课程思政，从战略高度构建高校思政治教育课程体系[J]. 中国高等教育，2017(1)：43-46.
[7] 吕琳. "课程思政"融入专业课教学的探讨[J]. 课程教育研究，2019(37)：52.
[8] 富海鹰，杨成，李丹妮，等. "三全育人"视角下工科课程思政实践探究[J]. 高等工程教育研究，2021(5)：94-100.
[9] 赵晶，闫育东，高江航. 课程思政融入高校体育课教学的本源回归、价值塑造与路径思考[J]. 体育学刊，2021，28(5)：1-5.
[10] 黄智勇，金国锋，高敏娜，等. 系统安全工程课程开展课程思政教学的探索与实践[J]. 高教学刊，2021(24)：113-115+119.

The exploration of ideological and political teaching of professional basic course *Furniture Materials*

Yang Guochao　Zhang Qiuhui　Guo Hongwu　Liu Yi

(College of Material Science and Technology, Beijing Forestry University, Beijing　100083)

Abstract　Under the new era background of comprehensively promoting the ideological and political construction of curriculum in colleges and universities, it is the responsibility of professional course teachers to fully tap the ideological, political elements and resources of professional basic courses, give full play to the educational role of the course, and comprehensively improve the quality of talent training.From the new perspective of adapting to the training needs of new engineering talents and strengthening curriculum ideological and political education, this paper takes the curriculum ideological and political reform of *Furniture Materials* from professional course of wood science and technology, a national key discipline of Beijing Forestry University, as an example to carry out teaching research. By constructing the three-dimensional education mode of "quality knowledge ideological and political", this paper explores and practices the teaching content and teaching form of the course, obtains satisfactory results, and puts forward further teaching reform suggestions.

Keywords　ideological and political education of curriculum, *Furniture Materials*, engineering ethics education, personnel training

基于"一总纲、双循环、三主干、多联动"的系统开发课程体系建设

王新阳 孙俏 孙楠 田萱 张海燕

(北京林业大学信息学院,北京 100083)

摘要:通过分析系统开发类课程目前存在的主要问题,提出了以思政教育为总纲,推动课内线下、课外线上双循环,以"Web前端开发""Java Web技术""移动开发技术"为三主干课程,实行"产、学、研、用"多方联动的系统开发课程建设模式,形成"教、学、练、考、做"的立体化教学模式,充分调动学生积极性和能动性,培养学生复杂工程应用和创新性地解决实际问题的能力。

关键词:工程应用能力;双循环;多联动

一、引言

计算机系统开发课程主要培养学生综合应用多种编程技术开发出满足各种生产、生活需要的计算机软件系统,对学生解决复杂工程问题的能力具有较高的要求,同时也对课堂授课教学提出了更高的挑战[1]。为了提升系统类课程授课效果,工作在教育一线的教育学者提出了许多具有实践价值的教学方法体系,如课堂翻转教学方法[2]、案例贯穿法[3]、CDIO教学模式[4]、课程思政要素融合法[5]等。

为了适应当前新的国内外形势,习近平总书记在全国教育大会上发表重要讲话指出,必须坚持深化教育改革创新。在国家关于教育的顶层设计和顺应新工科的大背景下,2017年国务院办公厅印发《关于深化产教融合的若干意见》,进一步促进了产教深度融合,产教融合也具备了新的时代特征[6];2019年教育部印发《关于一流本科课程建设的实施意见》,推动了线上线下混合课程的融合与改革,是高等教育教学改革的重要举措[7];2019年12月,在全国高校思想政治工作会议上,习近平总书记指出,高校思想政治工作关系高校培养什么样的人、如何培养人以及为谁培养人这个根本问题,要坚持把立德树人作为中心环节,把思想政治工作贯穿教育教学全过程,实现全程育人、全方位育人,因此如何促进计

作者简介:王新阳,北京市海淀区清华东路35号北京林业大学信息学院,讲师,wxyyuppie@bjfu.edu.cn;
孙俏,北京市海淀区清华东路35号北京林业大学信息学院,副教授,sunqiao@bjfu.edu.cn;
孙楠,北京市海淀区清华东路35号北京林业大学信息学院,副研究员,sunny325@bjfu.edu.cn;
田萱,北京市海淀区清华东路35号北京林业大学信息学院,副教授,tianxuan@bjfu.edu.cn;
张海燕,北京市海淀区清华东路35号北京林业大学信息学院,副教授,zhyzml@bjfu.edu.cn。

资助项目:北京林业大学课程思政教研教改专项课题"数据挖掘"(2020KCSZ204);
北京林业大学课程思政教研教改专项课题"Web前端开发"(2020KCSZ209);
北京林业大学教育教学研究项目"新工科形势下开展校企协同培养前端人才的探索与实践"(BJFU2020MS015);
教育部第二批新工科研究与实践项目"面向新工科的计算机专业校企双师建设与实践"(E-JSJRJ20201306);
北京林业大学教育教学改革项目(重点项目)基于"Web前端开发"MOOC的混合式教学模式探索与实践(BJFU2019JYZD018)。

算机系统开发类课程与思想政治理论的融合也将是今后课程内容改革的一个重要着力点[8]。

针对以上出现的新情况，急需一种能够将这些因素纳入综合考虑的相对完整的教学课程体系，以适应计算机系统开发类课程自身教学特点，培养出具有复杂工程应用和创新能力的新型技术人才。

二、系统开发课程存在的主要问题

在计算机系统类开发课程的实际教学过程中，普遍存在以下问题：

①目前教学环节中思政教育滞后、缺失、不够深入。针对这一问题，需要进一步对专业课程的思政体系进行系统化探索，将体现国家主旋律的思政内容有机融入教学环节中。通过潜移默化地将专业知识点与思政进行融合，分组研讨等形式，坚持以思政为纲，立德树人，提升学生的道德情操和职业素养，为职业发展提供坚实的思想基础。

②忽略学生个体化差异，没有做到因材施教。每个学生的学习能力和投入状态不同，因此学习进度和实际效果差异较大。传统的课堂教学只能按照统一的节奏和归一化的方法完成知识传授，缺少让学生充分发挥自身特长的宽容环境。针对这一问题，需要进行线上多门核心课程的 MOOC 建设，实现线下课内、线上课外双循环。依靠在线教学时间和空间上的自由性和灵活性，推动线上线下混合教学，由学生自主决定学习进度和内容，并通过不同难度级别的即时练习和可配置化的学习内容组合，激发学生的学习热情和动力，提升学习效果。

③旧有课程体系与专业培养目标脱离，两者的匹配缺乏科学性、系统化，不满足工程教育专业认证要求。针对这一问题，需要及时将课程体系进行有针对性的调整，有机融入具有社会主义特色的思政内容，培养具备全面素质的复合型工程技术人才。针对计算机系统开发类课程的培养目标和内在需要，构建出以三门课程为主干的课程体系，相互衔接，彼此促进，为培养具有复杂工程实践和创新能力的专业人才提供基本支撑。

④人才培养与企业需求和社会需要相脱节，实干创业动力不足。针对这一问题，需要深入推进产学研融合，切实开展产学研用多方联动，真正进行全方面人才培养。一方面与企业达成合作框架，通过共同修订培养环节、培养目标、培养方案，以及课程体系共建、学生实践共管等方式，充分发挥学校理论教学与企业实践各自的优势，将人才培养真正引入到以社会需求为导向的道路上来。另一方面，为学生创建友好、真实的科研和实践环境，以实际科研项目和形式多样的学科竞赛为着力点，全面培养具有创新能力和实干精神的高端应用型创新人才。

三、系统开发课程体系构建

经过多年探索和实践，本文将系统开发类课程体系建设体系总结为"一总纲、双循环、三主干、多联动"模式（图1）。

（一）一总纲

将德育放在总领地位，以思政为纲，突出以德树人的教育理念，深入推进课程思政改革，将思政要素与课程大纲和教学内容进行深度结合，实现能力目标、知识目标、素质目标和思政目标的有机融合。建立及时有效的教学效果评价、追踪和反馈机制，形成课程体系持续改进的良性循环（图2）。

（二）双循环

以培养学生的复杂工程应用和创新能力为目标，采用线下课内被动学习和线上课外主动学习两部分相结合的方式，每个部分又都各自形成完整的能力培养闭环，共同对学生培养环节进行全覆盖，在引导学生学习专业基础理论知识和技能的同时，激发学生内在学习

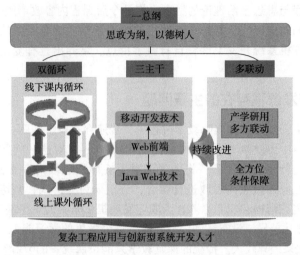

图1 "一总纲、双循环、三主干、多联动"系统开发课程体系建设模式

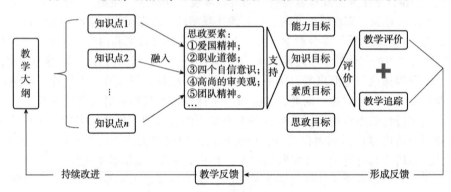

图2 以课程思政为总纲进行的课程持续改进

动力和主动性，实现对不同状态和能力的学生的个性化教育。

1. 加强MOOC建设，实施混合教学

目前已完成Web前端开发、移动开发技术两门慕课建设，其中Web前端开发已获评为国家级在线精品课程，接下来将继续完成Java Web课程的慕课建设。

2. 实施个性化教学

根据学生的学业基础和学习能力制定不同的教学方案和练习内容，充分发挥在线教学不受时间、空间限制的灵活性，为学生创造尽可能方便、快捷的学习环境。

3. 充分利用网络教学平台。

借助QQ群、腾讯会议、雨课堂等网络平台，推动线上教学或互动，及时为学生进行专业知识的答疑解惑。

4. 构建课程资源库

大力构建课程习题库、案例库、辅助教学平台等，为课程教学提供丰富的信息资源，通过教学资源的优化组合实现教学效果的最佳化。开发信息化教学资源，已开发平台包括Web前端教学平台、大数据实验平台(与企业合作完成)。

图3是以Web前端开发课程中的3D变换知识点为例，说明如何充分利用在线教学工具进行线上线下和课内课外教学的有机衔接，在线上、线下两部分各自内部构成有机微循环的同时又相互关联、促进。

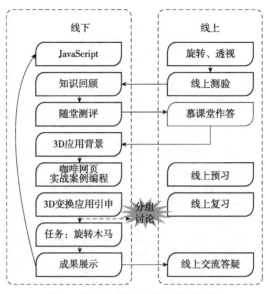

图 3　线上、线下双循环教学过程

（三）三主干

根据系统开发类课程培养定位要求，课程体系设置突出了以学生工程实践能力培养为主体的特色，形成了以 Web 前端开发、Java Web 技术、移动开发技术为系统开发类课程的主干，以复杂工程应用和创新能力为培养重点的课程体系（图 4）。

充分利用课程群内部各课程的特点和内在逻辑关系，相互配合，有序协同，科学设计课程内容和培养方案，以系统工程的全局视角制定出符合客观规律和软件工程规范的课程体系，综合培养学生的基础编程能力、数据抽象与处理能力、软件设计与分析能力、需求分析与沟通能力、前沿技术掌握能力和工程设计与应用能力等。

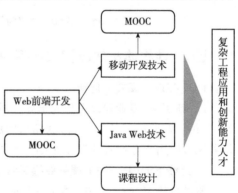

图 4　系统开发类课程的三个主干课程

（四）多联动

从培养复杂工程应用和创新人才的全局出发，构建"产、学、研、用"多方联动的育人机制，形成学校方与用人方合作育人的局面。充分发挥学校理论教学与企业实践各自的优势，构建校企协同育人合作框架，建立与之相适应的课程体系、教学环节和实践平台。基于企业的行业需求和学校育人目标搭建创新创业基地，通过创新创业活动、科研课题、学科竞赛等途径，帮助学生树立工程应用意识，提升软件系统开发设计能力，实现专业知识与行业需求的有效结合，形成行业产业、高校教学、科学研究、实践应用多方面联动的长效育人机制。

以 Java Web 技术课程为例，推动"校内课程群多课程内循环联动+校外企业导师配合培养外循环互动"的内外双协同人才联合培养机制构建（图 5）。以 Java 高级技术课程设计、专业实践、毕业设计等课程或培养环节为桥梁，实现校内基本专业技能培养和校外实战应用素养提升的双向协同。

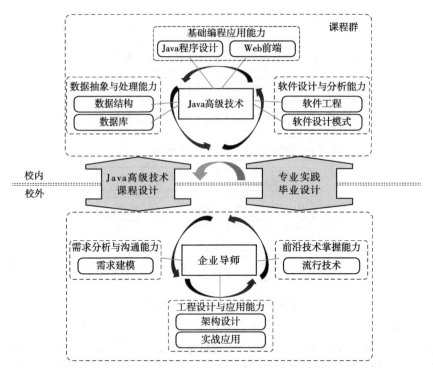

图 5 以"Java Web 技术"为例的校内、校外双协同人才联合培养机制

四、课程体系建设和改革特色

(一)在培养模式上创新

以"新工科"专业建设思想为指导,对标国家工程教育专业认证标准,创新性地提出了"一总纲、双循环、三主干、多联动"计算机系统开发类课程专业复合型创新人才培养模式,培养工程应用能力和创新能力兼具的复合型高端创新人才。

(二)线下课内、线上课外双循环教学模式

通过自建 MOOC、SPOC 线上课程或引入其他优质课程内容的形式,开展线上与线下混合式教学,充分利用线上平台的功能优势,将自学自测、理论实践等各个教学环节进行有机融合,实现线下课内、线上课外双循环的有效教学模式。

(三)丰富完善的教学方法和完整的培养链条

根据系统开发类课程的特点,提出了"教、学、练、考、做"的教学方法,形成"即教→即学→即练→即测→即做→再学→再做"的培养链条,让学生真正将所学转换为所用。灵活运用案例贯穿、翻转法等先进的教学手段,为学生提供充分尊重个性化、自主性和实战性需求的学习选择,培养学生的工程思维、计算思维和创新思维,提升学生的专业素养和人文素养。充分利用信息化教学平台,对学生的学习过程进行全面记录、跟踪和分析,将面向结果的教学方式向面向过程转变,实现教学过程全方位考查,为课程的持续改进提供依据。

(四)多方联动育人机制

基于"产、学、研、用"多方联动的育人机制,保证了教学内容的与时俱进和不断创新,实现课程教学与行业应用的深度融合,培养出符合社会建设需要的高级专业人才。同时,通过教学内容中引入思政要素,开展思政教学,培养出全面发展的复合型人才。

五、课程体系建设情况与实施效果

(一)教学资源建设情况

在以上人才培养模式的基础上,建设计算机系统开发类课程教学资源,主要分为线下教学资源、线上教学资源、实践教学资源三部分,这三个部分相互支撑共同构成了系统开发类课程资源库,形成了适用于系统开发类课程教学的"三位一体,彼此呼应"的教学资源格局,构建了从"教、学、练、考、做"五个环节全方面服务于教学的信息化教学平台,即教学管理平台、在线测试平台、实验仿真平台,为学生的专业知识、工程能力、人文素养等各方面的培养提供了可靠的资源保证(图6)。所构建的教学资源已经被电子科技大学、哈尔滨工业大学等众多院校采用,所提出的教学模式改革方案也具有一定的代表性,为国内同行业院校课程建设提供了有益借鉴。

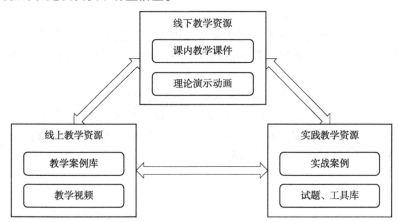

图6 "三位一体,彼此呼应"的教学资源库

(二)实施效果

1. Web前端开发

该课程自2007年开设以来,面向计算机类学生累计授课2184人,积极开展基于MOOC的混合式教学改革(https://www.icourse163.org/course/BFU-1003382003?from=searchPage),线上累计听课人数134731人,该课程是中国大学慕课同类课程中最受欢迎的课程,评价分数为4.7分,目前已有150多所学校依托"Web前端开发"MOOC开展SPOC教学。曾获评"国家级线上一流课程""北京市优质课程""全国生态文明信息化教学成果奖""中国大学慕课同类课程中最受欢迎的课程""北京林业大学精品在线开放课程奖"等奖励。课程团队积极进行教育教学改革研究,获得教育部"新工科形势下Web前端技术课程研究与改革"等多项国家级教改课题资助;深入推进课程思政建设,获得"北京林业大学校级思政项目"资助;积极开展广泛的校企合作,与百度开展了多期暑期特训营。

其他高校选课、学习情况方面:选课学生涉及电子科技大学、哈尔滨工业大学、武汉理工大学、南京邮电大学、河南大学、西安邮电大学、河南理工大学、郑州轻工业大学、江西师范大学等各类高校共363所。本课程已经在广西科技大学等学校开展了混合教学,利用MOOC中的企业级案例,有效引导线下项目分组的完成,提升学生合作能力和解决复杂工程问题的能力,有效提高教学质量,为具有实际工程能力人才的培养作出了切实贡献。

2. 移动开发技术

本课程自2019年在中国大学慕课上线以来,已累计在线授课9030人(https://www.

icourse163. org/course/BFU-1205989803？from＝searchPage），曾获得"校级精品在线开放课程"等奖励。该课程已在校内开展线上线下混合式教学，课程内容包括移动开发环境搭建、移动 App 界面设计、按钮事件响应、多页面跳转、移动数据库、异步任务等，课程紧跟前沿趋势，深受学生喜爱，符合当前人才市场对于移动开发技能的要求，培养出了一批具有移动开发基本素质的人才。

3. Java Web 技术

本课程自开设以来，已累计完成线下授课 1500 多人，课程积极探索课堂教学与最新技术紧密结合、与实战应用密切联系的教学方式，构建了多种课程资源，包括教学视频、教学案例代码库、编写考试和练习题库等，积极尝试课堂教学模式创新，探索课程思政与教学内容的深度融合。

六、结 语

在进一步深入推进教育改革大旗的指挥下，国家大力推动了新工科建设、工程教育专业认证、课程思政建设、产教融合等一系列改革举措和建设任务，如何将这些举措结合计算机系统开发类课程的特点深入推动教育教学改革，一直以来是工作在计算机教育第一线的专家学者关注的问题。本文在多年教学实践成果和前期经验的基础上，总结提出了"一总纲、双循环、三主干、多联动"的计算机系统开发类课程建设模式，从课程思政建设、线上线下混合教学、课程群内课程联动、校内校外协同培养等方面进行了有益探索，构建能够培养复杂工程应用和创新能力人才的课程体系。

参考文献

[1] 杨乐，钟文慧，钟添添，等. 以 IT 企业需求引导的 Web 系统开发与设计课程教学内容改革[J]. 计算机教育，2020(10)：139-143.
[2] 杨健. 系统开发类课程的翻转教学课堂活动设计研究[J]. 计算机教育，2019(7)：111-115.
[3] 任平红，陈蕴，郑秋梅. 贯穿案例教学法在 Java Web 程序设计教学中的应用[J]. 计算机教育，2014(14)：67-69.
[4] 黄正宝. 高职 Java Web 开发课程体系构建与教学实施[J]. 电脑知识与技术，2016，12(34)：146-148.
[5] 郭俊恩. Web 程序设计思政课程建设研究[J]. 科技视界，2019(22)：114-115.
[6] 赵聪慧. 新工科背景下产教融合育人模式研究[D]. 西安：西安电子科技大学，2019.
[7] 艾明晶. 基于慕课的线上自学——线上授课混合式教学模式研究[J]. 计算机教育，2021(4)：1-6.
[8] 朱郑州，姜淼，王肖群. "新工科"背景下课程思政教学刍论[J]. 工业和信息化教育，2021(6)：48-52+61.

Construction of system development curriculum system based on "One general outline, Double circulation, Three trunk and Multi linkage"

Wang Xinyang　Sun Qiao　Sun Nan　Tian Xuan　Zhang Haiyan

(School of Information Science and Technology, Beijing Forestry University, Beijing　100083)

Abstract　By analyzing the main problems existing in system development courses, the system developing course-oriented construction model is proposed, which takes ideological and political education as the general outline, promotes the double cycle of in-class and offline and extra-curricular online, adopts the three main courses of *Web front-end development*, *Java Web technology*, and *mobile development technology* as the backbones, and implements the multi-party linkage of "learning, research, and application". The proposed method forms a three-dimensional teaching model of "teaching, learning, practicing, testing, and doing", fully mobilizes the enthusiasm and initiative of students, and cultivates students' ability to apply complex engineering and solve practical problems creatively.

Keywords   engineering application ability, double circulation, multi-linkage

基于"互联网+"红旅项目的高校创新创业教育价值导向研究

李华晶　张纯如　丁燚　窦浩涵

(北京林业大学经济管理学院，北京　100083)

摘要：高校创新创业教育的价值导向，是确保当前创新创业教育质量的灵魂和支柱。基于扎根理论，本文以"互联网+"红旅项目为研究对象，构建创新创业教育的价值导向模型。编码结果显示，创新创业教育的价值导向主要体现为社会价值和个人价值两大因素：社会价值涵盖顺应国家发展发展战略与回报社会两个层面；个人价值包含能力培养、德性培养和职业发展三个层面。有关部门可从课堂、实践、机制和氛围四个方面出发完善创新创业教育的价值导向管理，这对发展我国特色的创新体系理论和实践具有重要意义。

关键词：创新创业教育；价值导向；扎根理论

一、引言

创新创业教育是我国实施创新驱动发展战略的重要保障，事关国家的发展、民族的未来[1]。价值导向是创新创业教育的内核[2]，是确保创新创业教育质量的灵魂和支柱[3]，其好坏直接关系着创新创业的良性发展与总体目标的达成[4]，可以说创新创业教育能否发挥作用，推动创新型国家目标的实现，价值导向是关键。科学的价值导向不仅能对大学生的创业观、择业观以及人生观产生积极影响，还有助于实现高校立德树人的根本任务，保证创新创业教育的方向性，使创新创业服务于我国的社会主义现代化建设[1,5]。因此，新时代如何引领高校创新创业教育的价值导向，决定着高校能否为国家创新体系建设提供智力支持和人才保障。尤其是在当前大学生日益将创造物质财富和实现个人价值当作创新创业的价值首选，而忽略个体在创新创业中的社会责任的时代背景下，创新创业教育的价值导向更是成为学界的焦点命题。鉴于此，本研究运用扎根理论质性研究的方法，对当前高校创新创业教育样本进行实证分析，编码搭建创新创业教育的价值导向模型，揭示其内部结构和理论内涵，以期为我国创新创业教育价值导向的管理提供参考建议。

二、研究方法与数据收集

(一)研究方法

本文采取文本分析法和案例分析法进行研究。基于课题组成员曾主持第四届"互联网

作者简介：李华晶，北京市海淀区清华东路35号北京林业大学经济管理学院，教授，lhjbjfu@126.com；
　　　　　张纯如，北京市海淀区清华东路35号北京林业大学经济管理学院，学生，17801148158@163.com；
　　　　　丁　燚，北京市海淀区清华东路35号北京林业大学经济管理学院，学生，dingsihuo@qq.com；
　　　　　窦浩涵，北京市海淀区清华东路35号北京林业大学经济管理学院，学生，hannahdhh@163.com。
资助项目：北京林业大学教育教学研究项目"基于创新创业管理的课程教学体系创新研究"（BJFU2021JY032）。

+"大学生创新创业大赛"青年红色筑梦之旅"活动的项目,结合研究目的,本文以第四届"互联网+"大学生创新创业大赛红旅赛道中有关商业模式创新的17个获奖项目作为研究样本,运用Nvivo11软件进行三级编码,提炼出高频词汇进行分析,对其进行归纳概括,并在此基础上建立创新创业教育的价值导向模型。

(二)数据来源

本文的样本选择主要遵循以下两大原则:一为权威性,即选取的项目均来源于"互联网+"官网上红旅赛道获奖的项目名单,而项目的文本信息介绍则来源于权威媒体和各项目所在院校的官网平台介绍;二为相关性,即根据研究目的从17个获奖项目的文本信息中抽取与创新创业教育的价值导向相关的句子,排除无关句段(表1)。综合以上原则,本研究从所选样本中共得到97个有效句子,并在此基础上进行编码分析。

表1 样本项目简介

序号	名称	项目单位
1	小满良仓	西安电子科技大学
2	我知盘中餐	厦门大学
3	引凤计划	福建农林大学
4	游鲜生	湖南大学
5	众维健康"互联网+"基本公共卫生	北京大学
6	红丝塔	内蒙古农业大学
7	冻力筑梦	福州大学
8	"互联网+"智慧小镇来镇里信息化服务开放平台	重庆邮电大学
9	飞行医院	四川大学
10	孟子居"一棵树"	北京科技大学
11	青橙联盟	成都医学院
12	大山里的魔法教室	武汉大学
13	第一书记助手	临沂大学
14	"雏凤学堂"爱心教室一体化服务平台	安徽商贸职业技术学院
15	益起邦	上海财经大学
16	乡村笔记	复旦大学
17	阿凡优选	长春理工大学

三、研究过程

(一)三级编码

1. 开放式编码

在该阶段对文本进行分析、编码、分类与合并,最终获得27条编码(表2)。

表2 开放式编码层级表(部分)

一级编码	原始文本(部分)
中国梦	学生深入基层,用所学的知识对接农村需求,把青春梦融入"中国梦"
社会主义核心价值观	同时,也通过诚信小卖部的经营,给贫困地区捐献了图书室。这个活动不仅是在做志愿活动,也宣传了社会核心价值观中的诚信意识
社会责任感	与传统创业相比,公益创业可以对创业者进行社会责任和道德人格的培育
创业情怀	从2008年起,一群医科大学的学生开展了远疆精准医疗帮扶实践,是红医精神的传承者
创新创业思维	拥有自己的想法和梦想,敢于创新和探索,努力实现我们的梦想
自主学习意识	创业需要不断的坚持学习
工匠精神	一个个因这片黑土地的支持与包容而得到的荣誉,让他成为一个热爱吉林、充满感恩情怀的青年企业家
积极心态	在创业路途中遇到麻烦时,要积极迎难而上,只有用淡定、乐观的心态去面对克服困难,才会越接近成功的彼岸
良好品德	不辞辛苦,不计名利,以自己的大爱无私获得了帮扶地区当地人的赞赏和欢迎
职业规划	这个项目我做了一年多的时间,让我对互联网行业有一个新的认知,对我后续的实习和工作都产生重要影响
管理思维与职场意识	当成为创业团队时,团队里的每个成员的角色都应有一个大转变,他们不再只是个学生,而是公司的初创团队,需思考初创公司如何把梦想落地现实,并且如何不断打磨团队

2. 主轴编码

这一阶段通过聚类分析探究各个范畴之间的内在联系,最终共归纳出5个主轴编码,分别为:顺应国家发展战略、回报社会、能力培养、德性培养和职业发展(表3)。

表3 主轴编码层次表

二级编码	一级编码	项目(个)	文本(条)
顺应国家发展战略	中国梦	2	3
	社会主义核心价值观	1	1
回报社会	社会责任感	1	1
	创业情怀	6	6
	实干精神	1	1
能力培养	创新创业思维	1	1
	综合素质	5	6
	自主学习意识	1	2
德性培养	工匠精神	1	2
	积极心态	2	2
	良好品德	13	13
职业发展	职业规划	1	2
	管理思维与职场意识	1	1

3. 选择性编码

根据上文归纳的5个主轴编码,进行进一步概括,得出社会价值和个人价值两大主要因素。综上,可建立我国高校创新创业教育的价值导向理论框架模型(图1)。

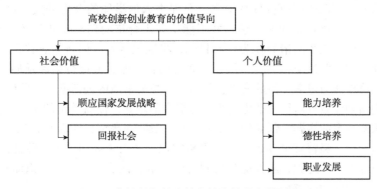

图1 高校创新创业教育的价值导向模型图

(二)模型阐释

1. 社会价值

(1)顺应国家发展战略

第一,中国梦是全民族共同的梦想,更是青年一代的梦想,是大学生创新创业活动的价值落点。作为创新创业的主力军,大学生的"个人梦"与"中国梦"是辩证统一的,其创新创业能否顺利进行直接影响着"中国梦"的实现进程。作为国家培养人才的主阵地,高校应切实将中国梦的思想内涵融入创新创业教育的过程当中,为广大青年大学生提供正确的价值观导向,推动中国梦早日实现。

第二,创新创业教育要以培育担当民族复兴大任的时代新人为落脚点,在实践中培育和践行社会主义核心价值观,高校需要把社会主义核心价值观融入大学生创新创业实践活动和课堂教学当中。这也是确保我国创新创业活动的社会主义性质,保证创新创业服务于人民的必然要求。

(2)回报社会

第一,当前高校的创新创业教育应注重培养青年学生的社会责任感。习近平总书记在文艺工作座谈会上的讲话中指出:"除了要有好的专业素养之外,还要有高尚的人格修为,有'铁肩担道义'的社会责任感。"[6]只有具备了高度的责任意识,秉持社会责任感,青年大学生的创新创业才能行稳致远。

第二,高校创新创业教育需要重视创业情怀的传承与培养。大学生在参与创新创业的实践过程中需以情怀为导向,保持艰苦创业的精神,不忘初心、方得始终。正如"红丝塔"项目,作为中国医科大学的远疆医疗帮扶项目、红医精神的传承者,他们始终牢记医者仁心、大爱恒诚的理念,这鼓励着他们坚持扶贫民族西部,义诊高原边疆的伟大创业实践。

第三,高校在引导学生树立远大创业理想的同时,也要充分培养其实干精神,鼓励他们脚踏实地,切实关注并解决社会问题,服务人民群众。如"我知盘中餐"项目,团队中有多位教授博士,作为高级知识分子,他们学历高、待遇好,本可以在条件优越的环境下从事学术研究,却仍然选择了从点滴艰难处做起,实干助力乡村脱贫。

2. 个人价值

(1)能力培养

第一,创新创业思维的确立对于创新创业人才的培养至关重要。教育部明确指出要让创新精神、创业意识和创新创业能力成为评价人才培养质量的重要指标。高校需革新教学理念和教学模式，重视学生思维能力的培养，从人才培养模式和课程体系等方面进行深度改革，强化以适应社会为指向的实践能力训练，培养大学生的创新创业思维。

第二，高校开展创新创业教育从根本上是促进人的潜能的全面开发，培养综合素质，孤立地传授一些创新创业知识和技能，并不能培养出合格的创新创业人才。对高校而言，要把高素质创新创业人才的培养作为核心目标，将通识教育、创新创业教育与专业教育相结合、理论知识与实践活动相结合，从各方面对创新创业教育进行拓展延伸，开发学生诸如问题意识、协作能力等多方面的素养，打造全方位高素质的创新型人才队伍。

第三，创新创业教育需重视学生自主学习能力的培养，提高学生的学习质量。新时代，学习是通往未来社会的钥匙，创新创业不能仅有一股狂热激情，还需要有相应的知识储备，比如专业技术知识、经营管理知识、财务税费知识、政策法规知识等，除此之外，还需要有不断学习新知识、新经验、新技能的强烈意识。事实证明，充分的知识储备和积极的学习意识有助于创业活动的成功。

(2) 德性培养

第一，工匠精神是创新创业人才的必备要素，创新创业是新时代工匠精神的生动实践。高校对于学生的创新创业教育除了基本的知识以及技能外，还应当培养学生吃苦耐劳、勇于奋斗、精益求精的精神。为此，高校需打造具有工匠精神的创新创业平台，优化以培养工匠精神为导向的创新创业课程体系，并以具有良好工匠精神的师资队伍为保障。

第二，根据积极心理学的观点，乐观的心态有利于引导学生寻找到自己在创业方面的优势元素，形成自主创业意识，建立自信心，培养积极进取的创业思维。高校创新创业教育应基于大学生的特点，多举措全方位探寻心理健康教育和创新创业教育的契合点，培养学生积极创业的心态，提高创业素养。

第三，重视良好品德的塑造。作为青年创业者，大学生的利益价值观还没有完全形成，道德品质和道德行为具有不稳定性，如果此时高校的思想教育再缺失，那么当面临道德利益选择问题时，学生更加容易变得盲目和混乱。因此，高校创新创业教育中诸如奉献精神和诚信品质的建立，不仅可以培养学生的良好品德，更能引导他们处理创业中的各种利益关系，形成正确的创业行为和价值选择。

(3) 职业发展

第一，解决学生毕业后的就业问题以及帮助学生树立正确的职业规划思维和就业观念，是创新创业教育及职业生涯教育的共同目标。高校要让创新创业教育与职业生涯教育协同发展，相得益彰，使学生在参与创新创业实践活动的过程中意识到职业规划的重要性，合理地认知自我与社会，建立符合时代潮流的就业和创业观。

第二，高校创新创业教育需重视学生管理思维与职场意识的培养。参与创业项目时能帮助青年摒弃学生思维，建立起职场思维与管理意识，锻炼团队管理、产品设计、公司架构等职场能力。此类经历将有助于大学毕业生的职业发展与未来就业，值得引起高校有关部门的重视。

四、讨 论

目前有关我国高校创新创业教育价值导向方面的学术研究仍旧处于初级阶段，各方面体系搭建还不够完善。基于上述模型，本文从课堂、实践、机制和氛围四个层面对创新创业教育价值导向的管理提出参考建议。

(一)课　堂

应充分发挥高校课堂教学的引导作用。高校应将课堂作为开展创新创业教育的主要渠道，将创新创业课程融入原本的教学计划中，并以高素质的师资队伍为保障，传授创业知识与精神。使大学生能够在日常的生活学习中形成对创新创业的价值认知，改变大学生在创新创业目标上的功利性、利己性，引导其形成正确的创新创业价值观。

(二)实　践

重视大学生直接的创新创业实践。价值观的生成是一个内化和外化相统一的过程，价值观必须内化为个体的价值追求、外化为个体的自觉行动，才能真正发挥作用。实践正是连通创新创业价值观"内化"与"外化"的通道。我国的创新创业教育不仅要有理论教学，更要有实践教学，要立足实际，结合当代大学生的身心特点、专业背景和实际需要，科学合理地对实践活动进行设置，绝不能采用重教学而轻实践的方式方法。

(三)机　制

优化创新创业的体制机制。高校创新创业教育的运行机制需要包含社会主义核心价值观元素，使学生的创新创业活动符合社会主义需要。首先是高校内部可以成立创新创业教育的专门机构，统筹全校资源，统一开展创新创业价值观的培养工作。其次可建立部门协同工作机制，确保各部门在课程、实践等环节中大学生创新创业价值观培育上能做到步调一致。接着是要完善大学生创新创业价值观教育评估激励机制，改变"唯分数论"的创新创业评价体系。最后，高校要为学生创新创业搭建完善的辅助保障体系，切实解决影响创新创业的突出问题。

(四)氛　围

高校应丰富创新创业文化的宣传形式。习近平总书记指出"要营造有利于创新创业创造的良好发展环境"，为高校创业氛围的打造指明了方向。高校有关部门应注意在校园内营造良好的创客文化，营造敢于冒险，宽容对待失败的创新创业氛围，提高学生的创新意识和创业精神，鼓励学生参加创新和创业实践活动，如各级各类的创业比赛、商业模拟实践及创业讲座等。

五、结　语

创新创业教育的价值导向是影响我国创新型国家建设的重要议题，它决定着创新创业人才能否服务于我国的社会主义现代化建设。因此，高校创新创业教育必须坚持正确的价值导向，这便是以社会价值和个人价值为主要因素的价值导向。有关部门可以从课堂、实践、机制和氛围四个层面对当前创新创业教育的价值导向进行管理。唯有坚持正确的价值导向，高校方能实现新时代高质量的创新创业型人才的培养，向人民交上满意的时代答卷。

参考文献

[1]段海超,蒲清平,王振.论高校创新创业教育的价值导向——基于社会主义核心价值观个人层面的思考[J].学校党建与思想教育,2016(17)：74-77.

[2]万丽.高校创新创业教育生态系统价值导向研究[J].合作经济与科技,2020(3)：162-163.

[3]李永胜,肖圆圆.高校创新创业教育的价值导向及其实施路径[J].创新,2018,12(6)：95-106.

[4]宋妍.高校创新创业教育与思想政治教育关系研究[D].哈尔滨：东北师范大学,2017.

[5]常飒飒.基于核心素养发展的欧盟创业教育研究[D].哈尔滨：东北师范大学,2019.

[6]习近平.在文艺工作座谈会上的讲话[N].人民日报,2015-10-15(2).

Research on the value orientation of university innovation and entrepreneurship education based on the "Internet +" red travel project

Li Huajing   Zhang Chunru   Ding Yi   Dou Haohan

(School of Economics and Management, Beijing Forestry University, Beijing   100083)

Abstract   The value orientation of innovation and entrepreneurship education in universities is the soul and pillar to ensure the quality of current innovation and entrepreneurship education. Based on grounded theory, this article uses the "Internet +" Red Travel Project as the research object to construct a value-oriented model of innovation and entrepreneurship education. The coding results show that the value orientation of innovation and entrepreneurship education is mainly embodied in two major factors: social value and personal value. Social value covers two levels of conforming to national development strategies and returning to society. Personal value includes ability training, moral training and professional development. Relevant departments can improve the value-oriented management of innovation and entrepreneurship education from the four aspects of classroom, practice, mechanism and atmosphere. This is of great significance to the development of the theory and practice of the innovation system with Chinese characteristics.

Keywords   innovation and entrepreneurship education, value orientation, grounded theory

基于"产出导向法(POA)"的课程思政教学设计

——以"基础日语"课程为例

张 辉 李静宜 刘笑非

(北京林业大学外语学院,北京 100083)

摘要:新时代高校外语教育要求教师"润物细无声"地落实立德树人的根本任务。"产出导向法(POA)"主张"以学习为中心",修正了"以教师为中心"和"以学生为中心"的教学理念,尊重学生需求,并发挥教师引导作用,是更符合中国国情的教学方法。本文以"基础日语"课程的教学设计为例,用POA呈现了课程中融入思政元素的过程。通过分析发现,在基于POA的"基础日语"课程的教学流程中,教师的引导并不是强制灌输式,而是引导和中介,可以做到"润物细无声"地帮助学生完成语言目标和文化目标。

关键词:课程思政;产出导向法;基础日语;教学设计

一、引 言

我国外语课堂历经长时期的"以教师为中心"的"输入式"教学之后,强调学生主体性的"学生为中心"理念被引入中国,开启了外语教育改革的新篇章。然而,经过一段时间的教学实践,这一理念存在的诸多问题也开始暴露出来。由于学生认知的有限,以及学生个体之间的差异,产出的结果往往与期待目标相去甚远,教师的功能被边缘化,不符合中国学生的学习特点。2016年12月,习近平总书记在全国高校思想政治工作会议上指出"我国有独特的历史、独特的文化、独特的国情,决定了我国必须走自己的高等教育发展道路。[1]"因此,我们需要适合中国的外语教学模式来更好地完成外语课程的建设。在同一会议上,习近平总书记还强调"要坚持把立德树人作为中心环节,把思想政治工作贯穿教育教学全过程,实现全程育人、全方位育人"[1]。由此,在教学工作中强化教师的引导作用变得尤为重要。这要求"所有教师都要做好'大先生',不仅要传授书本知识,而且要塑造学生的品格、品行品味""课程思政门门有政策,教师人人讲育人"[2]。为了完成立德树人的根本任务,我们需要在教学中要修正"以教师为中心"和"以学生为中心"的教学理念,尊重学生需求,并发挥教师引导作用,开发出更符合中国国情的教学方法。

二、"产出导向法(POA)"的可行性

(一)"产出导向法(POA)"理论

"产出导向法"(production-oriented approach,以下简称POA)理论,由北京外国语大学

作者简介:张 辉,北京市海淀区清华东路35号北京林业大学外语学院,讲师,zhanghui19861986@Hotmai.com;
李静宜,北京市海淀区清华东路35号北京林业大学外语学院,讲师,Jingyi1208@bjfu.edu.cn;
刘笑非,北京市海淀区清华东路35号北京林业大学外语学院,副教授,liuxiaofei@bjfu.edu.cn。
资助项目:北京林业大学课程思政课题"'课程思政'视阈下研究生日语二外教学实践研究"(KCSZ21029);
北京林业大学课程思政项目"日本国家概况"(2020KCSZ176)。

文秋芳教授提出,是针对中国外语专业技能课程改革而创立的本土化理论体系。该理论起点为"输出驱动"教学假设,借鉴了 Krashen 的输入假设、Swain 的输出假设,以及 Long 的互动假设等二语习得的诸多理论,主张当输出者认识到自我语言体系有缺失时,才会产生内驱动力进行修补[3]。后经过反复的理论优化与实践,于 2015 年和 2018 年分别完成了完整理论体系的构建和更新。

在 2015 年确立的理论体系中(图 1),教学流程包括三个阶段,"驱动—促成—评价"。三个阶段都需要以教师为中介。这也是 POA 理论区别于以往的学习理论的体现之一,即"学习中心说"教学理念。"学习中心说"主张一切教学活动都要以服务于有效学习的发生,区别于"教师为中心"和"学生为中心",强调教学流程的每一个阶段中教师的"中介"作用[4]。

教学流程中的"驱动"是以学生"产出"为目的的教学阶段。教师根据教学目标,设定一个产出目标(任务场景),让学生尝试产出时,认识到自己的认知缺口,产生内驱动力。"促成"是学生弥补认知缺口阶段。在这一阶段,教师再次设定一个总产出目标下的小的产出目标,并为学生筛选学习材料,使学生能够从输入中选择产出的语言形式和话语结构。最后,学生练习产出,教师给予指导并检查。"评价"分为"及时评价"和"延时评价"。"及时评价"为学生完成产出任务过程中,教师对学生的评价;"延时评价"为师生共同对课后练习的产出结果进行评价[4]。2015 年的理论体系中,缺少每次产出目标之间的关系,尤其是子产出目标之间的关系。这些子产出目标既相互联系,又相互独立,可以在内部进行"驱动—促成—评价"的微循环。于是在 2018 年的理论体系中(图 2),教学流程改为由"驱动—促成—评价"组成的循环链。每一个微循环,达成一个子产出目标,通过若干微循环的完成和子产出目标的实现,以逐步达成终极的产出目标[5]。另外,2018 年的理论体系还体现了评价的重要性,即评价可以产出结果,优化教学策略,并产生新的"驱动"任务。尤其是学生的有效评价在教学循环链中占有举足轻重的作用[5]。

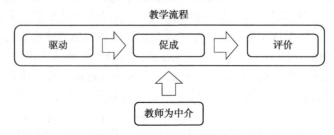

图 1　2015 年 POA 教学流程

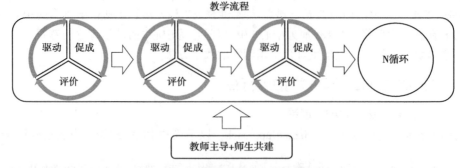

图 2　2018 年修订版 POA 教学流程

(二)POA 的应用现状

在中国知网数据库,以"产出导向法"为主题进行检索,可以看出其相关论文量以 2015

年POA完整理论体系的确立为节点，呈明显上升趋势(图3)。通过这些论文，我们也看到了POA理论的逐步完善和其在教学实践的作用。除了大学英语教学以外，该理论还出现在了高中英语、高职英语、对外汉语、以及日语等小语种语言的教学研究中。但迄今为止，中国知网数据库中"产出导向法"与"日语"相关的论文也只有10余篇。因此，日语教学中POA的导入，是一个需要关注的课题。

图3 中国知网数据库收录POA相关论文情况

三、基于POA的"基础日语"课程思政教学课前设计

(一)"基础日语"课程的教学现状

"基础日语"是日语专业针对大一和大二学生开设的专业基础类课程，使用教材为《新经典日本语》(外语教学与研究出版社出版)。为了打好基础，目前的授课方式是"教师为中心"加"学生为中心"的混合式授课模式。比如，"单词""基础语法""课文部分"由教师讲解，改编课文对话、自由发表、小组探讨等交给学生。随着教育改革的推进，近年来也融入了一些思政元素。但各个环节之间较为分裂，思政内容的融入较为生硬。会产生"过于被动"或"过于主动"两种学习模式。POA教学流程中，评价的多样性和以评为学的观点，本身就是培养学生思辨思维的教育方式。再加上在各个环节强调教师的引导，非常适合课程思政元素在教学过程中的多次导入。

(二)学前分析

以《新经典日本语》第二册第7课为例，一般分配授课时间为9个学时，分3次进行。教学对象为大一第二学期的学生，这个时期的学生已经有了一定的基础，可以产出300字左右的日语小文章。第7课的主题为"協力"，意为"配合，合作"。

首先要根据主题，设置总的产出目标。教材上设定的学习目标为三个，一是"初步掌握授受关系的表达方式"；二是"初步学会请求他人帮助时的表达方式"；三是"了解日本人的集团意识"。日本人的集团意识造成了语言表达的"内"和"外"之分，会根据亲疏和上下关系，在一般的动词后加上授受关系动词，作为补语。因此，这三个目标中分别为语言目标和语言表达的文化目标。本着"依托教材，但不局限于教材"的原则，教师将在教学目标中融入思政元素，改为"语言目标"和"文化目标(思政目标)"。语言的总目标为"学会帮助他人和接受帮助时的表达方式"；思政的总目标为"辩证地看待日本人的集团意识，并学习中国互帮互助的优秀传统文化"。

其次是确定子目标。根据认知难度的渐进性，子目标可分为："单词和语法(子目标1)—会话(子目标2)—文章(子目标3)—文化(子目标4)"。接下来筛选教材上可完成子目标的材料，教材上的"单词""句型""注释"部分，可作为子目标1的完成材料；"基础会话"和"应用会话"可作为子目标2的完成材料；"正文"可作为子目标3的材料。

最后，根据总目标设定场景任务。"2019年底，新冠肺炎疫情大爆发，正在休寒假的你，面对一时间的扑面而来的各种困难，你得到了别人的什么帮助，又对别人实施了怎样的援助，请试着用日语做2分钟(300字)左右的口头发表(子目标4)。"本着任务真实性和驱动性(可激发学生产出欲望)原则，选择了正困扰大家的"疫情"为主题，也方便加入思政元素。

四、教学流程

(一)驱动阶段

为了节省课堂时间，呈现交际场景在课前完成，录制微课或者文字传给学生。课上，学生尝试完成产出任务，但日本授受关系的表达非常复杂，涉及说话人与听话人的"上下内外"关系，所以即使是学生做过预习，也很难正确地产出。针对学生呈现认知缺口，教师第一次做出"及时评价"，简单阐释原因，并说明总的教学目标。但要隐藏思政目标，做到"润物细无声"式地融入思政元素。另外布置场景任务，目的是以产出的方式让学生产生"饥饿感"，这区别于传统意义上的"预习"和"导入"的教学法。在此阶段，教师的引导占比较大。

(二)促成阶段

考虑到渐进性原则，除了课程安排的认知难度递增之外，教师的中介功能也将递减。首先完成子目标1，讲解单词"励ます(鼓励)、赠る(赠送)"等词汇，以及表示授受关系的"てくれる(别人给我恩惠)、てあげる(我给别人恩惠)、てもらう(我从别人处得到恩惠)"等句型，对学生进行知识的"输入"。检查效果时增加素材视频："张桂梅帮助贫困女孩走出大山"。视频中的思政要素除了互帮互助的美德，还渗透着吃苦耐劳精神和勇于奉献精神。让学生分成三组，分别以贫困女孩立场、张桂梅立场、第三者立场进行产出，即用学的句型来表达视频中的授受关系。此时的产出任务形式是填空，教师在课前将视频中的部分内容制成日语文章，让学生填补完重要部分，再完成"及时评价"。

子目标1完成后，第一次课结束。布置子目标1的产出任务，分配给学生课后完成。素材还是课上的视频，但每组学生更换立场，用学过的词和句型写出5个不同的句子。这也是促成学生完成自我修正的阶段。

教师在课后根据学生评价和产出的结果，及时调整子目标2的促成难度。假设子目标1的产出结果良好，可以试着将子目标2的讲解一半交给学生。子目标2的材料是三段会话，"基础会话"可以用于复习第一次课的内容。"应用会话1"和"应用会话2"的场景分别为"小张拜托田中修改研究生入学材料"和"李明拜托铃木老师写去公司实习的推荐信"。教师将场景作为产出任务交给学生，让学生根据场景，在课上尝试产出。由于两个场景分别是同辈之间和上下关系(师生)的对话，分别需要用到普通授受关系和敬语授受关系句型。因此两段对话任务将分别交给两组学生同时进行。产出结束后，进行同伴互评，找出对方自己所用句型不一样的地方，以及表达上的错误。教师讲解书上对话，进行知识"输入"。子目标2完成后，第二次课结束，课后的作业为总结"应用会话2"内容，写成200字左右的文章，这是与子目标3相关联的产出任务。子目标3的材料是一篇文章，内容上是"应用会话2"的总结日记，又增加了"通过实习面试后在公司受到前辈帮忙"的场景表达。因此子目标2的课后产出任务其实是子目标3的驱动。

第三次课上，针对子目标2的作业，在学生自由评价结束后，教师点评，然后引导学生将内容、语言、话语结构三个方面作为评价标准。这样相当于一次评价标准的"输入"。学生在阅读子目标3的文章时，将会带着新标准来评判，初步掌握写作手法。这样便完成了本课的语言总目标。接下来同样以"驱动—促成—产出"(具体形式略)的方式，引导学生表达出,"互帮互助在李明面试中的重要性""集团意识也导致了社会中人情冷漠",帮助学生完成子目标4的产出。课后的产出任务为总的产出任务,即重新以"疫情时的体验"为题,写一篇300字的文章。

(三) 评 价

2018年新的理论体系中,评价是教学的升华阶段。从以上案例流程中,我们已经发现,每次的延时评价都会影响下一次子目标的驱动,教师也将根据学生的评价适当调整自己的教学内容和评价标准。而评价本身也是学生自我修正的部分,这也是思辨能力的锻炼。然而,评价庞大的任务产出量对教师评价也是一个挑战,除了让用学生互评等方式来减轻压力外,还可以利用选择典型样本的手段[5],挑出典型样本后,预设学生在课上可以挑出样本的问题,在课上并引导学生表达出这些典型错误,做到以评为学。以总产出任务"疫情时的体验"为例,在下一次上课前,教师可以从学生作业中找出学生常犯的错误,比如表达"难过""感动"等情感词汇过少,结构不完整等。

五、结 语

POA理论以"学习为中心"的理念,修正了"学生中心论",强调教师的作用,非常适合落实"立德树人"的根本任务。另外评价体系中学生评价的比重较大,可通过同伴互评和自我修正等方式,养成思辨能力。因此,基于POA的教学设计,便于加入思政元素。通过分析发现,在基于POA的"基础日语"课程的教学流程中,教师的引导并不是强制灌输式,而是引导和中介,可以做到"润物细无声"地帮助学生完成语言目标和文化目标。以解决英语专业问题为起点的POA理论,现在已经开始应用在各个语种中,但基于POA的日语教学实践和效果还有待于进一步开发。

参考文献

[1] 习近平. 习近平在全国高校思想政治工作会议上强调: 高校思想政治工作关系高校培养什么人、如何培养人以及为谁培养人这个根本问题[N]. 人民日报, 2016-12-9.
[2] 韩宪洲. 课程思政三问: 课程思政是什么? 为什么? 怎么干? [N]. 中国教育报, 2020-3-3.
[3] 文秋芳. 输出驱动假设和问题驱动假设——论述新世纪英语专业设置与教学方法的改革[R]. 首届全国英语专业院系主任高级论坛论文, 上海, 2007.
[4] 文秋芳. 构建"产出导向法"理论体系[J]. 外语教学与研究, 2015, 47(4): 547–640.
[5] 文秋芳. "产出导向法"与对外汉语教学[J]. 世界汉语教学, 2018, 32(3): 387–400.

Curriculum ideological and political teaching design based on POA: Take the *Basic Japanese* course for example

Zhang Hui　　Li Jingyi　　Liu Xiaofei

(School of Foreign Languages, Beijing Forestry University, Beijing　100083)

Abstract　In the new era, foreign language education in colleges and universities requires teachers to carry out the fundamental task of moral education. The "production-oriented approach (POA)" advocates "learner-centered" and revises the teaching concepts of "teacher-centered" and "student-centered". POA respects students' needs and gives full play to teachers' guiding role, which is a teaching method more in line with China's national conditions.Taking the teaching design of *Basic Japanese* course as an example, this paper presents the process of integrating ideological and political elements in the course with POA. Through the analysis, it is found that in the teaching process of *Basic Japanese* course based on POA, the guidance of teachers is not compulsory infusion, but guidance and intermediary, which can "moisten things silently" and help students to achieve language and cultural goals.

Keywords course ideological and political, production-oriented approach, *Basic Japanese*, teaching design

全面发展

2021

"乡村振兴"背景下北京林业大学经济林专业建设及人才培养策略

孙永江　苏淑钗

(北京林业大学林学院，北京　100083)

摘要：北京林业大学经济林专业以服务国家乡村振兴战略为重要目标，培养能够从事经济林全产业链工作，具备国家使命感、国际担当和创新精神，基础扎实、实践能力强的复合应用型人才。该文在"乡村振兴"国家战略背景下，深入分析了北京林业大学经济林专业建设的必要性和重要作用，详细介绍了专业建设的优化及人才培养的布局措施，系统总结了专业发展规划，为经济林专业建设与国家战略同频共振、同步而行提供了思路。

关键词：乡村振兴；专业建设；人才培养；经济林

党的十九大报告指出："农业农村农民问题是关系国计民生的根本性问题，必须始终把解决好'三农'问题作为全党工作的重中之重，实施乡村振兴战略。"乡村振兴战略从此成为全面建设社会主义现代化国家的指导方针。2020年我国脱贫攻坚战取得全面胜利，绝对贫困消除，随着脱贫攻坚战取得胜利，乡村振兴步入全面推进新阶段。

"乡村振兴，人才是关键"[1]。高等学校的专业建设是优化结构、体现特色、提高质量、培养高素质人才的根本性任务，在注重能力培养的同时，应以社会需求为导向[2]。教育部在2018年"全国教育事业发展基本情况年度发布会"上，明确提出要"围绕乡村振兴战略和生态文明建设，推进课程体系、实践教学、协同育人等方面的改革，为乡村振兴发展提供更强有力的人才支撑"。

经济林产业是林业产业发展的重点，对保障林业可持续发展、促进生态文明建设、解决民生问题意义重大，也是我国实施特困地区精准扶贫，实现乡村振兴的最重要产业，更是可持续发展的朝阳产业[3]。因此，通过高校经济林专业的优化和人才培养的重新布局，能够为培养更多经济林人才提供保障，对巩固拓展脱贫攻坚成果，实现"乡村振兴"具有重要意义。

一、经济林专业建设的必要性和重要作用

改革开放以来，我国经济林产业发展迅速，目前已经是我国林业产业的主体[4]。经济林资源是森林资源的重要组成部分，经济林产品具有种类丰富、产业链条长、应用范围广、投资回报相对较快等优势，在改善民生和促进生态保护方面发挥着越来越重要的作用[5]。与此同时，伴随着经济林产业的快速推广，各地经济林产业发展普遍出现经济林产品商品化处理落后、市场混乱及生产效率低等问题[6-7]。究其原因，归根结底是由于缺少经济林专业人才所导致。

作者介绍：孙永江，北京市海淀区清华东路35号北京林业大学林学院，讲师，sunyongjiang12@163.com；
　　　　苏淑钗，北京市海淀区清华东路35号北京林业大学林学院，教授，568378121@qq.com。
资助项目：北京林业大学课程思政教研教改专项课题"基于思政教育的'经济林栽培学'教学探索"（2020KCSZ006）。

我国于1958年创办经济林专业，1997年新的学科专业目录调整，将经济林学科并入森林培育学科，1998年又被并入林学专业。北京林业大学自20世纪50年代开始经济林的研究，应新时期国家乡村振兴等战略发展需求，2018年在全国率先成功申办经济林本科专业，以培养能够从事经济林全产业链工作，具备国家使命感、国际担当和创新精神，基础扎实、实践能力强的复合应用型人才为目标。在"乡村振兴"背景下，北京林业大学经济林专业的成立和人才培养实践，在全国林业高等教育教学改革方面起到了积极的示范和辐射作用，对解决我国经济林产业可持续健康发展问题具有极其重要的作用。

二、经济林专业学生培养模式

新时期下，经济林专业的设置需要充分综合考虑相关交叉学科的特点，注重课程体系的交叉融合。北京林业大学经济林专业采取一级学科林学大类招生、前期实施林学大类培养，学生进校后经过三个学期通识教育及学科基础教育取得相应学分后，根据学生个人意愿、学习成绩等划分专业，在第四学期进入经济林专业，按经济林专业的培养方案进行培养。

培养方式采取教师传授引导、学生自学和实践训练，注重学生的能力培养和素质全面协调发展与提高。具体包括课堂教学、实践教学、毕业论文(设计)、大学生素质拓展计划、讲座和社团活动等多种培养方式。在培养过程中，专业理论与科研和生产实践相结合，发挥学生学习的主动性和自觉性，结合启发式、研讨式的教学方式，加强学生的自学能力、动手能力、表达能力和写作能力的训练和培养，凸显"多维育人"的人才培养理念。在大学4年的时间，要求学生修满192学分（16学时对应1学分），其中以通识课程、专业课程和暑假学习课程为主的课堂教学学分占总学分的67.36%，以专业课实习和综合实习为主的实践教学学分占总学分的32.6%（图1）。

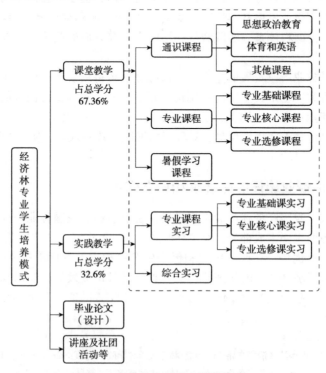

图1　经济林专业学生培养模式

专业核心课程(37.5学分)主要安排在第 4 到第 6 学期,包括"经济林栽培学总论""经济林有害生物绿色防控""经济林栽培学(各论)""林下资源培育与利用""科学研究法与实训""经济林遗传育种学""经济林产品营销与案例分析""经济林产品贮藏与加工""经济林产品质量检验"等课程。专业课课程授课内容在各学期呈逐渐递进式设计,力求学生能够对经济林全产业链各环节均有较扎实的理论基础。核心课程的实习贯穿于第 4 到第 6 学期,前期实习以栽培为主,后期进行为期 6 周的综合实习(图 2)。专业核心课程设置体系突出实践教学和覆盖经济林全产业链,培养具备基础扎实、实践能力强的复合应用型人才。

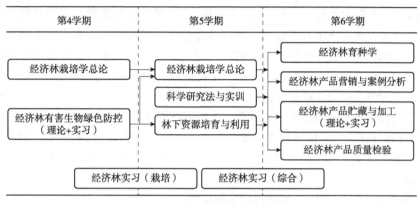

图 2 经济林专业核心课程体系

三、 经济林专业优化及人才培养主要举措

(一)立足国家需求, 构建全新的人才培养方案

经济林专业人才培养一直是国家与林业行业发展的重大需求,虽然因专业目录调整停办导致经济林本科人才相对短缺,但北京林业大学锲而不舍,多次组织召开经济林专业建设研讨会,深入研讨经济林人才培养的国家需求、内涵和外延、研究型教学和创新型人才培养模式等。新时期,经济林专业建设坚持服务国家生态建设、乡村振兴战略,以实践教学为生命线,围绕新农科建设要求,突破了以栽培为主的传统经济林专业人才培养方案,制定了覆盖全产业链的全新人才培养方案和课程体系,引领全国经济林专业建设方向。

(二)突出实践教学作用, 形成"多维实践育人"体系

遵循经济林学专业实践性强的教育规律,制定全新课程教学大纲。形成了由基础课程认知实习、专业课程实习、专业综合实习、社会实践调查、行业技术服务、大学生创新项目等组成的多维实践育人体系,提高实践教学课程比例,实践教学环节学分占总学分的 32.6%。

坚持"以研促教"理念为先导、以科研项目为支撑的创新实践能力培养模式;探索完善培养创新实践能力的途径,学生入学即可进入专业实验室参与科研,选派专业教师全程指导,鼓励学生申报各类大学生创新创业项目。众多社会实践活动受到行业高度赞誉,如北京市密云水库周边板栗林栽培及水土流失调查、油茶管理新技术培训、迁西板栗产业规划、北京市经济林种质资源调查、枣树新品种培育等。

(三)创新教学理念, 拓展教学资源和强化过程管理

坚持"一主两翼、三位一体"教学理念,即以教师传授知识和学生自主获取知识为主线,素质养成、能力培养为两翼,第二课堂、理论课程、实践体系三位一体。强化平台建设和统编教材与在线课程建设,拓展了教学资源。实施教授授课和青年教师助教制,全方位提

高教学质量;开设暑期小学期国际课程。推进专业核心课程、实践类课程和国际化课程的教材建设。探索翻转课堂、MOOC等多形式、多途径的教学方法;强化教学和毕业设计过程管理、多元化课程考核方法,毕业论文实施导师制,70%校内盲审、30%校外送审、50%抽样查重,保障人才培养质量。

（四）推进课程思政建设，增强学生使命感和责任担当

组建课程思政团队，开展"五分钟林思考"课程思政工作，即利用课前"5分钟"，深入挖掘凝练专业课程所蕴含的思政元素，并寻找与专业课教学的最佳"切入点"；把握课上和课下"5分钟"，传递和宣传思政教育的"大道理"，将思想政治教育内容潜移默化地融入课程教学之中，使专业课教师真正成为开展学生思想政治教育的主力军[8]。通过系统挖掘课程中蕴含的家国情怀、道德品质及科学精神等思想政治教育元素，将其贯穿于课程教学及实践教学的全过程，结合典型案例的讲解，发挥课程思政"隐性思政教育"效果，让学生切实感受到专业价值，树立正确的价值观。

重视实习教学与思政教育的有机融合，课程实习内容之一是到全国优秀共产党员、"人民楷模"荣誉称号获得者李保国教授扶贫基地——绿岭、岗底等地实地考察。在核桃小镇主题教育馆，学习核桃文化及栽培技术，了解当地百姓探索核桃栽培致富出路、为了美好明天而奋斗的历史，增加专业自信和家国情怀。

（五）加强基层教学组织，优化师资队伍结构

遴选经济林专业负责人及教研室主任，落实教研室责任，在教师招聘、职称晋升、课程分配、教学监督、教学改革、课程团队建设等方面明确"责权利"，并对其进行考核，纳入教师的绩效工资分配中。同时，梳理教师研究方向对教研室进行重新整合，有利于本科教学与课程建设。实施"师资博士后计划"，构建新进教师选拔的机制，控制学缘结构的比例，推进教学团队的多元化建设；实行"青蓝计划"，建立青年教师培养长效机制，推进新进青年教师导师制，提升青年教师科教水平；柔性引智，优势团队全球招聘，加大国际化卓越人才在教师队伍中的比例，建设一支高水平、结构合理的师资队伍。

四、经济林专业人才培养成效

经济林专业成立前一直是北京林业大学林学专业重要支撑，90%以上的林学专业学生选修经济林相关课程。2011—2020年间学生主持经济林相关大学生创新创业项目56项，国家级25项、北京市级项目38项，近三年本科生发表SCI及中文核心论文5篇，授权发明专利及实用新型专利7项，获北京市优秀毕业生20名，获得全国林科十佳毕业生2人。

据统计，经济林专业本科毕业生考研率90%，30%进入北京大学、中国科学院、北京师范大学、中国农业大学等继续深造，50%就读本校经济林方向研究生，10%出国留学，10%进入林业管理部门工作。首届经济林专业学生利用所学服务乡村振兴和科普教育，2021年获"互联网+"创新创业大赛北京赛区三等奖2项、北京市大学生优秀创业团队1个。说明北京林业大学经济林专业设置较合理，人才培养质量较高。

五、经济林专业优化和人才培养思路与规划

新时期，随着国家乡村振兴战略的实施及林业产业发展的升级，对高校经济林专业建设和人才培养提出了更高的要求。基于此，我国农林高校必须紧扣新时代国家战略需求，凝练发展思路，做好顶层规划，进一步优化经济林专业建设，加强人才培养，全面提升服务国家"乡村振兴"战略的能力和水平。

(一)主要思路

秉承"知花果，法自然"的专业理念，以建设国际一流专业为目标，以学生为根本、教师为主体，依托林学一流学科，突出实践教学和服务国家战略需求，推进经济林专业建设，持续完善经济林专业人才培养方案，形成平台一流、产学研用一体化培养体系。

(二)发展规划

1. 坚持引培并举，打造高水平师资队伍

结合林学一流学科建设，坚持引培并举，引进国内外优秀学者；创新青年教师培养机制，通过送出去、定向培养等方式，结合"青蓝计划""导师培养制"等措施，重点培养青年教师教学科研能力；发挥教学名师的示范带头作用，开展教研活动，鼓励教师参加各级各类教学培训与比赛，争当教学能手，争创精品课程，打造一支职称结构、年龄结构、专业结构合理的高水平教师队伍。

2. 发挥课程思政优势，创新课程育人模式

充分发挥林业教育的传统优势，以"传承林学精神，培育林人情怀"为主线，深入挖掘凝练经济林专业课程所蕴含的思想政治教育元素和承载的育人功能，落实"五分钟林思考"课程思政工作，总结课程思政典型案例，完善课程思政激励保障，让学生切实感受到专业价值，树立正确的价值观；同时将课程思政有机融入实践教学过程，提升学生创新能力和科研素养，培养高素质复合应用型人才。

3. 基于国家战略引领，打造一流专业实践基地

以服务国家乡村振兴、生态文明发展战略需求为目标，突出实践教学作用，创建学生参与育种、栽培、管理、采后加工及销售等经济林全产业链新型实践教学模式；依托福建三明南方林区综合实践基地、河北迁西板栗育种栽培实践基地、河北沧州枣育种和栽培实践基地、北京八家实习苗圃、小龙门实习林场等稳定的教学实践基地，组织建设全国农林院校经济林专业教学实践基地共享联盟，丰富实践场所，建成覆盖全国的一流本科综合实践基地。

4. 优化课程教学，加强专业教学资源建设

改进教学方法，推动信息技术融合；更新教学内容，及时将科研和教学改革成果转化为教学内容，提高课程建设水平；结合专业特点，加强一流课程建设；开设前沿和实务讲座课程，引入企事业单位管理和技术骨干、科研院所专家等校外资源参与教学；调整专业人才培养方案，建成具有鲜明经济林特色的一流专业核心课程群；建设具有本专业特色的新形态一体化教材及实践类教材，加强专业教学资源建设。

参考文献

[1]习近平. 切实把新发展理念落到实处不断增强经济社会发展创新力[N]. 人民日报, 2018-06-15(1).
[2]周川. "专业"散论[J]. 高等教育研究, 1992(1)：78-83.
[3]谭晓风. 经济林栽培学[M]. 北京：中国林业出版社, 2019.
[4]林明鑫, 吕柳, 曹福亮, 等. 我国经济林科技与产业发展研究综述[J]. 世界林业研究, 2020(2)：72-76.
[5]李珍, 商迪, 赵荣, 等. 林业产业发展对贫困人口数量的影响研究：基于3个贫困县调查数据的实证分析[J]. 林业经济, 2017, 39(10)：35-39.
[6]崔雨晴, 徐秀英. 浙江省非木质林产品产业发展研究[J]. 林业经济问题, 2011, 31(2)：131-136.
[7]伊红德. 推进经济林产业品牌化发展的实践与思考：以宁夏吴忠市为例[J]. 林业经济, 2018, 40(3)：42-45.
[8]石彦君, 李扬. 五分钟林思考——林业院校课程思政改革的探索与实践[J]. 中国农业教育, 2020, 21(4)：25-28.

The construction of Non-wood Product Forestry major and talent training strategy of Beijing Forestry University under the background of "rural revitalization"

Sun Yongjiang Su Shuchai

(School of Forestry, Beijing Forestry University, Beijing 100083)

Abstract The Non-wood Product Forestry major of Beijing Forestry University takes serving the national rural revitalization strategy as an important goal, and trains compound applied talents who can work in the whole industrial chain of non-wood product forestry and have a sense of national mission, international responsibility and innovative spirit, and with solid foundation and strong practical ability. Under the background of the national strategy of "Rural Revitalization", this paper deeply analyzed the necessity and important role of the Non-wood Product Forestry major construction in Beijing Forestry University, introduced in detail the optimization of major construction and the layout measures of talent training, and systematically summarized the development plan. The purpose of this paper is to provide ideas for the major construction to resonate and synchronize with the national strategy.

Keywords rural revitalization, major construction, talent training, Non-wood Product Forestry

"任务驱动"结合"角色扮演"教学法助推劳动教育

——以木结构材料与工程"专业综合实习"为例

彭尧　戴璐　杨娟　刘红光　漆楚生

(北京林业大学材料科学与技术学院，北京　100083)

摘要：文章基于"任务驱动"和"角色扮演"的教学理念，以本科生劳动教育为目标，针对木结构材料与工程"专业综合实习"课程存在的问题进行改革与实践。在实习过程中，采用"任务驱动"教学法，不但提高了学生的实习兴趣和积极性，也促进了学生主动学习和独立思考能力的锻炼。通过"角色扮演"教学法，使学生在实习中接受劳动教育，促进了学生团队协作能力的提升，加深了他们对未来职业的认知，加强了劳动与社会服务意识。此外，在考核体系方面，引入了实习全过程评价体系和小组互评机制，使得评价更为全面客观。改革后的教学效果改善明显。

关键词：木结构；综合实习；任务驱动；角色扮演；劳动教育

　　为推进我国木结构建筑产业快速发展，满足产业对高层次人才的需求，北京林业大学于2016年开设木材科学与工程(木结构材料与工程方向)专业并开始招生，旨在培养木结构建筑材料研发与生产、木结构设计、工程项目管理等方面的高级技术和管理人才。在"新工科"和"一流学科"的建设背景下，培养具有国际竞争力和综合能力的高素质人才，已成为学校育人的重要目标。作为木结构材料与工程专业课程的重要组成部分，实践类课程有助于强化学生对课堂理论知识的掌握，培养学生的动手能力，激发学生的创新思维，其教学效果对提高学生的理论知识水平和实际应用能力具有重要的影响[1]。

　　"专业综合实习"课程针对木结构材料与工程专业大三年级的本科生开设，为期两周，计2学分。实习内容主要包括木结构建筑设计和模型制作两大部分，并将劳动教育贯穿其中。在以往的教学实践中笔者发现，该课程存在教学模式单一、实习任务固定、学生分工不明确、考核体系不全面等问题，导致学生的实习效果不理想。因此，笔者引入"任务驱动"的教学模式，通过设定不同的木结构设计情景与任务分工以实现实习内容的多元化。同时，结合"角色扮演"教学法，让学生扮演建筑设计中的不同人员角色，从而实现劳动教育的目的。这样的结合不仅增强了学生实习的兴趣与积极性，还有利于提高学生的公共服务意识，将所学知识应用于工程实践，实现了教学利益的最大化。

作者简介：彭　尧，北京市海淀区清华东路35号北京林业大学材料科学与技术学院，副教授，pengy@bjfu.edu.cn；
　　　　　戴　璐，北京市海淀区清华东路35号北京林业大学材料科学与技术学院，副教授，dailu@bjfu.edu.cn；
　　　　　杨　娟，北京市海淀区清华东路35号北京林业大学材料科学与技术学院，讲师，yangjuan@bjfu.edu.cn；
　　　　　刘红光，北京市海淀区清华东路35号北京林业大学材料科学与技术学院，副教授，liuhg_liuhg@126.com；
　　　　　漆楚生，北京市海淀区清华东路35号北京林业大学材料科学与技术学院，副教授，qichusheng@bjfu.edu.cn。
资助项目：北京林业大学教育教学研究项目"任务驱动"结合"角色扮演"教学法在木结构"专业综合实习"课程中的探索与应用(BJFU2021JY050)。

一、"专业综合实习"课程的教学现状与问题

根据现行的教学大纲,在实习前,老师会安排好实习的内容,让学生自行组队,针对给定具体条件的木结构建筑进行设计工作,包括撰写设计说明、展示结构计算过程、绘制结构图和效果图等,最后根据设计资料完成模型制作。教师则根据这几部分的完成质量进行考核评分。在这样的教学实践中,主要存在以下几点弊端。

(一)教学模式单一,学生的热情和积极性不高

以往的实习教学主要参考老师自编的实习指导书,指导书中会给定实习的具体任务和要求,并提供设计案例作为参考模板。因而在实习过程中,学生为了及时完成实习任务,往往会产生应付思想,将老师给定的基本要求视为最终设计目标,提交的设计方案过于简单,缺乏对木结构建筑设计的深层思考,多处于被动接受知识的状态。此外,小组成员分工不明确,学生对自己的任务目标不清晰,导致部分学生参与度不足,不利于团队合作能力的培养,难以达到预期的教学效果。这种单一的教学模式一方面更加强化了教师的主导地位,另一方面也严重抑制学生实习的积极性和主动性,导致对实习的热情不高。

(二)实习内容固定,对学生创新思维和实际工程应用能力的训练不足

实习内容相对固定,指导书中已拟定木结构建筑设计的具体要求,如地理环境、面积、高度、楼层数、用途等,让学生自行组队进行设计。然而,即使在学生分组后,小组与小组之间的实习任务也完全一致,缺乏多元性,留给学生发挥的空间不大。同时,学生过度依赖提供的设计案例作为参考模板,实习过程往往偏重"模仿",从而缺乏创新性,最终导致各小组提交的设计方案相似度高,学生的实习收获不大,不利于对学生实际工程应用能力的培养。

(三)考核体系重结果轻过程,影响学生综合能力的培养

实践结束后,学生提交工程概况调研报告(包括建筑概况和选址调研)、建筑设计说明(效果图)、计算书(计算过程)、施工图集、建筑模型以及实习报告,教师根据这几部分的完成情况进行考核评分。由于实习内容的固定性,学生提交的材料相似度高,小组之间的差异不明显,导致学生最终的考核成绩缺乏区分度。同时,在现有考核体系中,忽视了对学生在实习过程中表现的评价,无法考核与评估每位学生的设计能力、动手操作能力、团队合作能力等,不利于学生在专业方面的成长和综合能力的培养。

二、"任务驱动"结合"角色扮演"助推劳动教育的应用

针对以上问题,笔者以木结构材料与工程方向的"专业综合实习"课程为改革对象,在实习中引入"任务驱动"和"角色扮演"相结合的教学模式,充分发挥学生的主观能动性,激发实习热情,促进学生创新思维和综合实践能力的培养,从而切实提高课堂教学质量与教学效果。

此外,这样的教学模式以实习任务为载体,使学生在实习中接受劳动教育,将所学知识应用于实际案例,有助于培养学生的公共服务意识。

(一)"任务驱动"结合"角色扮演"教学法实施流程

"任务驱动"是近年来提倡的创新式教学方法,尤其在实验性、实践性和实操性较强的课程中应用广泛,并取得了良好的教学效果。在该教学模式下,以教师为主导,通过设定具体的任务,激发学生的好奇心和求知欲,而学生在此驱动下成为学习的主体,并通过自主学习与团队合作完成既定任务[2]。在"角色扮演"教学法的实施中,教师以任务为导向,设定模拟的工作环境,指定学生进行角色扮演,在一定的要求下完成某项既定任务,从而

使学生能够身临其境地掌握知识和技能[3]。

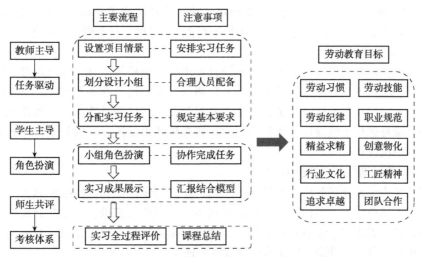

图1 "任务驱动"结合"角色扮演"法助推劳动教育的实施流程

如图1所示,本课程的教学改革以上述两种教学法为实施途径,同时融入劳动素养、劳动技能、职业精神、行业文化等教学元素,使学生在实习的全过程中接受劳动教育。整个教学过程分为三大部分:由教师主导的"任务驱动"模式,由学生主导的"角色扮演"模式,以及由师生共同参与的考核评级模式。教师通过设置项目情景、划分设计小组、分配设计任务等,建立具体的实习任务目标;学生则在任务的驱动下,通过角色扮演进行分工合作,共同完成实习目标。同时,在角色扮演的过程中融入劳动精神、劳动组织、劳动安全、劳动法规等方面内容,以脑力劳动(建筑设计)与体力劳动(模型制作)为实现载体,培养学生的工匠精神、敬业精神、团结合作精神、认真负责的工作态度,增强学生的职业责任感,从而达到对学生劳动教育的目标。课后,教师根据任务完成质量和角色扮演情况对学生进行考核评价,同时做好课程总结,对教学模式不断加以完善。

(二)"任务驱动"部分实施方法

为巩固木结构专业课程的知识点,提高学生在木结构工程方面的综合实践能力,教师根据学生的理论学习情况拟定实习任务大纲。参与本次"专业综合实习"课程的学生共16人,将学生进行分为4组,每组4人。如图2所示,针对以往实习内容固定的问题,本次实习以正在筹建某森林公园为项目背景,将实习内容分成4个不同的设计对象,即游客中心、度假小屋、餐吧和书吧,学生通过抽签的方式领取小组设计任务。针对不同的建筑类型,教师给定基本设计要求:①游客中心:具备咨询、售票、存包等功能,建筑面积100~

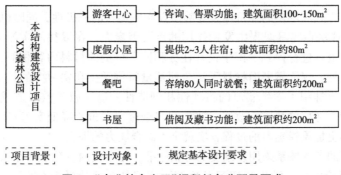

图2 "专业综合实习"课程任务分配及要求

150m²，地点在公园入口处；②度假小屋：独栋木结构建筑，需满足 2~3 人住宿，建筑面积约 80m²，建设地点不限；③餐吧：内部厨房、餐厅、前台分区合理，可同时容纳 80 人就餐，建筑面积约 200m²，建设地点在公园中央区域；④书屋：具备借阅和藏书功能，建筑面积约 200m²，建设地点不限。

为培养学生的创新思维，除上述基本设计要求外，对建筑外观、建筑风格、建筑形式等不作要求，给予学生自由发挥的空间，充分调动学生的创造性和积极性。学生需在 2 周内完成相应木结构建筑的设计任务，包括撰写设计说明、结构计算书、设计图纸，并制作建筑模型，最终进行小组设计方案汇报展示。在考核评价阶段，采取师生共评的方式对各小组的设计情况进行打分。

（三）"角色扮演"部分实施方法

在明确各小组设计任务后，教师根据木结构建筑的设计流程，模拟实际工程项目，为每位学生设定角色分工，为他们将来能够快速适应岗位奠定基础。角色的分配可通过学生自荐或抽签的方式决定。完成角色分配后，教师对相关角色的主要职责进行说明，同时鼓励学生积极融入角色，并通过团队合作完成实习任务。

各小组内的角色设定如图 3 所示，分别为项目经理（总体负责小组任务进度、协调小组成员、做好资料汇总和汇报展示）、建筑设计师（完成建筑外观设计及效果图设计）、结构工程师（对建筑设计进行结构计算，确定建筑用材、构件设计和节点验算）和施工工程师（负责项目前期概况调研、木结构模型制作、结构图绘制）。在实习开展过程中，小组成员需积极发挥自身优势，同时要与其他成员保持密切沟通，互相协作，营造良好的劳动氛围，从而圆满完成实习任务。在此过程中，教师则作为观众对学生的角色扮演情况进行记录，并根据角色完成任务的质量进行打分评判。

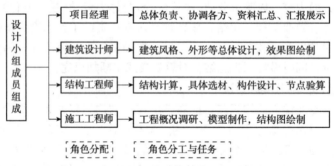

图 3 "专业综合实习"角色扮演及分工任务

三、完善考核体系，实施全过程评价，促进学生全面发展

科学的考核方式和客观的评价体系能够激发学生实习的积极性，同时也是保证"任务驱动"和"角色扮演"法在实习课程中发挥作用的重要因素[4]。在以往的实习考核中，主要针对学生提交实习资料进行评判。由于设计任务相同，提交的材料内容相似，因而考核成绩缺乏差异性。此外，仅依靠书面材料无法全面衡量每位学生在实习中的具体表现。这种片面的考核体系不仅抑制了学生实习的主动性和创造性，也给教学效果造成了负面影响[5]。因此，需要对现有考核体系进行改革，实施实习全过程评价，降低实习资料所占的评分比重，使学生能够更加重视实习的过程，实现个人综合能力的提高。

表 1 中，新的考核体系采用多维度的考量标准，将考核内容分成 3 个大项和 9 个小项，同时量化各项评价要求。学生的实习总成绩由实习任务完成情况（50%）、角色扮演情况

(35%)和成果汇报展示(15%)构成。其中，任务完成情况包括工程概况调研报告、建筑设计说明、计算书、施工图集、建筑模型制作、实习报告6个考核小项，由教师根据学生提交的实习资料进行打分，从设计的可行性、严谨性、创新性等方面进行评价。在角色扮演情况中，教师根据学生完成角色任务的情况进行打分(占比15%)，同时组内成员之间实行角色互评(占比5%)，充分体现以学生为主体的"角色扮演"环节。此外，在成果汇报展示考核大项中，还引入了组间互评机制，由小组之间相互打分(占比5%)，体现组间竞争环节，以增强学生的实习积极性。

表1 "专业综合实习"课程考核体系

序号	考核大项	考核小项	老师评价占比	小组互评占比	总评占比
1	任务完成情况	工程概况调研报告	6%	0%	6%
		建筑设计说明	8%		8%
		计算书	10%		10%
		施工图集	10%		10%
		建筑模型制作	10%		10%
		实习报告	6%		6%
2	角色扮演情况	角色任务完成情况	15%	10%	25%
		组内成员协作情况	5%	5%	10%
3	实习成果展示	实习过程与成果汇报(PPT)	10%	5%	15%

四、"任务驱动"结合"角色扮演"教学法的实施效果

采用"任务驱动"结合"角色扮演"的教学法对2018级的16名本科生进行了教学实践，针对"任务驱动""角色扮演"和考核体系对实习效果的影响进行了问卷调查，结果见表2。由结果分析可知，以下两点改善最为明显。

表2 "任务驱动"结合"角色扮演"教学模式下学生实习收获调查问卷与结果

指标纬度	问卷项目	人数/(个)	比例/(%)
"任务驱动"对实习效果的影响	实习目标更加明确	16	100
	培养了学习新知识的能力	14	87.5
	提高了独立思考的能力	11	68.8
	提高了分析和解决问题的能力	12	75.0
"角色扮演"对实习效果的影响	增强了劳动与职业意识	15	93.8
	提高了团队协作能力	14	87.5
	激发了实习的兴趣和积极性	16	100
	明确了职业发展方向	10	62.5
考核体系对实习效果的影响	考核指标公平客观	13	81.3
	能够激发小组的竞争意识	15	93.8
	能够全面反映学生个体的实习表现	13	81.3

(一)提高了实习的主动性和积极性

采用"任务驱动"模式后,学生普遍表示实习的任务更加明确,且在完成任务的过程中,他们的学习主动性得到了激发,有助于培养自主学习的能力。同时,大部分学生(68.8%)建立起了独立思考的意识。此外,通过具体的任务情境,学生能够更加贴近实际地完成实习目标,进一步增强了他们分析问题和解决问题的能力,提升了个人综合素质。在考核体系方面,通过引入组内和组间互评,一方面营造了组内团结协作的氛围,另一方面也激发了小组之间的竞争意识,提高了学生对于实习课程的热情与自主性。同时,全过程评价的实施能够较为客观全面地反映学生的实习表现,进一步促进了学生综合能力的培养。

(二)加深学生对劳动和职业的认知

"角色扮演"的引入加深了学生对未来职业的认知。在执行任务的过程中,学生可以提前感受未来所从事行业的工作内容和工作氛围,并在实践中不断加深对建筑设计规范、标准、要求等知识的运用,为将来职业发展打下坚实的基础。其中,有62.5%的学生表示,通过实习他们更加明确了未来的职业发展方向。更为重要的是,角色扮演能够将实习与生产实践直接联系,加强了学生认知社会、服务社会、改造社会的意识,培养他们身体力行、踏实奋进的劳动品质,进而实现人生的价值,成为为人民服务的骨干。

综上所述,"任务驱动"结合"角色扮演"教学法在"专业综合实习"课程教学改革中具有良好的应用潜力,激发了学生对实习课程的兴趣,促进了学生对理论知识灵活应用,同时提高了学生的创新意识、服务意识、团队合作意识,从而有助于树立起正确的劳动观和价值观,成为合格的社会主义接班人。

参考文献

[1]刘元珍,胡凤丽,王文婧.建筑信息模型技术在土木工程专业实践教学中的应用探讨[J].黑龙江教育(高教研究与评估),2018,4(5):1-4.

[2]郭绍青.任务驱动教学法的内涵[J].中国电化教育,2006(7):57-59.

[3]卓琳,唐诚焜,谢玉枚,等.基于角色扮演的"服装市场营销"课程教学改革探究[J].纺织服装教育,2020,35(3):244-247+274.

[4]郤鹏,刘建文.角色扮演法在《人力资源管理》教学中的应用——以山东理工大学行政管理专业为例[J].教育现代化,2019,6(96):285-288.

[5]张彧,刘兆芳,姜淑娟,等.基于对学生主动学习意识培养的课程考核体系研究[J].中国轻工教育,2017(2):69-72.

Promotion of labor education by using "task driven" combined with "role play" methods: Take *Professional Comprehensive Practice* of wood structure materials and engineering for example

Peng Yao Dai Lu Yang Juan Liu Hongguang Qi Chusheng

(College of Materials Science and Technology, Beijing Forestry University, Beijing 100083)

Abstract Based on the teaching concepts of "task driven" and "role play", as well as taking undergraduate labor education as the goal, this paper aimed at the problems existing in the *Professional Comprehensive Practice* of wood structure materials and engineering. During teaching process, the "task driven" teaching method not only improved students' interest and enthusiasm in practice, but also promoted students' active learning and independent thinking ability. Through the "role-playing" teaching method, students received labor education during the practice, which improved the students' teamwork ability, deepened their understanding of future career, and strengthened their awareness of labor and social service. In addition, in the assessment system, the whole process evaluation system and group mutual evaluation were introduced to make the evaluation more comprehensive and objective. After the reform, the teaching effect has improved significantly.

Keywords　　wood structure, *Professional Comprehensive Practice*, task driven, role paly, labor education

园林学院基础实践类课程——"空间构成Ⅰ"的创新教学模式探究

高 晖

（北京林业大学园林学院，北京 100083）

摘要：本文阐述了项目背景和课程的内容及重要性，针对北京林业大学园林学院"空间构成Ⅰ"课程存在的"美学教育不足""课程联动性弱""课堂沉默"等问题，优化教学大纲，重视美育培养、建立形态的秩序和推理观念，结合案例与后续课程在形成"联动"、建立"师生互动"、"团队合作"、"作品互评"环节等方面进行了一系列的改革与实践，并展示了教学改革取得的成果。

关键词：空间构成Ⅰ；教学模式；美学教育；课程联动性；师生互动

一、研究背景

"空间构成Ⅰ"是2018年北京林业大学园林学院课程改革后，为一年级学生建立的新的设计基础实践类课程。该课程将改革前的"造型基础"课程的内容进行缩减和优化，设置成28课时的"空间构成Ⅰ"，与后续的"空间构成Ⅱ"和"空间构成Ⅲ"形成课程序列，并将空间造型能力的培养作为重要目标，以便向后续专业建筑类课程进行有效的过渡和衔接。但是近年来教学内容和方法比较单一，教学模式缺乏创新，师生的互动性不足，为了有效完成学科建设的战略目标，创建更优质的协同式教学模式，笔者在2018年开始将"空间构成Ⅰ"课程的教学模式进行调查研究和实践探索，以2018级风园班、2019级园林班、2021级园林班作为调研对象，从教学内容、教学模式、师生互动等方面进行改革，总结出一套更适应于当前教学环境的教学方法，并取得了一定的教学效果。

二、"空间构成Ⅰ"的课程的内容和重要性

"空间构成Ⅰ"的课程内容具体包括：空间构成的概述、形式美法则、空间造形的基础元素和构成形式、空间形态的综合训练、构成要素的情感表达和空间知觉等。学生通过学习基础造型的空间形态构架、美学法则、建立抽象空间思维，创造出抽象的空间造型模型，为后续的"空间构成Ⅱ"和"空间构成Ⅲ"奠定必要的理论基础、实践经验、审美素养。从培养建筑学思维角度出发，引导低年级学生认知"形体"与"空间"的关系，掌握形态设计的基本能力；体验建筑设计本质——"建构"行为的发生规律，并引导和激发其创造潜能，帮助学生有效建立初步、系统的建筑设计思维，培养设计专业的基本技能，树立正确的建筑价值观和认知论，掌握科学的工作方法，并循序渐进地积累专业知识[1]。

作者简介：高 晖，北京市海淀区清华东路35号北京林业大学园林学院，副教授，gaohui19834@163.com。
资助项目：园林学院基础实践类课程——"空间构成Ⅰ"的创新教学模式及师生的互动性探究（BJFU2020JY013）。

三、 教学中存在的主要问题

（一）工科学生的美术功底薄弱， 美学教育不足

园林学院属于工科院系，大多数学生没有美术基础，美术教育相对缺乏，甚至受社会上个别"潮流审美"的影响，课程成果往往表现为：模型在制作上缺乏"美感"和"和谐性"，对"美"的认知易产生误解，或在作品的创新上盲目"标新立异"，无法建立正确的审美观念和标准。与此同时，在教学过程中，教师对学生作品的评价往往又是抽象的，没有"1+1 = 2"式的标准答案，教师的表达和学生的理解极易产生偏差，最终造成无效引导。

（二）作品过于"形式化"而缺乏内在逻辑， 和后续课程的联动性较弱

"空间构成 I"课程内容建立在"三大构成"即平面构成、色彩构成、立体构成的课程体系之上，对形式感要求较高，形态的绘制和形式感的培养在课程初期作为切入点进行教授，例如使学生了解点、线、面、体的形态特征和构成方法、练习如何将具象形态转化成抽象形态、形态之间的组成方式等，而后续的建筑设计课程注重解决如何建立该设计的"实际功能"问题，学生容易陷入对表面形式的盲注追求而使作品流于"形式化"，缺乏系统的、有逻辑性的创作方法，从而忽略对空间的营造和建构，在后期进入建筑设计课程的学习中，造成和"功能"和"形式"的断层，甚至对建筑设计的学习起到反作用。

（三）"课堂沉默"现象普遍， 师生互动性缺乏

在传统教学模式中，以老师在讲台上的"教"与学生在讲台下的"听"为主，学生作业一般在课后完成。在课堂上，学生习惯被动接受知识的"灌输"，往往不愿主动提出或者回答老师抛出的问题，造成"课堂沉默"现象，这样不仅会导致课堂气氛不足，学生的学习兴趣和积极性不够，而且作品在制作途中，出现的任何问题都不能得到及时解决和修正，作业质量普遍较低，学生的自信心也会进一步受到打击，形成学习上的恶性循环。

四、 教学改革措施与实践

（一）优化教学大纲， 重视美育培养

笔者在原有课程教学大纲内容基础上做了一定的优化和拓展（表1）。原有的课程内容以"空间构成"的理论讲解和较为局限的构成作品赏析为主，在此基础上融入了"美学教育""优秀设计案例赏析""课堂实践操作与指导""课程创新内容延展"这四部分的内容，强调"理性规律总结"和"直接感官体验"两个层面的综合培养，使学生在梳理事物规律的同时提高对形态美的"感觉"和"悟性"，从而潜移默化地提高美学修养。

表1 "空间构成 I"课程教学大纲

教学主题	教学内容	教学目的
一、基本认知和美学教育（4学时）	1. 空间构成的概念和范围 2. "构成艺术"的流派渊源，现代艺术史框架 3. 形式美法则的具体内容	以培养审美能力和空间造型能力作为学习空间构成的主要目的；建立抽象思维的方法和意识；掌握构成形态和形式美的内在联系
二、分项练习（16学时）	1. 点、线、体的形态特征和构成方法 2. 优秀设计案例的思路、草图过程、操作方法 3. 构成形态在实际设计案例中的应用和体现	熟悉构成形态在空间构成中的特性与构成方法；理解空间形态中点、线、面、体对人心理感知活动的影响

（续）

教学主题	教学内容	教学目的
三、实践操作 （4学时）	1. 将材料带入课堂，现场实操 2. 教师针对草图、半成品模型进行指导	重视思维过程在创作中的重要性，避免出现学生在作业中"抄袭"现成品的现象
四、综合评价和创新拓展 （4学时）	1. 介绍立体构成、建筑设计、装置艺术、大地艺术、环境艺术等形式的作品及相关实际案例 2. 提供相关课程内容的展览信息	完成概念认知—形象感知—规律归纳的学习过程，开阔思路和眼界；从宏观角度、社会背景方面全面了解课程内容的定位和意义

1. 美学教育方面

①教师避免"就事论事"，如孤立地讲解"空间构成"的概念、方法等，应先将"构成艺术"的历史背景、流派渊源、在现代艺术史上的地位评价，通过影像、图片、逻辑导图等形式介绍给学生，使学生了解"空间构成"的"来龙去脉"，从而更明确学习目的。②教师根据每节课的内容分类建立素材库，将大量的国内外相关的优秀范例作为参考素材，在讲解时将理论知识的对应范例素材展示出来，使学生从抽象的理论知识中获取形象的视觉感知，总结出形态美的内在规律，完成概念认知—形象感知—规律归纳的学习过程。③授课教师应该关注和学科相关热点和展讯，如在课堂上提供同城内相关的展览讯息或将自己看展后的心得总结以图片或影像的形式分享给学生，打开学生的思路和眼界，例如2021年度在北京展出的"设计乌托邦—包豪斯设计展""安藤忠雄的建筑设计展"等，这些展览都是和"空间构成Ⅰ"课程所学内容直接关联的，学生可以从历史宏观角度、社会背景等方面全面了解课程内容的定位和意义，开阔自己的创作思路。

蔡元培先生曾说："美育者，应用美学之理论于教育，以陶冶感情为目的者也。"掌握扎实的美术基本功是设计类专业学生必不可少的环节。不论哪一类院校，只要开设了设计专业，就应该按照设计学科的自身要求来进行课程设置，尤其要使设计教育体现出它与美术教育的脉络关系，从而使学校所定位的专业取向与艺术表现能力的培养相得益彰，形成系统性的课程结构。只有这样，才能培养出真正合格的设计人才[2]。

2. 对应化设计案例赏析方面

优秀设计案例分两部分，一是已经建成的国内外优秀知名设计案例，二是学生作品的优秀案例。前者帮助学生将课程作品与实际方案做类比，有助于学生开阔思维、理解抽象空间形态和具体功能之间的关系，有助于与后续设计类课程有效衔接；后者要求教师展示对应课堂主题内容的历届学生优秀作品，分析可借鉴的做法、思路，使学生拓宽眼界、开阔思路、反思自己作品的不足、激发创作灵感，进而打开新的视角进行修正和再创作，同时教师可以将一些对应课堂主题内容的"问题作品"分类进行展示，列举作品的不足之处，帮助学生规避制作时出现的问题，使学生更准确地领悟教学意图。

3. 课堂实践操作与指导方面

在课堂实践环节中，鼓励学生将自己的草图、半成品模型带入课堂，必要时在课堂上进行全程制作，教师根据学生的草图审视学生的创作过程，并给出相应的建议，打破以往传统课堂中作业"只见结果，不见过程""没有二次修改机会"的现象，提高学生作业改进的效率，同时也更加重视思维过程在创作中的重要性，也避免了学生在作业中"抄袭"现成品的现象。除此之外，教师还可以鼓励学生将模型制作过程做成视频、动画等上传到网络平台,接受各界评价,提升学生的制作热情和学习动力。

4. 课程创新拓展方面

在课程总结环节,课程的内容从"空间构成"向相近学科和艺术形式进行拓展,如讲解立体构成、建筑设计、装置艺术、大地艺术、环境艺术等形式的作品,使学生了解改造、组合等创作手法,加强场地、材料、情感的综合体验,提高学生的"感悟"能力,培养学生对新形式表现的敏感度和艺术感知力,帮助学生从不同角度理解课程所在的历史维度和文化定位。教学组织中不断地有意识重复和引导学生自行搭建所学设计知识的基本骨架,通过问题,自主扩充知识的容量,增强知识外化为能力的训练,进行研究型的学习,并将其物化为常态的设计学习方法,成为新教学模式的一大特征[3]。

(二)建立形态秩序和推理观念,结合案例与后续课程形成"联动"

1. 强调构成的"秩序"和"规律"

教师在培养学生"形式感"的同时,需强调创造形式美的内在规律,例如:重复、渐变、近似、变异、放射等构成基本法则,反复训练形态的排列组合与"形式美"的关系,使学生从感官认知上升到"秩序"的建立,例如:把"线"元素重复20次进行排列,就得到一个"重复"构成,或将"面"元素从小到大进行依次排列,就会得到一个"渐变"构成,"重复"和"渐变"是构成艺术的基本组合秩序,也是"形式美"的必要手法,通过反复尝试不同的组合排列,学生会认知到"美感"的获取不再依靠情绪化的随机获取,而是"有法可依"。

2. 重视综合构成的"构建推理"过程

作为建筑设计课程"前奏"的"空间构成Ⅰ"课程,利用"建筑设计基础"课程中的"构建推理"手法进行创作,如:形态的穿插、消减、平移、切割、叠加、分离、错位、打散、重组等,学生在创作前需先绘制草图,利用其中3~5种手法,将模型的图解过程展示出来,例如一个正方体,先通过"切割"的手法,将其变成两个三角体,然后将两个三角体进行"消减""分离",最后"错位""重组",就会得到一个新的抽象形态,进而和相近的建筑设计形态做对比,探讨二者之间的关系,进一步加强抽象空间形态和具体功能的关系。

3. 引入构成要素"点—线—面"的对应实际案例

在每次课程中加入3~5个实际案例设计的讲解,有助于学生更好地理解"空间构成"在实际设计中的应用,这是把抽象形态再次"具体化"的一个重要阶段,同时能使学生更好地理解"形式"向"功能"转化的过程,并且可以从作品的体积、尺度、材料、用法、使用人群等方面全面了解二者之间的关系,建立了对设计最初的理解。例如,在讲"面构"时,在分析完"面"的概念、特征、构成方式之后,举学生熟悉的校园中的设计案例:北京林业大学西区食堂入口对面的"薄房子,轻 Talk"构筑物设计,将该构筑设计的使用功能去掉,把"面"元素抽取出来,使学生体会设计中存在的构成本质,体会"面"的轻巧、通透、单薄等美感,完成"设计—构成"的关系认知;然后反过来将该设计中诸如"坐""遮荫""对景"等使用功能列举出来,以及它的材料、色彩、尺度等设计要素,使学生对设计有一个基本感知,完成"构成—设计"的关系认知。案例可选择学生熟悉的环境或者知名度较高的设计,这样会使人印象深刻,有切身的体会。

(二)建立"师生互动""团队合作""作品展览"环节

"空间构成Ⅰ"属于实践类课程,作品在制作过程中需要和老师积极互动、和学生之间密切交流，这需要授课教师有节奏地布置"课堂内容"、有计划地组织"互动环节"，在课堂上提供交流、讨论、互助的环境和氛围，从而调动学生学习积极性，让课堂"生动"起来。

1. 师生互动：建立课程群，课堂限时构思即刻分享

①建立班级课程群，在每堂课完成一个主题讲解后，设置15分钟的"课堂限时构思"环节来检验成果。教师布置任务，学生在规定时间内完成草图方案，然后将文件上传到班级课程群内，并逐一阐述自己的构思，学生之间可以进行作品之间的对比和借鉴。教师根据每人的陈述，抽取3~5个代表性作品进行评析，再次向全班抛出问题进行随机问答，引导学生更快地掌握课程要点。②学生在模型制作时，教师走下讲台按顺序进行"一对一"指导，亲自示范制作方法，协助学生发挥个性化的创作思路，并及时指出当前存在的问题。③课下，教师利用班级课程群，指定学生作业"半成品"的验收时间，线上解答学生临时出现的疑惑，并及时给出指导意见。教师还可以上传和课程有关的文献、图片、视频供学生参考。

2. 团队合作

①将2~3人结成一个讨论组，当个人进行作业创作时，在固定时间节点，该讨论组的组员将每人作品进行分别讨论和互评，提供多种思路、相互提出修改建议，这样有助于个人遇到创作瓶颈时，能有效得到团队的帮助，完善自己的作品。②除了个人为单位进行构成设计之外，综合构成作业以3~5人为一个设计团队，共同进行前期的调研分析、收集整理工作，一起研究解决出现的各种问题，在进一步设计时，每个组员提供各自的方案并进行讨论、筛选，最终敲定最佳方案，然后团队内成员制定计划、明确分工，共同完成最后的模型作品。通过这种团队合作模式，不仅可以培养其团队意识并学习与借鉴他人的设计成果与设计方法，不断总结与完善其个人的设计，而且还可以培养团结协作能力，为今后融入更多团队合作打下良好的基础[4]。

3. 作品展览

展览分为线下和线上两部分。①学生将完成的作业成品在教室里集中放置，供全班学生观摩，也可提前在校内平台发布相关作品展览信息，供该专业其他班级学生前来观摩评价，为学生提供一个互相交流的场所。②将作品拍照、录制，以图片和视频形式上传至线上优质交流平台，如微课、微博等，来获取更多相关专业的师生来留言评论，可以使学生收获成就感，也加强了更广泛的交流。总之，高校教学环境应该是开放的、流动的、非僵化形式的，这样才有利于信息的传播和吸收。

五、教学改革成果

从目前的实际教学成果来看，该教学模式达到了预期的效果，有较好的应用意义和推广价值。课程内容新颖、内容实际、课堂气氛活跃，学生学习兴趣浓厚，优秀作品层出不穷，尤其体现出不仅仅流于表面的"形式"，而是更能展现出对内在逻辑和秩序的建立，美学修养也在逐渐地提升。理论知识、实操能力、团队合作方面都在课程中打下了扎实的基础，同时对后续高年级的专业设计课程做好了全面的准备。课堂成果展示如图1所示。

(a) 学生作业集体展示与观摩　　(b) 课堂制作　　(c) 团队讨论

(d) 学生优秀作品展示

图1　教学改革成果展示

参考文献

[1] 李敏稚. 探求"空间"和"建构"体验的立体构成课程教学改革研究[J]. 高等建筑教育, 2016(25): 56.
[2] 唐太智. 浅谈美术基础在设计类专业课程中的重要性[J]. 阿坝师范高等专科学校学报, 2010(27): 107.
[3] 常工, 王珉, 蒙小英. 跨学科建筑设计基础课程教学模式研究[J]. 高等建筑教育, 2011(20): 72.
[4] 张明皓, 刘茜, 王倩. 建筑设计基础课程教学模式探索[J]. 高等建筑教育, 2014(23): 42.

Exploration on the innovative teaching mode of basic practical course *Space Composition I* in Landscape Architecture College

Gao Hui

(School of landscape architecture, Beijing Forestry University, Beijing　100083)

Abstract　This paper expounds the project background and the content and importance of the course. In view of the problems of "insufficient aesthetic education", "weak curriculum linkage" and "classroom silence" in the course of *Space Composition I* in the school of landscape architecture of Beijing Forestry University, in optimizing the syllabus, paying attention to aesthetic education and training, establishing the order and reasoning concept of form, and forming "linkage" with subsequent courses in combination with cases The establishment of "teacher-student interaction", "team cooperation" and "mutual evaluation of works" has carried out a series of reforms and practices, and demonstrated the achievements of teaching reform.

Keywords　*Space Composition I*, teaching mode, aesthetic education, curriculum linkage, teacher student interaction

乡村振兴背景下"山地灾害防治学"在土木学科中的"角色"变化

——以北京林业大学为例

吕立群

（北京林业大学水土保持学院，北京 100083）

摘要：土木工程作为培养防灾减灾专业人才的主要学科，在乡村减灾的人才培养方面起着重要作用。"山地灾害防治学"作为防灾减灾人才培养的主要课程载体，课程建设的好坏直接影响人才培养的质量。乡村振兴背景下，防灾减灾不仅要求土木工程技术过硬，还要响应国家美丽乡村的需求。防灾减灾等工程措施要与生态环境有机融合，这对"山地灾害防治学"的授课内容提出了新的要求。文章对北京林业大学土木工程专业2018—2020级"山地灾害防治学"的授课内容来源、性质、对象等进行了分析，探讨了农林类院校土木工程专业"山地灾害防治学"存在的问题，并提出改进措施，以期满足乡村振兴的人才需求。

关键词：土木工程；乡村振兴；生态工程；农林特色

　　土木工程专业的本科生一般具备较扎实的数学、力学、土木工程基础理论和专业知识。在工程建模和计算方面具有基本的推演能力，在解决复杂工程问题时具有一定的综合分析能力[1-2]。土木工程专业本科教学本着理论联系实际，兴趣结合实践的原则，授课内容具一定创新性、先进性和应用前景[3-6]。对于农林类高校，土木工程本科授课内容往往交叉了生态学和林学[7-9]。乡村振兴需要大量的防灾减灾人才，但是传统的"山地灾害防治学"授课内容还是以岩土措施为主，生态措施为辅，越来越不能够满足美丽乡村建设的需求[10]。

一、"山地灾害防治学"在土木工程专业中设置的背景和地位

　　"山地灾害防治学"通常设置在地质工程、水利工程、防灾减灾工程和土木工程等专业领域中，紧密关联的课程包括"普通地质学""工程力学""土力学""岩体力学""水文地质学""工程地质学""岩土原位测试""岩土工程勘察"。北京林业大学"山地灾害防治学"设置在土木工程专业中，主要为土木工程相关的结构设计、工程实施、材料开发与应用提供技术支持。

　　近年来，国内乡村社区的地质灾害事件频繁发生，不但造成巨额的社会经济损失，而且造成惨痛的人员伤亡。土木工程是防灾减灾应用最直接最广泛的学科和行业，该专业毕业生防灾减灾知识体系的储备直接影响乡村振兴的质量。在土木工程专业本科生中开设"山地灾害防治学"课程具有其他专业和学科都不具备的主动性和不可代替性。

二、"山地灾害防治学"在乡村振兴背景下"角色"转换的必要性

　　"山地灾害防治学"是在滑坡、泥石流、崩塌、地震等灾害基础知识之上，研究与工程

作者简介：吕立群，北京市海淀区清华东路35号北京林业大学水土保持学院，讲师，lvliqun_qinghua@126.com。

资助项目：北京林业大学课程思政教改项目"'建设法规'课程思政教育的融入与应用"（2020KCSZ047）；

　　　　　北京林业大学教育教学研究项目"科教融合人才培养质量提升路径探讨——以'土力学'为例"（BJFU2020JY022）。

活动有关的防灾与减灾的一门学科。为了能使学生更好地学习课程内容,"山地灾害防治学"通常在"工程地质""建筑结构抗震""桥梁结构抗风与抗震"等课程之后开设。

我国大部分乡村地处偏远的山区,乡村振兴首先要解决环境安全问题,尤其是道路、铁路等基础设施的地质环境安全。从工程安全角度来看,首先在灾前降低风险阶段,采用防灾减灾措施合理预测和控制自然灾害发生的概率和规模,降低承灾体的暴露度;其次尽可能地在灾前发出有效的预警(如滑坡预警等);最后在灾前将灾害风险度降到最低可能,真正做到减灾于未然。乡村振兴过程中的土木工程建设还要考虑"环境友好",响应国家"美丽乡村"建设的号召,但是目前"山地灾害防治学"响应"生态土木"的理念,还远远满足不了"乡村振兴"和"美丽乡村"建设的需要,主要存在以下几个问题。

(一)本科人才培养的问题

"山地灾害防治学"没有成为土木学科专业人才培养的主流课程之一,长期处于从属地位。此类人才培养,大多数以硕士以上阶段培养为主,本科阶段防灾减灾特色人才培养未能引起足够重视,因此人才培养输出的体量无法与乡村振兴需求相匹配。防灾减灾人才培养规模和重视程度都与"结构工程"差距巨大。学生防灾减灾意识、专业素养的培养不够,导致胜任防灾减灾工作的专业化人才和自愿投身防灾减灾行业的毕业生明显不足。学生所选专业课程更偏好于建筑学,市场及产业发展需求决定了这一现象。目前成果认定导向以文章为主,对学生的课程内容也有一定的影响,如创新项目等与文章等直接挂钩。而建筑类项目多,发表此类文章对土木工程学科的学生来讲相对熟悉。

(二)教师知识结构和乡村振兴需求不对称

为顺应"乡村振兴"的社会需求,突出农林院校学科特色,北京林业大学人才队伍在土木、交通、水利等行业的工程设计、施工及项目管理等方面都有人才储备,能够将数学、自然科学、工程基础和专业知识用于解决复杂工程问题。近三年申请的项目中与防灾减灾有关的项目有:①川藏铁路重大地质灾害和高寒山区公路边坡的治理和监测预警项目,为线性工程灾害防治和生态修复提技术支持;②2022年冬奥会延庆赛区的水文、地貌、地质灾害调查项目,为后续工程的规划设计提供基础数据;③国防建设项目:高陡切坡、极度高陡坡面上复绿植物配置及稳定技术项目,为军队和国防项目提供新型基质材料。近三年来学科专任教师相继在《Journal of Water Reuse And Desalination》《Engineering Fracture Mechanics》《Landslide》等国际主流期刊发表高水平论文,利用纤维复合材料为滑坡、泥石流、高陡边坡的治理提供技术方法。教师的研究对象分为六大类:楼房、桥梁、竹木结构、边坡、地基和其他(图1),选择楼房作为研究对象的选题居多,占总数的79%。研究论文所涉及的领域有力学和材料学,传统建筑类特征明显,防灾减灾涉及的力学和地质学非常少。

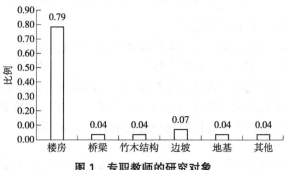

图1 专职教师的研究对象

三、"山地灾害防治学"教学内容需要为乡村振兴解决的关键问题

（一）如何突破现有土工技术，构建绿色减灾模式

以土木工程措施为主的减灾技术，体系较完善，但是成本高，环境不友好，工程减灾效益衰减明显。生态措施减灾效益认识不足，多为辅助措施，缺乏设计理论依据和技术标准，治理工程长期效益难以发挥。乡村振兴过程中土木学科需要解决生态岩土措施优化配置模式。

（二）如何协同灾害管理和乡村可持续发展

山区农村的国土开发利用和产业布局，较少考虑灾害风险，开发利用模式缺乏对规避灾害风险的规划和设计，重"防—抗—救"，轻风险管理。未来授课内容需要解决农村国土开发的利用度问题、国土"三生"空间识别和优化技术、可持续发展的安全保障技术和乡村综合风险管理的技术。

四、教学改革措施

（一）课程内容更加注重美丽乡村建设和生态治灾理念

近三年"山地灾害防治学"课程教学内容主要针对土木工程的设计、施工、管理及相关工程材料研发，具体内容分为工程知识综述类、问题分析类和方案解决类三类（表1）。但是关于生态治灾的理念和技术体系涉及甚少，以后教学内容要添加生态和岩土工程措施减灾优化配置技术、减灾功能全周期演化原理和综合减灾效益评估方法（图2）。

表1 近三年教学内容分类

类型	内容
1 工程知识综述类	1.1 复杂工程问题
	1.2 复杂系统进行过程选择或建立模型
	1.3 数学模型的推理过程，并给出解
	1.4 某一复杂工程问题的解决方案
2 问题分析类	2.1 土木工程专业的复杂工程识别方法
	2.2 复杂工程问题的建模方法
	2.3 土木工程专业的复杂工程问题的图纸、图表和文字方式
3 方案解决类	3.1 风险综合评估指标与模型
	3.2 灾害动力演进物理模型
	3.3 土木工程特定需求的施工方案
	3.4 山地风险定量评估理论与模型

（二）以应用为导向，优化教学内容

目前的教学内容将基础理论、应用实践和案例研究的最新进展加入其中。其中，基础研究主要与工程的抗震减震而进行的理论性工作相关，它不以任何专门或特定的应用或使用为目的。而应用基础研究则是指针对泥石流、滑坡的具体防治措施，进行原始性创新和前沿探索性研究，以方法和技术等方面的突破为目的。对近三年教学内容分析结果表明：理论基础研究占绝对多数，说明理论研究目前仍是主要方向（图3），未来的教学内容中应用实践的内容比例要上升。

以应用为导向的教学思路与工学教育可以较好地结合形成四个防灾减灾内容：①结合数学、力学、地学方法合理估计灾害发生概率和发生规模；②场址的工程地质勘察和地质

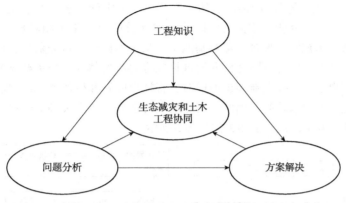

图 2　未来教学内容的类型与关系

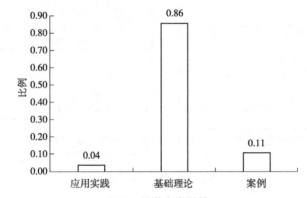

图 3　教学内容属性

问题评估，降低工程承灾体暴露度，减少成灾后人员伤亡和经济损失；③对于无法避让的情况，通过工程和生态手段对承灾体抗灾能力予以提升，保证其能抗御或部分抗御致灾外力作用；④采取多种监测手段，对承灾体成灾关键参数予以监测跟踪，在灾害发生之前尽可能提供有效的灾害预警。具体实施方案如图 4 所示。

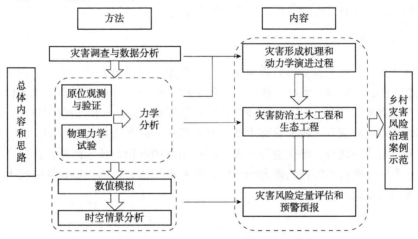

图 4　应用为导向的教学内容改革路线

（三）加强实践教学环节，完善应用型人才的能力培养体系

实践教学是工程学科人才培养的重要环节，也是工程实践能力和创新能力培养的关键。在今后的教学过程中，必须增加防灾减灾的实践教学环节。但是现实教学中存在"案例来

源"与"真实土木工程环境"相脱离的矛盾,为解决这一客观问题,教学过程中应主动与地震局台站、地质灾害研究所、重大灾害防治区建立长期合作关系和联合培养学生的模式,尝试建立校外教学示范实践平台。实习基地不仅从土木建筑结构脆弱性、地质环境和灾害辨识等方面进行选址,灾害风险评价和治理措施也要有所体现。防灾减灾实践性较强,有一定枯燥性,要求学生在接受新知识的同时,将社会问题和生产实践问题联系起来,这对教师授课和学生实习要求较高。因此,实习地点的选取上要求灾种更全面,治理措施上生态措施作为特色要有显示度,实施方案如图5所示。

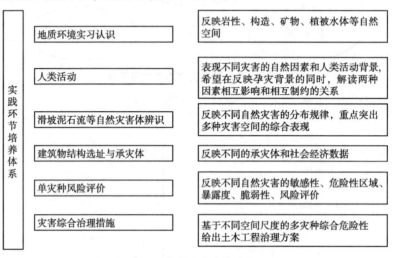

图 5　教学实践实施路线

(四)结合学校特色,创新教学形式

农林院校的土木工程专业要结合林业工程和生态工程的学科优势,使得学生选题更加具有创造性。比如北京林业大学树木学学科特色明显,可以针对树干对灾害的防治效果创新教学形式,设置课堂讨论、外业实习等,提高教学效果。在案例教学环节,学生负责案例收集、林业工程设计、方案比选等,以分组讨论、自由辩论的形式进行成果展示,教师负责引导和总结,这种特色结合可以激发学生主动性。

五、结　语

北京林业大学土木工程学科分为结构工程和岩土工程两个专业,土木工程本科教学内容过于宽泛,特色不明显。农林院校土工工程学科要加强与林业工程和生态工程专业的结合。在乡村振兴的背景下,"山地灾害防治学"应该围绕"生态土木"的发展理念,结合学院三个省部级重点实验室及学校的优势资源,背靠所在学院水土保持学科的优势,充分发挥土木工程专业的力学优势,解决生态建设工程中出现的理论、技术问题。在提高土木工程结构、岩土系统抵御自然灾害的能力的同时,研究生态治灾技术,是农林院校土木工程专业人才培养的新定位。

参考文献

[1] 曾桂生,罗胜联,童永芬,等. 理工类本科毕业论文的质量困境与提升策略——以南昌航空大学应用化学专业为例[J]. 大学教育科学,2017(6):57-62.

[2] 赵玉英,王二兵. 化学工程与工艺专业毕业论文教学实践探索[J]. 教育理论与实践,2014,34(36):54-55.

[3] 胡根海,岳庆玲,周岩. 农学本科毕业论文设计质量问题的探讨. 科技创新导报,2010(3): 229.
[4] 李代红. 毕业论文选题原则[J]. 重庆科技学院学报,2006(S1): 94-95.
[5] 郑周明. 毕业论文选题的原则探讨[J]. 萍乡高等专科学校学报,2006(1): 98-100.
[6] 郑琳. 大学生毕业论文选题存在问题及对策[J]. 安徽科技学院学报,2008(4): 51-53.
[7] 陈友华,丁远坤,高华,等. 提高认识强化管理确保本科毕业论文(设计)质量[J]. 中国大学教学,2006(1): 42-43.
[8] 沈赤兵. 提高理工科本科生毕业设计质量的探讨[J]. 高等教育研究学报,2007(2): 49-51.
[9] 楼盛华. 提高本科生毕业设计(论文)质量的探索与实践[J]. 浙江理工大学学报,2008(3): 309-312.
[10] 石英尧,胡霞. 农学类本科生毕业论文质量提升的对策研究与实践[J]. 中国校外教育,2012(33): 121-122.

The "role" change of *Mountain Disaster Prevention and Control* in civil engineering under the background of Rural Revitalization —— Take Beijing Forestry University as an example

Lv Liqun

(School of Soil and Water Conservation, Beijing Forestry University, Beijing 100083)

Abstract As the main discipline of training disaster prevention and reduction professionals, civil engineering plays a vital role. As the main carrier of disaster prevention and reduction personnel training, the quality of curriculum construction directly affects the achievement of training objectives and the quality of personnel training. Under the background of rural revitalization, disaster prevention and reduction not only requires excellent geotechnical technology, but also responds to the needs of beautiful villages in the country. Engineering measures should be organically integrated with the ecological environment, which puts forward new requirements for the teaching content of mountain disaster prevention and control. This paper analyzes the teaching content, source, nature and object of *Mountain Disaster Prevention and Control* in civil engineering major of Beijing Forestry University from 2018 to 2020, discusses the existing problems of *Mountain Disaster Prevention and Control* in civil engineering major of agricultural and forestry colleges, and puts forward improvement measures in order to meet the talent demand of Rural Revitalization.

Keywords civil engineering, rural vitalization, ecological engineering, agriculture and forestry characteristics

乡村振兴背景下的林学实践教学改革探索

——以"林木遗传育种学"课程为例

杨 珺 王 君 胡冬梅 林善枝

（北京林业大学生物科学与技术学院，北京 100083）

摘要：实施乡村振兴战略，重在培养一流农林人才，这对农林特色高校专业人才培养提出了新的要求。本文以林学专业核心课"林木遗传育种学"为例，分析了课程实践教学现状和存在的问题，以培养具有"懂农业、爱农村、爱农民"素养的创新型人才为目标，通过引入"耕读教育"和远程交互式教学等对课程野外实习教学进行了改革尝试。改革后的实践教学，加强了学生与林区科研生产单位的紧密联系，提高了学生的实践操作技能，增强了农林专业学生服务"三农"和农业农村现代化的使命感和责任感。

关键词：实践教学；交互式教学；耕读教育；乡村振兴

实施乡村振兴战略，是党的十九大作出的重大决策部署，是全面建成小康社会、全面建设社会主义现代化国家的重大历史任务，是新时代"三农"工作的总抓手[1]。战略落地，人才先行。实现创新驱动乡村振兴发展，急需培养一批"懂农业、爱农村、爱农民"的一流农林人才，要求涉农涉林高校创新人才培养模式、完善农林科教协同育人机制[2]。其中，实践教学在农林人才培养体系占据重要地位，是巩固理论知识、加深理论认识，培养具有创新意识高素质人才的重要平台[3]。为此，北京林业大学构建了由课程实验、认知实习、综合实习、毕业设计等环节组成的林学综合实践教学体系，为我国林业关键技术研究领域培养了一批拔尖创新型专业人才[4]。笔者长期从事"林木遗传育种学"教学工作，为培养复合应用型农林人才、服务乡村振兴战略，通过将"耕读教育"等融入课程野外实习进行教学改革，旨在培养农林学生"爱农知农为农"素养，增强农林学生服务"三农"和农业农村现代化的使命感和责任感。

一、"林木遗传育种学"课程实践教学现状

北京林业大学"林木遗传育种学"为林学专业必修课，是一门应用性很强的林学基础核心课，依托生物科学与技术学院林木遗传育种学科教研室开展教学。该课程基于遗传学理论，以林木遗传变异规律为研究对象，为林木遗传改良等科研实践提供重要理论支撑，为林木良种繁育等生产实践提供重要技术支持[5]。因此，实践教学在"林木遗传育种学"课程教学中占据了独特地位，对培养学生创新思维、提高实践能力意义等意义重大。目前，课

作者简介：杨 珺，北京市海淀区清华东路35号北京林业大学生物科学与技术学院，讲师，yang_jun@bjfu.edu.cn；
王 君，北京市海淀区清华东路35号北京林业大学生物科学与技术学院，教授，wangjun@bjfu.edu.cn；
胡冬梅，北京市海淀区清华东路35号北京林业大学生物科学与技术学院，高级实验师，dmhu@bjfu.edu.cn；
林善枝，北京市海淀区清华东路35号北京林业大学生物科学与技术学院，教授，linsz2002@163.com。
资助项目：北京林业大学课程思政教研教改专项课题"试验设计与统计分析A"（2020KCSZ098）；
北京林业大学教育教学研究重点项目"'林木遗传育种'虚拟仿真实验课程建设与教学实践"（BJFU2020JYZD011）；
北京林业大学教育教学研究一般项目"基于提升学生综合创新素质的'生物化学实验'教学内容改革与实践"（BJFU2021JY038）。

程独立设置16学时（1周）的野外实习，经过多年改革尝试，形成了以校内开放式实验与校外林地实践考察等相结合的教学模式[6-7]，但在贯彻"以人为本"新时代教学理念和实施"乡村振兴"战略新形势要求下也存在一些不足。

（一）教学体系失衡，实践内容偏离农生产实际

北京林业大学"林木遗传育种学"野外实习主要设置油松优树选择、子代测定林调查等实践环节，实现了与实验教学"有所区别、互为补充"。但上述内容仅是基于课堂讲授知识的简单操作，学生依照指导手册规定步骤简单复现即可完成，起到的技能实训和知识扩展效果非常有限。因此，现行实习教学体系仍难以与基层林业科研需求与农村林业生产实际相结合，学生并未真实经历林木育种一线科研与生产实训，对开展林木遗传改良和良种繁育工作所需的技能认识不够深刻。因此，急需在实习教学中增加乡土要素，从林区农村经济发展和生态建设需求入手，从林业科研与生产实践出发布局实习教学，促进学生了解林区农村发展现状、提高学生一线实操技能。

（二）教学模式单一，难以激发学生专业兴趣

目前，课程野外实习教学中，教师主要围绕课本章节要点，对具体实习内容进行示范操作，要求学生在指导手册范围内，围绕油松的优树选择、病虫害调查、控制授粉等开展实践调查和总结报告。但限定步骤与材料、按部就班重复操作的实习教学模式，禁锢了各种育种理论与技术的应用范围，限制了学生的自主能动性，无法激发学生的专业兴趣。在"照章办事"的单一教学模式下，学生对育种实践的认知流于表面，而忽视了林木育种遵循"适地适树"原则确立育种对象、围绕育种目标制定改良策略的基本要求。这样的教学模式割裂了课程教学与林区科研生产实践的关系，造成学生"身在林区却不见林农、不知林事"，无法激励和培养学生"知农爱农"情怀与投身农林事业的兴趣。

（三）教学组织困难，易受实践环境变化影响

一直以来，教学团队选择河北省承德市平泉市七沟林场国家油松良种基地作为"林木遗传育种学"实践教学基地，学科部分教师也选择该处作为科研合作基地，促进了实践教学与部分科研项目联结，提高了课程实践教学效果[6]。尽管校地双方有多年科研与教学合作基础，但受限于交通、安保等因素，实习教学易受环境变化影响。实习课程教学通常在开课数月前已确定教学周次，以便与其他课程协调，但跨省公路交通或林区林道施工、天气改变、林区病虫害等不可预测的因素变化均会打乱既定的教学计划，特别是2020年初突发的全国性疫情传播，造成几乎全部面授理论、课程实验和野外实习教学中断。目前，遵从我国疫情防控常态化政策要求，鉴于疫情点状偶发的区域隔离防控等新形势，"林木遗传育种学"实习教学面临前所未有的困难，急需创新教学组织形式，并为可能"缺席"的野外实习教学找到合适的"候补"模式。

二、实践教学教法改革的具体措施

鉴于"林木遗传育种学"实践教学的特点和存在的问题，立足农村科研生产实际改革教学教法，将"耕读教育"等引入实习教学，建立以培养具有扎实理论与实践技能和"知农爱农为农"高尚情操的一流农林人才为目标的实习教学体系和教学模式，服务乡村振兴伟大事业。

（一）立足林区农村实际，完善实践教学内容

以往实习内容主要依据理论章节内容设置，考察某一特定实验或调查技术的实施，并未考虑操作前后的实验准备和善后管理。教学改革后的"林木遗传育种学"课程实习，更加贴近农林科研与生产实际，特别重视实践操作的系统性和完整性，避免了学生在开展科研

和生产工作时，只会其中几个特定操作步骤而不能独立完成整体工作。比如，在人工杂交授粉的技术实践环节，保留原有油松授粉、套袋等重要技术操作步骤之余，新增油松球花发育进程与花粉成熟度判别、授粉时机选择、花粉干燥与贮藏方法、授粉后球果保育技术等内容的观摩或实操。再比如，子代生长测定的调查实践环节，保留原有实地树木生长测定和分析之余，新增低保存率试验林内利用种植图和册本数据快速定位家系、单株的技巧训练等。以上新增实习教学内容使得实践教学内容更为完善，学生对于林业科研生产的认知更为贴近真实情况，补齐了实践能力训练内容的重要短板。

针对课程实践内容多、范围广，而实习时间短、教学容量有限，特别是北方高校无法针对南方树种开展育种实践操作等难题，改革后的课程实习引入微课教学法，教师或教师指导的研究生前往南方各地开展课题研究时，挑选一些重要却难以在北方开展的实习内容等，录制短小精干的教学演示微视频，在野实习期间播放(图1a~d)，要求学生将相关知识点与国家油松良种基地实践经历做类比分析，从而破除了因南北树种差异造成"学而不同"的界限。学生也因此得到全面、系统的林木育种实践训练，避免了北方高校毕业生前往南方林区工作"水土不服"的窘境。

图1　微课与直播互动实况(视频截图)
(a)教师讲解桉树生物学特性(微课)　(b)研究生示范高温加倍器使用(微课)
(c)(d)研究生展示高空及矮化嫁接后采种(微课)　(e)(f)南方林场造林实况(直播互动)

（二）引入"耕读教育"，丰富实践教学内涵

"耕读教育"是涉农高校人才培养初心使命的内在需要，是新农科教育发展的必然要求，是新时代价值观教育的有效方式[8]。践行"耕读教育"理念，关键在于能否将义务劳动与教育教学有机结合，能否实现劳动内容有教学寓意、劳动过程有教学指导、劳动结果有考核评价。改革后的课程实习，将基地技术人员纳入野外实习指导小组，实习计划制定伊始便征询基地当季或临期的科研或生产计划，采纳其中安全性较高、劳动量中等的劳动任务作为"耕读教育"选题。比如，"林木种子园与良种生产"章节要点下开展种子园家系配置观摩和花粉采收、辅助授粉等实习教学时，安排学生参与林场种子园树体管理的劳动工作，在经验丰富的林场技术员带领下由学生负责适当面积的油松截顶和修枝。劳动期间，林场技术员为学生示范了不同树龄、不同树形、不同枝条数量树体的修枝要点，特别传授了修剪不同高度枝条的安全操作技巧，并基于种子园内单株树形和存果数量等，向学生实地讲解树体管理对促进油松球果结实、提高种子产量、增加林产收益等的重要作用。工作结束后组织开展林荫下讨论，各小组交流劳动心得，林场技术人员与教师一起对各组工作进行点评等。

劳动学习的休息间期，还适时邀请一同劳作的林农讲述家里的故事，其中有因家乡资源匮乏而不远千里打工劳作的劳工,也有依托基地科技扶持自有林地丰产增收的林农。教师则进一步阐释林木遗传改良和应用良种,对林区农村经济发展带来的巨大推动作用。通过与林场一线职工共劳动,唤起了学生对建设林业事业的共情,培养了学生的家国情怀与"三农"情感,增强了学生投身乡村振兴事业的坚定决心。将"耕读教育"引入课程实践教学,学生不仅学习了一线的林业生产技术,更重要的是在劳动中真实体会了林区生活与农耕文化,在劳动中与林农职工建立了深厚友情,在劳动中增强了强农兴农责任感。

(三) 增设交互式教学,促进农林科教协同育人

交互式教学可在宏观教学情境下,实现教者与学生平等交流与自主互动,有助于培养学生创新能力与批判思维[9]。互联网时代到来,特别是5G技术应用使得远程实时交互教学成为可能,可实现将各地专家拉入教学现场、将学生带进各地林区,并可作为偶发因素影响野外实习时的有效"候补"方案,为新形势下实践类课程教学提供了保障。改革后的"林木遗传育种学"野外实习,除依托位于河北平泉市的油松国家良种基地开展实习之余,利用手机终端直播与腾讯课堂等便利途径,特别邀请了南方林业科技单位录制微课教学、参与直播互动等。比如,野外实习期间恰逢广西国有东门林场科技人员正在营建试验林,即通过手机直播的形式向远在河北实习的学生实时讲解桉树无性系对比试验林设计特点与造林技术,回答了学生有关桉树容器苗和杨树裸根苗育苗与定植方法差异等问题(图1e~f);借助腾讯课堂,邀请了福建省安溪白濑国有林场科技人员线上讲解福建柏经济价值与高世代育种技术,为学生解答了同为针叶林树种的油松与福建柏改良策略是否相同等疑问。远程实时交互式教学拉近了学生与南方林区的距离,学生有机会直面全国各地林区生产和生活一线,直观了解不同地域林业发展现状,真实地获取依树种特点各异的遗传改良方法,实时向不同树种研究领域的专家提问并得到实时解答。相较于传统的教师口述、学生聆听,远程实时交互式教学营造了轻松活泼的教学氛围,形成了教者与受教者平等、合作的教学关系,体现了"以人为本"的教学理念[9]。

远程实时交互式教学还实现了林区科研生产单位与高校教学的直通互联,促进了农科教协育人。通过与林区单位紧密联系,教师掌握了林区单位的具体业务和对人才培养的具体需求,从而针对性改进教学方法、完善教学内容。实施交互式教学,林区单位实时掌握了高校学生的知识技能特点和职业发展规划,学生也同时了解了林区科研生产实际和单位用人需求等。由此推动了高等教育与行业企业构建资源共享、优势互补、互动良好的农林人才培养共同体[10]。

三、课程实践教学改革的效果

(一) 激发了涉农学生专业兴趣与投身农林事业的决心

为了解学生对野外实习的关注点、评价改革后实践教学的效果、发现教学改革中的不足等,笔者从2018级林学专业随机抽取60名参与课程实习的学生进行问卷调查,共收回56份有效答卷。分析结果显示,98.21%的学生对改革后的野外实习教学表示满意或非常满意(图2),其中有73.21%的学生认为实习内容超出预期,特别是学习到了课堂教学以外的重要实践技能(图3)。具体来看,有87.50%的学生认为观看微课和与南方其他林场直播互联,可以了解全国各地林区科研和生产一线情况,特别是能学习到南方树种遗传改良相关知识与实践技能,这表明基于现代信息通信技术的远程实时交互教学,有效地扩展了现有实习教学内容、提高了实践教学效果。此外,也有14.29%的学生认为增设上述环节占用了实习期间的休息时间,这要求教师能够更加合理地分配各项实践教学活动比重(图4)。

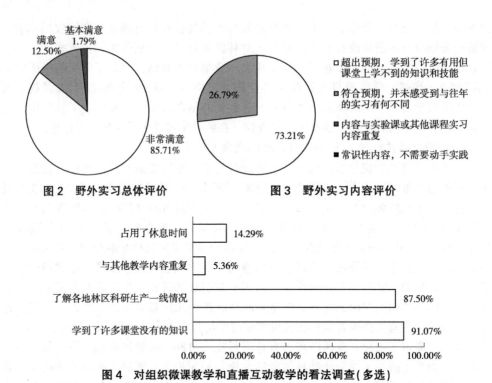

图 2　野外实习总体评价

图 3　野外实习内容评价

图 4　对组织微课教学和直播互动教学的看法调查(多选)

在组织学生参与林场劳动时,有超过 92.86% 的学生感受到了林业人的奉献与付出,并从基层一线科技人员和林农身上学到了许多实践操作小技巧(图 5)。值得一提的是,问卷结果显示开展"耕读教育"前后,有意向且优先选择基层就业的学生比率从 14.29% 提升至 46.43%,而完全不考虑前往基层工作的学生比例则从 35.71% 下降至 16.07%(图 6),这表明将"耕读教育"引入课程实践教学,起到了激发学生专业兴趣、培养学生的家国情怀与"三农"情感、促进学生树立扎根基层投身农林事业理想的重要作用。

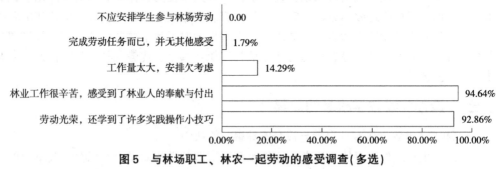

图 5　与林场职工、林农一起劳动的感受调查(多选)

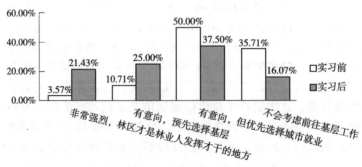

图 6　扎根基层从事林业工作的意愿调查

（二）增进了林区用人单位对高校学生的了解

实施乡村振兴战略，既需要一批能够扎根基层的一流人才，也需要基层企事业单位能够知人善用、用好人才。长期以来，国有林场、地方林科所（推广站）、种苗公司等基层农林企事业单位较少招聘高校本科学历人才，原因在于这些单位往往地处偏僻，缺乏与行业龙头高校学生交流联系的渠道，且因很少步入校园并不了解本科生就业倾向与具体要求。课程改革后，在"耕读教育"理念下开展学生与林场青年科技人员结对子、共劳动，为基层单位提供了与当代大学生直接交流的重要渠道，增进了用人单位对林学专业本科生学习情况、实践能力和求职愿望等的全面了解。此外，远程实时交互教学的应用，还将北方高校涉农涉林学生与南方基层科研生产单位紧密地联结起来，特别为南方生源或有志前往南方林区工作的学生搭建了与相关基层企事业单位平等沟通、对话交流的平台。上述改革措施增进了林区用人单位对高校学生的了解，有利于推动人才就业等。

（三）提升了教师责任心与使命感

融入乡村振兴主题、贯彻"耕读教育"理念、实施远程交互式教学等改革尝试，对教师的实习教学组织能力提出了更高要求。准备期间，除既定实习基地外，教师还需与多家基层科研生产单位协调微课的选题和录制工作，为实习期间开展远程直播教学选择合适的对象和主题等。实习过程中可能存在各式各样问题，特别是开展"耕读教育"组织劳动时，教师需要对劳动地点、内容、劳动强度等提前进行探查，确保学生人生和财产安全。教师还需在劳动和实践中，时刻引导学生树立正确劳动价值观念，培养学生"爱农知农为农"素养和"把精彩论文写在大地"的坚定决心。经过与学生、与林区基层单位一起学习、一起劳动，教师自身的实践业务水平和对发展农林事业的责任心与使命感也得到不断加强。

四、结　语

实践教学是农林高校专业人才培养的重要组成部分，是培养学生创新创业能力的重要环节，是培养学生"知农爱农为农"素养的重要阵地[11]。北京林业大学作为最高绿色学府，有义务为乡村振兴事业培养更多一流人才。为此，本文从"林木遗传育种学"课程实践教学现状出发，以服务乡村振兴事业为目的开展教学改革，对具体举措及效果进行了总结，相关经验为其他课程实践"耕读教育"等提供了参考。

参考文献

[1] 中共中央国务院关于实施乡村振兴战略的意见[N]．人民日报，2018-02-05（1）．

[2] 教育部 农业农村部 国家林业和草原局关于加强农科教结合实施卓越农林人才教育培养计划2.0的意见[J]．中华人民共和国教育部公报，2018(10)：20-22．

[3] 陈贝贝，张艺潇，陈俊生．林业高校实验与实践教学改革的研究与分析——以北京林业大学为例[J]．高教学刊，2019(1)：8-11．

[4] 高露双，范春雨，陈贝贝．基于森林质量精准提升要求的"测树学"课程实践教学改革[J]．中国林业教育，2019，37(4)：48-50．

[5] 陈晓阳，沈熙环．林木育种学[M]．北京：高等教育出版社，2008：1-2．

[6] 王君，康向阳，李伟，等．"林木育种学"课程实践教学的改革探索——以北京林业大学为例[J]．中国林业教育，2015，33(4)：59-62．

[7] 康向阳，胡冬梅．林木育种学开放式实验教学实践[J]．中国林业教育，2008，26(1)：68-70．

[8] 青平，吴晓斌，刘震．新时代涉农高校实施耕读教育的现实价值与路径[J]．中国农业教育，2020，21(6)：1-9．

[9] 何海波．信息检索课交互式教学探索与实践[J]．长春师范大学学报，2019，38(10)：176-177+186．

[10] 向梅梅. 农科教协同育人的实践探索[J]. 高等农业教育, 2016(4): 10-13.
[11] 刘玉荣, 韩涛, 张进, 等. 科教协同育人培养材料类创新型人才的探索与实践[J]. 教育现代化, 2018, 5(6): 1-2+19.

Exploration on the reform of forestry practical teaching in the context of rural revitalization: Take the *Forest Genetics and Tree Breeding* course as an example

Yang Jun Wang Jun Hu Dongmei Lin Shanzhi

(College of Biological Sciences and Technology, Beijing Forestry University, Beijing 100083)

Abstract The implementation of rural vitalization strategy focuses on the cultivation of first-class agricultural and forestry talents, which puts forward new requirements for the cultivation of professional talents in agricultural and forestry universities. This paper takes the core course of forestry specialty *Forest Genetic and Tree Breeding* as an example, the project analyses the current situation of practice teaching and problems confronting, cultivates innovative talents with "understand agriculture, love the countryside and love farmers" as the goal, and tries to reform the course of fieldwork by introducing the "Farming Education" and distance interactive teaching. The teaching after the curriculum reform strengthens the close connection between the students and the institutes of scientific research, improves the practical operation skills of the students and enhances the sense of mission and responsibility of serving the "agriculture, the countryside and farmers" and the modernization of agriculture and rural areas.

Keywords practice teaching, interactive teaching, farming education, rural vitalization

"双减"背景下基于高等教育视角的初中七年级"地理"创新课堂设计

张艳 杨建英 李珺 吴川 齐浩然

（北京林业大学水土保持学院，北京 100083）

摘要：2021年7月24日我国史上最高等级的"减负令"——《关于进一步减轻义务教育阶段学生作业负担和校外培训负担的意见》颁布，"双减"坚持以人为本的育人理念，让教育回归初心。笔者结合自身的科右前旗乡村振兴教育帮扶工作，以大学课程"水利水保工程制图"与七年级"地理"为研究对象，探讨如何通过跨学段融合促进形成激发学生内驱性的初中创新课程。高等教育课程改革经验表明思维可视化课件、视频导入、软件教学都是利于激发学生学习兴趣的有效手段，初中创新课堂设计应借鉴大学教学的成功经验，利用思维导图将抽象思维慢慢向理论思维转化；课程设置"制作简易地球仪"等实践环节，培养学生的动手能力和解决问题的实践能力；通过打造虚拟仿真与课程典型章节的融合点，发挥仿真教学交互性强的优势，逐步培养学生的空间思维能力，调动学生的学习积极性；优化作业设计与考核方式，激发学生的创造精神与学习内驱性，使创新课堂的教学体系更加合理化，打造具有大学教学特点的"浸入式"初中"地理"教学模式，扎实培养新时代创新型人才。

关键词："双减"政策；教育帮扶；创新课堂；水利水保工程制图

一、引言

2021年7月24日，我国史上最高等级的"减负令"——《关于进一步减轻义务教育阶段学生作业负担和校外培训负担的意见》（以下简称《意见》）颁布，标志着中小学学业负担治理工作走上历史新阶段[1]。《意见》指出，"双减"的主要任务包括减轻学生过重作业负担、提升学校课后服务水平、全面规范校外培训行为、大力提升教育教学质量等方面[2]。"双减"政策的本质是坚持以人为本，立德树人；聚焦减轻作业负担，立足学生身心健康实施素质教育[3]。因此，初中课堂应回归教育本质，由偏育优才向立德树人目标回归、由培养应试人才向培养创新型人才回归[4]。"双减"政策落地过程中应着力解决"如何实现高学习效率、低学习负担"这一关键问题。

2018年通过的《中共中央国务院关于打赢脱贫攻坚战三年行动的指导意见》指出教育是扶志扶智的重要手段，虽然2020年内蒙古科右前旗高质量地完成脱贫摘帽，但如果不重视教育，不重视下一代的发展，有可能无法长期坚守已取得的脱贫成果。教育帮扶在整个脱贫攻坚工作中具有基础性、根本性的作用。人才的培养和教育具有连续性与系统性，2010

作者简介：张艳，北京市海淀区清华东路35号北京林业大学水土保持学院，讲师，bltjzhangyan@163.com；
  杨建英，北京市海淀区清华东路35号北京林业大学水土保持学院，副教授，jyyang@bjfu.edu.cn；
  李珺，北京市海淀区清华东路35号北京林业大学水土保持学院，副教授，lijun0728@bjfu.edu.cn；
  吴川，北京市海淀区清华东路35号北京林业大学水土保持学院，硕士生，17302286960@163.com；
  齐浩然，北京市海淀区清华东路35号北京林业大学水土保持学院，硕士生，869259814@qq.com。
资助项目：北京林业大学教育教学改革项目"水利水保工程制图思维可视化研究"（BJFU2020JYZD009）；
  北京林业大学课程思政教研教改专项课题"土壤侵蚀原理"（2020KCSZ055）。

年发布的《国家中长期教育改革和发展规划纲要(2010—2020 年)》指出在人才培养方面要"树立系统培养观念,推进小学、中学、大学的有机衔接"[5]。中学与大学的跨学段融合必然会促进初中教育发生深刻变革,提高教育系统的传承性与连续性,促进探索积极有效的多元化融合手段。

为了更好地践行"双减"背景下以人为本的教育理念,笔者在科右前旗第三中学七年级"地理"教学过程中积极开展初中—大学教育的互通性研究。根据大学课程"水利水保工程制图"改革的教学经验,探索初中地理创新课堂设计思路,尤其侧重激发学生创造思维和实践动手能力,探索人工智能与学科教学深度融合,打造作业、考核方式设计新思路,努力营造良好的学习氛围,使创新素养教育赋予课堂教学新生机[6]。

二、高等教育课程的启示作用

(一)思维能力的培养

"思"是学习的起源,学习是运用思维能力理解与掌握知识的过程。高等教育相比于中学时期的义务教育,更多的是靠学生运用思维能力将所学知识融会贯通,并在实践中领悟、运用,所以在理解所学内容的基础上将其"具象化"是一个非常重要且有效的思维训练方式。根据"水土保持工程制图"课程问卷的调查结果,85.37%的学生都认为在课程中使用思维可视化课件或导入视频利于提升学习效果。在课程教学之初,如何通过建立投影坐标系将简单的立体图形转化为三视图是学生学习的重点与难点,投影理论是三维空间平面表达的基础,利用思维导图(图 1)梳理"投影与视图"的定义、分类、特点可以帮助学生增强对空间形体的理解,引导学生在脑海中构建空间图形,巧妙地利用图形、线条、文字组合形成的图形化工具促进大脑发散思维的开发,提升学生的逻辑思维能力。

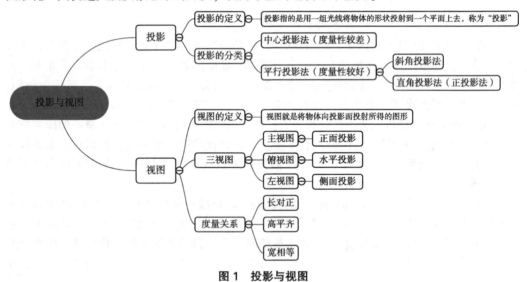

图 1　投影与视图

(二)实践能力的培养

"水利水保工程制图"是一门理论与实践紧密结合的课程,以讲授水利工程图的绘制与阅读方法为核心,着重培养学生的绘图能力和工程表达能力。工程图样被称为"工程界的技术语言",具有较强的专业性,为了更好地理解、消化这门语言,在课程的教学过程中安排制作模型、绘制投影图、抄绘水利工程图样等实践教学环节(表 1),有助于学生掌握图与物之间的联系规律。尤其在初学时通过实践环节有利于建立空间概念,培养学生的空间想象力,提高学生分析问题、解决问题的实践能力。

表1 实践环节安排

目的	实践环节
掌握徒手绘图的技巧	徒手画闸墩的正面视图
正确使用绘图工具,掌握画图的步骤和方法	利用三角板做正六边形、溢流坝断面图
掌握简单形体的三视图画法	两个小组结盟:一个小组扮演设计者,根据已知简单形体,完成三视图的模型绘制任务;另一个小组扮演生产者,根据已知的三视图绘制立体模型。两个小组都完成任务后,进行结果比对,找出错误合力更正
组合体视图的绘制	利用虚拟仿真平台绘制叠加式、切割式组合体及其三视图

(三)学习积极性的调动

兴趣是最好的老师,能够极大程度调动学生的学习积极性,提高学习效率。高等教育的对象是思想比较成熟的大学生群体,和思想比较稚嫩的中学生不同,大学生的知识基础更扎实、眼界更开阔,培养大学生的学习兴趣较为困难。因此,在课程的设置上建议安排多个环节逐步调动学生的学习积极性。本门课程在2019年进行了课程改革,水土保持与荒漠化防治专业(简称水保专业)2017级本科生设置"AutoCAD实验"和"水利水保工程制图"两门课程,而在水保专业2018级本科生使用的课程教学大纲中将两门课合并为一门课,即"水利水保工程制图",并增设了课程设计。课程改革后我们发现2018级学生中95%的学生都认为软件学习的时长应该占到整个课程学习的30%以上,其中有45%的学生希望软件授课的时长应该达到一半以上,研究结果表明相比于枯燥乏味的理论知识学习,软件的学习能调动学生的学习兴趣。调查结果还表明,2017级有9.09%的学生认为引入仿真软件对学习没有帮助,课程改革后学生对课程的认可度较高,所有学生均认为打造虚拟仿真与课程的融合点,将虚拟仿真引入课程是很有必要的,对课程知识的理解能够提供有益帮助(图2)。

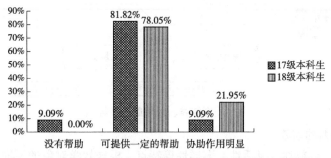

图2 2017级与2018级选修学生对引入仿真软件的意见调查

(四)作业、考核方式优化

作业布置与考核方式优化是课程改革的重要环节,有利于巩固理论知识与提高实操技能。经调查发现有91.67%的学生认为"软件实操+课后作业"的混合作业模式更有利于重点知识的理解。因此,课程作业设置时应精选练习册习题,筛选代表性强的手绘工程图作业,并适当增加软件实操,丰富作业类型,激发学生学习的积极性、主动性和创造性,通过增加作业的外驱力激发学习的内驱动力。为了避免学生考前突击,课程考核时应提高平时作业的分数比例,加强学习过程的考核力度。为优化期末考核方式,期末增加上机实操考核,帮助学生提高软件操作能力,真正做到学以致用。

三、初中七年级"地理"创新课堂设计

(一)思维能力的培养

初中是由小学向高中的过渡时期,与思想较为成熟的大学生不同,初中生的可塑性更大,是学习习惯的最佳养成期。借鉴"水利水保工程制图"的教学经验,运用思维导图将主题关键字与图像、颜色、文字等建立记忆链接,培养学生良好的学习习惯及逻辑思维能力。七年级"地理"课程第一章"地球与地球仪"是教学的重点与难点,初一学生的逻辑思维和空间思维能力较弱,因此,教师在课前运用思维导图(图3)了解学生的地理认知水平的同时,也让学生梳理本章内容知识点的逻辑关系,通过引入思维导图辅助教学达到事半功倍的效果。如图4所示,利用思维导图对学习方法和系统知识两方面进行总结、归纳,形成了读图描述、观察描画、对比归纳、判读定位四种学习方法,既让学生对所学知识进行了梳理,形成知识体系,又对学习方法进行了归纳,构建了学习方法体系。通过思维导图的搭建使学生掌握了经纬线的本质,提升逻辑思维能力。

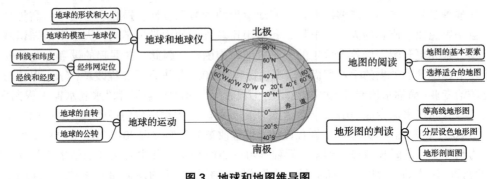

图3 地球和地图维导图

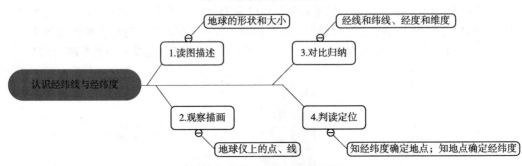

图4 经纬线、经纬度思维导图

(二)实践能力的培养

实践教学具有开放性、灵活性、多样性等特点,根据教学对象的不同,实践教学方法也要对应进行改进。经纬线、经纬度、经纬网定位等知识,是初中教学的重点与难点。虽然学生在小学科学课上学过地球,但仅限于认识地球的形状,坐标系的知识还没有学习,学生的认知水平有限,空间想象能力不足,借助动手实践的优势,通过制作简易地球仪(图5),并学习标注赤道、南北回归线、南北极圈、本初子午线、东西半球分界线及其经纬度,使抽象的概念具体化、形象化,达到增强记忆的效果。

典型案例:

制作简易的地球仪(所需材料:乒乓球、铁丝、胶带、橡皮泥等)。

步骤1:在乒乓球的中间部位用红笔画一个圆圈代表赤道。在图5中a、b两点各钻一

个小孔，使两个小孔的连线与赤道垂直。

步骤2：把铁丝弯成图5②所示的形状，注意倾斜的铁丝要与水平面成66.5°角，注意所弯的半圆要比乒乓球略大一些。

步骤3：把乒乓球用倾斜的铁丝穿起来，并用胶带固定。

步骤4：在图5③中C的部位，包上一些橡皮泥，使做好的地球仪不会翻倒。

步骤5：在制作好的地球仪模型上标注赤道(0°纬线)、南北回归线(23.5°S和23.5°N)、南北极圈(66.6°S和66.5°N)、本初子午线(0°经线)、东西半球分界线(20°W和160°E)等重要的分界线。

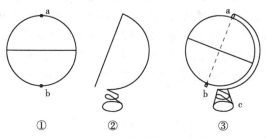

图5　制作简易的地球仪

（三）学习积极性的调动

调动课堂的学习积极性要从学生的主导需求入手，启发学生的求知欲望和认识兴趣。软件教学、小组讨论、课前视频导入等都是常用课堂辅助手段，"水利水保工程制图"的课程改革经验表明软件教学能够较好地调动学生的积极性，获得了较高的认可度。以七年级《地理》课本第一章第四节"地形图的判读"为例，详细阐述仿真软件的课堂教学过程。等高线地形图抽象而复杂，初中生的空间感知能力与想象力还不够完善，理解起来比较困难，仿真教学设计可以加深学生对于等高线地形图理解。学生可以在电脑上手动操作"显示/关闭山脉""显示/关闭等高线""显示/关闭标尺""显示/关闭登高面""显示/关闭剖面图"等，实现虚拟对象的高度仿真，通过多维度的视觉加强效果营造身临其境的感受，逐步培养从平面表达到三维立体的空间理解能力，促使学生形成从具体感知与抽象的思维快速转换。这种具象化且具有极强空间表现力的教学手段降低了知识的理解难度，提高了学习效率。

仿真软件典型案例：

步骤1：在等高线地形图的仿真界面，教师指导学生熟练操作使用"显示山脉""显示等高线""显示标尺"等按键，建立从平面到立体的空间思维(图6)。

步骤2：掌握"显示等高面"的操作步骤，在已建立的三维图形上增加若干由高度相等的点组成的空间平面。如图7所示，在山体上海拔每增高50m，设置一个空间平面，共建立4个空间平面，便于理解空间平面图的构图原理。

图6　等高线地形图仿真软件模拟　　　　图7　建立等高面

步骤3：利用建立的三维立体图形绘制"剖面图"。学会"显示剖面图"的操作方法，更直观地表示地面上沿某一方向地势的起伏和坡度的陡缓。

步骤4：完成系列分析后，练习逐一"关闭山脉""关闭等高线""关闭标尺""关闭等高面""关闭剖面图"等步骤，并反复练习，直至掌握等高线地形图的所有知识点。

（四）作业、考核方式优化

随着国家"双减"政策的实施，如何减少学生作业负担，提高"作"的有效性，把控"业"的量，因材施教、科学培养是新时代初中生的培养方法。高等教育课程的问卷调查结果表明"软件实操+课后作业"的混合作业模式对学习起到积极的促进作用，作业布置的核心是激发学生的学习内驱力，作业与考核方式设计要突破量的包袱，发挥质的价值。因此，课程采用仿真软件、实践手工、思维导图、视频作业及练习册重点习题相结合的作业布置方式（表2），期末考试突破以试卷定成绩的传统考核方法，将仿真软件等实操环节纳入考核分数，持续优化作业设计与考核方式，提高作业设计与实施质量，充分发挥教学的育人价值。

表2 典型章节作业设计

章	节	作业设计
第一章 球和地图	第一节 球和地球仪	制作简易的地球仪
	第二节 地球的运动	制作思维导图
	第四节 地形图的判读	仿真软件模拟
第二章 陆地和海洋	第一节 大洲和大洋 第二节 海陆的变迁	录制视频作业：描述七大洲、四大洋、六大板块及重要的洲界线
第三章 天气与气候	第一节 多变的天气	录制视频作业：争当小小播报员
	第四节 世界的气候	制作思维导图

三、结　语

综上所述，"双减"背景下的课堂高质量发展是未来的探索方向，应把立德树人作为教育的根本任务，立足初中生的身心发展特点，打造七年级"地理"创新课程。本文总结高等教育课程"水利水保工程制图"的课程改革经验，将大学课堂的教学新思路与初中教学相融合，教学中注重采用多样化的教学手段激发学生学习兴趣，培养学生主动学习的内驱力。研究提出了应在情境培养中提升思维能力、在动手实践过程中塑造空间想象力、通过模拟软件教学调动学生的学习积极性、优化作业与考核方式培养素质型人才的育人理念，落实"双减"政策打造高效课堂。

参考文献

[1] 龙宝新. 中小学学业负担的增生机理与根治之道——兼论"双减"政策的限度与增能[J]. 南京社会科学，2021(10)：146-155.

[2] 刘健. 新中国70年中小学减负政策的历史变迁与反思[D]. 天津：天津师范大学，2020.

[3] 靳诺，徐志宏，王占仁，等. 习近平总书记关于教育的重要论述研究笔谈[J]. 思想理论教育导刊，2020(9)：4-6.

[4] 李修国. 全面落实"双减"政策 着力优化育人环境[J]. 河南教育（教师教育），2021(10)：7-8.

[5] 黄晓，王丹丹. 基于教育扶贫实践的中、高等教育衔接探析——以中学历史与大学园林史教学为例[M].

黄国华. 在线教学·创新育人: 北京林业大学教育教学改革优秀论文选编. 北京: 中国林业出版社, 2020: 344-351.

[6] 马寿林. 创新素养教育融于课堂教学的实践与思考[J]. 宁夏教育, 2021(10): 37-38.

Innovative *Geography* classroom design of 7th grade in junior middle School based on the perspective of higher education under the background of double subtraction

Zhang Yan   Yang Jianying   Li Jun   Wu Chuan   Qi Haoran

(College of Soil and Water Conservation, Beijing Forestry University, Beijing 100083)

Abstract The highest level of "burden reduction order" in China's history-"opinions on further reducing homework burden and off-campus training burden of students in the stage of compulsory education" was issued on July 24, 2021. The "double reduction" adheres to the people-oriented concept of education and makes education return to its original intention. Based on the author's own work in helping rural revitalization education in Keyouqianqi County, taking the university course *Water Conservancy and Soil Conservation Engineering Drawing* and the 7th grade *Geography* as the research object, the author discusses how to promote the formation of junior middle school innovation course to stimulate students' internal drive through cross-learning integration. The experience of higher education curriculum reform shows that visualized thinking courseware, video introduction and software teaching are effective means to stimulate students' interest in learning. The innovative classroom design of junior middle school should draw lessons from the successful experience of university teaching and use mind map to transform abstract thinking into theoretical thinking slowly. The course provides practical links such as "making a simple globe" to cultivate students' practical ability and problem-solving ability. By creating the integration point between virtual simulation and typical chapters of the course, the interactive advantage of simulation teaching can be made to play a role to gradually cultivate students' spatial thinking ability and mobilize their learning enthusiasm. The optimization of homework design and examination method can stimulate students' creative spirit and learning initiative drive, so as to make the teaching system of innovative class more reasonable. The course focuses on creating the "immersion" junior middle school *Geography* teaching mode with the characteristics of university teaching, and cultivating innovative talents in the new era.

Keywords double reduction policy, education support, innovative classroom, *Water Conservancy and Soil Conservation Engineering Drawing*

草木有真香：将美育思想渗透进园林植物教学的探索

于晓南 蔡明 王美仙

（北京林业大学园林学院，北京 10083）

摘要：在"三全育人"思想的指导下，以"课程育人"为阵地，探索出园林植物类课程"社会主义核心价值观+中国传统植物文化"相结合的教学模式。植物文化是中华民族智慧的结晶，中国历史上很早就形成了"托物言志"的传统，植物一直承载着启迪心智、陶冶情操、感悟人生的教育使命。本文设计了一套针对植物教学的 VAOK 体系，即通过调动学生的视觉、听觉、嗅觉以及触觉（动手实践）全方位感官，引导学生从多层面感知植物之美，培养学习兴趣，提高审美能力。

关键词：园林植物；美育；视觉；听觉；嗅觉；实践教学

习近平总书记在十九大报告中指出："深入挖掘中华优秀传统文化蕴含的思想观念、人文精神、道德规范，结合时代要求继承创新，让中华文化展现出永久魅力和时代风采。" 2018 年，习近平总书记在全国教育工作会议中强调，要深化学校美育改革，"坚持以美育人，以文化人"。2020 年中共中央颁布《关于全面加强和改进新时代学校美育工作的意见》，明确提出"树立学科融合理念"，大力开展跨学科美育教学。在新一轮"三全育人"思想的指导下，以"课程育人"为阵地，不断探寻园林植物类课程社会主义核心价值观与中华优秀传统文化相结合的教学模式，挖掘"以美育人"的园林植物价值，推动植物审美教育研究的发展。

一、"植物美育"的 VAOK 学习模型

园林专业的重要专业技能之一，就是对植物的认知和应用。本文设计的基于"植物美育"的 VAOK 学习模型，是建立在 Fleming 提出的"VARK"学习风格理论的基础上[1]。V 是 Visual 的缩写，是指视觉的教育，包括图片、视频和现场实物的认知；A 是 Auditory 的缩写，是指听觉的教育，包括演讲、报告、录音、讨论等；O 是 Olfactory 的缩写，是指嗅觉的教育，包括对植物花、叶、果、材气味的认知；K 是 Creative 的首字母发音，是指通过动手实践活动学习经验。VAOK 学习模型，旨在调动人体全方位的感官，帮助学生从不同角度、不同层面感知植物之美，培养学习兴趣，提高审美能力，开发学习潜能。

二、"植物美育"的主要做法

（一）形色动人：发现植物的视觉之美

园林植物都是鲜活的个体，他们在形态、色彩、质感等方面千差万别，而且随着季节变化，还会带给人"春花、夏荫、秋实、冬干"的视觉冲击，具有生理、心理上的双重效应。

作者简介：于晓南，北京市海淀区清华东路 35 号北京林业大学园林学院，教授，yuxiaonan626@126.com；
蔡 明，北京市海淀区清华东路 35 号北京林业大学园林学院，副教授，jasoncai82@163.com；
王美仙，北京市海淀区清华东路 35 号北京林业大学园林学院，副教授，wangmeixian2000@126.com。
资助项目：北京林业大学课程思政教研教改专项课题"园林生态与环境"（2020KCSZ037）。

科学研究表明，人类是一种高度依赖视觉的动物，人类体验到的信息中83%都来自视觉[2]。

我们在理论课上，坚持"一图胜千言"，教学内容主要通过图片、视频、思维导图等视觉信息呈现；实践课中，引导学生理解色彩对人体的心理和生理的影响，比如暖色能提高肾上腺素的分泌，从而提升血压和脉搏；冷色能让人感受到平和安静，降低心率；红色和黄色，让人联想到太阳和光明，从而产生喜悦和兴奋；绿色或蓝色，让人联想到森林和天空，从而感受到生命和辽阔。

为了验证这种心理和生理感受的真实性，组织学生开展"与植物谈心"的小实验，即应用血压计、心理量表等工具，学生测量自己在欣赏不同色彩植物美后的身心变化，获得实验数据，对应用视觉元素构建园林植物景观，有了全面而深刻的认识（图1、图2）。

图1　色彩感知的生理学效应测试

图2　色彩感知的心理学测试

（二）清香怡人：品评植物的嗅觉之美

嗅觉是人类出现最早的感觉，是五感中最神秘的一环。不同于其他感官，嗅觉神经是直接连入大脑的记忆模块（海马体）[3]。实验表明，相比于其他方式，嗅觉所唤起的记忆更清晰、包含更多细节，引发的情感体验也更为浓烈[4-5]。我们的课程中，专门设计了"闻香识树"的环节，教师引导学生细嗅植物的花、叶味道，然后让他们描述闻后的感受。比如，接骨木的叶片，本身识别度不高，但揉碎后具有比较刺激的气味，令人印象深刻；臭椿花开时节，不用眼睛看，就可以嗅到空气中满满的初夏的气息，特别提神醒脑，让人感知到节气的变化。有趣的是，对于气味的喜好，人们之间的差异竟然非常大，常出现"我之蜜糖，彼之砒霜"的现象。学生对于气味的描述，也是千奇百怪，思路清奇，在一番面红耳赤的争辩中，学生深刻记住了气味和植物之间的强烈相关性。这种对气味的记忆，充分调动了嗅觉神经的优势，能够在短时间内形成永久记忆（图3）。

图3　学生进行现场嗅觉感知

（三）天籁迷人：聆听植物的声响之美

植物有声音吗？当然有。古人说"一声梧叶一声秋，一点芭蕉一点愁""秋阴不散霜飞晚，留得枯荷听雨声""逸气假毫翰，清风在竹林""万壑松涛撼明月""雨打芭蕉叶带愁"……自然界曼妙的天籁之音,只有静下来心来,才能听到,如果再搭配上各异的心态,植物创造的"声景观"就会产生各具妙趣的效果。在课上,积极引导学生认真聆听且比较不同植物在风中、雨中树叶摇动发出的声响,鼓励学生用手机录制自己喜爱的"白噪音",然后在全班分享这段"音频"带给他(她)的内心感受。声音是一种振动形式的能量,而世间万物都有其独特的频率,当我们的内在和天籁之音实现同频共振时,心跳、脑电波等就会逐渐趋于平缓,从而达到释放压力,舒缓心情的作用。所以说,自然之声,就是我们情绪的稳定器。

(四)意境养人:感悟植物的文化之美

大自然是人类永恒的精神导师。中国历史上,很早就形成了"即物达情,托物言志"的传统。植物,就是人们含蓄地表达理想信念、道德准则、志趣品位的载体。

中国人欣赏花木,最看重的是花品、树品与人品三者之间的契合,即通过自然花木来表达自己的品德,也被称为"比德"。孔子说:"岁寒,然后知松柏之后凋也",将松柏比德于君子坚贞不屈的操守;屈原用"香草美人"表示高尚的情操和爱国的情怀;周敦颐将"出淤泥而不染"的莲花比德于君子的正直清白;陶渊明赞美菊花孤傲高洁、不畏严寒,如同隐士飘逸出尘;郑板桥一生只画"四时不谢之兰,百节常青之竹,万古不败之石",以此表达自己正直谦逊、刚正不阿的风骨。

同一种植物,由于审美者的境遇不同,常常会被赋予天差地别的情感。同样是面对春天的花草,韩愈看的是"最是一年春好处,绝胜烟柳满皇都",杜甫却发出了"国破山河在,城春草木深"的呐喊;同样是梅花,陆游北伐主张失败后,遭遇投降派打击,消极颓废、无可奈何之际,写出了"零落成泥碾作尘,只有香如故"的悲叹;然而毛主席面对同样的梅花,却看到了坚强不屈的革命意志,写下了"已是悬崖百丈冰,犹有花枝俏"的千古绝唱。对于一棵芦苇,法国思想家帕斯卡尔只看到了它的脆弱,形容说:"人是一根会思想的芦苇";而在中国古人的眼里,芦苇却象征着坚韧,用"蒲苇纫如丝,磐石无转移"来比喻坚贞不移的爱情;有人喜欢桃花娇艳欲滴的色彩,称赞它"人面桃花相映红",却也有人蔑视它"轻薄桃花逐水流"的品性。

植物是文化的载体,植物文化是中华民族的智慧结晶,蕴藏着丰厚的审美文化资源。从古至今,植物一直承载着"启迪心智、陶冶情操、感悟人生"的教育使命,具有审美育人的功能,有助于提升学生对美的感受力和鉴赏力。

中国是一个诗的国度。我们鼓励学生在古诗文中挖掘植物承载的文化内涵,感悟人与植物之间千百年来绵绵不绝的柔情蜜意。每个月,都会要求学生选出一种自己最喜欢的当月植物,并说出理由。特别是要说出这种植物有哪些值得学习的品德,以激发学生思考,树立起对自然的敬畏之心。在植物的学习中,感悟人生哲理,修炼奉献、刚毅、谦逊等美德,汲取奋进的力量,传承民族优秀传统文化(图4)。

图4　现场讲解植物传统文化

(五)创意感人：打造自己的温馨花园

瑞士教育心理学家皮亚杰提出："知识来源于动手"。对美的理解，不能只停留在书本、课堂和头脑，必须要落在实处[6]。我们在学期结束前，鼓励学生亲手打造自己的"梦中花园"。从设计方案与场地和植物材料的准备，到现场施工，以及后期养护管理，让学生体验一次完整的"方案落地"的成就感。繁华的城市，喧哗浮躁，唯有北林的三倾园，仿佛世外桃源，它不仅为学生创作提供了场地，还肩负着美育教育的使命。学生总是喜欢在傍晚或周末，三五结队，来这里照看一下自己的作品，在被花木环绕的空间里，倾听婉转的鸟鸣和树叶的婆娑，细嗅阵阵花香沁人心脾。只有被自然之美熏陶过的五感，才更容易察觉美、懂得美(图5、图6)。

图5　学生亲手搭建花园

图6　学生建造完成的花园

草木有灵，人间有情。植物身上承载着多彩的、厚重的文化语码，这是中华民族宝贵的财富。教师，如学生生美育道路上的导游，带领学生曲径探幽，深入美的境界，寻觅美的源头，调动美的情绪；帮助学生聆听自然的诗意，收获人生的启迪，将人生观、世界观、价值观教育渗透到这条美育之路上，最终实现"三全育人"的目标。

三、"植物美育"的成效分析

(一)有助于发掘传统植物的审美特征，传承民族文化，塑造学生高尚品格

席勒最早提出"审美教育"，蔡元培先生认为应该"以美育代宗教"，认为"美育"可以拯救人的思想灵魂[7]。中国传统植物，作为文化的重要载体，是自然、和平、美好的象征，具有审美的天然属性。本案例以中国传统植物为对象，让美育教育通过学生的视觉、嗅觉、听觉等感官渗透进去，并引导学生发挥想象力，创造美、亲近美，传承植物文化精髓，有利于培养健康、阳光、乐观的心态。

(二)有助于提高学生的学习兴趣和热情，深化园林学科的美育教育改革

现代教育理论认为，教师的真正本领不在于讲授知识，而在于激发学生的学习动机，唤起学生的求知欲望。本案例设计的VAOK模型，充分考虑到学生不同的学习习惯，以及个体差异，把"讲道理"转换为"情景导入"，引导学生自己从情境中抽丝剥茧，探索本质，激发积极的思考。"不被实践的理论只是白纸"，本案例将课堂上传授的道理，灵活应用到

具体真实的场景，完成了学习"从道到术"的闭环。学生的学习兴趣被大幅激活，学习的主动性和积极性得到提升。

园林植物类课程，作为园林学科的重要基础课，具有丰富的蕴藏美育思想的内容题材。通过植物渗透美育教育，有助于拓展学科美育渠道，推动学科美育工作的发展。

四、思考与感想

在文化强国的方针指导下，增强审美感知，提高审美素养是大学人才培养的重要目标。美育育人，不仅可以陶冶情操、温润心灵，还能够激发想象力和创新创造能力。

（一）继续加强教学团队建设，升级教学内容

教师必须不断加强自身美学修养，既要重视专业素养，也要注重审美理论和实践的提高，树立终身学习的意识。与校内外优秀教师取经交流，在教学过程中汲取营养，完善和升级已有的教学内容，推陈出新，突破自我。

（二）优化课程教学的美育体系，积极推进课程改革

科学的教学体系对美育课程的教学效果会产生积极的影响。教师需要进一步厘清授课思路，根据学生审美的个体差异，因材施教，循序渐进。同时，要积极推进课程改革，努力提炼中国传统植物承载的品格文化，教育学生在大自然里寻找人生榜样和精神坐标，培养学生的责任感、使命感。

参考文献

[1] Neil Fleming. Teaching and Learning Styles：VARK Strategies[M].1st ed. Christchurch：Neil D. Fleming，2001：5-16.
[2] 张司遐. 视觉记忆与听觉记忆的比较探究[J]. 考试周刊，2015(4)：83-84.
[3] 张煜子. 多感官体验式互动景观的研究[D]. 南京：南京工业大学，2012.
[4] Simon Chu and JohnJ. Downes. Proust nose best：Odors are better cues of autobiographical memory[J]. Memory& Cognition，2002，30(4)：511-518.
[5] Arshamian A, Iannilli E, Gerber, et al. The functional neuroanatomy of odor evoked autobiographical memories cued by odors and words[J]. Neuropsychologia，2013，51(1)：123-131.
[6] 任宁. 高校美育教育在人才培养中的融合与提升[J]. 艺术教育，2020(12)：207-210.
[7] 廖上飞. 蔡元培何以提倡"以美育代宗教"？[J]. 艺术品鉴，2021(28)：166-167.

Plants have a real fragrance: the exploration of infiltrating the aesthetic education thought into the teaching of Landscape

Yu Xiaonan　Cai Ming　Wang Meixian

（College of Landscape Architecture，Beijing Forestry University，Beijing　100083）

Abstract　Under the guidance of the idea of "Three All-round Education", and based on "Curriculum Education", explored the garden plant courses, teaching mode that combines "socialist core values + Chinese traditional plant culture". Plant culture is the crystallization of the wisdom of the Chinese nation. The tradition of "speaking of aspirations" has been formed very early in Chinese history. Plants have always carried the educational mission of enlightening the mind, cultivating sentiments, and understanding life. This article designs a set of VAOK system for plant teaching, that is, by mobilizing students' senses of sight, hearing, smell and touch (hands-on practice), guiding students to perceive the beauty of plants from multiple levels, cultivate interest in learning, and improve aesthetic ability.

Keywords   garden plants, aesthetic education, visual, auditory, olfactory, practical teaching

美育背景下的小组同伴性格对个人学业表现的影响研究

杨玉梅　陶明月　李　婷　张亚静　杜德斌

（北京林业大学经济管理学院，北京　100083）

摘要：本文以本校某课程学习小组内部的同伴群体为研究对象，通过随机分组和前测—后测调查及实证分析，探究了同伴人格特征对个体成绩的影响。研究发现，同伴自信、同伴焦虑对学生成绩产生负向影响，同伴目标感对学生成绩产生正向影响，且影响是通过个体在小组内的行为表现进行传导。在此基础上提出了针对学生美育特质培养方向，以及小组成员组成特点方面的建议。

关键词：美育；同伴效应；人格特质；传导机制；学业影响

一、引　言

学生教育生产过程的影响因素是教育学、经济学、社会学长期关注的问题[1]，目前有大量实证研究从同伴效应这一角度出发进行了相关解释，研究表明学生群体在学校、班级、宿舍层面存在同伴效应，即同伴的个人特征或是成绩会对学生个体的成绩产生影响。近几年的研究更是发现学生之间的有效互动往往是在更小的范围内进行的[2-3]。有研究通过对国外一些教育改革效果进行总结，得出缩小班级规模使得学生参与机会增加、个体化教学更有利于实施、纪律问题减少的结论[4]，也有学者提出当班级规模缩小到20人以下时便可获得一系列积极效果[5]。即使如此，在如今我国大学生规模不断扩大、大班教学仍然为主流的情况下，通过小组作业的方式来建立小规模学习合作，提升学习效果的方式成为高等教育普遍采取的教学形式，也被"新课程改革"所提倡[6]。小组内部通常会形成较为稳定的合作关系，相比学校、专业或是班级，大学生在小组内的互动更为频繁。因此，从课程小组这一更加微观的层面研究同伴效应，可以帮助我们更好地了解学生的教育生产过程究竟受到同伴什么特征的影响，也有利于高等教育过程中的教学活动开展方式的改进。

同时，目前研究对于同伴效应变量的选取较多为同伴成绩和同伴家庭背景等，但更加深层次的同伴特征有待探究。尤其在美育培养方向的道德情操和思想视角下，人格特质对于大学生就业、职业生涯具有一定预测作用的研究背景之下[7-8]，本文结合现有观点，从同伴人格特质这一角度出发研究大学课堂中课程小组内部的同伴效应，并对其影响的传导机制进行进一步探索。

作者简介：杨玉梅，北京市海淀区清华东路35号北京林业大学经济管理学院，讲师，yangyumei@bjfu.edu.cn；
　　　　　陶明月，北京市海淀区清华东路35号北京林业大学经济管理学院，本科生，taomingyuechide@163.com；
　　　　　李　婷，北京市海淀区清华东路35号北京林业大学经济管理学院，本科生，aaa13053055751@163.com；
　　　　　张亚静，北京市海淀区清华东路35号北京林业大学经济管理学院，本科生，coordizyj@163.com；
　　　　　杜德斌，通讯作者，北京市海淀区清华东路35号北京林业大学经济管理学院，副教授，dudebin2002@163.com。

资助项目：北京林业大学课程思政教研教改专项课题"劳动经济学"（2020KCSZ073）。

本文其余部分内容如下：第二部分对相关文献进行总结、评述；第三部分对实证数据、计量模型和变量进行解释；第四部分对实证研究结果进行分析；第五部分得出启示和建议。

二、文献综述

自从《科尔曼报告》将同伴作用纳入教学研究领域之后，教育中的同伴效应便受到了广泛关注[9]。同伴效应实际上是一种个人与社会的互动效应，Manski[10]将其分为内生性效应、外生性效应以及关联效应三类。Zimmer 和 Toma[11]则将教育中的同伴效应定义为，在组群内部，例如学校、班级内学生构成的特点对学生个体成绩造成的影响。

国内外学者在不同教学层次上对同伴效应进行了实证研究，但较多集中于初中和高中教学中。杨钋[12]基于北京市 3 所初中数据，发现同伴能力对学生成绩有不显著的正向、非线性影响。Lu 和 Anderson[2]基于中国江苏省初中数据，选取同桌及周围 4 个或 5 个学生的性别、平均成绩等特征作为同伴变量，发现同伴效应只在女生中存在。高等教育中的研究多选取宿舍内部的同伴效应为研究对象，基本都发现舍友的成绩和社会组织参与度对个体课业表现产生显著正向同伴影响[13-14]。同伴效应的异质性也得到了广泛证明，研究大多选取性别和成绩作为异质性划分标准，但究竟是什么因素导致了同伴影响的不同，并未得到统一说法[14-15]。

通过以上梳理可以看出，国内外学者就教育中的同伴效应在不同地区、不同教育层次上进行了广泛的研究。但就研究现状看，首先，国内外学者对于高等教育中的同伴效应研究不足，有研究提出个体对同伴相关特征的敏感性存在阶段性差异，青春期的个体对同伴敏感性最强，之后便开始减弱[16]，而对于处于由青春期向成年期转变的大学生群体来说，其心理发展呈现出不同于青春期群体的特点，因此我们有必要关注大学生群体的同伴效应[17]。其次，目前研究多侧重于内生性的同伴效应和一些易于观察的同伴外部特征，在人格特质对于人们在社会生活中的人生轨迹、结果的预测能力得到广泛验证的情况下[18-20]，同伴效应的研究中却鲜有关注人格特征的作用，目前国外已有研究表明同伴的坚持和风险态度会对个体课业成绩造成影响，且影响存在异质性[21]，但更为具体的影响结果和作用机制还有待探究。同时，目前研究对于"群"的选择集中于班级、年级、专业，但类似群组的定义过于宽泛，应尽可能选取有实质性联系的相关个体作为有效群组[22]。从目前高校教育实践来看，半数以上的课堂采用了多人小组合作模式[23]，学生在小组内的互动似乎更为频繁。也有研究从小组成员之间的认知冲突、共情程度对小组内部的相互影响进行了研究[24-25]，但从小组同伴人格特质的角度对组员成绩影响的研究仍然较少。同时，也有学者指出自发形成小组，会导致组间异质性强，影响教学效果[26]，因此，本研究在对大学课程随机分组的基础上，对大学生群体在课程小组内部的互动，从人格特征角度出发研究同伴效应对个体成绩的影响，以期揭示更为根本的作用机制。

三、数据及模型

（一）数据来源

本研究采用问卷调查法，调查对象为本校某课程的 111 名本科生，在本学期的课程学习中，教师采用随机分组的方式划分课程学习小组，并布置两次小组作业。在 2021 年 10 月该课程开课分组之初，我们第一次使用在线问卷收集了学生的基本信息（包含性别、专业名次、家乡、家庭背景等）以及学生的人格特征信息。在课程结束前一周，我们第二次使用调查问卷收集了小组内部的行为互评数据，以及个人在小组作业中的努力情况。此外，收集了课程教师对两次小组作业的评定成绩。

(二)实证模型和变量选取

1. 实证模型设定

本文的研究目的是探究同伴的人格特质对于学生个体成绩的影响,利用以下模型分析同伴效应的影响。

$$Y_i = \alpha + \beta_1 Peer_{-i} + \beta_2 X_i + \varepsilon_i \tag{1}$$

其中,Y_i 是个人成绩变量,$Peer_{-i}$ 是同伴人格特征变量,由课程小组内除学生 i 以外的成员人格特质测量的平均值表示,X_i 是个人基本特征变量,ε_i 是随机扰动项,表示不可观测的变量的影响。

在此基础上,本研究从两方面,对同伴人格特征对个体成绩造成的影响的传导机制进行了验证,模型如下。

$$Y_i = \alpha + \beta_1 B_i + \beta_2 X_i + \varepsilon_i \tag{2}$$

其中,Y_i 是个人成绩变量,B_i 是个体组内行为变量,X_i 是个人基本特征变量,ε_i 是随机扰动项。

$$B_i = \alpha + \beta_1 Peer_{-i} + \beta_2 X_i + \varepsilon_i \tag{3}$$

其中,B_i 是个人组内行为变量,$Peer_{-i}$ 是同伴人格特征变量,X_i 是个人基本特征变量,同(1)(2)中 X_i 所包含的具体变量有所不同,在下文说明,ε_i 是随机扰动项。

$$Y_i = \alpha + \beta_1 X_{i1} + \beta_2 X_{i2} + \varepsilon_i \tag{4}$$

其中,Y_i 是个人成绩变量,X_{i1} 是时间变量,X_{i2} 是个人基本特征变量,ε_i 是随机扰动项。

2. 变量选取

(1)被解释变量

解释变量为学生个人成绩,用两个指标来指代,一个是模型(1)(2)(4)中的被解释变量均为学生个人成绩,用小组作业成绩加权个体组内贡献度计算得到;另外一个是模型(3)中所使用的个体在小组行为互评中的得分。

(2)解释变量

解释变量中的同伴效应变量,根据 Martin 的学生动机量表[27]以及 Damon 等[28]、Angela 等[29]的观点,选取坚持、自信、焦虑、冒险态度、目标感、自律这六个人格特质变量。个人基本特征变量,为学生的性别、专业名次、父母亲学历、家乡、家庭收入、政治面貌、组内身份等多个层面的变量。组内行为变量,根据王钰[29]的观点,我们使用 STEM 量表评价小组内成员的行为,包含态度、工作质量、问题解决、贡献、任务专注度五方面的行为评价,用组内行为互评分数表示。时间变量,鉴于被解释变量学生个体成绩的含义,时间变量用学生自报两次小组作业所花费的时间表示,具体变量描述见表1。

表1 变量描述性统计

变量	说明	观测值	均值	标准差	最小值	最大值
学生成绩	1~100	111	94.70	3.852	83.16	100
性别	男性=1,女性=0	111	0.324	0.470	0	1
政治面貌	中共党员及预备党员=1,其他=0	111	2.432	1.117	1	4
	共青团员=1,其他=0	111	0.126	0.333	0	1
	群众=1,其他=0	111	0.730	0.446	0	1
是否有其他任职	有=1,没有=0	111	0.144	0.353	0	1

(续)

变量		说明	观测值	均值	标准差	最小值	最大值
父亲学历		文盲=1，其他=0	111	0.505	0.502	0	1
		小学=1，其他=0	111	0.0811	0.274	0	1
		初中=1，其他=0	111	0.243	0.431	0	1
		高中=1，其他=0	111	0.216	0.414	0	1
		大专=1，其他=0	111	0.162	0.370	0	1
		本科及以上=1，其他=0	111	0.297	0.459	0	1
母亲学历		文盲=1，其他=0	111	0.126	0.333	0	1
		小学=1，其他=0	111	0.198	0.400	0	1
		初中=1，其他=0	111	0.189	0.393	0	1
		高中=1，其他=0	111	0.207	0.407	0	1
		大专=1，其他=0	111	0.279	0.451	0	1
		本科及以上=1，其他=0	111	0.360	0.482	0	1
是否有兄弟姐妹		有=1，没有=0	111	0.0180	0.134	0	1
家庭收入		富有=1，其他=0	111	0.153	0.362	0	1
		中上=1，其他=0	111	0.559	0.499	0	1
		中等=1，其他=0	111	0.243	0.431	0	1
		中下=1，其他=0	111	0.0270	0.163	0	1
		贫困=1，其他=0	109	0.321	0.469	0	1
家乡		直辖市/省会城市=1，其他=0	109	0.294	0.458	0	1
		地级市=1，其他=0	109	0.211	0.410	0	1
		县级市=1，其他=0	109	0.0642	0.246	0	1
		乡镇=1，其他=0	109	0.110	0.314	0	1
		农村=1，其他=0	111	20.48	2.155	14.25	26.25
同伴坚持		1~7	111	18.75	2.061	14.50	24
同伴自信			111	18.23	3.525	10.25	25.50
同伴焦虑			111	19.78	2.093	15	25.50
同伴目标感			111	16.63	2.466	3.500	21.25
同伴自律			111	4.797	1.581	2.500	18.94
同伴冒险态度			111	18.40	1.248	15	20
态度		1~100	111	15.71	1.935	10	20
工作质量			111	17.46	2.369	10	20
问题解决			111	15.40	2.590	9	20
贡献			111	17.36	1.735	11	20
任务专注度			111	84.34	7.848	61	99

(续)

变量	说明	观测值	均值	标准差	最小值	最大值
时间	很少=1，其他=0	109	0.0183	0.135	0	1
	较少=1，其他=0	109	0.330	0.472	0	1
	一般=1，其他=0	109	0.303	0.462	0	1
	较多=1，其他=0	109	0.202	0.403	0	1
	很多=1，其他=0	109	0.147	0.356	0	1

四、实证研究结果分析

（一）课程小组内的同伴效应

为研究同伴人格特征对个体成绩造成的影响，以学生成绩为被解释变量，用学生所在小组内同伴人格特征测量得分的平均值表示同伴效应，同时控制了性别、专业名次、母亲学历、家乡、家庭收入、组内身份多个层面的个人特征变量，模型估计结果见表2中第(1)列，结果表明同伴自信、同伴焦虑和同伴的目标感变量系数估计值在1%的置信度下显著异于零，表示存在同群效应，且同伴自信和同伴焦虑对个体成绩产生负向影响，同伴目标感对个体成绩产生正向影响，其余同伴人格特征对个体成绩无显著影响。

（二）课程小组内同伴效应的传导机制

基于相关研究表明个体学习时间和学习行为对学习绩效具有一定的预测作用[30-31]，下文将对两种可能存在的传导机制进行验证。一方面，同伴人格特征可能影响了学生个体在课程小组内的行为表现，从而影响其个人成绩。模型(2)以学生个体成绩为解释变量，以小组内的其他成员对于学生个体在态度、工作质量、问题解决、贡献、任务专注度五个方面的行为评价得分表示个体的行为表现，控制变量同模型(1)，估计结果见表2(2)，结果表明学生态度变量系数估计值在1%的置信度下显著异于零，回归系数表明学生在态度方面的行为表现对其个体成绩产生消极影响，模型(3)对同伴人格特征是否对学生个体态度方面的行为表现造成的影响进行了验证。以学生态度他评得分为解释变量，以小组内其他成员人格特征测量得分的平均值表示同伴人格特征，同时，控制了性别、专业名次、政治面貌、组内身份、家庭收入、母亲学历等变量。模型估计结果见表2(3)，结果表明同伴自信、同伴冒险态度变量系数估计值在1%的置信度下显著异于零，表示同伴人格特征对个体在课程小组内态度方面的行为表现产生影响，且同伴自信对其产生负向影响，同伴冒险态度产生正向影响。

另一方面，同伴人格特征可能影响了学生在小组作业上所花的时间从而影响其个人成绩，模型(4)对这一假设进行了验证，以学生个体成绩为解释变量，以其在两次小组作业上花费的时间为解释变量，根据学生自报学习时间，将其划分为很多、较多、一般、较少、很少五类，控制变量同模型(1)，估计结果见表2(4)。模型估计结果表明，个体在小组作业上花费的时间并未对学生最终成绩造成影响。

表2 同群效应实证结果

变量	(1) 个人成绩	(2) 个人成绩	(3) 态度	(3) 个人成绩
性别	0.6601 (0.7734)	0.8895 (0.8338)	0.3425 (0.2435)	0.5042 (0.8558)

(续)

变量	(1) 个人成绩	(2) 个人成绩	(3) 态度	(3) 个人成绩
专业名次	−0.0011 (0.0165)	−0.0086 (0.0198)	−0.0094* (0.0052)	0.0050 (0.0177)
母亲学历 小学	−2.9096** (1.3762)	0.0000 (.)	0.7189 (0.4363)	−2.4934 (1.5178)
初中	0.8097 (1.1319)	3.8753** (1.3210)	0.2801 (0.3594)	0.8208 (1.2415)
高中	0.0000 (.)	2.6959* (1.4838)	0.0000 (.)	0.0000 (.)
大专	−0.3907 (1.1375)	3.0993** (1.4525)	0.6790* (0.3611)	0.0296 (1.2262)
本科及以上	0.3831 (1.0785)	2.6625* (1.4217)	−0.0126 (0.3380)	0.0912 (1.1312)
直辖市/ 省会城市	−0.5625 (1.4569)	0.8796 (1.4331)		1.1262 (1.4268)
地级市	1.6613 (1.4211)	−0.5097 (1.3705)		−0.1292 (1.3932)
县级市	−1.3804 (1.4491)	−0.8255 (1.4912)		−0.6506 (1.5098)
乡镇	0.3185 (1.7658)	−0.3729 (1.8647)		0.4226 (1.8924)
农村	0.0000 (.)	0.0000 (.)		0.0000 (.)
家庭收入 富有	0.0000 (.)	0.0000 (.)	0.0000 (.)	0.0000 (.)
中上	5.6882** (2.6712)	6.7291** (2.9480)	−1.0618 (0.8716)	7.9786** (2.9108)
中等	4.9806* (2.5613)	5.5076* (2.8827)	−1.5274* (0.8435)	7.1778** (2.8067)
中下	4.6457* (2.6372)	6.4337** (2.9070)	−1.4293 (0.8701)	7.6914** (2.8612)
贫困	7.2777** (3.3241)	7.9344** (3.7008)	−2.5835** (1.0825)	10.0774** (3.5957)
组内身份	1.4715 (0.9223)	1.5851 (1.1223)	−0.3030 (0.3144)	1.5550 (1.0566)
同伴坚持	0.1675 (0.2263)		−0.0420 (0.0725)	
同伴自信	−0.8524*** (0.2496)		0.1868** (0.0784)	

（续）

变量	（1） 个人成绩	（2） 个人成绩	（3） 态度	（3） 个人成绩
同伴焦虑	-0.2327** (0.1122)		-0.0244 (0.0363)	
同伴目标感	0.7705** (0.2409)		0.0054 (0.0779)	
同伴自律	-0.2211 (0.2292)		-0.0628 (0.0703)	
同伴冒险态度	-0.0729 (0.3024)		-0.3220*** (0.0920)	
态度		-0.6918** (0.3171)		
工作质量		-0.2190 (0.3449)		
问题解决		0.1228 (0.2907)		
贡献		0.1207 (0.2899)		
任务专注度		-0.3155 (0.3365)		
政治面貌 中共党员及 预备党员			-0.5549 (0.4679)	
共青团员			0.1537 (0.3230)	
群众			0.0000 (.)	
时间 很少				0.0000 (.)
较少				-1.2124 (2.8313)
一般				0.5059 (2.8640)
较多				-0.3271 (2.8874)
很多				0.0674 (2.9810)
_cons	96.0227*** (6.4197)	103.6189*** (8.6563)	20.0538*** (1.8261)	86.9835*** (4.5358)

(续)

变量	(1) 个人成绩	(2) 个人成绩	(3) 态度	(3) 个人成绩
N	109	109	111	109
F 值	2.46	1.57	2.60	1.47
R^2	0.3722	0.2635	0.3515	0.2393

注：本表模型(1)解释同伴人格特征对学生个体成绩产生的影响，模型(2)(3)(4)对可能的影响机制进行探索、验证。()中为标准误，"＊，＊＊，＊＊＊"分别表示估计值在1%、5%和10%的置信水平上显著异于0。

模型(1)~(4)表明课程小组内部存在同伴效应，同伴自信、焦虑会对个体成绩带来负向影响，同伴目标感会对个体成绩带来正向影响，且同伴自信对个体在态度方面的行为表现具有正向作用，学生在态度方面的行为表现则会对成绩带来负向影响，在小组作业上所花费的时间与成绩无显著关系。根据结果我们可以认为同伴的自信影响了个体对于小组任务的态度，根据问卷具体内容可以解释为同伴的自信程度越高越会使得个体在小组中"不批评组员的工作，对任务持有正向态度"的行为表现越明显，这一态度表现不利于个人成绩的提升，最终同伴的自信会对个人成绩带来负向影响。因此，我们认为同伴人格特征的影响是通过个体组内行为传导的，而不是在作业上所花费的时间。

五、启示和建议

随着新一轮教育改革的不断深化，各层各级学校都在寻找更加有效的教学和学习方法以期更好地实现教育教学目的。本研究验证了课程小组内同伴的人格特征对于个人成绩的影响，通过对同伴发挥正向作用的人格特质的培育，提升学生的思想，发展道德情操，可以更好地帮助同组学生取得更好的学业成绩，在大班教学中课程小组的安排，以及学生美育培养方向均具有一定的指导作用和实践意义。

第一，由于同伴效应的存在，个体成绩会受到同伴人格特征的影响，在教学中采用小组合作学习的方式便可化无形的人格为有形的学习产出，对人力资本进行充分利用。

第二，要提高课程小组的学习效果，应善于利用个人特质产生的同伴效应。研究结果表明同伴目标感给个体成绩带来促进作用，因此，教师在进行小组划分时可进行适当干预，将高目标感的学生均匀分配在各个小组内部，并将其与高焦虑、高自信的学生进行合理配置。

第三，研究表明，"不批评组员的工作，对任务持有正向态度"会抑制个体成绩，所以在可观测的指标方面，教师应当更加关注小组成员的态度，小组内部是否存在相互纠错、批评的氛围，对于小组作业的看法如何都值得进一步了解，引导学生取得更加优异的成绩。

参考文献

[1]叶星,熊伟.国内外同群效应研究综述[J].江苏高教,2017(4):83-88.
[2]Lu F, Anderson M L. Peer effects in microenvironments: The benefits of homogeneous classroom groups [J]. Journal of Labor Economics, 2015, 33(1): 91-122.
[3]王春超,肖艾平.班级内社会网络与学习成绩——一个随机排座的实验研究[J].经济学(季刊),2019, 18(3): 1123-1152.
[4]秦玉友,李生滨.美国班级规模减缩项目：取向与讨论[J].外国教育研究 2010, 37(11): 70-76.
[5]G. V. Glass & M. L. Smith. Meta-analysis of research on the relationship of class size and achievement [R]. San Francisco: Far West Laboratory for Educational Research and Development, 1978.

[6] 谭娅, 封世蓝, 张庆华, 等. 同群压力还是同群激励？——高中合作小组的同群效应研究[J]. 经济学(季刊), 2021, 21(2): 533-556.

[7] 王运敏, 魏改然. 人际信任、自尊、自我效能感对大学生就业的影响[J]. 河北师范大学学报(教育科学版), 2012, 14(10): 86-89.

[8] 夏叶玲, 陈晓梅, 杨庚林. 医科大学就业大学生202名人格特征调查[J]. 中国组织工程研究与临床康复, 2007(30): 5980-5982.

[9] Coleman J S. Equality of educational opportunity[J]. Integrated education, 1968, 6(5): 19-28.

[10] Manski C F. Identification of endogenous social effects: The reflection problem[J]. The review of economic studies, 1993, 60(3): 531-542.

[11] Zimmer R W, Toma E F. Peer effects in private and public schools across countries[J]. Journal of Policy Analysis and Management: The Journal of the Association for Public Policy Analysis and Management, 2000, 19(1): 75-92.

[12] 杨钋. 同伴特征与初中学生成绩的多水平分析[J]. 北京大学教育评论, 2009, 7(4): 50-64+189.

[13] Sacerdote B. Peer effects with random assignment: Results for Dartmouth roommates[J]. The Quarterly journal of economics, 2001, 116(2): 681-704.

[14] 马莉萍, 黄依梵. "近朱者赤"还是"排他性竞争"——精英大学学生学业发展的室友同伴效应研究[J]. 北京大学教育评论, 2021, 19(02): 41-63+189.

[15] 刘斌. 高校大班教学的同群效应——基于对经济学课程教学中"小团体"的实证观察[J]. 重庆高教研究, 2020, 8(3): 78-88.

[16] Erickson K G, Crosnoe R, Dornbusch S M. A social process model of adolescent deviance: Combining social control and differential association perspectives[J]. Journal of youth and adolescence, 2000, 29(4): 395-425.

[17] 程利娜, 程诚. 同伴影响的内在特质调节机制[J]. 青年研究, 2020(3): 38-45+95.

[18] Borghans L., Golsteyn B., Heckman J. Humphries, J. What grades and achievement tests measure[J]. Proceedings of the National Academy of Science, 2020, 113(47): 13354-13359.

[19] Golsteyn B. H., Grönqvist H., Lindahl L. Adolescent time preferences predict lifetime outcomes[J]. The Economic Journal, 2014, 124(580): 739-761.

[20] Åkerlund D., Golsteyn B., Grönqvist H., et al. Time discounting and criminal behavior[J]. Proceedings of the National Academy of Science, 2016, 113(22), 6160-6165.

[21] Golsteyn B H H, Non A, Zölitz U. The impact of peer personality on academic achievement[J]. Journal of Political Economy, 2021, 129(4): 1052-1099.

[22] 崔静, 冯玲. 同群效应研究述评与未来展望[J]. 商业经济研究, 2017(10): 101-103.

[23] 武环宇. 小组合作学习模式在中职地理课程教学中的应用及效果探讨[J]. 山西青年, 2021(16): 157-158.

[24] 张冬梅, 王陆. 认知冲突管理对合作学习质量的影响研究[J]. 中国电化教育, 2021(9): 131-136.

[25] 洪音. 共情对小组合作学习的影响及其提升策略[J]. 当代教育科学, 2019(9): 24-28.

[26] 邹海霞, 龚雪梅. 小组教学方法创新与实践——以社会学专业课程为例[J]. 沿海企业与科技, 2021(4): 77-81.

[27] Martin A. Motivation and engagement across the academic life span: a developmental construct validity study of elementary school, high school, and university/college students[J]. Educational and Psychological Measurement, 2009, 69(5), 794-824.

[28] A. L. Duckworth, M. E. Seligman. Self-discipline outdoes IQ in predicting academic performance of adolescents[J]. Psychological Science, 2015, 16(12), 939-944.

[29] Clark D, Gill D, Prowse V, et al. Using goals to motivate college students: Theory and evidence from field experiments[J]. Review of Economics and Statistics, 2020, 102(4): 648-663.

[30] 王珏, 邓嫦圆. 基于小组合作探究模式研制STEM课堂教学评价量表[J]. 生物学通报, 2017, 52(12): 8-11.

[31] 胡航,杜爽,梁佳柔,等.学习绩效预测模型构建:源于学习行为大数据分析[J].中国远程教育,
2021(4):8-20+76.
[32] 刘菲菲.异步SPOC教学中学习时间与学习成效分析[J].中国教育信息化,2021(16):14-21.

A study on the influence of group peer personality on individual academic performance under the background of aesthetic education

Yang Yumei　Tao Mingyue　Li Ting　Zhang Yajing　Du Debin

(School of Economics and Management, Beijing Forestry University, Beijing　100083)

Abstract　Taking the peer group in a course learning group of our school as the research object, this paper explores the influence of peer personality characteristics on individual academic performance through random grouping, pre-test and post-test investigation and empirical analysis. It is found that peer confidence and peer anxiety have a negative impact on students' performance, and peer goal has a positive impact on students' performance, and the impact is transmitted through individual behavior in the group. On this basis, it puts forward some suggestions on the cultivation direction of students' aesthetic education characteristics and the composition characteristics of group members.

Keywords　aesthetic education, peer effect, personality characteristics, conduction mechanism, academic performance

校企协同美育教育教学改革的探索与思考

常乐　张帆　柯清　宋莎莎　张宗玲

（北京林业大学材料科学与技术学院，北京　100083）

摘要：高校育人的根本是立德树人，以社会主义核心价值观为引领，以提高学生审美和文化素养为目标，弘扬中华美育精神。作为应用性极强的专业，北京林业大学家具设计与工程系不满足于美育理论的渗透，探索与企业紧密联合的协同美育教育改革，以行业企业为依托，逐步探索校企协同育人的美育教学途径，持续拓展教学资源，形成了以学校为主体、科研院所、行业企业广泛参与的协同育人机制，在课程体系中优化美育培养方案、更新丰富实践教学环节、改革教育教学方法。以"知行合一"为目标，多层次、全方位地在实践过程中融入美育教育，卓有成效。

关键词：校企协同；美育教育；教学改革

美育教育旨在培养学生正确的审美观，是培养学生感受美、欣赏美、创造美的能力的教育[1]。北京林业大学材料科学与技术学院家具设计与工程系在课程体系构建中，始终把行业发展作为依托，把中国传统文化与现代设计的美育教育放在重要位置，着力弘扬中国传统及现代的美育精神，注重引领广大学生树立正确的审美观念、塑造健康优美的心灵，陶冶高尚的道德情操。

美育教育是一项系统工程，需要多方位、多渠道、多元化的学习改进。多年来，家具系师生不断摸索、积极创新、勇于改革，逐步探索校企协同育人的美育教学途径，持续拓展教学资源，形成了以学校为主体，科研院所、行业企业广泛参与的协同育人机制，在课程体系中优化美育培养方案、更新丰富实践教学环节、改革教育教学方法。希望能在美育的道路上不断朝着目标前进，发挥最大效应，使广大学生群体获益。

一、校企协同美育教学改革探索路径

（一）以产业为基础，聚焦美育特色，优化课程体系

以庞大的家具产业为依托，立足行业，聚焦传统文化及传统家具产品的创新与复兴。家具设计与制造方向是北京林业大学的特色的专业方向，地处北京具有得天独厚的设计环境与文化底蕴。多年来一直以行业的发展趋势为引领，培养具有良好的科学素质、艺术素养和高度的社会责任感的复合应用型、拔尖创新型和国际化的新工科人才。在课程体系搭建的过程中艺术素养和美育教育是非常重要的一部分，多年来持续在优化课程教学体系上下

作者介绍：常　乐，北京市海淀区清华东路35号北京林业大学材料科学与技术学院，讲师，changle@bjfu.edu.cn；
　　　　　张　帆，通讯作者，北京市海淀区清华东路35号北京林业大学材料科学与技术学院，教授，zhangfan_23@bjfu.edu.cn；
　　　　　柯　清，北京市海淀区清华东路35号北京林业大学材料科学与技术学院，讲师，kq1113@bjfu.edu.cn；
　　　　　宋莎莎，北京市海淀区清华东路35号北京林业大学材料科学与技术学院，讲师，songrui_1688@126.com；
　　　　　张宗玲，北京市海淀区清华东路35号北京林业大学材料科学与技术学院，实验师，jdjzzzl@163.com。
资助项目：北京林业大学教育教研研究项目"基于CDIO-CBE的家具设计与工程专业实践教学研究"（BJFU2021JY054）；北京林业大学教育教学研究项目"新工科背景下家具设计与工程专业建设与创新人才培养研究"（BJFU2019JYZD011）。

功夫，在通识教育平台基础上建立基础教育平台和专业教育平台，将美育教育贯穿于本科2~4年级专业基础课和专业核心课程中。

美育教育的在"家具史""家具设计""中国传统家具""家具美学"等理论课程中都有重要体现，但作为应用型学科，实践类课程过程中的美育教育融入更重要。为了让学生从实践中领悟，在教学课程体系中增加了实践教学平台和特色教学平台。教学过程中带学生走进企业学习、在教学过程中嵌入企业案例，将中国传统家具的美学思想、中华文化的哲学思想以及中国传统匠人精神列为重点内容，并进行课程的增、删、改的动态调整，确保已有课程美育教育的有效性以及领先性(图1)。

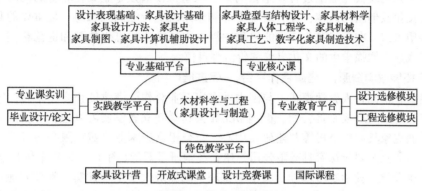

图1　家具设计与制造的课程体系

（二）创新培养模式，探索全新格局，渗透美育教育

要真正落实美育工作，除了课程体系的重新梳理，重中之重是通过更多的渠道和方法，使大学生在积极的校园氛围和实践中，全方位、全过程、各阶段浸润美的元素。近年来，家具系创建多层次美育教育渗透的教学模式，基于学生成长规律和行业需求，面对不同专业、不同年级，分层次开设美育教育课程，形成"一体化"全过程贯穿的美育教育格局。

面对全校学生开放通识性美育教育课程"中国传统家具"，以家具为载体向全校学生传播中国传统美学思想、中国儒释道思想、中国传统手工技艺、中国匠人精神、传统家具的现代化设计以及目前先进的智能制造技术等。让学生全面感受中国传统智慧和审美思想，让民族自豪感在学生心中油然而生，厚植中华民族伟大复兴的精神根基。

针对木材科学与工程、家具设计与制造以及环境艺术设计专业的学生，拓宽二、三年级专业课程体系。在专业理论课以外的实践环节带领学生到企业去，到行业前沿去，将最传统的家具榫卯工艺、最独特的烫蜡技术、最先进的现代化智能制造等技术进行现场教学(图2、图3)。并在相应的课程设计中以传统工艺的创新设计等为命题，带领学生参与到设计实践当中去。强化四年级素质教育，尊重学生个人发展需求，通过动手、动脑的实践，达成走心的美育教育目的。

图2　国际家具博览会现场学习

除了不同专业不同年级课程的构建，尝试将课堂教学与学生兴趣有机结合，在学生课堂教学之外，连续多年与企业合作，共同开展"材料荟""秀材""走进实验室""大师进校园""旧物改造公益设计比赛""乡村悦读空间公益设计比赛"等第二课堂活动，融通第一、第二课堂，形成"一体化"全过程贯穿的美育教育格局。多种形式鼓励学生追随个人兴趣参与第二课堂活动，在第二课堂中学生有机会走近国家级工艺美术大师；听非物质文化遗产传承人讲课；通过旧物产品再设计，践行绿色环保设计理念；贡献自己设计的力量，参与到国家乡村振兴的活动当中，为乡村儿童建造舒适的学习阅读书屋；在实验室中动手操作，体会榫卯工艺的现代化加工过程。丰富的第二课堂，在增强专业文化教育的同时，增强学生对传统文化及创新的兴趣，提升对本专业和未来就业行业的归属感。最重要的是，知古鉴今，展望未来，在学习专业知识的过程中汲取中华文化的思想精髓和道德精髓，树立正确的审美观念，增强学生的文化自信和价值观自信。

（三）拓展教学资源，搭建合作平台，促进推广创新

构建校企协同育人教学模式，与国内外多家企业合作，搭建校企合作平台。家具系与百年老字号北京龙顺成家具公司、德国 BLUM 公司等建立教学实习基地，与德国海蒂诗五金、家美迪克家具有限公司等共建研发中心，与金田豪迈木业机械有限公司等建立数字化实验室，与北京金隅天坛家具有限公司等建立产学研联盟等（图4）。近年来依托学院与40余家骨干企业建立教学实习基地，其中一家获批国家级大学生校外实践教育基地；充分依托3个"国家创新联盟"和在行业协会的影响力，为本科生实习实践提供高标准服务，将教育从学校拓展到企业和行业，与企业共同推进高校学生的专业培养与素质教育。

图3　家具企业车间现场学习　　　　图4　校企研发中心及实习实践基地

同时，加强对外国际合作，将非遗大师、国际化人才和课程引进来，将学生和老师送出去，以拓展师生学生视野、促进文化交流为目标，搭建更高合作平台，联合企业共同进行产品设计创新活动，拓展国际化美育教育视角的同时传递中国声音，秉行审美、设计无国界，产生"同频共振"以促进文化交流与设计创新。

1. 尝试开放式课程把"大师""大咖"请进来

家具系重视与行业和企业的紧密联系，一方面将工艺美术大师邀请进校园为学生讲课。学生听中国工艺美术美术大师李志刚讲解传统的北京雕漆的技艺，随中国工艺美术大师、木雕大师钟锦德先生一起审视明式家具之美。从大师的口中感受中国传统文化的魅力和匠

人精神，以及他们十几年如一日刻苦钻研的故事。另一方面邀请企业的"大咖"走进课堂，请家具建材企业战略顾问白晓东先生讲设计营销，请欧码（北京）机械设备有限公司董事长姚翔先生分享"当科技遇见匠心——智能制造和我们的机会"，请创业成功校友雨丰设计工作室创始人雷强讲定制家具的设计流程等。开放课堂，让大师和业界精英走进来，让学生知古鉴今，从"大师""大咖"们身上汲取营养，真实地感受传统工艺的美、最近距离地去了解行业的发展，用"榜样"的力量，启发学生的思考与领悟（图5）。

图5　工艺美术大师李志刚、钟锦德进校园，青年教师走进大师工作室

2. 拓展国际化视角"国际课""设计营"开起来

家具系近年来非常重视拓展学生的国际化视角。连续三年开设国际课程，邀请国内外知名教授及行业协会权威专家进行授课与学术讲座，开设《创意与设计方法（Creativity and Design Methodology）》《品牌设计策略与设计分析（Brand Design Strategy and Design Analysis）》《家具创新设计方法（Innovative furniture design methods）》《家具结构设计（Structural Analysis and Strength Design of Furniture Frames）》，即使是疫情期间，也没有间断跨越"万里"的线上课程，数量在学校同类专业名列前茅。在课程中，学生与外教充分交流与分享，提高专业能力的同时，不同地域文化与思想进行碰撞，拓展国际视野的同时锻炼了学生的创造性思维（图6）。

另外家具系带领学生关注社会热点问题，连续四年举办"家具设计营"设计活动，以"新中式家具设计"和"适老家具设计"为主题，行业内专家、设计师、丹麦皇家建筑艺术学院教授带领学生参与设计与实践。在"新中式家具设计"实践的过程中，学生认真汲取中华文化的思想精华和道德精髓，与现代社会审美和需求相协调，在继承的基础上进行创新设计，用自己的方法激活传统文化的生命力。在"适老家具设计"实践中学生开展老年人生活与需求的调研，和导师们一起探究适合老年人的家具产品与设计思路，引导年轻人关注民生问题，用设计的力量去创造美好生活。在"设计营"的实践中思考如何处理好中华文化的继承和创新发展，思考如何创造美好生活，用设计服务民众的意识。

图 6 国际课程

二、校企协同美育教育的成效

通过这些年以行业为依托，企业协同育人模式的探索，家具专业的学生有所变化，更多的老师和学生与企业合作，带着设计作品在行业内传递出北林声音，在国际上传递出中国声音。

（一）投入公益，厚植情怀与责任

越来越多的学生积极投入公益事业，参与设计活动，用设计的力量服务乡村振兴践行绿色设计。家具系联合北新建材、北京金隅天坛家具有限公司、中关村人居环境与材料研究院企业连续三年举办"乡村阅读空间"公益设计大赛，师生一起参与到乡村振兴的工作中来，联合企业用设计的力量为乡村教育赋能。在设计大赛的基础上送设计、送书屋、送书、送课程，创新思路、广泛开展乡村扶智活动。师生跋山涉水近十万公里，集结北京丽日办公用品有限公司、北京鸿艺丰采设计公司、北新建材、北京家具行业协会等社会力量，在贵州、内蒙古、湖南、湖北、河南落地 59 所乡村小学书屋、惠及小学生近 2 万人(图7)。因为爱，传递爱，用专业，用热情，用青春为乡村振兴贡献力量。为中国贫困地区乡村小学设计最美的阅读空间，用专业的优势传递爱的种子，推动乡村教育发展，为乡村教育赋能。学生连续两年参与北京曲美家具有限公司的"旧爱换新"公益设计大赛，利用身边的旧家具，进行回收再设计，践行循环利用。宣传北林设计，通过媒体进行设计发生，引领绿色设计理念与潮流。与企业共同参与公益活动，贡献社会的同时也实现师生的自我赋能，让"有担当、有智慧、有温度"的设计思想在心中扎根，让家国情怀深植心中(图8)。

图 7 为中国贫困地区乡村小学设计最美的阅读空间

图 8　曲美公益基金会"旧爱焕新"公益设计活动

(二)设计发声，传播文化与力量

学生作品在行业内屡获嘉奖并产生巨大反响，在全世界最高的舞台上展示中国文化和中国新锐的设计力量。2016年，家具系师生作品受邀米兰国际设计周卫星沙龙展，取自中国山水画意境"山石"新中式客厅家具和新中式"小小明"书房家具，在全球国际盛会上展示中国利用速生材改性工艺的新技术与中国传统文化现代化的创新与传承，这也是第一次代表中国林业院校首次受邀参加如此高规格的设计盛会(图9)。同年，范雪和毕启彤两位学生分别携带作品关注亲情关系的"蚂蚁亲子桌椅"与带有浓郁新中式特色的"轻古典椅子"突出重围，参加了2016首届米兰国际家具(上海)展览会卫星沙龙展(图10)；2017年毕业生李璐利用中国传统榫卯结构的精髓设计的凳子，没有用一颗钉一滴胶水，可以方便拆装方便平板运输的作品斩获了2017年红点奖(图11)。越来越多的学生在设计盛会上崭露头角，用自己的设计作品向全球传递了中国设计声音。

图 9　2016年米兰国际设计周参展展位

图 10　两位同学入围首届米兰（上海）展览会卫星沙龙展

图 11　学生作品获红点奖

三、校企协同美育教育的推广价值与思考

高校育人的根本是立德树人，以社会主义核心价值观为引领，以提高学生审美和文化素养为目标，弘扬中华美育精神[2]。作为应用性极强的学科，家具系与企业紧密联合，协同美育教育，以行业企业为依托，全方位地在实践过程中融入美育教育，做到"知行合一"。与企业协同能够在实际实习、设计、实训的过程中，让学生切身感受领会美的真义、提高审美的全面素养，在实践美育中把理论知识转化成审美技能与能力，并将其体现在生活、学习和工作当中去。

从行业发展的角度看，企业与高校紧密联合，能够帮助高校了解行业的发展和需求[3]，一方面有助于系统梳理专业课程的美育重点，创建跨学科、多层次的美育培养模式，全面提升学生的审美能力、创新能力，弘扬传统文化，陶冶高尚的道德情操；另一方面，广泛开展校企产业协同育人实践，在推动高校美育教育的同时，搭建校企直通车，有效促进融合创新，提高学生的创新能力，也促进传统企业产品及文化的传播、创新和可持续发展。

在国家层面上，弘扬中华美育精神，是伴随着建设社会主义现代化强国、实现中华民族伟大复兴的历史进程，促进人的全面发展的时代命题[4]。搭建校企协同育人平台，升级实施家具设计与制造专业的培养计划、培养方案，以健全专业教育课程体系；把美育纳入各层面、多角度的人才培养全过程，以美育人，为社会和行业输送创新型人才，有不可取代的正面价值和意义，将有助于培养德智体美劳全面发展的社会主义建设者和接班人。

参考文献：

[1] 霍楷，徐宁. 中国高校美育教育现状及改革对策研究[J]. 创新创业理论研究与实践，2021，4(18)：110-112.

[2] 关于全面加强和改进新时代学校美育工作的实施意见[N]. 新华日报, 2021-10-18(009).
[3] 黄小琴. 应用型本科院校校企协同育人培养模式研究——以广告学专业"一体两翼"人才培养实践为例[J]. 职教论坛, 2021, 37(10): 128-132.
[4] 马珂琦. 新时代中国特色社会主义文化创新研究[D]. 西安: 西北大学, 2019.

Exploration the reform of aesthetic education in a school-enterprise cooperation way

Chang Le   Zhang Fan   Ke Qing   Song Shasha   Zhang Zongling

(College of Material Science and Technology, Beijing Forestry University, Beijing 100083)

Abstract　The essence of educating people in universities is "Cultivating morality and cultivating people". Guided by the socialist core values, it aims to improve students' aesthetic and cultural qualities and carry forward the spirit of Chinese aesthetic education. As one of the applied majors, Furniture Design and Engineering in Beijing Forestry University does not satisfy with aesthetic education theory and exploring the reform of aesthetic education in a school-enterprise cooperation way. Depending on enterprise and industry, exploration on the mode of school-enterprise cooperative education, continuously expanding teaching resources, ongoing development of teaching resources, formed a collaborative education mechanism with universities as the main body and extensive participation of scientific research institutes and industrial enterprises. Optimized aesthetic education training program, reformed and enriched practice teaching and teaching methods. Using knowledge-action unity to construct aesthetic education in multi ways and all aspects, which have been efficient.

Keywords　school-enterprise cooperation, aesthetic education, teaching reform

基于乡村扶贫社会实践的"风景园林建筑设计"课程的实境教学探索

段 威 郑小东

(北京林业大学园林学院,北京 100083)

摘要: 当前我国正处在全面建成小康社会的关键扶贫攻坚阶段,依托北京林业大学与内蒙古科尔沁右翼前旗的对口扶贫项目,引导学生在乡村扶贫的社会实践中认识乡村的人居环境。园林建筑在风景园林学科体系中占有重要地位,也是风景园林专业学生的专业主干课程。然而当前农林院校的"风景园林建筑设计"课程教学却面临诸多问题。无论是脱离社会实践的偏理论教学内容,还是缺乏科研训练的深度不足,抑或是实地体验式教学活动的匮缺,都反映了"风景园林建筑设计"课程的不完善。结合科尔沁右翼前旗、江苏泗阳等地的乡村扶贫社会实践,本文试以乡土聚落调研这一教学专题为核心,以实境教学为工具,初步探索当前"风景园林建筑设计"课程的教学改革的新方向,依托小尺度的乡土建筑测绘及建造,通过实地授课、现场讲解等一系列手段强化学生对乡村建筑的建构逻辑、材料构造和空间尺度的理解,同时在扶贫活动中训练学生吃苦耐劳的品格,将对口扶贫工作与教学有机结合。

关键词: 风景园林建筑设计;实境教学;田野调查;乡村扶贫

一、当前"风景园林建筑设计"课程教学的现状及问题

园林建筑是风景园林专业学生必修的主干课程之一,也是构成园林四大要素(土地、水体、植物、建筑)之一,在目前的风景园林学科体系中占有重要地位。以笔者所在的北京林业大学为例,园林专业需修120学时,风景园林专业需修160学时,均开始于第二学年,是仅次于"园林设计"课程的重要设计课程。

建筑学是风景园林、城乡规划两门学科的基础学科。与此同时,园林专业的"建筑设计"课程具有其特殊之处:作为园林专业学生设计基础教学的补充,其教学目标是为培养风景园林设计人才服务,本质上区别于建筑院校的培养目标;其次,农林院校中专门负责园林建筑教学的教师数量较少,且课时量大,因此教学任务繁重,难以达到建筑院校的师生比。当前农林院校的"风景园林建筑设计"课程教学面临诸多问题。

(一)教学内容全而不精,缺乏社会实践的支撑

"建筑设计"课程是主干必修课程,覆盖风景园林专业学生三个学期的课程,园林专业学生则覆盖两个学期课程。课时量虽然不少,但是"建筑设计"课程所覆盖的内容丰富,授课任务繁重。培养园林专业学生的建筑素养需要宽泛而扎实的建筑设计基础知识[1],公共建筑设计原理、建筑空间形式组合原理、建筑结构、建筑构造、建筑物理、建筑设计规范等内容都需要涉及,课程的信息量大,教学任务量重。

作者简介:段 威,通讯作者,北京市海淀区清华东路35号北京林业大学园林学院,副教授,cedorsteven@163.com;
郑小东,北京市海淀区清华东路35号北京林业大学园林学院,教授,zxdwxl@163.com。
资助项目:北京林业大学教育教学研究项目"基于实地建造的'风景园林建筑设计'课程中建筑构造设计的实境教学研究"(BJFU2021JY015)。

然而，这样"全面"的教学却并不会获得相应的良好结果，学生对建筑设计的认识往往泛泛而肤浅。尤其是教学过程中过于注重专业知识的"全面"覆盖，往往缺乏实地建造的训练。例如学生普遍反映对房屋屋架的结构关系不清楚，课堂讲授又限于时间，无法深入，通过实地的建造实践活动，可以让学生有直观的认识，教学效果好。"风景园林建筑设计"课程需要调整"全而不精"的传统方式，适度结合社会实践，依托实地建造活动，培养学生兴趣，以期取得更切实的教学效果。

此外，城市园林建筑的优秀案例较少，且分布非常分散，国内外的园林建筑作品更新缓慢，且往往缺乏专门的收录目录。在教学中，仅仅通过课堂授课很难让学生对建筑空间有全面而深刻的认识，更妄论带领学生深入地分析其建构过程和原理，优秀的实际建造案例非常"匮缺"[2]。因此，在未来的教学改革中应增加实际建造案例教学，在条件允许的情况下，让学生参与测绘和建造，利用乡村扶贫的机会，实地体会建筑的尺度，理解建构逻辑和材料特性，更直观地学习园林建筑。

(二)设计课程教学缺乏科研实践训练

"建筑设计"课程中往往以方案设计的教学为主体，偏重对设计的实操。以笔者所在的北京林业大学本科二年级"风景园林建筑设计"课程为例，两个学期分别进行一个小别墅设计和一个城市公共建筑设计。这样的设计课程诚然对学生将来的设计实践有直接指导作用，但是缺乏宏观意识的引导以及思维深度的训练，学生往往会做之前学过的房屋类型，但是对新的建筑类型却缺乏研究手段，对城乡等更大尺度的设计问题也缺乏把握的能力。

当前我国的乡村建设如火如荼，在全面建成小康社会的新时期，当代大学生应投身乡村实践之中，在祖国各地的乡村中了解民生民情，结合专业知识，在乡村扶贫的社会实践中，运用知识，验证知识，以期完成理论到实际验证的完整的科研训练过程。

为了让学生具有更有广度和深度的设计思维，需要在教学中增加科研实践的专题训练。乡土聚落调研就是一个很好的选题。

二、结合乡村扶贫社会实践，开展乡土建筑测绘及建造的教学实践

事实上，上述问题的核心是，当前"风景园林建筑设计"课程的教学体系，缺乏紧密贴近社会实践、建造实践的专题训练，对本科生的培养计划缺乏科研训练。如何找到一个切实有效、专门深入的教学专题是未来教学改革的关键。近年来，北京林业大学与内蒙古科尔沁右翼前旗(下文简称"科右前旗")建立对口扶贫的帮扶联系，笔者带领课程学生赴科右前旗多次实地调研(图1)，试以乡村为核心，以实境教学为工具，初步探索当前"风景园林建筑设计"课程教学改革的新方向。

(一)科右前旗扶贫社会实践的基本概况

为深入贯彻党中央关于打好精准扶贫攻坚战的重大决策部署，遵循国家绿色发展战略，结合农林高校的学科特色和技术优势，北京林业大学教师及硕士研究生组成的实践队伍，深入科右前旗了解当地的生态资源情况，开展实践调研活动，探索当地田园综合体发展之路。科右前旗是北京市海淀区政府对口帮扶的地区，北京林业大学作为海淀区的一员，主动结合自己的专业优势，为科右前旗政府提供专业的技术和人才支持。

此次暑期社会实践，我校与科右前旗政府单位对接，于2019年7月18日中午到达科右前旗。随后，科右前旗领导关镇长主持了座谈会，会议上，关镇长详细地介绍了科右前旗的气候特点、自然资源、历史文化、民风民俗、产品经济结构、交通运输、旅游景点及旅游特色活动。座谈会上，关镇长讲述了科右前旗的大坝沟历史上火红的岁月、知青寻根的动人故事，在座的老师和研究生仿佛身临其境，共同感怀大坝沟的那段红色岁月。

图 1　北京林业大学师生在科右前旗调研，与当地村镇基层干部交流
资料来源：作者自摄

座谈会结束后，关镇长亲自带领大家登上了敖包山，讲述了敖包文化内涵，介绍了下孟家沟、远新村、远丰村、远大村、远光村、远景村、远征村以及柳树川的方位，加深了学生对乡村风貌的印象（图 2）。在接下来的一周里，学生在上述村落展开测绘调研，在当地测绘了数十处房屋，并且绘制了初步的景观规划设计图及建筑设计方案。

图 2　关镇长在敖包山与社会实践师生亲切交流
资料来源：作者自摄

（二）乡土民居测绘强化学生对房屋建构的认知

乡土聚落是我国建筑艺术的宝库，遍布全国各地的乡土民居蕴藏着大量民间建造的工程技术、规划设计的精华。同时，建筑测绘是学习建筑的基本途径，早在 20 世纪 30 年代，中国营造学社就对传统建筑进行过大量的测绘考察，留下了宝贵的一手资料[3]，这也奠定了中国当代古典建筑学的基础。中国传统民居的调研测绘亦于同期展开，在梁思成和刘敦桢先生的带领下，开展了大规模的田野调查[4]。以测绘调研手段为新中国成立后的建筑教学提供了宝贵经验，其基本方法是实地测绘和文献整理，注重对营造法式，尤其是大木作的建

构方法的研究。民居的屋架建构逻辑则更加简洁实用，变化多端，适用于教学。基于这种原则，在教学中着重讲授民居建筑的平面、剖面、屋面、构造节点、装饰等部分的构成原理[5]，辅以古典园林中常见的亭、台、轩等小式建筑为比较，加深学生对民居营建的理解。

在科右前旗，学生分为5人一组的若干小组，对若干重要或者特色民居进行了详细测绘。在下孟家沟，科右前旗政府安排了当地的村民陪同讲解，当地建筑皆有前门后门，前院后院，前院院内种植自给自足的作物如豆角、茄子、马铃薯等，后院多为未打理的空地，配有旱厕。建筑多为平房，以原有老房子的遗留墙体为基盖新房，主宅两侧多建有杂物房，部分杂物房为原猪圈房。教师在现场分析了建筑的空间结构以及材料运用后，测绘小组分头对村内的民居建筑进行了测绘(图3)，在测绘的同时对建筑进行编号，对建筑风貌、质量，以及建筑价值作出评估。过程中，建筑小组采访了所测绘住宅的住户，对建筑的建造历史，布局缘由，以及住户的生活水电应用、排污方式便利程度做了调查。

在现场进行教学和解答，教学效果良好，学生普遍对木作的结构和材料认识有了更直观的认识。园林专业学生在建筑设计课上主要需要得到关于建筑空间和建构逻辑的基本认识，建筑测绘着眼实际的建筑案例，教学内容更加具体而集中。

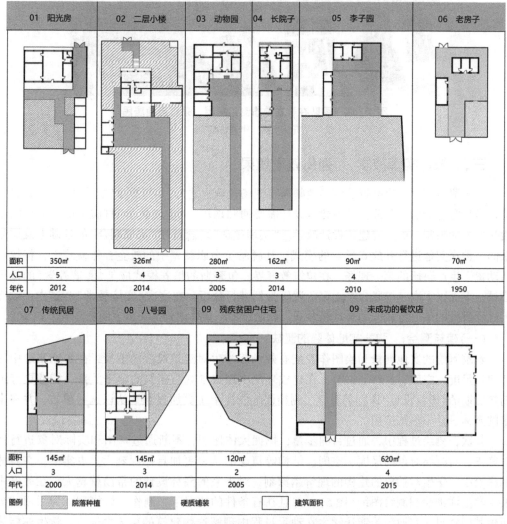

图3 测绘民居的建筑平面图及基本信息
资料来源：北林科右前旗社会实践团队绘制

（三）依托田野调查，锻炼学生团队协作的科研能力

田野调查是当代建筑学研究的一种普遍的数据采集方式，由于一般来说田野调查的数据采集量都比较大，所以往往采用团队协作的方式进行，在调研过程中，学生可以在实践中培养团队协作的科研能力，乡土聚落调研成了本科培养计划的一种有效的补充。此次扶贫社会实践活动的本科及研究生学生来自建筑学、风景园林学、城乡规划学、林学、水土保持、马克思主义理论等学科方向，混编在一起进行田野调查（图4）。在调研过程中，学生发挥各自专业的专长，对聚落的建筑、街道、居住者进行了深入的调研和测绘，掌握了基本的搜集数据的方法，得到了团队协作的训练，为今后的研究生科研工作打好基础。

图4 调研团队在科右前旗测绘房屋，采访当地居民
资料来源：作者自摄

三、依托实境教学，强化教学效果

建筑测绘需要学生贴近建筑，教师需要现场教学，这为"实境教学"提供了尝试的前提。建筑是日常生活的一部分，学习建筑设计需要回归现场。"实境教学"打破了课堂教学限于表达形式的限制，更适应建筑设计教学。"实境教学"理念是在"实境耦合"的基础上发展起来的一种在实地进行开放式教学的模式，其脱胎于高职教育中的校企合作模式[8]，将教学活动置于生产科研的第一现场，在建筑教育界，包豪斯的培养模式应是"实境教学"的最早尝试。下面以本次三校联合乡土聚落调研为例进行分析，在这次"实境教学"尝试中，改变了课堂讲授的单一方式，结合现场参观、测绘读图、集体讲评等方式，进行了初步探索。

（一）建筑测绘，弥补实地体验的匮缺

建筑测绘的实地测量和绘图作业能有效训练学生对建筑尺度的把握，在实地测绘中体会建筑尺度、空间、材料等细节，在建成环境中理解景观与建筑的紧密关系，能够更好地衔接后期的"园林设计"课程的教学。测绘训练能让学生更加直观地认识这些建筑，并在未来的园林设计中熟练运用。

其次，测绘过程中，通过目测步量，把握大体比例，不断通过草图和实际对象进行比对修正，对测绘对象的尺度、空间、结构等概念的认识更加具体深刻[6]。事实上，在具体的测绘中，学生对抽象的建构的理解越深刻，对未来的园林设计的帮助就越大。在教学中要求学生详细绘制测绘图纸（图5），并且在有条件的情况下，制作三维模型，为后面的分析做基础资料。实地测绘能让学生在动手过程中理解这些建筑的得体之处[7]。学生亦能体会到实际建造的过程中的种种关键点，更具体地理解建筑物的建造过程、建造工艺等内容。

通过平面图的绘制工作，也为学生未来的设计创作提供尺度的借鉴。

图5 学生在测绘调研中
资料来源：作者自摄

基于实际测绘工作过程，引导学生理解建筑结构的相互关系、构件名称、搭接顺序，帮助学生熟悉测量工具、绘图技巧。测绘以组为范围，教师引导学生分工，在测绘前布置文献综述作业。测绘过程分为实地测量、绘制草图、尺寸复查、绘制正图四个阶段，最终图纸要求绘制建筑平面图、立面图、剖面图、屋架顶视图等。教师在现场教学中主要教授学生绘制测绘草图的技法，包括轴线测距、步架测量、举架计算、尺寸粗标等内容。测绘过程中，辅导学生按实际建造过程分步骤测量，确定轴线尺寸后，依次确定室外地面铺装、墙身、屋面等部位和构件。在测绘中，辅助配合幻灯片演示，进一步回顾课堂教学内容，加深学生对建筑空间和建构逻辑的理解，同时通过实境教学，强化学生对建筑尺度的体会[9]。

（二）实地建造，弥补操作训练的不足

建筑测绘诚然具有实境教学的天然优势，但是现场操作才是实境教学的关键步骤，近年来，各类高校建造节活动方兴未艾，教师从讲台上的"授课者"转变为"带领者"，依托江苏泗阳的乡村振兴，由国际建筑协会（UIA）及中国建筑研究中心（CBC）共同举办了2019国际高校建造大赛，笔者带领北林团队参赛并取得二等奖的成绩（图6），建成"梨园垃圾回收站"建筑一座（图7）。

第三届UIA-CBC国际建造大赛以"梨园小屋"为题，依托百年梨园，延展整个果园区作为设计建造基地。设计场地所在的泗阳县位于三个重要城市交汇的中心，采用了现代化农业的技术，其百年梨园化作为特质性的文化支撑，梨树副产品和旅游业有望成为泗阳新的经济增长点，然而随着城市化的加速，当地新一代村民渐渐放弃利用当地优势的梨树资源，选择了外出务工，基于"设计激活乡村"的议题，期望利用新的设计唤醒村民的文化认同感，实现村庄梨文化复兴，同时便利村民，解决当地的现实问题。北京林业大学和千叶大学联合团队的作品"梨园垃圾回收站"基于重建场地特质、解决场地问题、激发场地活力三条设计策略，引进新的垃圾分类和处理方法、臭味排除的风压系统等技术，切实满足了设计需求。

图 6　北京林业大学和千叶大学代表队获得
2019UIA-CBC 国际高校建造大赛二等奖
资料来源：作者自摄

图 7　梨园垃圾回收站建成实景
资料来源：作者自摄

为了与村内环境相适应，学生构想搭建一个主要材料为木材和梨枝的中国传统抬梁式建筑，整体形态以古代的举架屋面为原型(图8、图9)，并结合垃圾站会散发异味问题，将屋顶变形为开敞的通风口，也是对于其展示性的重要体现。作为重要的展示窗口，梨枝编织的维护结构既合理利用了乡土材料，又具有文化展示的重要功能。基于垃圾站的设计目标：展现当地特色、实现环保可持续发展、满足文教科普的需求。梨园垃圾回收站可以兼顾实用与美观，和谐地融入于乡土住宅中，并为村民带来新的环保理念。

图 8　垃圾站航拍图，它成为乡村的
一部分，服务当地居民生活
资料来源：作者自摄

图 9　屋面结构基本形式
资料来源：北京林业大学和千叶大学团队

在搭建过程中，学生与当地政府及施工团队紧密合作，与工地工人同吃同住，在每天的忙碌紧张的工地施工中学习了最实际的建造工艺，并且理解了从基础到屋顶构造在内的全周期建造工艺，获益良多，图10为施工过程中学生与施工工人合作铺盖屋面椽子。

(三)改革考核方法

教学方法的改革离不开考核形式的配合。乡土聚落调研及建造活动是一个强调团队合作的教学活动，很难具体区分学生个人的贡献，如果对学生的考核评价不随着教学专题而改变，就无法调动学生的积极性，更妄论预期的教学效果。"风景园林建筑设计"课程本身是一门设计能力的启蒙课程，具有一定的开放性，配合实境教学又是将课堂教学变得更加开放，那么相应的评价也应是开放的。考核拟采用公开评图的方式，取消期末书面考试。实境教学的考核方式是开放的，鼓励学生在不断试错中探索知识，重过程、轻结果，培养学生初步的独立科研能力。

图 10　搭建现场，学生与工人一起铺设屋面椽子
资料来源：作者自摄

（四）当前实践的延续

本次实境教学尝试是建立在乡村扶贫社会实践的基础上的，在不同专业学生的交流中，学生产生了思维的碰撞，收益良多。为了延续实境教学的成果，我们尝试着参加更多的乡村建造活动，与乡村振兴和扶贫事业结合起来，在2019年暑假，笔者带领园林学院本科生及研究生团队参加第二届全国高校竹设计建造大赛，目前该项目也在建设中，设计及建造过程，学生都深度参与其中（图11、图12）。

本次"实境教学"安排在了暑假期间，学生都是自愿参加的。其中包括课堂授课2天，实地实践指导8天。学生普遍反映收获较大，课堂积极性高，并希望增加实境教学的内容和课时量。将来可以利用寒暑假，灵活安排学生参加这样的教学活动。

图 11　2019年度第二届全国高校竹设计建造大赛，　图 12　北京林业大学作品"花海竹廊"正在建造中
北京林业大学和清华大学的参赛队员合影留念　　　　资料来源：作者自摄
资料来源：作者自摄

四、结语

"风景园林建筑设计"课程作为风景园林专业学生的必修课程具有其辅助性、启蒙性的特点。在目前的农林院校的教学体系中广泛存在着诸多问题,无论是缺乏社会实践的宽泛教学内容,还是缺乏科研实践训练的深度不足,抑或是实地体验式教学活动的匮缺,都反映了"风景园林建筑设计"课程的不完善。本文以乡村扶贫社会实践为依托,乡土聚落调研及乡村建造实践竞赛为教学专题,以实境教学工具,以期收窄教学的内容,专注于田野调查、实地测绘和现场讲解等一系列手段强化学生对建构逻辑、材料构造和空间尺度的理解。实践证明,通过教学改革,活跃了课堂气氛,培养了学生兴趣,发挥了学生的主动性,值得在今后继续尝试。实境教学也存在着诸多的问题,包括但不限于教学计划弹性大、现场教学效率较低等问题,这些都需要在日后的实践中继续探索。

参考文献

[1] 董璁. 关于园林专业建筑设计教学的思考[J]. 中国园林, 2008(9): 64-65.
[2] 卫红, 刘保国. 园林建筑设计课程教学体系构建[J]. 高等建筑教育, 2009(5): 94-96.
[3] 马炳坚. 中国古建筑木作营造技术[M]. 北京: 科学出版社, 2003: 1-15.
[4] 祝笋. 历史建筑测绘与调查课程研究及探讨[J]. 文学教育, 2013(4): 55.
[5] 梁思成. 清式营造则例[M]. 北京: 清华大学出版社, 2006: 27.
[6] Thomas Carter, Elizabeth Collins Cromley. Invitation to Vernacular Architecture[M]. second edition. Knoxville: Univ. of Tennessee Press, 1998: 12-18.
[7] Paul Groth, Todd Bressi. Understanding Ordinary Landscapes[M]. New Haven: Yale University Press, 1997: 1-24.
[8] 李艳萍, 刘建华, 于海成. 园林建筑设计课程实境教学改革尝试[J]. 河北旅游职业学院学报, 2011(4): 66-68.
[9] 索朗白姆, 丁真翁加, 郝占鹏. 传统民居测绘调研课教学思考[J]. 文学教育, 2011(8): 144-145.

A research of realistic teaching method in *Landscape Architectural Design* based on poverty alleviation in rural settlements

Duan Wei　Zheng Xiaodong

(School of Landscape Architecture, Beijing Forestry University, Beijing　100083)

Abstract　China is in the crucial stage of poverty alleviation to build a moderately prosperous society in an all-round way. Based on the counterpart poverty alleviation project between Beijing Forestry University and Horqin Right Front Banner in Inner Mongolia, students are guided to understand the rural living environment in the social practice of poverty alleviation in rural areas. Architectural design plays an important role in the discipline system of Landscape Architecture and is also the main course for students majoring in Landscape Architecture. However, the teaching of Architectural design in agriculture and forestry colleges is confronted with many problems. The course of *Landscape Architectural Design* is not perfect, whether it is the partial theoretical teaching content divorced from social practice; the lack of depth of scientific research training; nor the lack of site experiential teaching activities. Combined with the social practice of rural poverty alleviation in Horqin Right Front Banner and Siyang, Jiangsu Province, this paper tries to take the teaching topics of rural settlement investigation as the core, and uses reality teaching as a tool to explore a new direction of teaching reform of the current course *Landscape Architectural Design*. Based on small-scale rural architecture surveying and construction, Through a series of means such as field teaching and on-site explanation, students' understanding of the construction logic, material structure and spatial scale of rural architecture will be strengthened. Meanwhile, students' character of bearing hardships and standing hard work will be trained in poverty alleviation activities, and the pairing poverty alleviation work will be organically combined with teaching.

Keywords Landscape Architectural Design, realistic teaching, Horqin Right Front Banner, rural poverty alleviation

基于知识链合作创新将乡村振兴元素融入课程系统的探索

——以 MBA 课程"战略管理"为例

刘雯雯　仲思佳　陆赫冉　赵婉争　朱倩颖　侯　娜

（北京林业大学经济管理学院，北京　100083）

摘要： 乡村振兴战略落到实处，理应是一场人人参与、人人贡献的平民运动，每个人都是振兴乡村的深层内生动力。农林高校要将乡村振兴元素融入课程教育中，常态化助力农村发展。研究知识链合作创新理论为基础，以非全日制工商管理的课程为载体，探索如何通过产学研的生态合作，推动乡村振兴元素进课程，并通过提升学生素养，转化成乡村振兴的实践力量。本文发现，基于知识链合作创新，对课程的创新有助于改善理论课程的实践价值，催动学生助力乡村振兴的内在动力，进而切实实现产学研的生态的实现与循环。

关键词： 知识链合作创新；乡村振兴元素；农林院校课程

一、引　言

2021 年是我国脱贫攻坚战全面胜利之年，也是"三农"工作重心转向全面推进乡村振兴之年。在这场脱贫攻坚战中，在全国各地不仅上演着精彩纷呈的脱贫故事，也体现出农林高校在解决乡村问题中的担当。诚然，农林高校的初心与使命就是兴农报国，而在乡村振兴的大背景下，农林高校更应该自上而下，发挥学科的优势，切实将学术科研做在祖国的大地上。将乡村振兴与农林高校发展紧密相联，不仅仅是简单的支农支教，而必须要常态化，这就要求学校切实培养学生的农林素养，启发学生的自我意识，让学生自愿扎根农村，将学术知识用在祖国的大地上。

知识链作为知识管理领域的基础理论，对高校融合资源推动课程创新具有重要的借鉴意义。农林高校将乡村振兴元素融入课程，形成产学研生态，最终实现学校的产出。在农林高校中，提升学生的农林素养可以先从非全日制工商管理硕士发力，这背后的逻辑在于，这类学生相较于无工作经验的本硕学生，有着天然的优势，他们兼具双重身份，一方面在学校扮演着学生的角色，另一方面在社会中还承担者企业赋予的角色，从他们着手，产学研助力乡村振兴的效果会更加明显。

作者简介：刘雯雯，北京市海淀区清华东路 35 号北京林业大学经济管理学院，副教授，wenwensummer@163.com；
　　　　　仲思佳，北京市海淀区清华东路 35 号北京林业大学经济管理学院，研究生，982100800@qq.com；
　　　　　陆赫冉，北京市海淀区清华东路 35 号北京林业大学经济管理学院，研究生，luheran0927@126.com；
　　　　　赵婉争，北京市海淀区清华东路 35 号北京林业大学经济管理学院，本科生，1440564660@qq.com；
　　　　　朱倩颖，北京市海淀区清华东路 35 号北京林业大学经济管理学院，研究生，zhuqianyingz@163.com；
　　　　　侯　娜，北京市海淀区清华东路 35 号北京林业大学经济管理学院，博士生，houna@bjfu.edu.cn。
资助项目：横向课题"新线营销价值报告：下沉市场案例研究"（2020HXZXJGXY001）；
　　　　　横向课题"消费升级下的餐饮行业洞察"（2020HXZXJGXY002）。

本文的研究具体包括以下内容:第一,对乡村振兴和知识链合作创新进行文献综述;第二,对基于知识链合作创新将乡村振兴元素融入课程系统进行剖析;第三,总结研究结论及未来的研究方向。

二、文献综述

(一)乡村振兴

随着党的十九大胜利召开,乡村振兴的概念进入视野。党的十九大报告首次提出了实施乡村振兴新战略,并将其作为决胜全面建成小康社会、全面建设社会主义现代化的七大国家战略之一[1]。造成中国乡村落后的主要原因在于城镇化进程中城市所展示出的强大的极化能力,使大量的劳动力、土地、资本等要素近乎单向地流动到了城市,而城市对乡村的要素输出和扩散作用却很微弱[2]。为改善这一情况,提出了乡村振兴战略,总体来看,乡村振兴战略思想的重点任务是在农业和农村两个层面建立现代的产业体系、生产体系和经营体系[3]。实现现代化的产业体系一个主要路径就是建立城乡统一的要素市场[3],其中人力资本的流动相对于其他要素而言有着更深远的影响。

乡村人才振兴的主要途径有以下三个:一是大学生返乡创业,二是大学生返乡就业,三是大学生村官。对于大学生返乡创业来说,要实现农村一二三产业的协调融合发展,尤其是第三产业的发展,需要大量大学毕业生带着他们的新思维和新技能来乡村干实业,这就需要构建高校创业教育体系,为新农村输送新型人才[4]。对于大学生返乡就业而言,高校要全面加强大学生就业价值引领和就业指导,扫清大学生认知障碍,加强校地合作,增设实践岗位[5]。对于大学生村官的培养,现阶段高校毕业生依然是乡村基层治理长期紧缺的宝贵人才,因此高校应重视基层人才个体行动能力的培育和发挥,遵循人才成长规律,突出人才培养目标,结合基层人才群体特点,充分激发其主观能动性[6]。

因此,乡村振兴需要高校的全力支持,以输送高质量且足够数量的大学生人才。

(二)知识链合作创新

知识链是指以企业为创新的核心主体,目的是对知识共享与创造的实现的一种结构链,流动在组织间进行知识创新[7]。为促进知识链合作创新,需要构建知识共享平台,建立组织间信任机制,加强组织间的沟通与协调[8]。知识链合作创新的一个重要途径就是产学研的紧密合作,实行产学研合作是实现知识创新与经济发展紧密结合的必由之路,对提升高校知识创新能力具有重要意义。对于产学研的应用要抓住如下几个关键方面:要主动适应科技创新的新特点和产业发展趋势,进一步整合企业、高校、科研机构等各方资源,解决好创新主体合作不紧密、企业整体研发能力不足、科技成果转化机制不畅等问题,强化机制创新,加强各类型创新主体的有机协同,实现产学研深度融合,促进科技成果加快转化[9]。

在知识链中,高校是至关重要的一环,为了知识链合作创新,高校需要做到建立以创新能力培养为导向的教育机制,培养理论知识过硬、实践能力过强、理论与实践能够完美结合的综合型人才[10]。

三、有机融合乡村振兴元素的课程系统

(一)生态系统

生态系统原是生态学研究的最高层次,指在自然界的一定空间内,生物与环境构成的统一整体,在这个统一整体中,生物与环境之间相互影响、相互制约,并在一定时期内处于相对稳定的动态平衡状态[11]。由于其现象特征可适用于其他社会现象,因此生态系统的

概念便由生态学延伸至其他学科，陆续出现如商业生态系统、创新生态系统、教育生态系统等。对于某一门课程来说，也可以构建起生态系统[11]，即课程生态系统，将学校、学生、企业、社会环境等主体联系起来，相互影响、相互制约，以推动理论和实践深入融合、创新发展。以"战略管理"课程融入乡村振兴元素为例，由于"战略管理"课程多采用案例教学方式，无论是课程理论知识还是社会实践都与企业联系密切，因此"战略管理"课程生态系统的主体应该包括学研机构、受教育者、企业，环境便是经济发展需求。其包括三个子系统，即课程输入系统、课程传导系统和课程反馈系统。课程输入系统指的是学研机构对受教育者进行理论知识的教学，即在教学中输入乡村振兴元素；课程传导系统指的是受教育者带着所学理论知识进入企业进行实践，推动乡村产业兴旺；课程反馈系统指的是企业积累的实践经验反馈给学研机构，由此来补充和创新乡村振兴理论基础。课程生态系统模型如图1、图2所示。

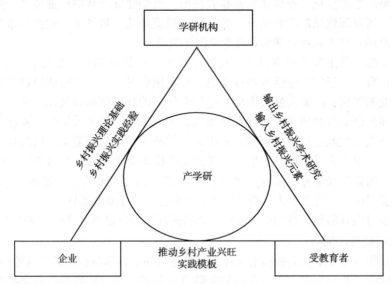

图1　产学研课程生态系统

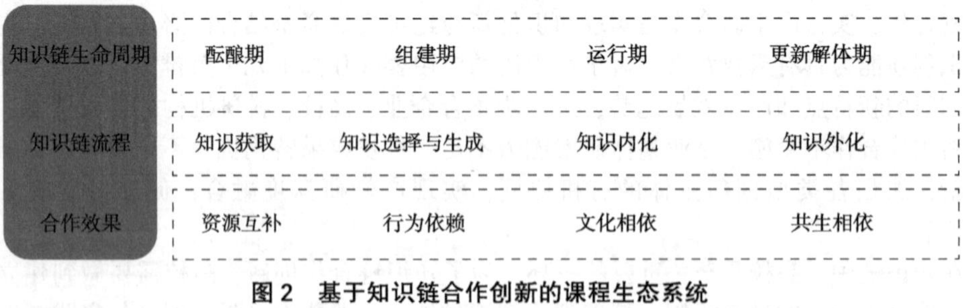

图2　基于知识链合作创新的课程生态系统

本文基于知识链合作创新理论，深入解释课程生态系统有机发展的原因，并将乡村振兴元素融入课程系统。在"战略管理"课程生态系统中，知识链由学研机构、受教育者和企业三个主体共同组建，知识在三个组织间流动，当三者联系密切、合作创新时，可以弥补单一主体的知识与能力缺陷，并借助组织间知识转移促进技术创新与科技成果转化，最终形成学校创新发展的原动力，这也是课程生态系统能够有机蓬勃发展的原因（图3）。

（二）输入系统

学研机构和受教育者之间的知识转移，主要依靠课堂教学，学研机构向受教育者输入

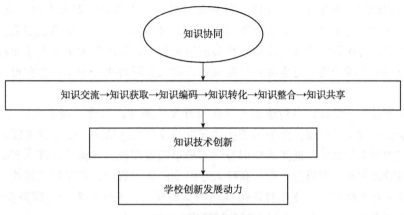

图 3　知识链流程图

乡村振兴理论知识，受教育者输出乡村振兴学术研究，实现知识的获取与转化。以"战略管理"课程中乡村振兴理论知识教学为例，选取小罐茶企业案例。

1. 案例简介

小罐茶是北京小罐茶业有限公司的茶叶品牌，该公司创立于 2014 年，是一家具有互联网思维，注重体验，覆盖多种茶叶销售的现代茶商。以"小罐茶，大师作"建立起鲜明的品牌形象，获得高端人群消费市场的关注。小罐茶一直以统一价格，统一包装为准，通常小包装的茶罐容量为 40～50 克，价格统一，以泡腾装为例，市场价格达到 150 元/罐左右。小罐茶本身以卖茶为主，在官网上推出金装，行政套装等多种款式，并标明大师制作人，价格在 500～1000 元不等，根据情况和选择可达至更高。

从 2020 年下半年开始，小罐茶联合中国茶叶流通协会发起"振兴中国好茶公益助农行动"，行动以"让一叶好茶走出大山，助一方茶农迈向小康"为目标，致力于振兴来自中国欠发达地区的地方好茶，以品牌化的运作方式赋能茶叶产区的产、销、推广等环节，推出遵义红茶、政和白茶、五峰绿茶以及恩施玉露四款公益茶产品，并将销售公益茶的大部分利润捐赠给助农茶叶产区，以帮助茶农脱贫致富，实现产业升级及区域经济发展。

2. 课程安排

课前，教师将学生进行分组，每组人数在 4～6 人之间为宜。提前将小罐茶案例和启发思考题下发给学生，学生以小组为单位进行案例阅读，并查阅中国茶行业发展相关背景资料以及乡村振兴政策与成果，做好小组间的分工与合作。

课中，教师进行简要的课程主题介绍、案例背景及内容简介(10 分钟)，以小组分组讨论(25 分钟)和案例汇报(25 分钟)为主，教师引导学生自由讨论与辩驳，最后教师进行归纳总结(30 分钟)，对各小组分析问题的思路和解决方案进行点评，系统性归纳和阐述所有知识点。学生主要围绕小罐茶以公益助农模式积极参与国家"乡村振兴"战略、帮助助农地区茶叶解决销路问题、走出大山、走近消费者的故事进行分组讨论和案例汇报。

课后，学生以小组为单位撰写并上交案例分析报告，包括案例现状、优劣势分析、决策建议等。教师将案例报告整合归纳，联系企业进行知识反馈。

（三）传导系统

小罐茶以"大师做"为核心卖点的同时，也注重在互联网时代讲"好茶"故事，讲好"茶故事"，这是其在公益助农事业中的一大优势。2020 年下半年起，为响应推进乡村振兴战略，小罐茶开始与国内四大茶叶产区合作，振兴首批地方公益好茶。在此背景下，小罐茶需要学研机构的理论指导作为千里眼，看到在乡村振兴中茶业的发展方向，更需要懂农、爱农的高校人才作为千里马，真正做到"读万卷书，行万里路"，主动到基层去，实现理论与实践的结合。恰逢我国全面建成小康社会的历史背景，新时代大学生人才面对贫困茶区发展不充分不平衡的矛盾，更应将乡村振兴知识融入实际解决方案中，为实现人民共同富裕而奋斗。

小罐茶所处的产学研体系可通过支持在未开发的茶叶产区建立流动大学生实践基地，或打开大学生常规实习渠道，为中国茶业的开发与发展注入活力，受教育者能动地将乡村振兴理论应用到工作之中，最新的知识与学术成果随着高校人才流动而流入到企业中，最终经过实践验证的部分则成为企业与高校人才共享的知识资源，实现知识链这一环节的合作创新。这种合作机制还可逐步打造出成熟的实践模板，不仅局限于小罐茶企业或茶业，而是推广到更多高校人才参与乡村振兴的场景之中。

（四）反馈系统

从知识基础角度看，学研机构是知识链上的主导者，从知识流动角度看，高校人才是知识的重要载体与传播单位，而从知识应用角度看，企业是产学研知识链合作创新的落地端。

小罐茶有着学研机构最需要的"试验田"，能够提供丰富的数据和研究样本，学研机构同时也是企业的坚定后盾，二者间形成紧密联结，开展课题项目合作，将前沿理论与具体实践用最短路径连接，从而高效准确地攻克难点，实现知识链条上的可持续协同创新。其研究与实践成果又可在课程教学安排中以企业家讲座、面对面研讨等形式展现给学员，既能丰富原有案例教学体系，又能激发学员参与讨论的积极性。例如小罐茶与校内课题组经过深入调研，精心挑选遵义红茶、政和白茶、五峰绿茶、恩施玉露四款茶并首次打造出"特别情谊"茶产品，同步上线京东、天猫旗舰店，通过互联网推广藏在大山里的好茶，助农脱贫。接下来，更多地方好茶该如何打响名声，从农产品茶变成消费品茶，走进千家万户，学研机构代表、企业代表、学员可以现场展开头脑风暴，整合奇思妙想并再次投入到实践中去，以反馈机制完成知识链的闭环。

（五）系统评价

基于知识链理论视角，课程系统可看作是在乡村振兴背景下，以农村需求为导向，通过学校、学生、企业之间的知识链相互协同，围绕知识的生产转化，将乡村振兴的相关元素内化、融合、外化。该模型的特点是改变以往从单一机构视角出发的构建思路，转变为面向农村需求的服务模式。基于知识链合作创新将乡村振兴元素融入课程系统，通过将乡村振兴元素导入课程，让学生了解乡村振兴的相关理论，并通过穿插生动的农林创业案例，指导学生识别农村资源，并转化为商业机会，让学生意识到农村的广阔空间，进而提升学生的素养。然后让学生在实践中，将知识融合到自身工作中，外化为实践形式，以企业为平台，将商业延展到乡村，进而输出关于乡村发展的商业模式（图4）。

该模式是一个交互性的学习平台，在这个平台上以知识流动为核心，形成两条知识链成员。具体的知识链成员1也就是课程系统中的教师，通过将乡村振兴元素融入教学中，通过知识传播与扩散，推动知识转化与创新，实现知识应用与反馈。而知识链成员2也就是学生，在通过课程获得相关的理论后，将知识进行引用，并在实践过程实现知识的转化与创新，最后再将知识传递给老师，老师在接收到反馈后开始下一轮的知识流动（图5）。该系统的运作机制是持续性的创新。

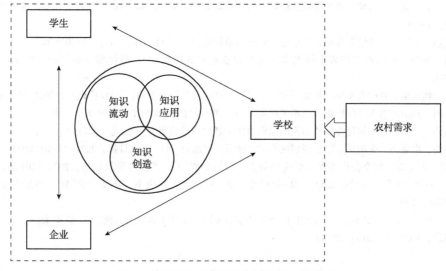

图 4　基于知识链合作创新的三位一体模式

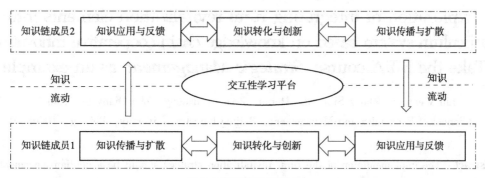

图 5　交互性学习平台

四、结　语

实现乡村振兴目标，农林大学要勇做助推器。产出高科技和接地气的农业成果，培养农业技术人员和高素质农民，是农业大学的重要使命。乡村振兴是一场持久战，农林高校在发展过程中必须深入探索常态化融合模式，而最好的载体就是课程教学。该课程系统充分发挥了非全日制工商管理专业学生的中间传导作用，产学研落地的成果明显。相比于一般的课程设计，该模式更加注重知识的实践作用，而不是单单停留在课程中知识的单方面传授，而更加注重将知识通过输入、传导和输出的循环系统，实现知识的实践应用和检验，并推动知识的创新。其目标是以课程为载体，通过融合的方式，一方面满足作为知识使用者和创造者的科研用户的整体需求，最终实现繁荣学校课程和实践创新；另一方面将乡村振兴常态化融入学校中，将科研成果应用到生产实践中，写好高校参与乡村振兴的文章，奋力推进乡村振兴的创新性实践。但未来还需要深入探索如何将乡村振兴元素融入大学生的日常课程中，实现知识的落地应用。

参考文献

[1] 王亚华，苏毅清. 乡村振兴——中国农村发展新战略[J]. 中央社会主义学院学报，2017(6)：49-55.
[2] 何仁伟. 城乡融合与乡村振兴：理论探讨、机理阐释与实现路径[J]. 地理研究，2018，37(11)：2127-2140.

[3] 张海鹏, 郄亮亮, 闫坤. 乡村振兴战略思想的理论渊源、主要创新和实现路径[J]. 中国农村经济, 2018(11): 2-16.
[4] 项晓娟. 乡村振兴背景下推动大学生返乡创业对策研究[J]. 乡村论丛, 2021(5): 61-66.
[5] 王亮, 周辉. 乡村振兴视阈下推动大学生乡村就业实证研究[J]. 高校辅导员学刊, 2021, 13(5): 95-100.
[6] 张龙, 赖泽晴. 乡村人才振兴视角下大学生村官发展困境及行动策略[J]. 乡村论丛, 2021(5): 67-73.
[7] 汤伶俐. 知识链组织合作创新的激励契约研究[J]. 知识经济, 2016(17): 79-80.
[8] 武超茹, 吴俣. 基于演化博弈的知识链组织合作创新协调机制研究[J]. 商, 2015(8): 22.
[9] 刘晓倩, 牛建高, 牛晓耕. 以机制创新推动产学研深度融合[N]. 河北日报, 2021-11-05(007).
[10] 王鹏, 范丽波. 校企合作培养大学生创新能力机制研究[J]. 产业与科技论坛, 2021, 20(20): 237-238. 中国大百科全书总委员会《环境科学》委员会. 中国大百科全书, 环境科学[M]. 中国大百科全书出版社, 2002.
[11] 邢大宁, 初良勇, 胡美丽. 金课理念下"物流信息系统"课程教学生态构建[J]. 集美大学学报(教育科学版), 2021, 22(01): 77-83.

Exploration of integrating rural revitalization elements into curriculum system based on knowledge chain cooperative innovation: Take the MBA course *Strategic Management* as an example

Liu Wenwen　Zhong Sijia　Lu Heran　Zhao Wanzheng　Zhu Qianying　Hou Na

(School of Economics and Management, Beijing Forestry University, Beijing　100083)

Abstract　The implementation of the rural revitalization strategy should be a civilian movement in which everyone participates and everyone contributes. Everyone is a deep endogenous driving force for rural revitalization. Agricultural and forestry colleges and universities should integrate rural revitalization elements into curriculum education, and normalize them to help rural development. Researching knowledge chain cooperation and innovation theory as the basis, using part-time business management courses as the carrier, explore how to promote rural revitalization elements into the curriculum through the ecological cooperation of industry, university and research, and transform it into the practical force of rural revitalization by improving the quality of students. This paper finds that based on the cooperative innovation of the knowledge chain, the innovation of the curriculum helps to improve the practical value of the theoretical curriculum, motivate the students to help the inner power of the rural revitalization, and then effectively realize the ecological realization and circulation of production, education and research.

Keywords　knowledge chain cooperative innovation, rural revitalization elements, agricultural and forestry college courses

跨学科人才的美育教本土化、持续化系统建构

——以家具设计与工程专业"设计色彩"课程为例

朱 婕 张 帆 宋莎莎 常 乐

(北京林业大学材料科学与技术学院,北京 100083)

摘要: "设计色彩"课程是林业院校家具设计与工程的专业选修课程,现有的教学方式主要以理论讲授结合课堂练习的方式进行,理论讲授内容主要围绕色彩理论最基础的对比色、明度、彩度理论为主,理论讲授内容非常基础,与本土文化和实践联系较少,导致学生对理论的认识和理解不够深入,同时由于缺乏与实际案例、设计流程的结合讲授,学生难以将课堂理论知识的学习联系实践,感性和创意启发较弱,在后续的设计实践中涉及色彩设计和色彩搭配的内容时,缺乏创新可遵循的方法,学生色彩创新性弱。针对这些问题,结合林业院校家具专业学生的专业背景与学习基础的特点,提出本土化和持续化的"设计色彩"课程教学理念,将理论知识本土化,结合中国传统色彩和命名启发色彩认知,与中国色彩标准相结合,结合在线 COLORWORKSHOP 进行色彩学习的互动,应用九宫格弱化学生的图案能力锻炼学生对图像颜色的采集提炼能力,引导学生从多个角度综合分析和理解色彩,学会分析处理复杂的色彩决策问题,最后将整体课程学习作为学生职业生涯终生学习的启蒙课,注重课程与后续学生自我学习提升的衔接延续,启蒙与色彩相关的 CMF 设计师、色彩趋势分析师的职业介绍,引导学生课后自我学习提升的兴趣。通过五个层次的教学推进,针对理科背景跨学科专业人才,达到文理兼容,理论逻辑为基础,创意灵感为发展的持续学习美育教学的系统建构。

关键词: 跨学科;美育教育;本土;持续化

教育部于 2019 年出台了《关于切实加强新时代高等学校美育工作的意见》,指出要"遵循美育特点,弘扬中华美育精神,以美育人,以美化人,以美培元,培养德、智、体、美、劳全面发展的社会主义建设者和接班人"。"设计色彩"课程是林业院校家具设计与工程的专业选修课程,家具设计与工程专业是我国林业工程一级学科下木材科学与工程专业的细分专业,家具设计与工程专业的学生生源以理科大类招生生源为主,在学期间既要学习"木材学""家具机械""电子电工技术"等理科课程,也需要学习"素描基础""色彩基础""家具设计基础"等美学和设计学课程,生源和培养目标都具备典型的跨学科人才培养特点。"设计色彩"课程作为学生专业分流后的专业选修课程,是专业基础课同时也是一堂针对理科背景学生的专业美育课程,在"设计色彩"课中针对学生学习特点,立足本土,结合中国传统文化和当下中国实践形成对色彩理论的深入理解,培养学生的色彩美学观念,又引导学生在色彩美学的领域创新和提高,并与学生未来职业发展相联系,激励学生持续学习色彩知

作者简介:朱 婕,北京市海淀区清华东路35号北京林业大学材料科学与技术学院,副教授,zhujie@ bjfu. edu. cn;
张 帆,北京市海淀区清华东路35号北京林业大学材料科学与技术学院,教授,zhangfan1976@ 163. com;
宋莎莎,北京市海淀区清华东路35号北京林业大学材料科学与技术学院,讲师,songrui_1688@ 126. com;
常 乐,北京市海淀区清华东路35号北京林业大学材料科学与技术学院,讲师,26660740@ qq. com。
资助项目:北京林业大学教育教学改革研究项目"美育教育视域下人体工程学课程的教学模式研究"(BJFU2021YZ055)。

识，达到本土化、持续化的课堂教学效果是"设计色彩"课的课程改革的核心目标。

一、"设计色彩"课程教学存在的问题

（一）问题一：家具设计与工程专业跨学科人才培养的特殊性

目前包括北京林业大学在内的国内林业院校的家具专业，招生都以大类招生的方式为主，绝大多数家具专业的学生都是理科生的背景，没有任何的美术和绘画基础[3]。理科背景大类招生的学生特点是理性和逻辑学习能力较强，但美学、美感和创意感性思维能力较弱，而色彩知识正是一门需要充分融合感性和理性思维的课程，学生只有在理论学习的基础上延伸发挥个人的感性和创意，才能最终将"设计色彩"的知识学习真正运用到设计实践中。相对于艺术类的生源，理科背景的学生更不容易在创意和发散阶段自我激发形成联想，而更需要教师在教学过程中做创意的引路人和启发者，依靠针对性的教学设计，以及可规律化、逻辑化的色彩规律总结来启发学生的创新力。

（二）问题二：色彩理论知识的理解需要拓展深度和广度

色彩理论知识的讲授如果仅停留在色彩的基本原理，色相、明度、彩度三要素以及对比色、互补色等基础理论的讲授，学生对于"设计色彩"的理解容易流于浅层和表面，难以深入更无法在后续的设计实践中深化自身理解。在设计实践过程中，"设计色彩"的内容涉及物理学、心理学、材料学、营销学甚至社会学等多学科的内容。因此，"设计色彩"的理论知识理解，既需要加深学生对理论理解的深度，也需要拓展对于色彩所涉及的多学科知识的广度，才能培养学生成为一名合格的对色彩有充分深入理解的设计师。

（三）问题三：课堂知识需要与职业发展、设计实践相结合，形成持续深入的路径

从专业整体人才培养的全局来看，"设计色彩"不仅是一门教授色彩知识的基础课程，也是一门美育教育和铺垫未来学生职业道路的核心课程。传统色彩教学中，学生容易产生一种学习了很多色彩知识但不知道如何应用，如何在日常的生活和艺术欣赏中进行色彩分析和理解，以及学习色彩对于未来个人的专业职业道路有何种帮助。这些都会导致学生在课程学习中缺乏积极能动性，并直接影响到学生对于色彩知识的持续学习的动力。

以上三点是家具设计与工程专业"设计色彩"课程中存在的最为突出的问题和难点，其中有学生生源背景以及专业培养的特殊性问题，也有色彩理论知识本身传授和教学的难点问题，以及如何联系学生未来职业发展持续学习的问题。"设计色彩"教学改革的核心是以美学育人的理念，将"设计色彩"的知识讲授本土化，引导学生将色彩知识的学习与日常生活、艺术欣赏以及职业发展相联系，达到课程内容持续化深化学习的综合目的。

二、跨学科人才色彩美育教育的本土化、持续化系统建构

从美育的角度看待色彩知识的学习，"设计色彩"课程是一门针对理科背景学生的色彩美学启蒙课，它带领学生在理解色彩物理和科学知识的同时，引导学生去体验色彩给人的心理、生理、情绪、寓意等的综合感觉和意义，像是给学生打开了一扇大门，带领学生用色彩美学的眼光重新看待世界。色彩美育的本土化，就包括了将色彩学知识与中国传统文化和传统颜色相联系，在课程中联系中国国情，着重讲授中国 CNCSCOLOR 应用色彩体系（图1），既培养了学生对于中国传统色彩美学和色彩文化的理解，也与中国当下行业实践相联系。

色彩知识对于设计行业和设计师来说，是一门奠基的核心基础知识课程，从事设计相关专业行业的从业者，色彩无处不在，色彩也是最有效的改变产品设计和产品价值的有效手段，但色彩的知识并不是在有限的课堂学习中就能够完成学习，有关色彩的认识和经验需要通过积累才能够形成每个人自身的理解和方法论体系。因此"设计色彩"的课堂教学应

看作启蒙式的框架建构，目的是引导学生后续在这个知识框架上自己添砖加瓦，越发坚固和扎实。因此"设计色彩"课程需要引入如：CMF 设计师、色彩趋势分析师等职业发展的介绍，与中国色彩研究机构发布的最新色彩趋势（图2）相结合，在课程中联系设计实践和案例，引导学生在色彩学习的道路上不断学习前进。

 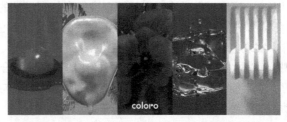

图 1　CNCSCOLOR 色立体　　　图 2　COLORO 联合 WGSN 发布 2022 春夏关键五大色系

三、针对跨学科人才色彩美育的教学递进五层次

（一）色彩启蒙——立足本土

人类对于色彩知识的科学认知主要得益于 300 多年前的牛顿光学实验以及欧美色彩学家、化学家多年来所研究的色彩标定体系，例如美国的孟塞尔色彩体系，这些都为我们今天科学地认识色彩，运用、管理色彩打好了基础。但要深入地理解色彩和体会色彩，仅仅是学习理论知识还不够，需要密切地联系个人所能理解的本土文化和环境，启发学生根治内心传统的对于色彩美的认知。

在第一阶段色彩启蒙的课堂教学中，将中国传统的自然色名法梳理并配合音乐背景进行展示，让学生体会中国传统文化中如何结合身边的自然、景物和意境进行色彩的命名，每一个色名不仅是标定了一种颜色，更像中国的诗词一样，如嫣红、杏黄、竹青、靛蓝等利用自然色名法命名的中国传统色（图3），寥寥几个字便勾画出了颜色背后的意境，仅仅是同一种红色，也能用古汉语标定出几十种不同的红色意境。这些中国传统的自然色名包含了中国古人对于美好生活的描述和向往，蕴含了深刻的中国文化韵味，而这些描述的正是我们身边的一草一木一景一韵。

图 3　自然色名法的中国传统色

（二）色彩实践——CNCSCOLOR 中国应用颜色体系

中国标准色彩体系 CNCSCOLOR 是我国自主研发并建立的自有色彩标准体系，这套色

彩标准体系进一步完善了目前欧美色彩标准体系的不足，更加科学和精准地对色彩进行了区分，解决了欧美色彩体系中部分色域颜色不足、颜色划分不够均匀、颜色数量少的问题。并结合当下数字化建模、智能制造、智能生产全链条的产业需要，建立了官网的COLOR-WORKSHOP在线色彩实验室，在在线实验室中，学生能够结合课堂学习的色相(图4)、明度(图5)、彩度(图6)的原理根据自身的喜好和设计的需要，筛选和搭配颜色，进行邻近色的对比(图7)，收藏个人爱好的颜色，并将选定的颜色转换成对应的RGB电脑颜色在绘图软件中实现色号的对齐和一致。相比传统的纸质色卡，在线WORKSHOP色彩实验室，能够呈现3D立体(图8)、色号定位等多样化的呈现。结合对CNCSCOLOR中国色彩标准体系的学习，学生能够将所学的色彩原理与中国实用颜色体系联系起来，并通过色彩在线平台的互动，加深对于色彩知识的理解和掌握。

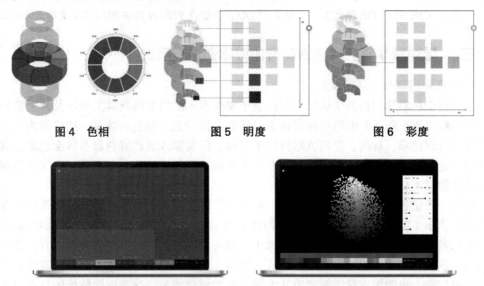

图4　色相　　　　　图5　明度　　　　　图6　彩度

图7　色彩WORKSHOP邻近色对比　　图8　色彩WORKSHOP沉浸式3D色彩空间

（三）色彩的采集与分析——九宫格练习

　　色彩采集锻炼的是学生从周围可以感知的人物、事物和景物中，提炼可感知的色彩信息，并以色彩构成的方式表达出来，这种对色彩的提炼不仅锻炼了学生对于色彩搭配方案的概括总结能力，也反向训练了学生对于看到好的色彩搭配方案时的分析能力[1]。

　　色彩采集的出发点是找到可以激发学生灵感的素材，并引导学生以一种更容易表达色彩的方式进行色彩、色块和色彩构成的表达。在激发色彩灵感的阶段，建议学生可以从校园和身边的景物、环境出发，选取激发色彩灵感的照片。在提炼色彩并进行色彩构成方案的绘制过程中，针对理科背景学生的图案线条能力较弱的情况，采用和借鉴了上海交通大学设计趋势研究所团队开发的色彩采集辅助、练习用工具：九宫格(图9)。对九宫格的尺寸进行了微调，设计了16cm×16cm的九宫格，每个九宫格用辅助线划分成9个大方格和36个小方格。以图10为例，照片中的景物的色彩边界交错复杂，如果要从图片中提炼出一定数量的色彩组合，就可以例用九宫格的方法对图片中的图形进行迅速地简化处理，根据图片中色彩的分布将图片中的色彩概括成几种色块的组合，正如图片中学生把校园的景色概括成六个色块的几何色块组合。学生把从图片中采集的多种色彩用水粉颜料调好后填入九宫格，完成快速有效的色彩采集作业。同时学生还可以进一步在前文所说的CNCSCOLOR系统中找到最为匹配的色号，这就形成了一套从手绘提炼到电脑数字化的色彩方案。

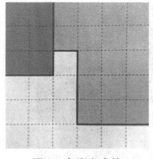  

图9　色彩九宫格　　　　图10　九宫格色彩采集练习

九宫格的色彩采集与分析方法，提高了学生绘制色彩构成的效率，并忽略了理科背景的劣势，强化了逻辑化色彩提炼和绘图的优势，在后续的色彩对比、调和练习中也继续采用九宫格进行练习，学生在这个过程中极大地提高了色彩学习的成就感和自信心。九宫格色彩采集与 CNCSCOLOR 色号的衔接，与后续的设计实践直接对接，提高了由练习到实践的实现效率。

（四）设计色彩的综合视角——如何理解一个颜色

正如前文所说，色彩学是一门涉及物理学、心理学、社会学、营销学的综合学科，作为一名设计师，要自如的运用色彩，需要学会如何去理解颜色，分析颜色在不同的社会环境、文化背景、使用场景中的不同意义和作用，这样在设计实践中，学生才能够结合实际的设计需求，综合进行分析判断，选择和搭配适合改设计项目、作品的色彩方案。

在理解颜色的训练中，列出了 12 种最为常见和有识别度的颜色，例如粉色、黑色、白色、黄色等，要求学生选择一个颜色，4~5 人一组分组进行讨论和调研，学生针对一个颜色的特点，应用场景和表达意义、心理感受等综合进行分析和汇报。在这个过程中，学生深入理解了任何一个颜色都有多样性的语义，如何运用颜色其中蕴含有许多潜在的背景因素，这种调研和讨论进一步提升了学生处理复杂色彩问题的能力。

（五）色彩命名——色彩的情绪表达

设计者在进行色彩设计时，其中往往包含了个人的感受与情绪，这种用色彩进行的情绪表达正是设计者处于自身职业对于世界和生活的表达，而色彩的命名则让更多人通过色彩就能够更加体会到设计者所希望传达的情绪和含义。设计源于生活，作为一名好的设计师，需要热爱生活并积极地表达自身的情绪和感受，以不同的形式传达给更多的人，设计师的创意就得到了传播和推广。

而情绪相对于前面的色彩的采集更加的抽象，没有有形的图片和画面，情绪完全是每个学生心中的体验、感受和意向，这种将完全抽象的感受以色彩的方式表达出来的练习，鼓励学生用色彩将自我希望表达的情绪感受传达出来，进一步提升了学生对于色彩的掌握和运用能力。学生通过色彩，表达了冷、烦、灵感、酸甜、辣、粉红色的回忆等多样化的情绪、味觉和心理感受，色彩命名结合色彩表达，形象生动地传递了色彩的主题与情绪（图11）。

通过色彩的情绪表达与命名，将学生充满触动和感性的一面激发出来，调动学生的色彩表达力，学生也通过色彩抒发了自身的情绪，在前面色彩知识和练习的基础上，由学习转为基于自身体验的创作，这对于设计者来说是迈出了重要的一步。

四、职业发展——色彩知识的持续学习

色彩知识既是设计师的必备知识和技能，同时色彩也有着非常专业的职业前景，例如

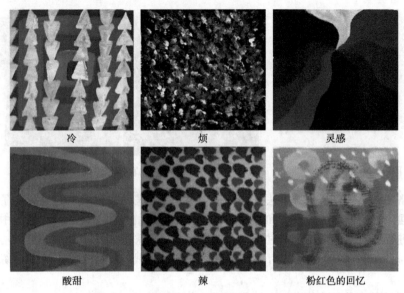

图 11　学生作业——色彩的命名与情绪表达

最近几年国内产品、汽车企业非常需要的 CMF 设计师，C 是颜色，M 是材质，F 是表面质感，简而言之，CMF 设计师是对产品的色彩材质美学进行设计和最终把控的专业人才。同时，与色彩有关的专业性人才还包括色彩趋势分析师，即结合国际国内时尚潮流、社会发展、经济环境、文化潮流等综合因素对未来 1~2 年流行色彩进行研究和趋势发布的专业人才。在设计色彩课堂中，持续将这些与色彩相关的职业和发展前景对学生进行普及，让学生在学习色彩的同时，与未来自身的职业发展相联系，并引导学生关注与色彩设计相关的 CMF、色彩趋势公众号、网站等专业资讯和新闻热点等，为学生建立起色彩的持续学习的习惯，使得课堂知识学习成为良好的学习框架建构，学生可以在后续个人的自我学习中不断添砖加瓦，层层深入，成为一名具有良好的持续色彩研究学习习惯的优秀人才。

五、教学总结

大学美育教育承担着对学生进行审美教育的任务，通过大学美育课程能够有效促进美育目标实现、保证美育教学成果[3]。从美育的角度重新审视色彩作为美育教育环节中的重要一环，针对家具设计与工程专业的跨学科培养特点，从色彩教学的五层次出发，通过立足本土的中国传统文化及色彩启蒙，引入中国 CNCSCOLOR 应用色彩体系，由中国色彩美学延伸到中国本土色彩标准和设计实践，通过九宫格的色彩采集等练习弥补理科背景学生在图案和线条能力中的不足，以更加逻辑和理性的方式提炼和掌握色彩，建立学生的自信。启发讨论和分享，引导学生综合地从不同角度去看待色彩，训练学生讨论解决复杂综合色彩问题的能力。课程中融入色彩相关的职业前景与规划，与学生未来的职业道路相联系，培养学生对色彩持续学习的习惯，让课堂教学与职业相联系，课堂教学因此发挥了更为坚实和奠基性的重要意义。课程结束后，对于色彩的学习并没有结束而在继续，甚至是一种终身的学习。

针对理科背景跨学科专业人才，以文理兼容的思路，理论逻辑为基础，创意灵感为发展，构建立足本土文化和本国色彩标准体系的可持续学习系统。培养具备民族自豪感和自信心，具有持续学习能力的跨学科专业型设计人才。

参考文献

[1] 傅炯,张惠山. 应用色彩学[M]. 上海:上海人民美术出版社,2020:62;
[2] 朱婕,张帆,常乐,等. 林业院校"家具造型设计"课程教学的理论创新与实践探索//[M]. 黄国华,潜心课程·卓越育人:北京林业大学教育教学优秀论文选编(2020). 北京:中国林业出版社,2020:176;
[3] 田华. 在设计中感受美——应用型本科院校课程美育应用研究[J]. 教育观察,2021,10(25):11-14+25.

Construction of localization and continuous aesthetic education systerm for interdisciplinary talents: Take the *Design Color* course of furniture design and engineering as an example

Zhu Jie　Zhang Fan　Song Shasha　Chang Le

(College of Material Science and Technology, Beijing Forestry University, Beijing　100083)

Abstract　*Design Color* course is a professional elective course in furniture design and engineering in forestry colleges, the existing teaching methods are mainly based on theoretical teaching combined with classroom practice, theoretical teaching content mainly revolves around the color theory of contrast color, lightness, color theory, theoretical teaching content is very basic, less contact with local culture and practice, resulting in students' understanding and understanding of theory is not deep enough, and lack of combined teaching with practical cases, design process, It is difficult for students to link the learning of classroom theoretical knowledge with practice, emotional and creative inspiration is weak, in the subsequent design practice involving color design and color matching content, lack of innovative methods to follow, students color innovation is weak. In view of these problems, combined with the professional background and the characteristics of the learning foundation of furniture students in forestry colleges, the paper puts forward the teaching concept of localized and continuous *Design Color* courses, one is to localize theoretical knowledge, combining traditional Chinese color and named inspired color cognition; Fourth, to guide students from a number of angles to analyze and understand color, fifth, the overall curriculum learning as a lifelong learning of students' career enlightenment lessons, pay attention to the curriculum and follow-up students self-learning to improve the convergence of continuity, enlightenment and color-related CMF designers, color trend analysts career introduction, so that students have a good theoretical basis for color learning and with a strong interest in self-learning improvement. Aiming at the interdisciplinary professionals with science background, to achieve cultural compatibility, theoretical logic as the basis, creative inspiration for the development of sustainable learning aesthetic education system construction.

Keywords　Interdisciplinary, aesthetic education, indigenous, sustainable

融工匠精神，育创新人才

——将劳动教育引入"园林植物应用设计"的教学实践与探索

李 慧 范舒欣 胡 楠 董 丽

(北京林业大学园林学院，北京 100083)

摘要：劳动教育是工匠精神培育的逻辑起点，是新时代高校"立德树人"的必要要求。风景园林专业作为一个实践性非常强的专业，实践教学对于理解和深入掌握课程内容具有重要的作用。针对北京林业大学风景园林专业"园林植物应用设计"课程的实践教学现状，探讨将劳动教育引入花境落地实践的程序与方法，以激发学生学习兴趣、提高学习效率、培养劳动意识、锤炼工匠精神，为培养高水平风景园林创新人才助力。

关键词：工匠精神；劳动教育；植物景观；教学实践；花境；创新性人才

"治玉石者，既琢之而复磨之；治之已精，而益求其精也。[1]"高质量精品科研成果的产出需要从各方面培育社会科学工作者"精雕细刻"式的"工匠精品意识"，进而实现中国社会科学的伟大复兴与世界梦想。劳动教育是工匠精神培育的逻辑起点，是新时代高校"立德树人"的必然要求。《中共中央国务院关于全面加强新时代大中小学劳动教育的意见》中指出："实践劳动教育重点是在系统的文化知识学习之外，有目的、有计划地组织学生参加日常生活劳动、生产劳动和服务性劳动，让学生动手实践、磨炼意志，培养学生正确劳动价值观和良好劳动品质"[2]。

风景园林作为一个实践性非常强的专业，主要任务是处理人与土地之间的关系，将劳动教育引入风景园林教学实践，为学生提供一个从设计、施工、跟踪管护的风景园林实践机会，不仅能够培养学生正确的劳动价值观和良好的劳动品质，对于理解和深入掌握专业课程内容也具有重要的作用，对培养立足新时代本土创新、艺术创作、工程技术与社会责任感共同提升的新时代高水平风景园林专业人才具有非常重要的现实意义。

一、风景园林专业及"园林植物应用设计"实践教学现状

作为人居环境科学三大支柱之一的风景园林学是一门建立在广泛的自然科学和人文艺术科学基础上的应用科学，具有综合性强和应用性强的特点。从它诞生时起就是一门交叉学科，涉及规划设计、园林植物、工程学、生态学、地理学、社会学等多学科的交汇综合，专业的课程主要包括"园林生态与环境""园林树木学""园林花卉学""风景园林设计""风景规划""风景区规划"等。

作者简介：李 慧，北京市海淀区清华东路35号北京林业大学园林学院，副教授，coconutlihui@163.com；
范舒欣，北京市海淀区清华东路35号北京林业大学园林学院，讲师，fanshuxin_09@bjfu.edu.cn；
胡 楠，北京市海淀区清华东路35号北京林业大学园林学院，讲师，942066661@qq.com；
董 丽，通讯作者，北京市海淀区清华东路35号北京林业大学园林学院，教授，dongli@bjfu.edu.cn。
资助项目：北京林业大学教育教学研究项目"三维模型在'园林植物景观规划'课程中的应用"(BJFU2019JY013)；
教学名师专项"'园林植物应用设计(实习)'课程实践教学组织优化研究"(BJFU2020MSLC001)。

风景园林又是技术与艺术紧密融合的学科。长期以来，高校风景园林专业教学以艺术创作理论灌输和模拟环境下的技能训练为主要内容，模式相对封闭、单一，各类课程和培养环节之间缺少必要的衔接。以往的实践课以虚拟模型、小型手工模型为主，大体量的在地建造机会并不多见。这就使得学生缺少到工程现场学习和工作的体验，对于真正设计的科学性与合理性的考察和重视程度不够。在专业学习中，缺少对艺术创作"从何处来，到哪里去"的理解，往往无法明确回答——为什么要做？为谁而做？从哪里汲取创作灵感？怎样获取创作反馈？

"园林植物应用设计"课程是北林园林学院风景园林专业的专业核心课程之一，更关注小尺度的植物景观，主要包括花坛、花境、花园、花卉专类园、花卉展览、草坪与地被应用、立体绿化和室内植物景观等内容。并通过 MOOC 学习、课堂教学和实习实践（图1）三个环节展开。MOOC 教学基于网络，侧重于园林植物应用的理论教学，让学生能够利用碎片化的时间全面了解各种应用形式的概念和主要特征；课堂教学则更注重设计能力的培养，探讨如何应用植物材料进行景观营造，通过讲解、评图等方式让学生深入掌握植物材料选用和设计要点，考虑到与相关课程之间的联系与衔接，通常选择花坛和花境两个较为典型的应用形式展开课程设计；实习实践教学一般采用实地调研的方式进行，学生通过测绘建立直观认识，为课程设计做准备。

图 1　教学环节的相互关系

二、将劳动教育融入"园林植物应用设计"的必要性

（一）育人的需求——培养新时代风景园林创新人才的需要

培养富有创新精神和实践能力的创新型人才，成为高水平大学、各学科发展的核心任务。具体到风景园林学科，在当前"生态文明""美丽中国"的建设背景下，"风景园林学科的核心竞争力是整合性和落地性"[3]。因此劳动教育课程不仅应包括基本技能的锻炼，而且应提倡"创新性劳动"，通过劳动教育提高学生创新意识和创新能力，弘扬工匠精神。

（二）教育教学的需求——花境落地实践的必要性与可能性

风景园林是一个实践性非常强的专业，落地的过程通常面临复杂的问题，不亲身操练，很难锻炼学生运用专业知识解决现场问题的能力。以往的实习实践，受场地和经费所限，一般采取采用现场教学的方式进行，但有时调研案例代表性不强、质量不高，使得学生的收获存在较大的差异。花境作为小尺度景观是其中最具落地性和操作性的景观形式，能够在较小的用地和较短的时间内，使学生综合运用多门课程的知识感受植物景观设计全流程环节，为学生今后的设计积累更准确的空间尺度经验[4]。

（三）社会的需求——高质量园林绿化的现实

随着我国经济社会的发展，人们对于精细化的种植越来越重视，花境作为一种装饰性特别强植物景观应用形式，也得到了广泛的关注和越来越多人的喜爱。在城市双修、城市更新、各类花园展园中，都有很多的使用[5]。目前风景园林专业学生或多或少地过于强调图面的表达与平面构图的形式美。存在着实践能力差，难以较快地胜任实际工作的问题。

因此通过劳动教育实践课程培养学生将设计图纸转化为落地景观的实操动手能力，以适应现代社会发展需要[5]。

三、将劳动教育引入"园林植物应用设计"课程的教学实践流程

课程遵循"以课程为核心，以实践为重点，以育人为根本"的原则，采用"课题制"教学模式[6]，以花境建造为中心、以学生为主体、以教师为主导，引导学生进行自主学习、努力探索，对培养学生学习的积极性、创新能力、实践能力具有重要的现实意义。笔者已结合北京林业大学园林学院"园林植物应用设计"实习课程的需要，将花境建造环节引入其中。总的来说，花境的落地实践包括前期准备、实践教学、交流反馈等环节（图2），具体做法如下：

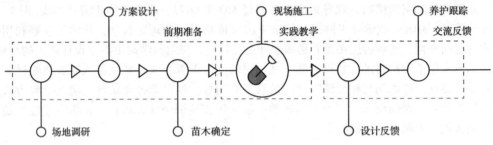

图2　花境落地实践环节

（一）前期准备

在花境营造教学实践开始前，教师结合课程设计作业的大纲要求，与企业沟通确定场地，根据场地情况合理提出设计命题；并通过课题讲解，使学生了解实习的目的、意义、方法和具体流程；方案设计阶段结束之后根据作品的需要，联系苗木经销商订购所需苗木。

花境营造教学实践在北京林业大学国家级园林实验教学示范中心（三顷园）开展，通过场地调查，让学生对于设计场地有直观的认识。花境营建分组实施（共20组），每组面积约10m^2，场地内有西府海棠、紫薇等小乔木，各组场地宽度、长度及场地内植物、土壤环境都不尽相同，培养学生根据场地实际情况进行设计的能力，拓展了学生的思路（图3）。

结合场地实际情况，围绕花境设计的理念、植物选择、种植密度、效果分析等，鼓励学生充分发挥想象力，运用平面图、立面图、效果图、模型构建、季相模拟等方式，形成花境设计方案（图4、图5），培养学生的图纸表达能力。

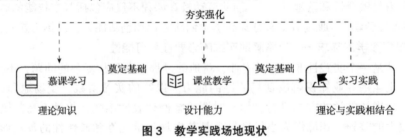

图3　教学实践场地现状

设计灵感源自梵·高的《星空》，通过植物搭配营造深远夜空中的远星的景观意向。金黄色的金光菊与火炬花代表了熠熠生辉的明月，大花绣球代表了周围簇拥着它的星星，背景的植物则代表天空，朦朦胧胧，给人以无限遐想。

以流动的曲线作为主要形式语言，夏季、秋季作为主要景观季相，色彩搭配偏于冷色调，以忧郁之蓝色于夏季营造清凉的观赏体验，背景以观赏草营造朦胧的氛围。

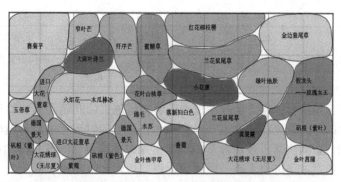

图 4　风景园林专业 181 班张光昭组花境景观设计方案

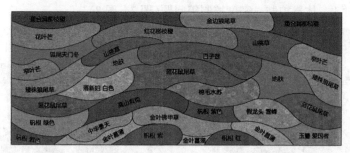

图 5　风景园林专业 182 班梁力天组花境景观设计方案

(二)实践教学

实践教学以综合能力培养为主线，以典型工作任务为载体，将实践环节与课堂理论教学内容有效衔接，鼓励学生在实践中强化劳动知识和技能，提高学生的实践应用能力和创新能力，培育劳动情感和劳动精神。

现场种植之前的准备工作包括接苗、卸苗、分苗苗筐收回等，具体花境落地实践安排见表 1。现场种植和方案的调整主要包括苗木发放、整地、摆盆和种植四个阶段：首先是苗木的发放，卸车后按照类型及植物清单统一发放苗木，以保证各组都能获得相应的苗木；第二是整地，去除杂物碎石、耙平、填压土壤，这个过程尤为重要，整地的质量将影响后续的进度，甚至影响植物的成活；随后学生根据设计图纸摆放花卉，并根据具体情况进行调整；在确定植物的位置后，将花盆与花进行分离，栽植花卉并填土(图 6)。

表 1　花境落地实践安排表

工作内容	时间	人员安排	说明
接苗与卸苗	早 6 点	老师及每班 5~6 人	老师及每班至少 5 人早 6 点到三顷园(含各班所有男生、课代表、组长)
工具对接、分发及回收	8 点	每班 2 名学生	每班 2 名学生负责领取本班的总数，领回后自行分配 每班：1 个推车、5 个耙子、10 个铁锹、15 个手铲、石灰粉(全年级一整袋)
各班发苗	8 点	各班代表	每班课代表、组长、男生负责领取本班的总数，领回后自行分配，其他学生在自己的地块负责整地放线
各组发苗	各班代表领苗后	全体人员	班内自行安排，任课老师维持秩序

(续)

工作内容	时间	人员安排	说明
苗筐收回	分苗之后	各班组长、课代表	每班组长、课代表负责清点送回本班的苗筐

过程中教师分组教学，亲身示范，重点讲解花境施工的问题。比如整理地形时要充分考虑花境的排水问题，避免浇水时出现局部积水；挖坑的时候考虑所种植植株的大小，避免植物种植不到位影响成活。现场教学中与学生探讨花境设计问题，植物色彩、质感、形态的多变，如何通过植物斑块大小、位置的调整，达到和谐高雅、富于变化的植物景观效果，引导学生通过亲自操作更清楚、更深入地理解花境的尺度、植物的选择、骨架构成、色彩的协调与对比、体量控制、密度控制等问题(图7、图8)。

图6 花境现场教学

图7 风景园林专业185班胡怡琳组花境设计施工图及建成效果图

(三) 交流反馈

为学生创造跨班级的展示平台，在教育教学过程中，将促进学生间平衡与充分发展放在首位，通过总结反思增强学生对劳动教育课程的认同感和参与度，让学生在实践中获得荣誉感和幸福感；作品完成后，组织学生继续参与植物种植后的养护环节，了解工程养护的全过程。对学生养护一年后的效果进行评判，在这个过程中不断将"创造性劳动""工匠

图 8　风景园林专业 185 班李欣荷组花境设计施工图及建成效果图

精神""思政教育"渗透进课程。

1. 现场汇报及交流成果

采用翻转课堂形式的教学手段，课上弱化教师主观评价，采用小组评价、学生自评、组内成员互评等方式，让学生在评价中互相学习，取长补短；设置学生自由评论环节，针对理论内容或实践项目提出自己的意见和建议，或者对课程外延提出设想。

2. 花境养护与跟踪观察

落成花境还供学生完成至少一个完整周年的跟踪观察，便于学生记录落地花境植物材料的生长状况、花境的时序性、景观特征等（表 2）。

表 2　花境的跟踪观察记录表

时间	温度	照片	说明
2020.9.28—2020.10.04	11~23℃		整体效果良好，植物层次丰富，展现花境的秋季景观效果
2020.10.12—2020.10.18	9~22℃		花境整体效果较好，中前排观叶以及地被植物颜色丰富
2020.10.26—2020.11.01	6~17℃		后排观赏草几近枯萎，中层开花的很多植物花已经凋谢，棉毛水苏、矾根和景天还能展现较好的色彩效果
2020.11.09—2020.11.15	2~12℃		移除不能露地越冬的植物，彩叶和金叶植物色泽差异更明显，火炬花等高层植逐渐倒伏，花境景观效果逐渐下降
2020.11.23—2020.11.29	-2~9℃		修剪后排观赏草，花境高度明显降低，垂直变化减弱，矾根颜色相对鲜艳，中华景天多半枯萎

四、将劳动教育引入"园林植物应用设计"课程的教学效果

衔接基础教育学段知识，进行以实践教学为特色的劳动教育课程教学改革，是新时代院校劳动教育的创新实践。因此我们应始终坚持以立德树人为根本任务，不断提高劳动教育育人实效，既能够培养学生的劳动意识，又锤炼了工匠精神。

(一)学生在实践中操作,有利于提升学习效率,提高教学效果

花境的落地实施融合了园林专业多门课程的知识内容,使得学生综合掌握专业知识,达到融会贯通的目的。以往学生学习设计都是通过绘制图纸或者在计算机模型中去感受设计效果,调整设计方案,花境落地的种植实践,可以更加直观感受全方位的效果,对自己的设计进行推敲,如有不足,可以及时调整设计方案。花境的实践教学不仅能够使学生全面掌握植物景观课程的知识,更有助于学生综合能力的提升,之后园林学院学生也获得了多个花境奖(表3)。

表3 花境奖奖项记录表

奖项	获奖组别数量	奖项占比
2020年北林国际花园建造节	6	6/17
2021年北林国际花园建造节	5	6/35
2021成都大学生主题花境设计大赛	11	11/40
首届北京国际花园节大学生花境设计竞赛	8	8/25
首届北京国际花园节大学生花园设计竞赛	8	8/25

(二)分组操作参与性强,有利于激发学生的学习兴趣

实践过程中鼓励学生积极思考、动手参与,尊重学生个体间差异性,允许存在个性特色与差异,为学生的个性创造和发展留有空间[7]。花境建造是大多数学生亲自设计并建造的第一个作品,通过合作式学习,有利于培养学生团体协作精神,激发了学生的学习兴趣,使学生产生成就感,一定程度上扩大了学生的知识广度和深度,促使了学生科研能力的提升。

(三)成果交流翻转课堂,有利于师生互动,教学相长

种植完成后,开展成果交流活动,教师为学生创造跨班级的展示平台,各组学生讲述花境建造的全过程,分析设计方案和最终落地的差异。教师在实践教学过程中与学生共同思考最佳的设计方案,增加了实践教学的趣味性,并为后续的教学积累了一定的经验。在这个过程中学生进一步完善了理论知识体系,并且在实践中提升了自己的学习效果和专业技能,对培养应用型人才具有非常重要的意义。

参考文献

[1]张涛.以工匠精神实现"品质革命"[N].社会科学报,2021-09-09(005).
[2]中共中央国务院.中共中央国务院关于全面加强新时代大中小学劳动教育的意见[N].人民日报,2020-03-27(001).
[3]杨锐.风景园林学科建设中的9个关键问题[J].中国园林,2017,33(1):13-16.
[4]张吉祥,王洁宁.关于风景园林专业实践教育的思考[A].中国风景园林学会,中国风景园林教育分会.中国风景园林教育学术年会论文集[C].中国风景园林学会,中国风景园林教育分会:中国风景园林学会,2007:4.
[5]北京林业大学园林系花卉教研组.花卉学[M].北京:中国林业出版社,1990.
[6]陆慧.环境艺术设计"课题制"教学模式实验[J].上海商学院学报,2007,18(2):63-65.
[7]钱多.农业职业院校开展劳动教育教学实践的研究[J].安徽农业科学,2020,48(14):277-279+282.

Integrate craftsman spirit and cultivate innovative talents: Introducing labor education into the teaching practice and exploration of *Garden Plant Application Design*

Li Hui Fan Shuxin Hu Nan Dong Li

(College of Landscape Architecture, Beijing Forestry University, Beijing 100083)

Abstract Labor education is the logical starting point of cultivating craftsman spirit, and is the necessary requirement of "moral cultivation" in colleges and universities in the new era. Landscape Architecture is a very practical major, and practical teaching plays an important role in understanding and mastering the course content. For Landscape Architecture of Beijing Forestry University *Garden Plant Application Design* course practice teaching present situation, discussed the labor education introduction of flower border ground practice program and method, in order to stimulate students interest in learning, improve learning efficiency, cultivate the labor consciousness, temper the spirit of craftsman, provide practice guidance for cultivating innovative talents.

Keywords craftsman spirit, labor education, plant landscape, teaching practice, flowers border, innovative talents